Das europäische Konzept der Nebenabreden im europäischen und deutschen Kartellrecht

Deutsches und Europäisches Wirtschaftsrecht

Herausgegeben von Jürgen F. Baur

Band 18

PETER LANG
Frankfurt am Main · Berlin · Bern · Bruxelles · New York · Oxford · Wien

Iris Vasbender

Das europäische Konzept der Nebenabreden im europäischen und deutschen Kartellrecht

Eine rechtsübergreifende Gesamtdarstellung anhand von Wettbewerbsverboten zu Unternehmenskaufverträgen

PETER LANG
Europäischer Verlag der Wissenschaften

Bibliografische Information Der Deutschen Bibliothek
Die Deutsche Bibliothek verzeichnet diese Publikation in der Deutschen Nationalbibliografie; detaillierte bibliografische Daten sind im Internet über <http://dnb.ddb.de> abrufbar.

Zugl.: Köln, Univ., Diss., 2005

D 38
ISSN 1617-352X
ISBN 3-631-55175-4

www.peterlang.de

Meinen Eltern

Vorwort

Die vorliegende Arbeit lag im Wintersemester 2005/2006 dem Fachbereich Rechtswissenschaften der Universität zu Köln vor und wurde von mir in der mündlichen Doktorprüfung vom 17. November 2005 verteidigt.

Zu ganz herzlichem Dank verpflichtet bin ich meinem Doktorvater, Herrn Professor Dr. Jürgen F. Baur, für die hervorragende Betreuung dieser Arbeit und die wertvollen Jahre als Mitarbeiterin in dem von ihm ehemals geleiteten Institut für das Recht der Europäischen Gemeinschaften an der Universität zu Köln, sowie die Zeit als wissenschaftliche Mitarbeiterin in dem von ihm mitgeleiteten Rechtszentrum für internationale und europäische Zusammenarbeit (R.I.Z.), während derer die vorliegende Arbeit entstanden ist.
Für die zügige Erstellung des Zweitgutachtens danke ich Frau Professor Dr. Anja Steinbeck.

Ganz herzlich danken möchte ich meinem Freund, Dr. Holger Blask, der mich während der gesamten Zeit dieser Arbeit unterstützt hat und dabei immer ein hervorragender und auch kritischer Gesprächspartner für mich gewesen ist. Herzlich danke ich meinem Vater für die mühevolle Arbeit des Korrekturlesens.

Gewidmet ist diese Arbeit meinen Eltern, die mir während meiner gesamten Ausbildung jede nur erdenkliche Unterstützung haben zukommen lassen.

Köln, im Januar 2006

Iris Vasbender

Inhaltsverzeichnis

Abkürzungsverzeichnis

a.A.	anderer Auffassung
ABl.	Amtsblatt der EG
a.F.	alte Fassung
Art.	Artikel
Bd.	Band
BGB	Bürgerliches Gesetzbuch
BKartA	Bundeskartellamt
BMWi	Bundesministerium für Wirtschaft
BR	Bundesrat
Bsp.	Beispiel
BT	Bundestag
BVerfGE	Entscheidungen des Bundesverfassungsgerichts
BVerwGE	Entscheidungen des Bundesverwaltungsgerichts
Comp.	Competition
Drucks.	Drucksache
DVBl.	Deutsches Verwaltungsblatt
Einl.	Einleitung
EG	EG-Vertrag in der aktuellen Fassung
EGV	EG-Vertrag in der Nummerierung vor Inkrafttreten des Vertrags von Amsterdam
Einf.	Einführung
EuG	Gericht erster Instanz der Europäischen Gemeinschaften

EuGE	Entscheidungen des Gerichts erster Instanz
EuGH	Gerichtshof der Europäischen Gemeinschaften
EuGHE	Entscheidungen des Gerichtshofs
Europ.	Europäisch
FKVO	Europäische Fusionskontrollverordnung
Fn.	Fußnote
GVO	Gruppenfreistellungsverordnung
GWB	Gesetz gegen Wettbewerbsbeschränkungen
Hdb.	Handbuch
iVm	in Verbindung mit
lit.	Buchstabe
n.F.	neue Fassung
Nr.	Nummer
p.	page
Rdn.	Randnummer
Rs.	Rechtssache
Slg.	Sammlung
verb. Rs.	verbundene Rechtssache
VerwaltungsR	Verwaltungsrecht
VO	Verordnung
Vorbem.	Vorbemerkung
VwVfG	Verwaltungsverfahrensgesetz
WettbewerbsR	Wettbewerbsrecht

Erster Teil: Einleitung, Problemstellung und Gang der Untersuchung

A. Einleitung und Problemstellung

Die Zahl der Unternehmensverkäufe[1] nimmt ständig zu[2]. Zurückzuführen ist dies auf die Zunahme der „globalen und transkontinentalen Unternehmens- und Wettbewerbssysteme" aufgrund der mittlerweile weit fortgeschrittenen Öffnung der Märkte und der Möglichkeiten der modernen Kommunikationssysteme[3]. Häufig werden Veräußerungen des gesamten Unternehmens oder zumindest von Unternehmensteilen erforderlich, um sich dem ständig verändernden Markt anzupassen und damit national und grenzüberschreitend wettbewerbsfähig zu bleiben[4]. Im Vordergrund stehen meist Effizienzerwägungen im Rahmen globaler Unternehmensstrategien, die ein Unternehmen veranlassen, entweder weitere Unternehmenszweige oder neues Unternehmens-Know-how dazu zu gewinnen oder sich von anderen Teilen zu trennen, um sich auf bereits vorhandene Kerngebiete konzentrieren zu können[5].

Da ein Unternehmen nicht nur als eine Sache oder ein Recht anzusehen ist, sondern vielmehr aus einer Vielzahl von Sachen und Rechten, wie etwa tatsächlichen Beziehungen, Vertragspositionen, Marktanteilen, Ressourcen, Geschäftschancen und Arbeitsverträgen besteht[6], können Gegenstand eines Unternehmenskaufvertrags nicht nur materielle Werte wie etwa Produktionsanlagen oder Gebäude, sondern insbesondere auch immaterielle Werte sein, zu denen das Firmen-Know-how und der Kundenstamm (Goodwill) zählen, sein[7]. Der Übertragung der immateriellen Werte wird von den Par-

---

[1] Der in der Praxis geläufige Begriff „Mergers & Acquisitions" wird übersetzt mit „Unternehmenszusammenschlüsse und Unternehmensübertragungen" (Picot, in: Picot, Handbuch Mergers & Acquisitions, S. 15). Insofern stellt der Unternehmenskauf als Übertragung eines Unternehmens gegen Entgelt (im Gegensatz zu Verpachtungen, Schenkungen, Tausch eines Unternehmens) nur einen Teilbereich dessen dar. Die vorliegende Arbeit beschränkt sich auf diesen Teilbereich.

[2] Rekord- Volumen der M&A im Jahre 2000 in Höhe von 3.498 Milliarden US-$, Rückgang 2001-Mitte 2003, seitdem wieder steigende Konjunktur und Erholung, s. Picot, in: Picot, Unternehmenskauf und Restrukturierung, S. V.

[3] Picot, in: Picot, Unternehmenskauf und Restrukturierung, S. V; Schütz, in: Gem.Ktr., Zusammenschlusskontrolle, Einführung Rdn. 7.

[4] Picot, in: Picot, Unternehmenskauf und Restrukturierung, S. V; Schütz, in: Gem.Ktr., Zusammenschlusskontrolle, Einführung Rdn. 8.

[5] Ein Unternehmen kann grdsl. in zweierlei Weise übertragen werden, zum einen in Form der Übertragung der einzelnen Wirtschaftsgüter des Unternehmens („asset deal"), zum anderen durch Übertragung der Gesellschaftsanteile („share deal"). Welche Form gewählt wird, ist situationsabhängig aufgrund unterschiedlicher steuerlicher Behandlung (Abschreibungsmöglichkeiten).

[6] Holzapfel/ Pöllath, Unternehmenskauf in Recht und Praxis, S. 91 Rdn. 130; Mestmäcker/ Schweitzer, Europ. Wettbewerbsrecht, § 24 Rdn. 18; Hommelhoff, ZHR 150 (1986), 254 (255).

[7] Vertragsgegenstand können nicht nur die einzelnen Vermögenswerte sein, sondern auch das Unternehmen als solches, so § 453 Abs. 1 Var. 2 BGB „sonstige Gegenstände", BT-Drucks. 14/6040, S. 242; Palandt/ Putzo, BGB, § 433 BGB Rdn. 3; Erman/ Grunewald, BGB, § 433 BGB Rdn. 14; zu den verschiedenen Gegenständen eines Unternehmenskaufvertrags, Wessing, ZGR 1982, 455 (460).

teien oft ein noch höherer Wert beigemessen[8]. Damit nun der Erwerber auch tatsächlich den vollen Wert des übertragenen Unternehmens erhält, werden von den Parteien in der Regel Wettbewerbsverbote zu dem Unternehmensveräußerungsvertrag vereinbart, wonach sich der Veräußerer für eine bestimmte Zeit aus dem Wettbewerb zurückzuziehen hat, solange bis der Erwerber seine Position mit dem neu erworbenen Unternehmen auf dem Markt gefestigt hat[9]. Der Käufer, der den Kaufpreis auch für die Übertragung der immateriellen Werte gezahlt hat, möchte mit dem erworbenen Unternehmen möglichst rasch wirtschaftliche Erfolge erzielen, um den aufgebrachten Kaufpreis durch Einnahmen wieder ausgleichen zu können. Daher hat er ein großes Interesse daran, dass der Verkäufer ihm für eine gewisse Zeit nicht als „allwissender“ Konkurrent mit einem Informationsvorsprung aufgrund seiner langjährigen Erfahrungen als Unternehmensleiter auf dem Markt gegenübersteht[10]. Das Bestreben des Käufers geht dahin, dass der Veräußerer aus dem relevanten Markt als – potentieller – Konkurrent ausscheiden soll, zumindest zeitweilig, da der Käufer erst dann den vollen Unternehmenswert erlangt hat, wenn der Verkäufer an der weiteren Unterhaltung seiner Geschäftsbeziehungen zu den Lieferanten und Kunden gehindert ist, keine Beziehungen mehr zu seinen ehemaligen Mitarbeitern zwecks Abwerbung verfolgt und auch den Firmennamen nicht weiter verwerten kann[11]. Werden dagegen nur materielle Werte wie etwa Produktionsanlagen, Grundstücke und Maschinen oder ausschließlich gewerbliche Schutzrechte übertragen, erscheint nach Auffassung der Kommission die Vereinbarung eines Wettbewerbsverbots zur erfolgreichen Durchführung der Transaktion nicht notwendig, da der Erwerber gegen Rechtsbeeinträchtigungen sofort gerichtlich vorgehen kann[12]. Allgemein wird daher unter einem Wettbewerbsverbot eine Vereinbarung verstanden, nach der es einem Unternehmen gegenüber einem anderen generell oder in einem bestimmten Bereich verboten ist, in Wettbewerb zu diesem zu treten[13]. Den Erwerber schädigende Verhaltensweisen können erfolgen zum einen durch aktives Abwerben, indem direkt in den Kundenkreis eingegriffen wird, sowie zum anderen durch passives Eindringen anhand der schlichten Entgegennahme solcher Aufträge, die dazu führen, dass die zunächst als gleichwertige Partner am Vertrag beteiligten Parteien zu Konkurrenten werden und das anfänglich bestehende vertragliche Gleichgewicht empfindlich gestört wird. Durch die Vereinbarung des Wettbewerbsverbots soll daher das zum Zeitpunkt des Vertragsschlusses bestehende Äquivalenzverhältnis zwischen Leistung und Gegenleistung, welches in dem zwischen den Partei-

---

[8] Mestmäcker/ Schweitzer, Europ. Wettbewerbsrecht, § 24 Rdn. 18; zum zeitlichen Ablauf einer Unternehmensveräußerung, siehe Holzapfel/ Pöllath, Unternehmenskauf in Recht und Praxis, S. 7 ff.

[9] Mestmäcker/ Schweitzer, Europ. Wettbewerbsrecht, § 24 Rdn. 18; Ohlgart, RabelsZ 1973, 545 (545).

[10] Wessing, ZGR 1982, 455 (459).

[11] Schroeder, Nebenabreden in der Fusionskontrolle, S. 102; Beisel, in: Beisel/ Klumpp, Der Unternehmenskauf, S. 223 Rdn. 24.

[12] Kommission, ABl. 2005 C 56/24 (27) Rdn. 21, vom 5.3.2005 – Bekanntmachung über Einschränkungen; a.A. Gleiss/ Hirsch, Komm. zum EG- Kartellrecht, Art. 85 (1) EGV Rdn. 609.

[13] Karl/ Reichelt, in: Gloy/ Loschelder, Hdb. Wettbewerbsrecht, § 36 Rdn. 1; Ohlgart, RabelsZ 1973, 545 (545).

en geschlossenen Vertrag manifestiert wurde, gesichert werden. Im Vordergrund steht daher die Sicherungsfunktion des Wettbewerbsverbots für den Erwerber[14]. Wettbewerbsverbote zu Lasten des Erwerbers werden generell restriktiver gehandhabt und nur selten als notwendig angesehen[15]. Denkbar sind sie in den Fällen, in denen nur Teile des Unternehmens veräußert werden und der Veräußerer Abteilungen oder Sparten des Unternehmens behält und mit diesen weiterhin am Markt tätig bleiben möchte. Bei diesen Konstellationen kann ein Schutz des Veräußerers gerechtfertigt sein, um diesem den Fortbestand der zurückbehaltenen Unternehmensteile zu sichern. Deutlich wird dies in dem Fall, dass ein Verbot vereinbart wird, Mitarbeiter des verbliebenen Unternehmensteils abzuwerben, um dem Veräußerer den Geschäftswert dieses Teils zu erhalten und ihm eine weitere Betätigung überhaupt zu ermöglichen[16]. Eine andere Funktion eines ausdrücklich vereinbarten Wettbewerbsverbots liegt in der Klarstellung aus Gründen der Rechtssicherheit. Zwar beinhaltet bereits der Kaufvertrag an sich konkludent die Nebenpflicht des Verkäufers, den Kaufgegenstand vollständig zu übertragen und daher solche Handlungen zu unterlassen, die den vollständigen Erwerb verhindern könnten[17]. Dieses vertragsimmanente Wettbewerbsverbot wird durch eine explizite Vereinbarung noch einmal besonders hervorgehoben und ist den Parteien eines Unternehmenskaufvertrags nur zu empfehlen[18].

Die Ausgewogenheit und das wirtschaftliche Interesse an einer Unternehmenstransaktion hängen in den meisten Fällen von der Rechtswirksamkeit der mit vereinbarten Nebenabreden ab[19]. Häufig erfolgt nur aufgrund der mit vereinbarten Wettbewerbsverbote eine Einigung zwischen den Parteien über das Ob und Wie der Transaktion. Insofern sind gerade die Nebenabreden von höchster wirtschaftspraktischer Bedeutung für die an dem Vertrag beteiligten Parteien. Stellt sich nach der Durchführung einer Unternehmensveräußerung die Unzulässigkeit der Wettbewerbsverbote heraus, so verliert der Vertrag sein von den Parteien ausgehandeltes Gleichgewicht und gerät in eine wirtschaftliche Schieflage[20].

Da der Zulässigkeit von Wettbewerbsverboten von Seiten der Parteien eine immense Bedeutung beigemessen wird, ist die rechtliche Wirksamkeit der Nebenabreden eingehend zu betrachten, denn auch Nebenabreden entziehen sich nicht einer rechtlichen Beurteilung. Ganz im Gegenteil befinden sich Wettbewerbsverbote gerade in einer

---

[14] Kommission, ABl. 2005 C 56/24 (27) Rdn. 17, vom 5.3.2005 – Bekanntmachung über Einschränkungen.

[15] Kommission, ABl. 2005 C 56/24 (27) Rdn. 17, vom 5.3.2005 - Bekanntmachung über Einschränkungen; Mestmäcker/ Schweitzer, Europ. Wettbewerbsrecht, § 24 Rdn. 101.

[16] So in der Entscheidung der Kommission vom 30.8.1993, Fall Nr. IV/M.319, Rdn. 16 - BHF/CCF/Charterhouse.

[17] Hommelhoff, ZHR 150 (1986), 254 (261, 262); Zimmer, in: Immenga/ Mestmäcker, GWB, § 1 Rdn. 291; Putzo, in: Palandt, BGB, § 433 BGB Rdn. 34.

[18] Hommelhoff, ZHR 150 (1986), 254 (262).

[19] EuGE 2002, 4829 (4849), Rs. T 251/00 – Lagardère u. Canal+/ Kommission; Goyder, EC Comp. Law, S. 124.

[20] Topel, in: Wiedemann, Hdb. des Kartellrechts, § 50 Rdn. 15.

zwiespältigen Situation. Zum einen dienen sie der Durchführung von Verträgen und werden von den Parteien aufgrund der ihnen zustehenden Privatautonomie vereinbart, zum anderen können sie jedoch mit den Vorschriften des europäischen und deutschen Kartell- und Zivilrechts kollidieren, die den Schutz des Wettbewerbs beziehungsweise der Handlungs- und Berufsfreiheit bezwecken. Es tritt also ein Zielkonflikt zwischen der Vertrags- und der Wirtschaftsfreiheit auf, hinter dem sich schwierige Fragen des europäischen und deutschen Wettbewerbsrechts verbergen. Problematisch ist, wie Wettbewerbsverbote in als solchen unbedenklichen kartellrechtsneutralen Austauschverträgen zu beurteilen sind. Zu behandeln sind die Wettbewerbsverbote bei den einzelnen Vorschriften des europäischen und deutschen Wettbewerbsrechts. Um eine erfolgreiche Durchführung der geplanten Unternehmenstransaktion zu erreichen, muss sich frühzeitig mit den kartellrechtlichen Vorgaben beschäftigt werden, da gerade diese Normen entscheidend für die Abwicklung des Unternehmenskaufvertrags sein können[21]. Insbesondere die jüngste Rechtsentwicklung im Bereich des europäischen Kartellrechts zwingt die Unternehmen und ihre internen oder externen Berater zu einer eingehenden Beschäftigung mit dem Kartellrecht, da seit dem 1. Mai 2004 mit Inkrafttreten der neuen Kartelldurchführungsverordnung (EG) Nr. 1/2003[22] die Unternehmen zur sogenannten „Selbstveranlagung“[23] gezwungen sind, d.h. sie müssen selbst die kartellrechtliche Gefährlichkeit ihrer Vereinbarungen im Vorfeld abschätzen[24]. Die kartellrechtlichen Risiken werden mittlerweile in großen, grenzüberschreitend tätigen Unternehmen aufgrund der empfindlichen Bußgelder, die auch die Geschäftsleiter und sonst verantwortlich handelnde Personen treffen können, und der hohen wirtschaftlichen Verluste, insbesondere durch die fehlende steuerliche Abzugsfähigkeit von Geldbußen als Betriebsausgaben[25], bei Scheitern einer Unternehmensübertragung als sehr hoch eingeschätzt[26]. Insofern haben die Unternehmen damit begonnen, sich durch sogenannte „compliance“- Programme[27] Strukturen zu erarbeiten, um das neue Kartellrecht in der Vertragspraxis zu berücksichtigen. Daneben sollten die behördlichen Aussagen der Kommission in ihren Bekanntmachungen und Leitlinien[28] kritisch hinterfragt werden, da der bisherige der Kommission eingeräumte weite Beurteilungsspiel-

[21] Montag/ Horstkotte, in: Picot, Unternehmenskauf und Restrukturierung, S. 773; Ebel/ Funke, Fusionskontrolle beim Unternehmenskauf, S. 11.

[22] Verordnung (EG) Nr. 1/2003 des Rates vom 16.12.2002 zur Durchführung der in den Artikeln 81 und 82 des Vertrags niedergelegten Wettbewerbsregeln, ABl. 2003 L 1/1, vom 4.1.2003.

[23] Der Begriff der „Selbstveranlagung“ ist in der deutschen rechtspolitischen Diskussion als eher negativ besetzter Begriff aufgekommen, dazu Bechtold, WuW 2003, 343; Lampert/ Niejahr/ Kübler/ Weidenbach, EG- KartellVO, Art. 1 VO Rdn. 9 ff.

[24] Unternehmen als „private attorney general“, Braun, in: Europäisches Wettbewerbsrecht im Umbruch, S. 173.

[25] Achenbach, BB 2000, 1116 ff.; Scholz/ Haus, EuZW 2002, 682 ff.

[26] Braun, in: Europäisches Wettbewerbsrecht im Umbruch, S. 171, 172; Schwintowski/ Klaue, WuW 2005, 370 (372).

[27] Ausführlich dazu, Dreher, ZWeR 2004, 75 ff.; „compliance“ übersetzt etwa: Befolgung, Einhaltung oder Erfüllung bestimmter (rechtlicher) Anforderungen.

[28] Sogenanntes „soft law“, Braun, in: Wettbewerbsrecht im Umbruch, S. 185- 187.

raum zur Ausfüllung der unbestimmten Rechtsbegriffe in Art. 81 Abs. 3 EG durch das neu eingeführte System der Legalausnahme entfällt und eine volle gerichtliche Überprüfung behördlicher Entscheidungen stattfindet[29]. Insofern können die durch „soft law" vorformulierten Lösungsalternativen der Kommission von den Unternehmen kritisch hinterfragt werden.
Zu den für die Prüfung von Unternehmensveräußerungsverträgen mit Wettbewerbsverboten einschlägigen Normen zählen zuvorderst die Vorschriften der europäischen Fusionskontrollverordnung (FKVO)[30], wenn durch die Transaktion die Umsatzschwellen des Art. 1 FKVO überschritten werden und ein Zusammenschluss gemäß Art. 3 FKVO vorliegt. In den Art. 6 Abs. 1 lit. b) UAbs. 2 und 8 Abs. 1 UAbs. 2, Abs. 2 UAbs. 3 FKVO ist dabei bestimmt worden, dass den Zusammenschluss begleitende Vereinbarungen, die grundsätzlich dem Art. 81 Abs. 1 EG unterfallen, an der Genehmigung des Zusammenschlusses teilhaben, wenn sie die Voraussetzungen der unmittelbaren Verbundenheit und Notwendigkeit erfüllen. Insofern soll im Bereich der europäischen Zusammenschlusskontrolle eine einheitliche Entscheidung ermöglicht werden, um dem geltenden „one- stop- shop"- Prinzip auch für Zusammenschlüsse mit Nebenabreden zur Geltung zu verhelfen, um eine zeitintensive bürokratische Doppelkontrolle zu vermeiden[31]. Von Seiten der Kommission ist daneben eine Bekanntmachung über Einschränkungen erlassen worden, in der sie ihre Kriterien für die Auslegung des Begriffs der „Nebenabreden" darlegt[32]. Unterfällt ein Unternehmenskaufvertrag nicht den Vorschriften der FKVO, da die Schwellenwerte des Art. 1 FKVO nicht überschritten werden oder ein Fall der Minderheitsbeteiligung vorliegt, der von Art. 3 FKVO nicht erfasst wird, oder erfüllen die begleitenden Vereinbarungen nicht die Nebenabredenkriterien, so kann die Vorschrift des Art. 81 EG zur Anwendung gelangen, wenn die Zwischenstaatlichkeitsklausel erfüllt ist. Daneben können, wie etwa im Falle der genannten Minderheitsbeteiligung, die Vorschriften der deutschen Zusammenschlusskontrolle gemäß den §§ 35 ff. GWB zur Anwendung gelangen, da zwar grundsätzlich nach Art. 3 Abs. 2 VO (EG) Nr. 1/2003 der erweiterte Vorrang des Gemein-

---

[29] Weitbrecht, EuZW 2003, 69 (70).
[30] Verordnung (EWG) Nr. 4064/89 des Rates über die Kontrolle von Unternehmenszusammenschlüssen in der Fassung der Verordnung (EG) Nr. 1310/97 des Rates vom 30. Juni 1997, sog. Fusionskontroll- Verordnung (FKVO), ABl. 1997 L 180/1; beide Verordnungen sind mit Wirkung zum 1.5.2004 aufgehoben worden, in Kraft getreten ist die neue, jetzt gültige, FKVO (EG) Nr. 139/04, ABl. 2004 L 24/1, vom 29.1.2004.
[31] Immenga, in: Immenga/ Mestmäcker, EG- Wettbewerbsrecht, Bd. 1, FKVO- Nebenabreden Rdn. 3; Löffler, Kommentar zur FKVO, Art. 8 FKVO Rdn. 15.
[32] Die erste Bekanntmachung stammt aus dem Jahr 1990: Kommission, ABl. C 203/5, vom 14.8.1990 - Bekanntmachung der Kommission über Nebenabreden zu Zusammenschlüssen nach der Verordnung (EWG) Nr. 4064/89 des Rates vom 21.12.1989 über die Kontrolle von Unternehmenszusammenschlüssen; abgelöst wurde sie durch die Bekanntmachung aus dem Jahr 2001: Kommission, ABl. C 188/5, vom 4.7.2001 - Bekanntmachung der Kommission über Einschränkungen des Wettbewerbs, die mit der Durchführung von Unternehmenszusammenschlüssen unmittelbar verbunden und für diese notwendig sind; die aktuell gültige Bekanntmachung ist aus dem Jahr 2005: Kommission, ABl. 2005 C 56/24, vom 5.3.2005 – Bekanntmachung über Einschränkungen.

schaftsrechts im Bereich des Wettbewerbsrechts gilt, jedoch gemäß der Ausnahmeregelung des Art. 3 Abs. 3 VO (EG) Nr. 1/2003 keine Verpflichtung zur parallelen Anwendung des europäischen Rechts bei Eingreifen der nationalen Zusammenschlussvorschriften besteht, da der Bereich der Fusionskontrolle bisher nicht harmonisiert worden ist[33]. Ebenso ist der Bereich der nationalen Zusammenschlusskontrolle dann eröffnet, wenn keine Zwischenstaatlichkeit der Vereinbarungen vorliegt. In der deutschen Zusammenschlusskontrolle ist kein Konzentrationsprivileg verankert, so dass der § 1 GWB grundsätzlich neben den Vorschriften der Zusammenschlusskontrolle anwendbar bleibt, so dass für den Fall des Unternehmensveräußerungsvertrags mit Wettbewerbsverboten im deutschen Recht eine Doppelkontrolle erfolgt. Abhängig vom Erfüllen der Aufgreifkriterien der FKVO sowie der Zwischenstaatlichkeitsklausel des Art. 81 EG können Unternehmenstransaktionen mit Wettbewerbsverboten den verschiedenen Vorschriften des europäischen und deutschen Wettbewerbsrechts unterfallen. Mit Ausnahme der FKVO jedoch, in der die Behandlung von Nebenabreden explizit festgelegt worden ist, bestehen weder im Bereich des Art. 81 EG noch der §§ 1, 35 ff. GWB Vorschriften zur Beurteilung von Nebenabreden, die einer Hauptvereinbarung beigefügt worden sind. Dennoch ist auch im Bereich dieser Vorschriften erkannt worden, dass es mit dem Sinn und Zweck des europäischen beziehungsweise nationalen Kartellverbots nicht vereinbar ist, ausnahmslos alle wettbewerbsbeschränkenden Vereinbarungen zu erfassen, insbesondere auch solche, die einem regelmäßig kartellrechtsneutralen Austauschvertrag beigefügt worden sind, um seine Durchführbarkeit zu gewährleisten[34]. Allein die Verbundenheit mit dem kartellrechtsneutralen Vertrag führt jedoch nicht dazu, dass auch die wettbewerbsbeschränkenden Wettbewerbsverbote von der Neutralität erfasst würden und damit dem Kartellverbot per se entgingen. Insofern ist sowohl auf europäischer als auch auf deutscher Ebene anhand verschiedener gedanklicher Ansätze versucht worden, zu einer Tatbestandseinschränkung der Kartellverbote zu gelangen, um bestimmte Vereinbarungen von einer Anwendung auszunehmen. Im Bereich des Art. 81 Abs. 1 EG sind von Seiten der Literatur anhand des Kriteriums der Spürbarkeit, des Erfordernisses eines potentiellen Wettbewerbsverhältnisses, der „Wettbewerbseröffnungs- und Markterschließungstheorie" sowie einer möglichen Übertragung der ancillary restraints-Doktrin aus dem US- amerikanischen Recht Wege gesucht worden, um den als zu weit empfundenen Tatbestand des Art. 81 Abs. 1 EG einzugrenzen. Im deutschen Recht ist die Eingrenzung des Kartellverbots des § 1 GWB eng verknüpft mit der Problematik der bis zur 7. GWB-Novelle erforder-

---

[33] Begründung zum Gesetzesentwurf der Bundesregierung zu einem siebten Gesetz zur Änderung des Gesetzes gegen Wettbewerbsbeschränkungen vom 5.5.2004 = BT-Drucks. 15/3640, S. 46, 47, dazu BR- Drucks. 210/05 Annahme des Regierungsentwurfs durch den Deutschen Bundestag vom 11.3.2005, Anrufung des Vermittlungsausschusses durch den Bundesrat am 29.4.2005 = BR- Drucks. 210/05 (Beschluss); im Folgenden wird immer der Regierungsentwurf in der Fassung der BT-Drucks. 15/3640 zugrunde gelegt; Lampert/ Niejahr/ Kübler/ Weidenbach, EG- KartellVO, Art. 3 VO Rdn. 114 ff.

[34] EuGHE 1985, 2545 (2571) Rdn. 20, Rs. 42/84 – RemiaBV/ Kommission; Zimmer, in: Immenga/ Mestmäcker, GWB, § 1 GWB Rdn. 271; Huber, in: FK, Kurzdarstellung § 1 n.F. Rdn. 70.

lichen Abgrenzung der vertikalen von den horizontalen Vereinbarungen. Die Rechtsprechung versuchte zunächst durch die Anknüpfung an die Tatbestandsmerkmale des „gemeinsamen Zwecks" und der „miteinander im Wettbewerb stehenden Unternehmen" bereits auf Tatbestandsebene zu einer Einschränkung zu gelangen. Sie entwickelte dazu die Formel des „anzuerkennenden Interesses", wonach „sachlich nicht gebotene, über die Sicherung eines – kartellrechtsneutralen – Leistungsaustauschs hinausgehende Beschränkungen in ihrem „überschießenden" Umfang nach § 1 GWB zu beurteilen sind[35]. Von Seiten der kartellrechtlichen Literatur wurde die Immanenztheorie entwickelt, wonach eine isoliert betrachtet wettbewerbsschädliche Vereinbarung aufgrund ihrer Verbundenheit mit der wettbewerbsförderlichen Hauptvereinbarung, der sie als ungeschriebene Nebenpflicht zugrunde liegt, als zulässig zu betrachten sei[36]. Vergleichbar den Ansätzen im europäischen Recht ist auch hier eine Übertragung der amerikanischen Rechtsfiguren der rule of reason und insbesondere der ancillary restraints-Doktrin angedacht worden.

Neben den erwähnten Einschränkungsansätzen ist jedoch jüngst von Seiten des EuG und auch der Kommission für die Behandlung von Nebenabreden im Bereich des Art. 81 EG auf die in der FKVO verankerten Grundsätze einer „Nebenabreden- Doktrin"[37] zurückgegriffen worden[38]. Danach sollen zusätzliche Vereinbarungen auch bei der Prüfung nach Art. 81 EG an der Entscheidung über die Hauptvereinbarung teilhaben, wenn sie die in der FKVO genannten Voraussetzungen erfüllen, so dass Nebenabreden auch im Rahmen des Art. 81 EG privilegiert werden und einer gesonderten Prüfung nach Art. 81 EG entgehen. Durch das EuG wird insbesondere der rein abstrakte Charakter der Nebenabredenprüfung fokussiert auf die Funktionsnotwendigkeit der Nebenabrede für die Hauptvereinbarung hervorgehoben, da jegliche abwägende Gesichtspunkte dem Anwendungsbereich des Art. 81 Abs. 3 EG vorbehalten seien[39]. Insofern wurde von Seiten des EuG und der Kommission darauf abgestellt, dass für den gesamten Bereich des europäischen Wettbewerbsrechts der Begriff der Nebenabrede einheitlich zu definieren und zu behandeln sei, so dass von einem europäischen Konzept der Nebenabreden gesprochen werden könne.

Durch die Angleichung des Regelungsgehalts des § 1 GWB an den Art. 81 Abs. 1 EG sowie die Einführung des § 2 GWB, in den die Voraussetzungen der Freistellung des

---

[35] BGH, Urteil vom 14.1.1997, WuW/ E BGH 3115 (3117) – Druckgussteile; BGH, Urteil vom 14.1.1997, WuW/ E BGH 3121 (3125) – Bedside- Testkarten; BGH, Urteil vom 6.5.1997, WuW/ E BGH 3137 (3138) – Sole; BGH, Urteil vom 12.5.1998, WuW/ E DE- R 131 (133) – Eintritt in Gebäudereinigungsvertrag.

[36] Grundlegend, Steindorff, BB 1977, 569 ff.; K.Schmidt, BB 1979, 1173 ff.

[37] Der Begriff der „Doktrin" wird von der Kommission selbst benutzt, so etwa in der Entscheidung des EuG 2002, 4829 (4846), Rs. T 251/00 – Lagardère u. Canal+/ Kommission, in der sie anführt, dass ihre Entscheidungspraxis im Bereich der Nebenabreden zur „Entwicklung einer Doktrin der Nebenabreden" beitragen soll.

[38] EuGE 2001, 2459 (2500 ff.) Rdn. 113 ff., Rs. T 112/99 – Métropole télévision; Kommission, ABl. 2004 C 101/97 (101) Rdn. 29, vom 27.4.2004 – Bekanntmachung über Leitlinien zur Anwendung von Art. 81 Abs. 3 EG.

[39] EuGE 2001, 2459 (2498, 2500) Rdn. 107, 112, Rs. T 112/99 – Métropole télévision.

Art. 81 Abs. 3 EG durch die 7. GWB-Novelle übernommen worden sind, stellt sich die Frage, ob das in den Bereich des Art. 81 EG als eine Form der teleologischen Auslegung zu übernehmende Konzept der Nebenabreden nicht auch im Bereich der nationalen Zusammenschlusskontrolle beziehungsweise des § 1 GWB anzuwenden ist, so dass nicht nur im Bereich des europäischen Wettbewerbsrechts, sondern auch des deutschen von einem einheitlichen Konzept der Behandlung von Nebenabreden ausgegangen werden kann. Insbesondere die ursprünglich vorgesehene Vorschrift des § 23 GWB bot eine gesetzlich verankerte Möglichkeit, auf die in der FKVO niedergelegten Regelungen sowie die begleitenden Ausführungen in der Bekanntmachung der Kommission zurück zu greifen. Diese Möglichkeit besteht jedoch, wie zu zeigen sein wird, auch ohne die (nicht in die endgültige Novelle aufgenommene) Norm des § 23 GWB. Nicht übernommen werden kann das europäische Konzept der Nebenabreden in die im deutschen Recht neben der Vorschrift des § 1 GWB erfolgende Prüfung nach § 138 BGB aufgrund des unterschiedlichen Schutzzwecks der Normen, der eine Übernahme verbietet.
Erfüllen vereinbarte Wettbewerbsverbote zu Unternehmensveräußerungsverträgen jedoch nicht die Voraussetzungen des europäischen Konzepts der Nebenabreden, so zieht ein Verstoß gegen die Kartellverbote des Art. 81 Abs. 1 EG und des § 1 GWB sowie gegen die Vorschrift des § 138 BGB die Nichtigkeit der jeweiligen Vereinbarung nach sich, mit der Folge der Anwendung des § 139 BGB. Da eine wirtschaftliche Trennbarkeit der Klausel von dem Hauptvertrag beinahe unmöglich ist, erfolgt regelmäßig eine Reduktion der übermäßigen Klauseln auf den zulässigen Umfang.
Wie die vorangegangenen Erwägungen gezeigt haben, könnte das europäische Konzept der Nebenabreden, wie es in den Vorschriften der FKVO verankert worden ist, eine Möglichkeit bieten, zu einem für alle Nebenabreden sowohl im europäischen als auch im deutschen Wettbewerbsrecht gültigen Gesamtkonzept ihrer Beurteilung zu gelangen. Insofern wäre für den äußerst praxisrelevanten Teilbereich der Nebenabreden von einer grundsätzlich für das gesamte Wettbewerbsrecht angestrebten vollständigen Harmonisierung auszugehen. Um die Möglichkeit der Übertragung des Konzepts der Nebenabreden zu bestätigen, müssen die aufgeworfenen Aspekte im Folgenden eingehend behandelt werden.
Die Bearbeitung beschränkt sich dabei auf die Behandlung von Wettbewerbsverboten zu Unternehmensveräußerungsverträgen, da es sich bei diesen Abreden um die praxisrelevanteste und ökonomisch wichtigste Fallgruppe bei der Veräußerung eines Unternehmens handelt[40]. Anhand dieser Gruppe von Nebenabreden soll die Zweckmäßigkeit der Etablierung eines Konzepts der Nebenabreden im europäischen und deutschen Kartellrecht erörtert werden.

---

[40] Als Nebenabreden werden daneben betrachtet: Lizenzvereinbarungen, Bezugs- und Liefervereinbarungen, Service- und Dienstleistungsvereinbarungen sowie Abwerbeverbote und Vertraulichkeitsklauseln; Aufzählung in der Bekanntmachung der Kommission über Einschränkungen, ABl. 2005 C 56/24 (27) Rdn. 17 ff., vom 5.3.2005; Karl/ Reichelt, in: Gloy/ Loschelder, Hdb. Wettbewerbsrecht, § 36 Rdn. 1 ff.

B. Ziel der Arbeit und Gang der Untersuchung

Ziel der vorliegenden Arbeit ist es, zu untersuchen, ob eine einheitliche Behandlung von Nebenabreden im europäischen und deutschen Wettbewerbsrecht anhand des europäischen Konzepts der Nebenabreden möglich und im Sinne der Zielsetzung einer weitestgehenden Rechtsharmonisierung des europäischen und deutschen Wettbewerbsrechts sinnvoll ist[41]. Dazu wird, ausgehend von der Behandlung der Nebenabreden, wie sie in der europäischen Fusionskontrollverordnung verankert worden ist, die Übertragung dieser Beurteilungsgrundsätze zunächst in den Anwendungsbereich des Art. 81 EG sowie anschließend in die Vorschriften der §§ 1, 35 ff. GWB des deutschen Kartellrechts vorgenommen. Den methodischen Schwerpunkt der Arbeit bildet somit der Rechtsvergleich. Eine rechtsübergreifende Darstellung der Nebenabredenproblematik im europäischen und deutschen Recht, außerhalb der FKVO, fehlt bislang. Dabei eröffnet gerade die rechtsübergreifende Betrachtung interessante Erkenntnisse bezüglich der systematischen Einordnung von Nebenabreden und den unterschiedlichen Ansätzen der Einschränkung der Kartellverbote. Bei der Erörterung der verschiedenen Einschränkungsmöglichkeiten wird deutlich, dass sich die Ansätze in dem Konzept der Nebenabreden wieder finden lassen und daher übereinstimmende Grundsätze festzustellen sind, die zu materiellrechtlich vergleichbaren Ergebnissen hinsichtlich der Zulässigkeit von Wettbewerbsverboten führen. Neben der Beschäftigung mit der materiellrechtlichen Zulässigkeit von Wettbewerbsverboten wird auch das zum Teil schwierig zu bestimmende Verhältnis der verschiedenen Rechtssysteme zueinander behandelt, so bezüglich des Anwendungsbereichs des europäischen Kartellprimärrechts gegenüber der FKVO und einer möglichen Behandlung von Zusammenschlüssen gemäß Art. 81, 82 EG sowie das Verhältnis der deutschen Zusammenschlusskontrolle zur FKVO und den Art. 81, 82 EG.

Besondere Relevanz und Aktualität erlangt die zu behandelnde Thematik durch die jüngst stattgefundenen tiefgreifenden Veränderungen des europäischen und deutschen Kartellrechts anhand der neuen Fusionskontrollverordnung (EG) Nr. 139/2004, der neuen Kartelldurchführungsverordnung (EG) Nr. 1/2003 sowie der neuen 7. GWB-Novelle, mit der Folge der Einführung eines Systems der Legalausnahme im europäischen und deutschen Kartellrecht[42]. Insbesondere vor dem Hintergrund der erfolgten Harmonisierung der Vorschriften über Kartellvereinbarungen, des Art. 81 EG und des § 1 GWB, mit dem in Art. 3 Abs. 2 VO (EG) Nr. 1/2003 geregelten erweiterten Vorrang des Gemeinschaftsrechts im Bereich des Wettbewerbsrechts, wäre eine rechtsübergreifende einheitliche Behandlung von Nebenabreden zu begrüßen.

---

[41] Ausweislich der Begründung des Regierungsentwurfs zur 7. GWB-Novelle, BT-Drucks. 15/3640, S. 21, ist Ziel der Novelle die Angleichung des deutschen an das europäische Wettbewerbsrecht.

[42] Kommission, ABl. 2004 L 24/1, vom 29.1.2004 – EG- Fusionskontrollverordnung; Kommission, ABl. 2003 L 1/1, vom 4.1.2003 – EG- Durchführungsverordnung; Regierungsentwurf eines siebten Gesetzes zur Änderung des Gesetzes gegen Wettbewerbsbeschränkungen, BT-Drucks. 15/3640.

Darüber hinaus ist die umfassende Zusammenstellung der Behandlung von Wettbewerbsverboten für die auf praktischer Seite stehenden Unternehmen von besonders großem Interesse. Hervorgerufen durch die neue Verfahrensweise der Kommission bei der Behandlung von Nebenabreden im europäischen Fusionskontrollverfahren, wonach sie nicht mehr ausdrücklich über die Zulässigkeit von Nebenabreden befindet, sondern diese kraft Gesetzes als mitgenehmigt gelten[43], besteht ein gestiegenes Interesse der zusammenschlussbeteiligten Unternehmen an einer Orientierungsmöglichkeit zur Bestimmung des zulässigen Ausmaßes von Wettbewerbsverboten. Ebenso sind die Unternehmen im Bereich des Art. 81 EG sowie des § 1 GWB vor die Aufgabe gestellt, im Wege der Selbstveranlagung[44] eigenverantwortlich vorab zu prüfen, ob ihre Vereinbarungen als kartellrechtlich zulässig einzustufen sind beziehungsweise ob aufgrund der gestärkten privaten Rechtsdurchsetzung aktiv gegen kartellrechtlich unerlaubte Handlungen Dritter vorgegangen werden kann[45]. Um diesen Aufgaben gerecht zu werden, sind die Unternehmen mehr denn je gefordert, sich mit kartellrechtlichen Risiken auseinander zu setzen und eine gestaltende Unternehmenspraxis vorzunehmen[46], insbesondere hinsichtlich des von der Kommission in Bekanntmachungen und Leitlinien erlassenen sogenannten „soft law", das von den Unternehmen bei ihrer Selbstveranlagung kritisch hinterfragt werden sollte[47]. Es müssen also Maßstäbe entwickelt werden, an denen sich die Unternehmen bei der vorzunehmenden Prüfung orientieren können[48]. Insofern soll den Unternehmen mit der vorliegenden Arbeit ein rechtsübergreifender Gesamtüberblick für den Bereich der äußerst praxisrelevanten Wettbewerbsverbote zu Unternehmenskaufverträgen gegeben werden, der den Unternehmen und ihren internen und externen Beratern Rechtssicherheit im Umgang mit Wettbewerbsverboten verschafft und ihnen einen Leitfaden an die Hand gibt, der ihnen die Bewertung der Zulässigkeit von Wettbewerbsverboten voraussehbarer macht.
Angestrebt ist eine in sich geschlossene Behandlung der Nebenabredenproblematik im europäischen und deutschen Wettbewerbsrecht, begrenzt auf die wirtschaftlich wichtigste Fallgruppe der Wettbewerbsverbote bei Unternehmensveräußerungen.

Die Untersuchung ist im Einzelnen folgendermaßen aufgebaut:

Zunächst wird in Teil 2 der Arbeit das europäische Konzept der Nebenabreden im europäischen Recht untersucht. Dazu werden vorab die möglichen Rechtsgrundlagen zur Behandlung von Nebenabreden geklärt. Im Anschluss daran folgt als erster großer Ab-

---

[43] Erwägungsgrund 21 zur FKVO, ABl. 2004 L 24/1 (3), vom 29.1.2004.
[44] Bechtold, WuW 2003, 343.
[45] Wurmnest, in: Europäisches Wettbewerbsrecht im Umbruch, S. 213 ff.
[46] Aufgrund der jüngsten Änderungen des Wettbewerbsrechts machen die Unternehmen verstärkt von der Möglichkeit des „compliance" Gebrauch, ausführlich dazu, Dreher, ZWeR 2004, 75 ff.; Schwintowski/ Klaue, WuW 2005, 370 (372 ff.).
[47] Braun, in: Europäisches Wettbewerbsrecht im Umbruch, S. 171 ff., spricht von „Kartellrecht und Risikomanagement im Unternehmen".
[48] Bechtold, WuW 2003, 343.

schnitt des zweiten Teils der Arbeit die Darlegung des Konzepts der Nebenabreden wie es in der europäischen Fusionskontrollverordnung verankert worden ist als Grundlage, auf die für die folgenden Untersuchungen zurückgegriffen wird. Dazu wird zunächst kurz dargestellt, inwiefern Unternehmensveräußerungen überhaupt in den Anwendungsbereich der FKVO fallen. Die Aufgreifkriterien werden bezüglich des Zusammenschlussbegriffs im Sinne von Art. 3 FKVO und der gemeinschaftsweiten Bedeutung gemäss Art. 1 FKVO in dem für die vorliegende Arbeit relevanten Umfang behandelt, bevor auch die Eingreifkriterien kurz dargestellt werden. Es schließt sich der Schwerpunkt des zweiten Teils der Arbeit an, nämlich die Frage der Behandlung der Nebenabreden in der FKVO. Dazu wird zunächst die verfahrensrechtliche und nachfolgend die materiellrechtliche Beurteilung der Nebenabreden untersucht. Bei der verfahrensrechtlichen Erörterung wird insbesondere eingegangen auf die in jüngster Zeit stattgefundenen Verfahrensveränderungen durch die Kommission. Diese wurden erstmals in der Bekanntmachung von 2001 durch die Kommission vorgestellt[49] und in einem Urteil des Gerichtshofs erster Instanz[50] aufgegriffen, bevor sie schließlich in der neuen FKVO[51] niedergelegt worden sind. Hierbei gilt das Hauptaugenmerk der neu eingeführten Zulässigkeit der Nebenabreden kraft Gesetzes im Zusammenhang mit der Genehmigung des Zusammenschlussvorhabens sowie andererseits der neugeregelten gerichtlichen Zuständigkeit, wonach die mitgliedstaatlichen Gerichte für Streitigkeiten über die Zulässigkeit von Nebenabreden zuständig sind[52]. Im Anschluss daran wird die materiellrechtliche Zulässigkeit von Nebenabreden nach der FKVO behandelt. Der Schwerpunkt liegt hier auf der Analyse des Merkmals der unmittelbaren Verbundenheit und insbesondere des Kriteriums der Notwendigkeit. Da die materiellen Voraussetzungen des Notwendigkeitsbegriffs nicht in ausreichender Weise von Seiten der Kommission in ihrer Bekanntmachung behandelt werden, wird nach weiteren Anhaltspunkten zur Auslegung des Notwendigkeitsbegriffs gesucht, wobei insbesondere auf die Auslegung des Kriteriums der Unerlässlichkeit in Art. 81 Abs. 3 lit. a) EG abgestellt wird. Hingewiesen wird dabei auf die parallele Struktur der von der Kommission erlassenen Gruppenfreistellungsverordnungen, insbesondere der Vertikal-GVO, und der Bekanntmachung über Nebenabreden, da auch die Vertikal-GVO die Behandlung von Wettbewerbsverboten kennt. Problematisiert wird im Anschluss der Aspekt der von Nebenabreden trotz Erfüllens der Nebenabredenkriterien und der innerhalb der Erforderlichkeit einer Abrede möglichen Reduzierung des Anwendungsbereichs ausgehenden negativen Marktstrukturwirkungen als Grenze ihrer Zulässigkeit. Dazu werden zunächst die in der Rechtsprechung und Literatur diesbezüglich vorzufindenden

[49] Kommission, ABl. 2001 C 188/5, vom 4.7.2001 – Bekanntmachung über Einschränkungen; dazu Polley, WRP 2002, 304 ff.
[50] EuGE 2002, 4829, Rs. T 251/00 – Lagardère u. Canal+/ Kommission.
[51] Verordnung (EG) Nr. 139/2004 des Rates vom 20.1.2004 über die Kontrolle von Unternehmenszusammenschlüssen („EG- Fusionskontrollverordnung"), ABl. 2004 L 24/1, vom 29.1.2004, gültig ab 1.5.2004; im Folgenden nur FKVO.
[52] Erwägungsgrund 21 der FKVO (EG) Nr. 139/2004, ABl. 2004 L 24/1, vom 29.1.2004.

Ansätze aufgezeigt. In einer Stellungnahme wird auf die in einem solchen Fall von Seiten der Kommission mögliche Untersagung des Zusammenschlusses nach Art. 2 Abs. 3 FKVO hingewiesen aufgrund der folglich erheblichen Behinderung des Wettbewerbs durch die mit dem Zusammenschluss verbundenen Nebenabreden. Aufgeworfen wird daneben das Problem, dass die mitgliedstaatlichen Gerichte, die für Streitigkeiten über die Zulässigkeit von Nebenabreden zuständig sind, die Möglichkeit der Untersagung des Zusammenschlusses in einem solchen Fall nicht haben aufgrund der ausschließlichen Zuständigkeit der Kommission gemäß Art. 21 Abs. 2 FKVO. Erörtert wird in diesem Zusammenhang der in Art. 29 VO (EG) Nr. 1/2003 verankerte Rechtsgedanke. Abschließend wird diskutiert, ob mit Nebenabreden einhergehende positive wettbewerbliche Auswirkungen nach Art. 2 Abs. 1 lit. a) FKVO im Rahmen der dort vorgesehenen Abwägungsmöglichkeit berücksichtigt werden können Der erste große Abschnitt des zweiten Teils der Arbeit schließt mit einem Zwischenergebnis zur Behandlung von Nebenabreden in der FKVO.
Hieran knüpft sich als zweiter großer Abschnitt des zweiten Teils der Arbeit die Behandlung von Wettbewerbsverboten im Rahmen des Kartellverbots des Art. 81 Abs. 1 EG an. Zunächst wird die Frage des Anwendungsbereichs des europäischen Kartellprimärrechts neben der FKVO aufgeworfen, insbesondere die umstrittene Frage der Geltung des Ausschlusses der VO (EG) Nr. 1/2003 in Art. 21 Abs. 1 FKVO für gemeinschaftsweite und nicht gemeinschaftsweite Zusammenschlüsse. Aufgrund der Annahme eines Ausschlusses lediglich für gemeinschaftsweite Zusammenschlüsse wird anschließend die Möglichkeit einer Zusammenschlusskontrolle anhand der Art. 81, 82 EG kurz erörtert. Nach den verfahrensrechtlichen Ausführungen folgt der materiellrechtliche Teil der Behandlung von Wettbewerbsverboten nach Art. 81 EG. Dazu werden zunächst die verschiedenen von Seiten der Literatur vorgebrachten Einschränkungsmöglichkeiten des Art. 81 Abs. 1 EG unter Beachtung der Systematik des Art. 81 EG diskutiert und es werden die daraus erkennbaren Kriterien für die Zulässigkeit von Wettbewerbsverboten herausgefiltert. Eingehend behandelt wird in diesem Zusammenhang die aus dem amerikanischen Kartellrecht stammende ancillary restraints-Doktrin im Hinblick auf eine möglicherweise im europäischen Kartellrecht erfolgte Rezeption dieses Konzepts. Im Anschluss daran wird das in der FKVO entwickelte, als Konzept der Nebenabreden zu bezeichnende Verfahren zur Behandlung von Nebenabreden, auf seine Übertragbarkeit in den Art. 81 Abs. 1 EG im Rahmen einer teleologischen Auslegung dieser Norm untersucht. Erörtert werden dazu die in den Entscheidungen des EuGH, des EuG und der Kommission vorzufindenden bereits vorhandenen Ansätze einer Übertragung. Besonders eingegangen wird in diesem Zusammenhang auf das von Seiten des EuG explizit hervorgehobene Erfordernis der rein abstrakten Prüfung der Nebenabreden, eng begrenzt auf ihre Funktionsnotwendigkeit für die Durchführung der Hauptvereinbarung. Abschließend wird die Untersuchung von nicht als Nebenabreden anzuerkennenden Vereinbarungen nach Art. 81 Abs. 3 EG dargestellt. Es schließt sich das Zwischenergebnis zur Behandlung von Wettbewerbsverbo-

ten nach Art. 81 EG an, bevor ein Gesamtergebnis zur Behandlung von Wettbewerbsverboten im gesamten europäischen Kartellrecht folgt.
Im folgenden dritten Teil der Arbeit wird die Behandlung von Wettbewerbsverboten im deutschen Recht untersucht. Zunächst wird auch hier die Frage des Anwendungsbereichs des mitgliedstaatlichen Wettbewerbsrechts behandelt, zum einen bezüglich der nationalen Zusammenschlussvorschriften zu den Vorschriften der FKVO sowie des Verhältnisses der nationalen Fusionskontrolle zu den Art. 81, 82 EG. Besonders eingegangen wird vor dem Hintergrund des in Art. 3 Abs. 2 VO (EG) Nr. 1/2003 geregelten erweiterten Vorrangs des Gemeinschaftsrechts im Bereich des Wettbewerbsrechts auf die Ausnahmeregel des Art. 3 Abs. 3 VO (EG) Nr. 1/2003. Daneben wird auf die parallele Anwendbarkeit der Zusammenschlussvorschriften und des Kartellverbots mangels Bestehens eines Konzentrationsprivilegs im deutschen Wettbewerbsrecht hingewiesen. Kurz wird die Erfassung von Unternehmensverkäufen durch die Vorschriften der nationalen Fusionskontrolle dargelegt, bevor im Anschluss die Behandlung von Wettbewerbsverboten nach § 1 GWB untersucht wird. Zunächst wird die Vorgehensweise der Rechtsprechung vor der 7. GWB-Novelle zur Einschränkung des Tatbestands des § 1 GWB dargestellt bezüglich des sachlichen Anwendungsbereichs der vorgebrachten Ansätze sowie ihrer systematischen Verortung. Daran anknüpfend wird der Immanenzansatz der Literatur in seiner zivilrechtlichen und wettbewerbsrechtlichen Ausprägung sowie seine systematische Einordnung erläutert. Im Anschluss wird auch hier eine Übertragungsmöglichkeit der ancillary restraints-Doktrin kurz erörtert. Sodann wird die 7. GWB-Novelle bezüglich des mit ihr verbundenen Systemwechsels hin zu einem System der Legalausnahme mit der Erlaubnismöglichkeit nach § 2 GWB im deutschen Wettbewerbsrecht dargestellt. Problematisiert wird in diesem Zusammenhang, ob anhand dieser Veränderungen, insbesondere der Erlaubnismöglichkeit gemäß § 2 GWB, insofern parallel zur Anwendung des Art. 81 EG in seinen drei Absätzen, das Bedürfnis für eine Tatbestandseinschränkung des § 1 GWB wie bisher von Seiten der Rechtsprechung und der kartellrechtlichen Literatur gefordert, entfallen sein könnte. In einem nächsten Abschnitt erfolgt sodann die Analyse der Möglichkeit einer Übertragung des europäischen Konzepts der Nebenabreden als teleologische Auslegung des § 1 GWB. Als Anknüpfungspunkt wird zunächst auf den ursprünglich vorgesehenen § 23 GWB zurückgegriffen. Dazu werden im Anschluss die Einschränkungskonzepte des BGH und der Literatur mit dem Inhalt des Konzepts der Nebenabreden bezüglich vergleichbarer Ergebnisse gegenübergestellt. Es folgt eine Stellungnahme zur Übertragung des Konzepts der Nebenabreden sowie ein Zwischenergebnis zur Behandlung von Wettbewerbsverboten nach § 1 GWB. Sodann wird die im deutschen Recht parallel zu den kartellrechtlichen Vorschriften einschlägige Norm des § 138 BGB bezüglich der Sittenwidrigkeit von Wettbewerbsverboten erörtert. Es folgt ein Gesamtergebnis zur Behandlung von Wettbewerbsverboten im gesamten deutschen Kartellrecht.
Der vierte Teil der Arbeit beschäftigt sich mit den Rechtsfolgen kartell- und zivilrechtlicher Unwirksamkeit von Wettbewerbsverboten. Alle in der Arbeit behandelten Nor-

men ziehen bei einem Verstoß gegen die kartellrechtlichen Vorschriften die Nichtigkeit der einzelnen Abreden nach § 139 BGB nach sich. Behandelt wird die für Wettbewerbsverbote als zu Unternehmensveräußerungsverträgen verbundene Vereinbarungen besonders einschlägige Möglichkeit der geltungserhaltenden Reduktion. Unterschieden wird dabei zwischen Verstößen gegen Art. 81 EG und § 1 GWB einerseits sowie gegen § 138 BGB andererseits, aufgrund der unterschiedlichen Schutzzwecke der Vorschriften, die eine geltungserhaltende Reduktion in unterschiedlichem Umfang zulassen. Erörtert wird daneben die Möglichkeit der Vereinbarung einer salvatorischen Klausel, insbesondere die dazu jüngst ergangene Rechtsprechungsänderung des BGH[53]. Sodann wird auf die damit verbundene möglicherweise veränderte Behandlung der Rechtsmissbrauchsschranken eingegangen, bevor eine Stellungnahme und ein Ergebnis zu den Rechtsfolgen der kartell- und zivilrechtlichen Unwirksamkeit erfolgt. Abschließend werden in einem fünften Teil die Ergebnisse der Untersuchung in Thesen zusammengefasst dargestellt.

Zweiter Teil: Das europäische Konzept der Nebenabreden im europäischen Recht

Der folgende Teil der Arbeit befasst sich mit der Darstellung und Analyse des Konzepts der Nebenabreden im europäischen Recht.
Dabei wird zunächst die Entwicklung und Verankerung des europäischen Konzepts der Nebenabreden in der FKVO dargestellt. Begonnen wird mit der Darstellung der verfahrensrechtlichen und materiellrechtlichen Behandlung von Nebenabreden in der FKVO, bevor in einem zweiten Kapitel die verschiedenen Einschränkungsmöglichkeiten des Art. 81 Abs. 1 EG geschildert werden, die bemüht worden sind, um zu einer Nichterfassung von Wettbewerbsverboten durch das Kartellverbot zu gelangen. Schließlich wird die Übertragung des europäischen Konzepts der Nebenabreden aus der FKVO in den Art. 81 Abs. 1 EG dargestellt, anhand dessen eine Behandlung von Nebenabreden auch im Bereich des Art. 81 Abs. 1 EG möglich ist. Abschließend wird auf die Vorschrift des Art. 81 Abs. 3 EG eingegangen. Zunächst jedoch werden die Rechtsgrundlagen, die zur Behandlung von Nebenabreden im europäischen Recht bemüht werden, überblicksartig dargestellt, wobei auch bereits, zum besseren Verständnis, ihr Verhältnis zueinander kurz skizziert wird. Ausführlich wird darauf im Rahmen der Erörterungen zu Art. 81 EG eingegangen[54].

---

[53] BGH, Urteil vom 24.9.2002, GRUR 2004, 353 – Tennishallenpacht.
[54] 2. Teil C. II.

A. Rechtsgrundlagen im europäischen Recht

Inhaltlich erwähnt werden Nebenabreden in der europäischen Fusionskontrollverordnung (FKVO)[55] und deren Durchführungsverordnung (EG) Nr. 802/2004[56], die auf Grundlage des Art. 23 FKVO ergangen ist und Vorschriften über die Anmeldung, die Fristen und die Anhörung enthält[57]. Dabei benutzt die FKVO jedoch nicht den Begriff der Nebenabrede, sondern spricht von Einschränkungen[58]. Die Mitgenehmigung zusätzlicher Vereinbarungen, die isoliert betrachtet anhand des Art. 81 EG zu überprüfen wären, ist in der FKVO kraft Gesetzes angeordnet worden[59]. In Art. 6 Abs. 1 lit. b) UAbs. 2 FKVO ist geregelt -wenn die Kommission in der ersten Phase des Kontrollverfahrens zu dem Ergebnis gelangt, dass entweder der angemeldete Zusammenschluss nicht unter die FKVO fällt oder er zwar darunter fällt, jedoch kein Anlass zu ernsthaften Bedenken besteht- dass durch ihre Vereinbarkeitsentscheidung auch die unmittelbar verbundenen und notwendigen Einschränkungen als mitgenehmigt gelten. Parallel dazu ist in Art. 8 Abs. 1 UAbs. 2 und Abs. 2 UAbs. 3 FKVO bestimmt, dass die unmittelbar verbundenen und notwendigen Einschränkungen auch dann als mitgenehmigt gelten, wenn die Kommission im Hauptverfahren eine Zusammenschlussgenehmigung erteilt beziehungsweise diese erst nach von den Unternehmen vorgenommenen Änderungen erlässt. Sinn und Zweck der Art. 6 Abs. 1 lit. b) UAbs. 2 und 8 Abs. 1 UAbs. 2, Abs. 2 UAbs. 3 FKVO ist es, eine einheitliche Entscheidung über die Zulässigkeit eines Zusammenschlusses zu ermöglichen und insofern auch im Bereich von zusätzlich vereinbarten Abreden dem „one- stop- shop“ Prinzip zur Geltung zu verhelfen, wenn die FKVO Anwendung findet, um eine zeitintensive bürokratische Doppelkontrolle zu vermeiden[60]. Entscheidend für die einheitliche Prüfung des Zusammenschlusses und der mit ihm verbundenen Abreden ist das Erfüllen der materiellen Kriterien der unmittelbaren Verbundenheit und der Notwendigkeit. Werden die Voraussetzungen erfüllt, nimmt die Nebenabrede an der Freigabewirkung teil; ist dies

---

[55] Verordnung (EG) Nr. 139/2004 des Rates vom 20.1.2004 über die Kontrolle von Unternehmenszusammenschlüssen („EG- Fusionskontrollverordnung“), ABl. 2004 L 24/1; zur Entstehungsgeschichte der FKVO, siehe, Farbmann, EuR 2004, 478 ff.

[56] Kommission, VO (EG) Nr. 802/2004, vom 7.4.2004 über die Anmeldungen, über die Fristen sowie über die Anhörung nach der VO (EG) Nr. 139/2004 des Rates über die Kontrolle von Unternehmenszusammenschlüssen, ABl. L 133/1 vom 30.4.2004.

[57] Siehe hierzu ausführlich Grabbe, Nebenabreden in der Europ. Fusionskontrolle, S. 27 ff.; Lückenbach, Nebenabreden nach europäischem Fusionskontrollrecht; Schroeder, Nebenabreden in der Fusionskontrolle.

[58] Rieger, in: FK, Bd. VI, Art. 8 FKVO Rdn. 16.

[59] Immenga, in: Immenga/ Mestmäcker, EG- Wettbewerbsrecht, Bd. 1, FKVO – Nebenabreden Rdn. 2, 3.

[60] Immenga, in: Immenga/ Mestmäcker, EG- Wettbewerbsrecht, Bd. 1, FKVO – Nebenabreden Rdn. 3; Adt, in: von der Groeben/ Schwarze, Kommentar zum EU-/ EG- Vertrag, Bd. 2, FKVO Rdn. 320; Löffler, Kommentar zur FKVO, Art. 8 Rdn. 15.

nicht der Fall, kann eine Überprüfung anhand des Art. 81 EG erfolgen[61]. In den Fällen zu weit gehender Wettbewerbsverbote kann es zu einer Spaltung der rechtlichen Bewertung dieser Abreden kommen, was zwar dem Zweck der Art. 6 Abs. 1 lit. b) UAbs. 3 und Art. 8 Abs. 1 UAbs. 2, Abs. 2 UAbs. 3 FKVO zuwider läuft, jedoch praktisch keine großen Schwierigkeiten bereitet, aufgrund der grundsätzlichen Möglichkeit der Teilbarkeit von Nebenabreden hinsichtlich ihres zeitlichen, räumlichen und sachlichen Umfangs[62]. Insofern stellen die Kriterien der unmittelbaren Verbundenheit und der Notwendigkeit eine Art „materielle Trennlinie" zwischen den Anwendungsbereichen der FKVO und dem primären Kartellrecht des Art. 81 EG für den Bereich der Nebenabreden dar[63]. Rein formal waren Nebenabreden unter der Geltung der alten FKVO anhand des Formblattes CO unter dem Abschnitt 11.1. anzugeben bei der Anmeldung eines Zusammenschlusses[64]. Mit Inkrafttreten der neuen Verwaltungspraxis der Kommission zu Nebenabreden, wonach sie nicht mehr ausdrücklich über diese entscheidet[65], ist Abschnitt 11.1. des Formblattes CO hinfällig geworden und in dem neuen Formblatt CO, das der neuen VO (EG) Nr. 802/2004 beigefügt ist, entfallen[66]. Nebenabreden können jedoch freiwillig an anderer Stelle des Formblattes CO angegeben werden. Zwar erfolgt gerade keine ausdrückliche Entscheidung mehr über die kundgegebenen Nebenabreden. Dennoch ist die Angabe der Nebenabreden für die Unternehmen, falls es nachträglich zu Streit darüber kommen sollte, aus Beweisgründen vorteilhaft sowie auch dann, wenn mit den Nebenabreden positive wettbewerbliche Wirkungen einhergehen[67].

Neben der Fusionskontrollverordnung hat die Kommission eine Bekanntmachung über Einschränkungen erlassen[68], in denen sie ihre Maßstäbe der Auslegung des Begriffs der Nebenabrede aufgrund ihrer Erfahrungen in der Praxis darlegt und die den Unternehmen die Interpretationsweise der Kommission erläutern und ihnen so die Möglichkeit eröffnen sollen, sich in ihrem Wettbewerbsverhalten auf die Maßstäbe der Kommission einzustellen[69]. Im Gegensatz zur FKVO sind die Bekanntmachungen jedoch

---

[61] Dittert, in: Schröter/ Jakob/ Mederer, Europ. Wettbewerbsrecht, Art. 8 FKVO Rdn. 64; Adt, in: von der Groeben/ Schwarze, Kommentar zum EU-/ EG- Vertrag, Bd. 2, FKVO Rdn. 323.

[62] Dittert, in: Schröter/ Jakob/ Mederer, Europ. Wettbewerbsrecht, Art. 8 FKVO Rdn. 64.

[63] Den Begriff der „Trennlinie" benutzt Dittert, in: Schröter/ Jakob/ Mederer, Europ. Wettbewerbsrecht, Art. 8 FKVO Rdn. 65.

[64] Das Formblatt befand sich im Anhang der alten VO (EG) Nr. 447/98 über die Anmeldungen, die Fristen sowie die Anhörung nach der FKVO, ABl. 1998 L 61.

[65] Erwägungsgrund 21 zur FKVO (EG) Nr. 139/2004.

[66] Dittert, in: Schröter/ Jakob/ Mederer, Europ. Wettbewerbsrecht, Art. 8 FKVO Rdn. 66 Fn. 189.

[67] Ausführlich zu diesen Konstellationen im Verlauf der Arbeit, siehe unten, 2. Teil B. III. 1. c) bb); 2. Teil B. III. 2. e).

[68] Kommission, ABl. 2005 C 56/24, vom 5.3.2005 – Bekanntmachung der Kommission über Einschränkungen des Wettbewerbs, die mit der Durchführung von Unternehmenszusammenschlüssen unmittelbar verbunden und für diese notwendig sind; bezüglich der Vorgänger- Bekanntmachungen, siehe oben, Fn. 31.

[69] Schröter, in: G/T/E, Kommentar zu EU-/EG- Vertrag, Bd. 2, Vorbem. zu den Art. 81- 85 EG Rdn. 6 mit Hinweis darauf, dass der EuGH selbst bisher nicht zu der Rechtsnatur der Bekanntmachungen Stellung genommen hat.

rechtlich nicht verbindlich und der Rechtshandlungsform nach daher vergleichbar mit den in Art. 249 Abs. 5 EG geregelten Empfehlungen und Stellungnahmen[70]. Dennoch haben die Bekanntmachungen und Mitteilungen der Kommission für die betroffenen Unternehmen eine herausragende Bedeutung, um sich auf die Behandlung durch die Kommission einzustellen, ebenso wie als Orientierungshilfe für nationale Behörden und Gerichte[71]. Insofern geht von den Bekanntmachungen und Mitteilungen der Kommission tatsächlich eine faktische Bindungswirkung aus[72]. Die Rechtsgrundlage für den Erlass der Bekanntmachungen und Mitteilungen findet sich in Art. 211 EG, wonach die Kommission diese entweder abgeben kann, wenn dies vertraglich ausdrücklich vorgesehen ist oder sie eine Abgabe für notwendig erachtet.
Neben der FKVO kann jedoch grundsätzlich, wie bereits oben erwähnt, auch das Primärrecht des Art. 81 EG zu beachten sein[73]. Zwar bestimmt der Art. 21 Abs. 1 FKVO, dass die VO (EG) Nr. 1/2003 nicht auf Zusammenschlüsse im Sinne des Art. 3 FKVO anwendbar ist, so dass mangels Anwendbarkeit des einschlägigen Verfahrensrechts keine Überprüfung anhand des Art. 81 EG erfolgen kann[74]. Da es sich bei Unternehmensveräußerungsverträgen grundsätzlich um einen Kontrollerwerb und insofern um einen Zusammenschluss im Sinne von Art. 3 Abs. 1 lit. b) FKVO, außer in Fällen reiner Minderheitsbeteiligungen, handelt, verbleibt es häufig bei der Anwendbarkeit der FKVO[75]. Unklarheit besteht jedoch hinsichtlich der Reichweite des Art. 21 Abs. 1 FKVO dahingehend, ob von ihm alle Zusammenschlüsse erfasst werden oder nur gemeinschaftsweite[76]. Für bestimmte Konstellationen bleibt daher eine Anwendung von Art. 81 EG möglich, so wenn kein Zusammenschlusssachverhalt nach Art. 3 FKVO vorliegt beziehungsweise nach zum Teil vertretener Ansicht, wenn zwar ein Zusammenschluss vorliegt, die Schwellenwerte des Art. 1 FKVO jedoch nicht überschritten werden, da Art. 21 Abs. 1 FKVO nur gemeinschaftsweite Zusammenschlüsse erfassen

---

[70] Bunte, in: Langen/ Bunte, Kartellrecht, Bd. 1, Art. 85 EGV Rdn. 154; Kulka, in: FK, Art. 81 Abs. 1, 3 EG, Fallgruppen II.1. Rdn. 21.

[71] Polley, WRP 2002, 304 (304).

[72] Kulka, in: FK, Art. 81 Abs. 1, 3 EG, Fallgruppen II.1. Rdn. 21; zur Bindungswirkung von Bekanntmachungen und Leitlinien ausführlich, Schweda, WuW 2004, 1133 ff.

[73] Immenga, in: Immenga/ Mestmäcker, EG- Wettbewerbsrecht, FKVO – Nebenabreden Rdn. 2; ausführlich zur Problematik des Verhältnisses zwischen FKVO und Art. 81 EG, siehe unten im Rahmen der Behandlung des Art. 81 EG, 2. Teil C. II.

[74] Schröter, in: Schröter/ Jakob/ Mederer, Europ. Wettbewerbsrecht, Art. 22 FKVO Rdn. 4; Immenga, in: Immenga/ Mestmäcker, EG- Wettbewerbsrecht, Bd. 1, Art. 22 FKVO Rdn. 2; Schütz, in: Gem.Ktr., Einführung EU- Fusionskontrolle Rdn. 24; Staebe, EWS 2003, 249 (252); Röhling, ZIP 1990, 1179 (1185); Basedow, EuZW 2003, 44 (46).

[75] Montag/ Horstkotte, in: Picot, Unternehmenskauf und Restrukturierung, S. 780; ausführlich dazu, siehe unten, 2. Teil C. II.

[76] Immenga, in: Immenga/ Mestmäcker, EG- Wettbewerbsrecht, Bd. 1, Art. 22 FKVO Rdn. 3; Emmerich, Kartellrecht, S. 480; Langeheine/ Dittert, in: Schröter/ Jakob/ Mederer, Europ. Wettbewerbsrecht, Art. 22 FKVO Rdn. 3; Staebe, EWS 2003, 249 (253); Fritzsche, WuW 2003, 1153 (1158); a.A. Basedow, EuZW 2003, 44 (50); Blank, Europ. Fusionskontrolle im Rahmen der Art. 85, 86 des EWG-Vertrags, 1991, S. 225; ausführlich zu diesem Streitstand im Rahmen des Anwendungsbereichs des Art. 81 EG, siehe unten, 2. Teil C. II. 2.

möchte[77]. Folgt man dieser Ansicht, so bleibt zu erörtern, ob die Art. 81 oder 82 EG auf einen Zusammenschlusssachverhalt anwendbar sind, was von Seiten des EuGH vor Einführung der FKVO als möglich angesehen[78], jedoch für die Zeit nach Inkrafttreten der Verordnung bisher nicht entschieden worden ist und kontrovers diskutiert wird[79].

Gelangt man zu einer Anwendung des Art. 81 EG, so stellt man fest, dass Unternehmensveräußerungsverträge als Austauschverträge weitgehend kartellrechtsneutral sind, d. h. ihr Abschluss bewirkt oder bezweckt grundsätzlich keine Wettbewerbsbeschränkung, jedoch stellen die in diesem Zusammenhang mit vereinbarten Nebenabreden in Form von Wettbewerbsverboten regelmäßig eine Wettbewerbsbeschränkung dar[80]. Da diese zusätzlichen Vereinbarungen auch nicht von dem Begriff des Zusammenschlusses im Sinne des Art. 21 Abs. 1 FKVO erfasst sind, wenn sie nicht die Kriterien der unmittelbaren Verbundenheit und Notwendigkeit erfüllen, kann der Art. 81 Abs. 1 EG auf sie angewendet werden. Aufgrund der wirtschaftlichen Notwendigkeit der Nebenabreden erscheint es jedoch nicht gerechtfertigt, Nebenabreden von Beginn an als wettbewerbsbeschränkend und damit als unzulässig zu betrachten. Kommission und Gerichtshof haben daher schon vor Inkrafttreten der FKVO Nebenabreden dem Anwendungsbereich des Art. 81 EG entzogen, wenn sie als sachlich erforderlich im Hinblick darauf anzusehen waren, dass ohne sie „die Unternehmensübertragung nicht (hätte) realisiert werden (können)" und sie „somit grundsätzlich die Gewähr dafür (böten), dass eine effektive Unternehmensübertragung möglich (sei)"[81]. Da nämlich der Veräußerer aufgrund seiner Stellung als ehemaliger Unternehmensinhaber das Unternehmen hinsichtlich der Geschäftsbeziehungen und des Know-how besonders gut kenne, müsse der Erwerber, um den vollen Wert des erworbenen Unternehmens auch tatsächlich zu erhalten, für eine gewisse Zeit vor der Konkurrenz des Veräußerers geschützt werden[82]. Der EuGH ging in dieser Entscheidung sogar noch weiter und konstatierte, dass die Wettbewerbsverbote „zu einer Vermehrung der auf dem betreffenden

---

[77] Basedow, EuZW 2003, 44 (49); Löffler, Komm. zur FKVO, Art. 22 Rdn. 5.

[78] EuGHE 1973, 215 (244 ff.), Rs. 6/72 – Continental Can/ Kommission; EuGHE 1987, 4487 (4575 ff.), verb. Rs. 142 und 156/84 – BAT und Reynolds/ Kommission („Philip Morris"); ausführlich dazu, Blank, Europ. Fusionskontrolle im Rahmen der Art. 85, 86 des EWG- Vertrags, 1991.

[79] Gegen eine Fortgeltung: Dreher, WuW 2002, 828 (832); K.Schmidt, BB 1990, 719 (721); Schütz, in: Gem.Ktr., Art. 3 VO (EG) Nr. 1/2003 Rdn. 25 a.E.; für eine Fortgeltung: Basedow, EuZW 2003, 44 (44); Röhling, ZIP 1990, 1179 (1185);siehe ausführlich zu diesem Streitpunkt, unten, 2. Teil III. 1.

[80] Löffler, Komm. zur FKVO, Art. 8 FKVO Rdn. 15.

[81] EuGHE 1985, 2545 (2571), Rs. 42/84 – RemiaBV u.a./ Kommission; vorhergehende Kommissionsentscheidung vom 12.12.1983, ABl. 1983 L 376/22 ff. – Remia; ausführlich zu diesen Entscheidungen, Caspar, Wettbewerbliche Gesamtwürdigung, S. 142 ff.

[82] EuGHE 1985, 2545 (2571), Rs. 42/84 – RemiaBV u.a./ Kommission; zuvor bereits die Entscheidung der Kommission, ABl. 1976 L 254/40 (46), vom 17.9.1976 – Reuter/BASF bzgl. der Notwendigkeit eines Wettbewerbsverbotes bei der Übertragung von Goodwill und Know-how.

Markt tätigen Unternehmen (beitrügen)"[83]. Diese positiven Auswirkungen der Wettbewerbsverbote seien jedoch nur so lange anerkennenswert wie sie „in ihrer Geltungsdauer und ihrem Anwendungsbereich strikt auf diesen Zweck beschränkt (seien)"[84]. Insofern haben die Kommission und der EuGH bereits vor Inkrafttreten der FKVO Grundlinien einer „Nebenabredendoktrin" aufgezeigt[85]. Durch die nach Erlass der FKVO erfolgte umfassende Kontrolle von Unternehmenszusammenschlüssen ist das Spektrum möglicher Nebenabreden erheblich weiter geworden und längst über die ersten Ansätze der Kommission[86] und des EuGH[87] hinausgegangen. Auch die enorme wirtschaftliche Bedeutung von Nebenabreden ist erst durch die aufgrund der FKVO eingeführte vorbeugende Kontrolle von Unternehmenszusammenschlüssen deutlich geworden. Durch die Verankerung der Nebenabredenproblematik in der FKVO und den Erlass der Bekanntmachung durch die Kommission sind jedoch die Auslegungsgrundsätze weiter konkretisiert worden und schließlich von Seiten des EuG und ihm folgend der Kommission im Rahmen eines europäischen Konzepts der Nebenabreden auch im Bereich des Art. 81 EG angewandt worden[88].

B. Die Behandlung von Wettbewerbsverboten in der europäischen Fusionskontrollverordnung

Im folgenden Kapitel wird zunächst die Erfassung von Unternehmensveräußerungsverträgen durch die FKVO geschildert. Im Anschluss wird das europäische Konzept der Nebenabreden, wie es in der FKVO verankert worden ist, dargestellt. Begonnen wird mit der verfahrensrechtlichen Behandlung von Nebenabreden und deren Änderung aufgrund der neuen FKVO, bevor schwerpunktmäßig auf die materiellrechtlichen Voraussetzungen der Nebenabreden und die damit verbundenen Probleme eingegangen wird.

---

[83] EuGHE 1985, 2545 (2571), Rs. 42/84 – RemiaBV u.a./ Kommission; zustimmend: Caspar, Wettbewerbliche Gesamtwürdigung, S. 144, 145; kritisch: Ackermann, Art. 85 Abs. 1 EGV u. Rule of Reason, S. 191; Grabbe, Nebenabreden in der Europ. Fusionskontrolle, S. 39, 40.

[84] EuGHE 1985, 2545 (2571), Rs. 42/84 – RemiaBV u.a./ Kommission.

[85] Ausführlich behandelt das Problem einer „Ancillary restraints-Doktrin" in der europäischen Fusionskontrolle Grabbe, Nebenabreden in der Europ. Fusionskontrolle, S. 27, 38; der Begriff der „Doktrin" wird von der Kommission selbst benutzt, so etwa in der Entscheidung des EuG 2002, 4829 (4846), Rs. T 251/00 – Lagardère u. Canal+/ Kommission, in dem sie anführt, dass ihre Entscheidungspraxis im Bereich der Nebenabreden zur „Entwicklung einer Doktrin der Nebenabreden" beitragen soll.

[86] Kommission, ABl. 1976 L 254/40, vom 17.9.1976 – Reuter/ BASF.

[87] EuGHE 1985, 2545, Rs. 42/84 – RemiaBV u.a./ Kommission.

[88] EuGE 2001, 2459 Rdn. 104 ff., Rs. T 112/99 – Métropole télévision; Kommission, ABl. 2004 C 101/97 (101 ff.), vom 27.4.2004 – Bekanntmachung über Leitlinien zur Anwendung von Art. 81 Abs. 3 EG; ausführlich dazu, siehe unten, 2. Teil C. V. 2.

I. Einführung zur europäischen FKVO

Ziel der europäischen Fusionskontrolle ist es, alle Zusammenschlüsse zu erfassen, deren Auswirkungen die Marktstruktur negativ beeinflussen und die insbesondere zu der Begründung oder Verstärkung einer marktbeherrschenden Stellung führen können, wodurch der wirksame Wettbewerb im Gemeinsamen Markt oder in einem wesentlichen Teil desselben erheblich behindert wird[89]. Anhand der fusionskontrollrechtlichen Regeln soll das Spannungsverhältnis zwischen „atomistischen Marktstrukturen", die den Wettbewerb grundsätzlich fördern und erforderlichen Größenausmaßen von Unternehmen, die volkswirtschaftlich effizient sind, gelöst werden[90]. Aufgrund der gemäß Art. 21 Abs. 2 FKVO ausschließlichen Zuständigkeit der Kommission für alle Unternehmenskonzentrationen mit gemeinschaftsweiter Bedeutung soll der Grundsatz des sogenannten „one-stop-shop" gewährleistet werden[91]. Dabei werden nicht nur, wie der Begriff des Zusammenschlusses auf den ersten Blick vermuten lässt, Fusionen, das heißt Verschmelzungen von Unternehmen erfasst, sondern ebenso Voll- oder Beteiligungserwerbe von Unternehmen sowie andere Vertragsformen, deren Zweck die Schaffung einer wirtschaftlichen Einheit darstellt[92]. Die Überprüfung eines Zusammenschlussvorhabens hat stets mit dem europäischen Fusionskontrollrecht zu beginnen, da die Anwendbarkeit der europäischen fusionsrechtlichen Bestimmungen die nationale Fusionskontrolle ausschalten kann, wie es in Art. 21 Abs. 3 FKVO bestimmt ist, wonach die Mitgliedstaaten ihr innerstaatliches Wettbewerbsrecht nicht auf Zusammenschlüsse von gemeinschaftsweiter Bedeutung anwenden[93].

Erstmals behandelt wurden Nebenabreden in Form von Wettbewerbsverboten von Seiten des EuGH in dem Fall *Remia*, bevor die Fusionskontrollverordnung überhaupt erarbeitet worden war[94]. Festgeschrieben wurde die Behandlung von Nebenabreden dann erstmals in den Art. 6 und 8 der FKVO, wodurch sie eine besondere Rechtsgrundlage erhielten. Da die FKVO aufgrund der Art. 83 und 308 EG erlassen worden ist[95], stellt die Prüfung der Nebenabreden im Rahmen der FKVO grundsätzlich auch eine Auslegung von Art. 81 EG dar[96]. Gerade für Wettbewerbsverbote ist die fusionsrechtliche Prüfung der Transaktion von besonderer Wichtigkeit, da nach Art. 6 Abs. 1 lit. b) FKVO bzw. nach Art. 8 Abs. 1 UAbs. 2, Abs. 2 UAbs. 3 FKVO auch die Nebenabreden von der Entscheidung der Kommission über die Vereinbarkeit des Zusammen-

89 So geregelt in Art. 2 Abs. 2 und 3 FKVO; Erwägungsgründe (2), (6) und (7) der FKVO, ABl. 2004 L 24/1 (1), vom 29.1.2004.
90 Montag/ Horstkotte, in: Picot, Unternehmenskauf und Restrukturierung, S. 774.
91 Löffler, Komm. zur FKVO, Art. 21 FKVO Rdn. 4.
92 Schütz, in: Gem.Ktr., Zusammenschlusskontrolle, Einführung Rdn. 10.
93 Ausführlich zur nationalen Fusionskontrolle, siehe unten, 3. Teil B.
94 EuGHE 1985, 2545 ff., Rs. 42/84 – RemiaBV u.a./ Kommission.
95 Erwägungsgrund 7 zur neuen FKVO, ABl. 2004 L 24/1 (1), vom 29.1.2004.
96 EuGE 2002, 4829 (4855, 4856) Rdn. 85, Rs. T 251/00 – LagardèreCanal+/ Kommission; Grabbe, Nebenabreden in der Europ. Fusionskontrolle, S. 37.

schlusses mit dem Gemeinsamen Markt automatisch umfasst werden, wenn sie mit der Durchführung unmittelbar verbunden und für diese notwendig sind[97]. Ist dies der Fall, so findet keine gesonderte Prüfung der Nebenabreden als Verhaltensvereinbarungen mehr nach dem Primärrecht der Art. 81, 82 EG statt[98]. Zusätzlich zu der Regelung in der FKVO hat die Kommission eine Bekanntmachung erlassen, in der sie ihre Maßstäbe zur Auslegung des Begriffs der Nebenabreden als Einschränkungen, die mit der Durchführung eines Zusammenschlusses unmittelbar verbunden und für diese notwendig sind, darlegt[99].

II. Erfassung von Unternehmensverkäufen durch die FKVO

Da Nebenabreden nicht isoliert unter die FKVO fallen, sondern immer nur im Zusammenhang mit der durchzuführenden Unternehmenstransaktion, werden im Anschluss die Aufgreifkriterien der FKVO für den Zusammenschluss an sich in der für die Untersuchung gebotenen Kürze dargestellt[100]. Erörtert wird nur der alleinige Kontrollerwerb in Gestalt einer vollständigen oder anteiligen Unternehmensveräußerung beziehungsweise eines Unternehmenserwerbs, da die Problematik der Gemeinschaftsunternehmen in der vorliegenden Arbeit aus Gründen des Umfangs nicht erörtert werden kann.

1. Aufgreifkriterien der FKVO

Damit eine Unternehmensübertragung überhaupt von den Vorschriften der FKVO erfasst wird, muss es sich um einen Zusammenschluss mit gemeinschaftsweiter Bedeutung handeln.

a) Zusammenschlussbegriff, Art. 3 FKVO

Der zentrale Begriff in der FKVO ist der Zusammenschlusstatbestand gemäss Art. 3 FKVO[101]. Erfasst werden sollen nur solche Zusammenschlüsse, die zu einer dauerhaften Strukturänderung führen, entweder durch Fusion (Art. 3 Abs. 1 lit. a) FKVO) oder Kontrollerwerb (Art. 3 Abs. 1 lit. b) FKVO). Es muss sich bei beiden Konstellationen um einen Vorgang zwischen zwei oder mehr zuvor unabhängigen Unternehmen handeln[102]. Ein Zusammenschluss kann bei einer Unternehmensveräußerung in dem Sinne

[97] Vgl. Art. 8 Abs. 2 UA 3 FKVO; Ebel/ Funke, Fusionskontrolle beim Unternehmenskauf, S. 146.
[98] Erwägungsgrund (6) der FKVO, ABl. 2004 L 24/1 (1), vom 29.1.2004.
[99] Kommission, ABl. 2005 C 56/24, vom 5.3.2005 – Bekanntmachung über Einschränkungen.
[100] Eine „Checkliste" bezüglich der bei einer Unternehmenstransaktion zu beachtenden Vorschriften des deutschen und europäischen Kartellrechts ist zu finden bei, Ebel/ Funke, Fusionskontrolle beim Unternehmenskauf, S. 15, 16.
[101] Zur Auslegung des Begriffs hat die Kommission eine Mitteilung verfasst, Kommission, ABl. 1998 C 66/5, vom 2.3.1998 – Mitteilung über den Begriff des Zusammenschlusses.
[102] Adt, in: von der Groeben/ Schwarze, Kommentar zum EU-/EG- Vertrag, Bd. 2, FKVO Rdn. 33, 34.

vorliegen, dass unmittelbare oder mittelbare Kontrolle über ein gesamtes anderes Unternehmen oder zumindest über Teile davon durch den Erwerb von Anteilsrechten oder Vermögenswerten durch Vertrag erfolgt[103]. Ein mittelbarer Kontrollerwerb ist in den Fällen gegeben, in denen das erwerbende Unternehmen bereits von einem hinter ihm stehenden Unternehmen beherrscht wird, welches dann über das erwerbende Unternehmen auch die Kontrolle über das Zielunternehmen erwirbt[104]. Die alleinige unmittelbare Kontrolle über ein Unternehmen wird regelmäßig erlangt durch den Erwerb der Kapitalmehrheit und der damit verbundenen Stimmrechte, seltener durch einen Geschäftsführungsvertrag oder sonstige vertragliche Beziehungen[105]. Jedoch können ausnahmsweise auch qualifizierte Minderheitsbeteiligungen einen Kontrollerwerb darstellen, in tatsächlicher Hinsicht in dem Fall, wo die Anteile auf eine Vielzahl von Aktionären verstreut sind (Streubesitz) und daher bereits eine geringe Beteiligung zu einem bestimmenden Einfluss führen kann[106]. In rechtlicher Hinsicht ist ein Kontrollerwerb möglich, wenn mit einem Anteil besondere Rechte verbunden[107] oder durch eine Vereinbarung eingeräumt sind.

b) Gemeinschaftsweite Bedeutung, Art. 1 FKVO

Die FKVO gilt für alle Zusammenschlüsse mit gemeinschaftsweiter Bedeutung. Ein Zusammenschluss hat dann gemeinschaftsweite Bedeutung, wenn die in Art. 1 Abs. 2, 3 FKVO genannten Umsatzschwellen überschritten werden. Die Methode zur Berechnung ist in Art. 5 FKVO festgelegt. Darüber hinaus hat die Kommission zur besseren Bestimmung des Umsatzes eine „Mitteilung über die Berechnung des Umsatzes" erlassen[108]. Danach wird der Umsatz „als eine Größe verwendet, die den Umfang der bei einer Fusion zusammengeführten wirtschaftlichen Ressourcen und Wirtschaftstätigkeiten anzeigt, und er wird geographisch so zugeordnet, dass er die gebietsmäßige Verteilung dieser Ressourcen und Tätigkeiten widerspiegelt"[109]. Nach Art. 5 Abs. 1 FKVO sind für die Berechnung der Gesamtumsätze die Umsätze zusammenzuzählen, welche die beteiligten Unternehmen im letzten Geschäftsjahr mit Waren und Dienstleistungen erzielt haben, die ihrem normalen geschäftlichen Tätigkeitsbereich zuzuordnen sind[110]. In Art. 5 Abs. 2 FKVO wird ausdrücklich der Fall behandelt, dass der Zusammen-

---

[103] Montag/ Horstkotte, in: Picot, Unternehmenskauf und Restrukturierung, S. 780.

[104] Erfasst in Art. 3 Abs. 3 lit. b) FKVO; dazu Bruhn, in: Schröter/Jakob/ Mederer, Europ. WettbewerbsR, Art. 1 FKVO Rdn. 63.

[105] Zu möglichen anderen denkbaren Konzentrationsvorgängen, Ehlermann, WuW 1991, 535 (539).

[106] Adt, in: von der Groeben/ Schwarze, Kommentar zum EU-/EG- Vertrag, Bd. 2, FKVO Rdn. 51, 52; Ebel/ Funke, Fusionskontrolle beim Unternehmenskauf, S. 21.

[107] Einem Anteil ist etwa die Mehrheit der Stimmrechte zugeordnet, sogenannte *Vorzugsaktien*.

[108] Kommission, ABl. 1998 C 66/25, vom 2.3.1998 – Mitteilung der Kommission über die Berechnung des Umsatzes.

[109] Kommission, ABl. 1998 C 66/25 (25), vom 2.3.1998 – Mitteilung der Kommission über die Berechnung des Umsatzes; Ebel/ Funkel, Fusionskontrolle beim Unternehmenskauf, S. 30.

[110] Adt, in: von der Groeben/ Schwarze, Kommentar zum EU-/ EG- Vertrag, Bd. 2, FKVO Rdn. 115 ff.

schluss auch durch den bloßen Erwerb eines Unternehmensteils erfolgen kann. Bestimmt wird hier, dass bei dem bloßen Erwerb „von Teilen" lediglich der Umsatz zu berücksichtigen ist, der auf die veräußerten Teile entfällt, jedoch nicht der Umsatz des Veräußerers selbst[111]. Problematisch kann die Bestimmung des Umsatzes bei einer vor dem Zusammenschluss erfolgenden Ausgliederung bestimmter Unternehmensteile sein. Da aber sowohl bei einer Teilveräußerung als auch bei einer „teilweisen Aufgabe" von Tätigkeiten der Gegenstand, der Zustand und der Umfang des vorgesehenen Zusammenschlusses genau bestimmt werden kann, sind beide Alternativen gleich zu behandeln[112]. Abzustellen ist also immer nur auf die tatsächlich erworbenen Unternehmensteile. Die Regelung des Art. 5 Abs. 2 FKVO legt das Ausweichen auf eine ratenweise oder gestaffelte Veräußerung des Unternehmens nahe, bei der jeweils Teile unterhalb der Schwellenwerte veräußert werden. Dem wird entgegengewirkt anhand der Vorschrift des Art. 5 Abs. 2 S. 2 FKVO, wonach Teilveräußerungen, die innerhalb von 2 Jahren zwischen denselben Personen oder Unternehmen getätigt werden, als ein einziger Zusammenschluss anzusehen sind zum Zeitpunkt des letzten Geschäfts [113].

Zur Bestimmung des Umsatzes ist der Begriff der Beteiligung entscheidend. Zwar wird der Begriff in Art. 1 FKVO vorausgesetzt, jedoch nicht näher definiert[114]. Entnehmen lässt sich dem Artikel 1 FKVO jedoch, dass jedenfalls der Erwerber und das zu erwerbende Unternehmen Beteiligte an dem Zusammenschluss sind, dahingegen nicht der Veräußerer[115]. Der Ausschluss des Veräußerers wird deutlich, wenn man den Wortlaut des Art. 5 Abs. 2 FKVO betrachtet, wonach eben nur der Umsatz der veräußerten „Teile" zu berücksichtigen ist und nicht der Gesamtumsatz des Veräußerers selbst, da dieser als nicht mehr mit dem Zusammenschluss wirtschaftlich verbunden angesehen wird[116]. Der Grund für den Ausschluss seiner wirtschaftlichen Verbundenheit liegt darin, dass sich nur die Zusammenlegung der betrieblichen und finanziellen Ressourcen, die unmittelbar Gegenstand der Transaktion sind, auf den Markt auswirken, wohingegen der Veräußerer dabei keine Rolle mehr spielt[117]. Für ihn stellt sich der Transaktionsvorgang auch vielmehr als ein Akt der „Dekonzentration" dar[118]. Eine Ausnahme wird dann gemacht, wenn der Veräußerer nicht vollständig veräußert, sondern ihm ein Rest an Mitbestimmung verbleibt. Insbesondere wenn sich die Mutterge-

---

[111] Löffler, Komm. zur FKVO, Art. 5 FKVO, S. 184 Rdn. 8.
[112] So entschieden vom EuG, EuGE 1994, 121 (170), Rs. T- 3/93 - Air France/ Kommission.
[113] Kommission, ABl. 1998 C 66/14, vom 2.3.1998 - Mitteilung der Kommission über den Begriff der beteiligten Unternehmen; Kommission, WuW 1993, 109 - Pepsico/ Kas; Kommission, WuW 1998, 962 (963) - Volkswagen/ Rolls Royce/ COSworth.
[114] Dies stellen heraus Löffler, in: Komm. zur FKVO, Art. 1 FKVO, S. 53 Rdn. 17; Röhling, ZIP 1990, 1179 (1179); Immenga, in: Immenga/ Mestmäcker, EG- Wettbewerbsrecht, Bd. 1, Art. 1 FKVO Rdn. 13.
[115] Löffler, in: Komm. zur FKVO, Art. 1 FKVO Rdn. 17.
[116] Immenga, in: Immenga/ Mestmäcker, EG- Wettbewerbsrecht, Bd. 1, Art. 1 FKVO Rdn. 15; Adt, in: von der Groeben/ Schwarze, Kommentar zum EU-/ EG- Vertrag, Bd. 2, FKVO Rdn. 97.
[117] Kommission, ABl. 1998 C 66/25, vom 2.3.1998 – Mitteilung der Kommission über die Berechnung des Umsatzes.
[118] Ebel/ Funke, Fusionskontrolle beim Unternehmenskauf, S. 33.

sellschaft von einem Unternehmensteil nicht vollständig trennt, sondern sich weitere Rechte, seien es auch nur Minderheitsbeteiligungen, vorbehält, gilt sie weiterhin als Beteiligte und ihr Umsatz wird der Transaktion zugerechnet[119]. Unter den Begriff „Teil" fallen also Rechtseinheiten wie etwa Tochtergesellschaften, Abteilungen oder andere Einheiten als Geschäftsbereiche des Veräußerers sowie auch andere Vermögenswerte, die an sich ein Geschäft darstellen können (z. B. Marken und Lizenzen)[120]. Entscheidend ist, ob den einzelnen Teilen auf dem Markt ein eigener Umsatzwert zugerechnet werden kann. Als Auslegungshilfe hat die Kommission die „Mitteilung über den Begriff der beteiligten Unternehmen" erlassen, worin sie zum einen auf den Wortlaut der FKVO zurückgegriffen hat, zum anderen auf die bis dahin entwickelte Entscheidungspraxis[121]. In der Mitteilung konnten daher einige Fallgruppen herausgebildet werden[122].

2. Eingreifkriterien der FKVO

Erfüllt ein Zusammenschluss die in Art. 1 FKVO geregelten Anwendungsvoraussetzungen der FKVO, so besteht zwar eine Pflicht zur Anmeldung des Vorhabens, ob es jedoch wettbewerbsrechtlich zulässig ist, muss erst noch geprüft werden, dahingehend, ob es mit dem Gemeinsamen Markt als vereinbar anzusehen ist gemäss Art. 2 FKVO[123]. Nach der Änderung des materiellen Untersagungskriteriums in der neuen FKVO ist ein Zusammenschluss bereits dann zu untersagen, wenn durch ihn wirksamer Wettbewerb erheblich behindert wird, insbesondere durch die Begründung oder Verstärkung einer marktbeherrschenden Stellung, sogenannter „SIEC"- Test[124]. Das bisher im Zentrum der Prüfung stehende Kriterium der marktbeherrschenden Stellung ist zu einem Regelbeispiel abgestuft worden[125]. Wie aus dem 25. Erwägungsgrund zur FKVO hervorgeht, sollen mit der Neuregelung insbesondere auch solche Auswirkungen eines Zusammenschlusses erfasst werden, die sich aus „nicht koordiniertem Verhalten von Unternehmen ergeben, die auf dem jeweiligen Markt keine beherrschende Stellung haben würden"[126]. Damit soll die bisher vermeintlich in der FKVO bestehen-

---

[119] Löffler, Komm. zur FKVO, Art. 1 FKVO Rdn. 23.

[120] Kommission, ABl. 1998 C 66/14, vom 2.3.1998 - Mitteilung der Kommission über den Begriff der beteiligten Unternehmen.

[121] Kommission, ABl. 1998 C 66/14, vom 2.3.1998 - Mitteilung der Kommission über den Begriff der beteiligten Unternehmen.

[122] Siehe zu den einzelnen Fallgruppen : Adt, in: von der Groeben/ Schwarze, Kommentar zum EU-/ EG- Vertrag, Bd. 2, FKVO Rdn. 98 ff.

[123] Adt, in: von der Groeben/ Schwarze, Kommentar zum EU-/ EG- Vertrag, Bd. 2, FKVO Rdn. 146.

[124] Art. 2 Abs. 2 und 3 FKVO; SIEC steht für „significant impediment of effective competition" bzw. „erhebliche Behinderung wirksamen Wettbewerbs".

[125] Böge, WuW 2004, 138 (144); Staebe/ Denzel, EWS 2004, 194 (199); zu den Grundsätzen der Beurteilung von Zusammenschlüssen unter der 6. GWB-Novelle, Seeliger, Geltungsbereich der Zusammenschlusskontrolle, S. 16 ff.

[126] Sogenannte „unilateral effects", dazu Böge, WuW 2004, 138 (143 ff.); Burgstaller, WuW 2003, 726 (728).

de Lücke geschlossen werden hinsichtlich sogenannter „3 to 2 mergers“, bei denen von dreien bisher auf einem Markt befindlichen Unternehmen, das zweit- und drittgrößte fusionieren, ohne dass sie dadurch zum Marktbeherrscher würden[127]. Dennoch werden sie durch den Zusammenschluss in die Lage versetzt, über dem Wettbewerbsniveau liegende Preise durchzusetzen, da der zuvor zwischen den Unternehmen bestehende Wettbewerb weggefallen ist[128]. Neben dieser Erweiterung durch die Erfassung von nicht koordinierten Effekten[129], deren Subsumtion bereits unter den alten Marktbeherrschungstest von vielen als möglich betrachtet wurde[130], werden wie bisher auch die Zusammenschlussfälle erfasst, durch die eine marktbeherrschende Stellung begründet oder verstärkt wird[131]. Dies wird auch durch den 26. Erwägungsgrund zur FKVO hervorgehoben, wonach „eine erhebliche Behinderung wirksamen Wettbewerbs [...] im Allgemeinen aus der Begründung oder Stärkung einer beherrschenden Stellung (resultiert)“. Nicht abschließend geklärt ist jedoch, ob die Begründung oder Verstärkung einer marktbeherrschenden Stellung zwangsläufig auch zu einer erheblichen Behinderung wirksamen Wettbewerbs führt, insbesondere dann, wenn von den beteiligten Unternehmen etwaige Effizienzen[132] vorgebracht werden[133].

III. Das europäische Konzept der Nebenabreden in der FKVO

Wird ein Unternehmensveräußerungsvertrag von den Vorschriften der FKVO erfasst, mit der Folge der Anmeldepflicht, so eröffnet sich die Frage, wie mit beigefügten zusätzlichen Vereinbarungen zu verfahren ist. In dem 21. Erwägungsgrund der Verordnung ist bestimmt, dass die Anwendung derselben nicht ausgeschlossen ist, wenn die beteiligten Unternehmen sich Einschränkungen unterwerfen, die mit der Durchführung des Zusammenschlusses unmittelbar verbunden und für diese notwendig sind[134]. Obwohl Wettbewerbsverbote Beschränkungen im Sinne des Art. 81 Abs. 1 EG darstellen, werden sie dennoch in der Fusionskontrolle mit abgehandelt[135]. Die Verordnung geht davon aus, dass Nebenabreden gemeinsam mit dem Zusammenschluss behandelt wer-

---

[127] Staebe/ Denzel, EWS 2004, 194 (199); kritisch zum neuen SIEC- Test, Kapp/ Meßmer, EuZW 2005, 161.

[128] Burgstaller, WuW 2003, 726 (728).

[129] Berg, BB 2004, 561 (563).

[130] Die Kommission spricht daher von einer „Klarstellung“ des Wortlauts, vgl. Pressemitteilung IP/04/70, New Merger Regulation frequently asked questions, zu finden unter: http://www.europa.eu.int/comm/competition/mergers/legislation/regulation/; Böge, WuW 2004, 138 (143).

[131] Böge, WuW 2004, 138 (144); Berg, BB 2004, 561 (563).

[132] Nach Erwägungsgrund 29 soll nunmehr „begründeten und wahrscheinlichen Effizienzvorteilen Rechnung getragen werden, die von den beteiligten Unternehmen dargelegt werden“.

[133] Kapp/ Meßmer, EuZW 2005, 161; Berg, BB 2004, 561 (563); Böge, WuW 2004, 138 (147).

[134] Erwägungsgrund 21 zur VO (EG) Nr. 139/2004, ABl. 2004 L 24/1.

[135] Immenga, in: Immenga/ Mestmäcker, EG- Wettbewerbsrecht, Bd. 1, FKVO - Nebenabreden Rdn. 2; Polley, WRP 2002, 304 (304); Löffler, Kommentar zur FKVO, Art. 8 Rdn. 15.

den müssen aufgrund ihrer speziellen Erscheinungsform[136]. Zum anderen soll dadurch vermieden werden, dass sich die Kommission in zwei Verfahren mit der Zulässigkeit von Nebenabreden befassen muss, sprich zum einen in einem Verfahren nach der FKVO und zum anderen in einem Verfahren nach Art. 81, 82 EG[137]. Insofern soll auch für Nebenabreden das in der europäischen Fusionskontrolle geltende Konzentrationsprinzip zur Geltung gelangen[138]. Bei der im Anschluss folgenden Untersuchung der Nebenabreden in der Fusionskontrolle wird zunächst deren verfahrensrechtliche und anschließend deren materiellrechtliche Behandlung dargestellt.

1. Verfahrensrechtliche Behandlung von Nebenabreden in der FKVO

Die verfahrensrechtliche Behandlung von Nebenabreden hat sich in jüngster Zeit, hervorgerufen durch die Bekanntmachung der Kommission aus dem Jahr 2001[139], dem nachfolgenden Urteil des EuG in der Sache Lagardère und Canal+/ Kommission und dem Erlass der neuen FKVO im Januar 2004, in deren Folge die Kommission im Jahr 2005 zudem eine neue Bekanntmachung über Nebenabreden erlassen hat[140], welche die Bekanntmachung aus 2001 ersetzt, grundlegend geändert[141]. Bis zum Erlass der Bekanntmachung 2001 würdigte die Kommission Nebenabreden im Einzelfall und entschied über sie gemeinsam mit dem jeweiligen Zusammenschluss mit dem für die Unternehmen damit einhergehenden vorteilhaften hohen Maß an Rechtssicherheit. Aufgrund des Vorliegens der Entscheidung eines EG- Organs war Rechtsschutz vor den europäischen Gerichten zu erlangen. In der Bekanntmachung 2001 nahm die Kommission von dieser Vorgehensweise Abstand, was jedoch von Seiten des EuG scharf kritisiert wurde, da weder der Wortlaut noch der normative Zusammenhang der einschlägigen Artikel der FKVO eine solche Auslegung ermögliche[142], was schließlich zu einer Neuregelung in der FKVO aus dem Jahr 2004 führte[143]. Im Folgenden werden zunächst die verschiedenen Entwicklungsstadien bis hin zur neuen FKVO dargestellt. Näherer Ausführungen bedarf sodann der neue Erwägungsgrund 21 der neuen FKVO hinsichtlich der dort verankerten „Soll"- Regelung, wonach die Kommission bei einem ausdrücklichen Antrag der Unternehmen über vorliegende Nebenabreden entscheiden „soll" sowie der geänderte Rechtsschutz, da für Streitigkeiten über die Zulässigkeit von Nebenabreden nunmehr die mitgliedstaatlichen Gerichte zuständig sind.

---

[136] Grabbe, Nebenabreden in der Europäischen Fusionskontrolle, S. 27.

[137] Immenga, in: Immenga/ Mestmäcker, EG- Wettbewerbsrecht, Bd. 1, FKVO- Nebenabreden Rdn. 3; Schroeder, Nebenabreden in der Fusionskontrolle, S. 95.

[138] Rosenthal, EuZW 2004, 327 (331).

[139] Kommission, ABl. 2001 C 188/5, vom 4.7.2001 – Bekanntmachung der Kommission.

[140] Kommission, ABl. 2005 C 56/24, vom 5.3.2005 – Bekanntmachung über Einschränkungen; im Folgenden Bekanntmachung 2005.

[141] Maudhuit/ Soames, ECLR 2005, 144 (148, 149).

[142] EuGE 2002, 4829 (4860, 4861), Rs. T 251/00 – Lagardère u. Canal+/ Kommission.

[143] Maudhuit/ Soames, ECLR 2005, 144 (149).

a) Kommissionsbekanntmachung 2001

In der Bekanntmachung aus dem Jahr 2001 nahm die Kommission eine radikale Änderung ihrer bisherigen Praxis vor. Neben der Kontinuität betreffend die materiellen Voraussetzungen, beinhaltete die Bekanntmachung 2001 eine völlig neue verfahrensmäßige Behandlung der Nebenabreden, die sich in der aktuellen Bekanntmachung 2005 fortsetzt[144]. Die explizite Würdigung der Zulässigkeit der beigefügten Nebenabreden sieht die Kommission darin als entbehrlich an, da diese Beurteilung ohnehin nur deklaratorische Bedeutung besitze[145]. Einschränkungen, die den Voraussetzungen der FKVO entsprächen, seien automatisch „von Rechts wegen" genehmigt, ohne dass es einer ausdrücklichen Entscheidung der Kommission bedürfe. Die Unternehmen sollten vielmehr selbst einschätzen, ob die von ihnen dem Zusammenschluss beigefügten Nebenabreden zulässig seien[146]. Diese Vorgehensweise war zwar mit dem Wortlaut der Art. 6 Abs. 1 b) UAbs. 2 a.F. und Art. 8 Abs. 2 UAbs. 2 S. 2 FKVO a.F. zu vereinbaren, da beide Artikel bestimmten, dass sich die Entscheidung über die Fusionsgenehmigung auch auf die Nebenabreden „erstrecken" sollte[147]. Der Wortlaut war aber nicht derart eindeutig, dass zwingend der Schluss auf einen gesetzlichen Automatismus der Freigabewirkung gezogen werden musste. Betrachtete man jedoch den Gesamtzusammenhang sowie andere Sprachfassungen der Vorschriften, so konnte eine gesetzliche Freigabewirkung angenommen werden, dahin gehend, dass die Entscheidung über die Nebenabreden als „gesetzlich angeordnete Nebenfolge" mit der Genehmigungsentscheidung ergehe[148]. Dennoch bedeutete diese neue Vorgehensweise für die Unternehmen einen Verlust an Rechtssicherheit, da nicht mehr über das zeitliche, räumliche und gegenständliche Ausmaß einer Nebenabrede entschieden werden sollte und somit nicht mehr anhand des vorliegenden Entscheidungsmaterials von den Unternehmen die zulässige Reichweite für zukünftige Klauseln abgelesen werden konnte[149]. Zwar wird

[144] Kommission, ABl. 2001 C 188/5, vom 4.7.2001 - Bekanntmachung über Einschränkungen des Wettbewerbs, die mit der Durchführung von Unternehmenszusammenschlüssen unmittelbar verbunden und notwendig sind; dazu Dittert, WuW 2004, 148 (159); Kommission, ABl. 2005 C 56/24, vom 5.3.2005 – Bekanntmachung über Einschränkungen.

[145] Kommission, ABl. 2001 C 188/5 (5) Rdn. 2, vom 4.7.2001 - Bekanntmachung über Einschränkungen des Wettbewerbs. Nach Aussage der Kommission hat sie zudem bereits im Rahmen des vereinfachten Verfahrens seit dem 1.9.2000 keine Entscheidung mehr über Nebenabreden getroffen: Nr. 14 der Bekanntmachung der Kommission über ein vereinfachtes Verfahren für bestimmte Zusammenschlüsse gemäß der Verordnung (EWG) Nr. 4064/89 des Rates, ABl. C 217/32, vom 29.7.2000, dazu Dittert, in: Schröter/ Jakob/ Mederer, Europ. Wettbewerbsrecht, Art. 8 FKVO Rdn. 66.

[146] Zur Rolle der Unternehmen und Gerichte, Dittert, in: Schröter/ Jakob/ Mederer, Europ. Wettbewerbsrecht, Art. 8 FKVO Rdn. 67; Polley, WRP 2002, 304 (304).

[147] Polley, WRP 2002, 304 (305).

[148] So Dittert, in: Schröter/ Jakob/ Mederer, Europ. Wettbewerbsrecht, Art. 8 FKVO Rdn. 63 mit Verweis auf die englische ("shall also cover"), die französische ("couvre également") und die spanische ("abarcará igualmente") Sprachfassung.

[149] Polley, WRP 2002, 304 (305); Lückenbach, Nebenabreden nach europäischem Fusionskontrollrecht, S. 212, 213.

von der Kommission in ihrer Bekanntmachung 2001 ein Rahmen für die Zulässigkeit von Nebenabreden in zeitlicher, sachlicher und örtlicher Hinsicht gesteckt[150], jedoch werden dadurch nicht sämtliche denkbare Nebenabreden erfasst. Für alle Nebenabreden außerhalb dieses Bereichs besteht keine Rechtssicherheit der Unternehmen mehr. Die geänderte Vorgehensweise der Kommission blieb nicht unbeobachtet, so dass das EuG sich in einer Entscheidung aus dem Jahr 2002 zu der Ansicht der Kommission kritisch äußerte.

b) Urteil Lagardère u. Canal+/ Kommission

In der Entscheidung Lagardère und Canal+/ Kommission befasste sich das EuG mit der neuen Behandlung von Nebenabreden durch die Kommission[151]. In dem Verfahren hatte die Kommission zunächst im Vorprüfverfahren eine Freigabeentscheidung erlassen, die auch vorhandene begleitende Vereinbarungen als Nebenabreden erfasst hatte. In der nachträglichen Abänderungsentscheidung jedoch nahm die Kommission die Qualifizierung der Vereinbarungen als Nebenabreden zurück und unterstellte sie einer Prüfung nach Art. 81 EG. Die Kommission begründete die Abänderung damit, dass Beurteilungen über Nebenabreden nur deklaratorische Bedeutung hätten und daher durch die nachträgliche Entscheidung nur die bestehende Rechtslage festgestellt worden sei, so dass die Rechtsstellung der Unternehmen durch die nachfolgende Entscheidung nicht betroffen wäre[152]. Die von ihr vorgetragenen Äußerungen bezüglich der Nebenabreden seien lediglich bloße Ansichten gewesen und hätten daher keine rechtliche Bindung entfalten können. Zudem hätten die Nebenabreden keine Auswirkungen auf die Prüfung der Zulässigkeit des Zusammenschlusses an sich und seien daher nicht Teil des verfügenden Abschnitts der Entscheidung[153]. Das EuG jedoch erklärte die Abänderungsentscheidung wegen eines Verstoßes gegen den Grundsatz des berechtigten Vertrauens für nichtig, da die Kläger auf die Rechtmäßigkeit der zuerst erlassenen Entscheidung vertrauen durften[154]. Die Beklagte habe die zuerst erlassene Entscheidung nicht teilweise rückwirkend widerrufen können, da sie die Rechtswidrigkeit des Rechtsakts nicht bewiesen habe, aufgrund ihrer falschen Annahme, ihre Äußerungen seien reine Ansichten und hätten daher nicht rechtswidrig sein können[155]. Das EuG war der Meinung, die Nebenabreden seien „integraler Bestandteil der Anmeldung des Zusammenschlusses", so dass die Kommission bei einem „genauen und eindeutigen"

[150] Darauf hin weist Arhold, EWS 2001, 573 (578), der von einem „weißen Bereich unproblematisch zulässiger Nebenabreden" spricht, wohl in Anlehnung an die Praxis der „weißen Klauseln" der Kommission in Gruppenfreistellungsverordnungen.
[151] EuGE 2002, 4829, Rs. T 251/00 - Lagardère und Canal+/ Kommission; wiedergegeben bei Hirsbrunner, EuZW 2003, 709 (711, 712).
[152] Vorbringen der Beklagten in EuGE 2002, 4829 (4839 ff., 4846), Rs. T 251/00 – Lagardère u. Canal+/ Kommission.
[153] EuGE 2002, 4829 (4840), Rs. T 251/00 - Lagardère und Canal+/ Kommission.
[154] EuGE 2002, 4829 (4875), Rs. T 251/00 - Lagardère und Canal+/ Kommission.
[155] EuGE 2002, 4829 (4873, 4874), Rs. T 251/00 - Lagardère und Canal+/ Kommission.

Antrag verpflichtet sei, zu den Nebenabreden Stellung zu nehmen und ihre Ausführungen daher „Entscheidungscharakter" hätten[156]. Das EuG berief sich bei seinen Erwägungen auf den normativen Zusammenhang der Vorschrift des Art. 6 Abs. 1 lit. b) UAbs. 2 FKVO a.F. sowie den Wortlaut und Zweck. Durch die Einfügung der Vorschrift sollte den Unternehmen nicht nur Rechtssicherheit hinsichtlich des Zusammenschlusses an sich gegeben werden, sondern auch bezüglich der unmittelbar verbundenen und notwendigen Einschränkungen[157]. Die von der Kommission in der Bekanntmachung 2001 wiedergegebene Auffassung sei insofern nicht mit der geltenden Rechtslage vereinbar. Abschließend weist das Gericht in seiner Entscheidung die Kommission noch darauf hin, dass es ihre Obliegenheit sei, einen Vorschlag für eine neue gesetzliche Ausgestaltung der FKVO vorzulegen[158].

c) Neue Fusionskontrollverordnung (EG) Nr. 139/2004 und neue Nebenabreden-Bekanntmachung 2005

Diese indirekte Aufforderung, gesetzesinitiativ tätig zu werden, hat die Kommission in ihrem Vorschlag zu einer neuen EG- Fusionskontrollverordnung[159], die die neue im Mai 2004 In- Kraft- Getretene Fusionskontrollverordnung[160] vorbereitet hat, aufgegriffen und sich zu der Problematik geäußert[161]. Sie bestätigt in dem Vorschlag, dass der Wortlaut der Art. 6 Abs. 1 lit. b) UAbs. 2 und Art. 8 Abs. 2 UAbs. 2 S. 2 FKVO a.F. tatsächlich nicht hinreichend deutlich sei, hinsichtlich ihrer Verpflichtung, sich bei einem Antrag der Unternehmen dezidiert mit den Nebenabreden zu beschäftigen[162]. Sie hat daher in dem Verordnungsentwurf den Vorschlag unterbreitet, den Text der FKVO dahingehend zu ändern, dass solche Einschränkungen, die mit der Durchführung des Zusammenschlusses unmittelbar verbunden und für diese notwendig sind, aufgrund der Genehmigungsentscheidung der Kommission hinsichtlich des Zusammenschlusses kraft Gesetzes automatisch als mit genehmigt gelten[163].

---

[156] EuGE 2002, 4829 (4857), Rs. T 251/00 - Lagardère und Canal+/ Kommission.
[157] EuGE 2002, 4829 (4860, 4861), Rs. T 251/00 - Lagardère und Canal+/ Kommission.
[158] EuGE 2002, 4829 (4863), Rs. T 251/00 – Lagardère u. Canal+/ Kommission.
[159] Kommission, ABl. 2003 C 20/4, vom 28.1.2003 - Vorschlag für eine Verordnung des Rates über die Kontrolle von Unternehmenszusammenschlüssen (EG- FKVO).
[160] Neue Fusionskontroll- Verordnung (EG) Nr. 139/2004 vom 20.1.2004, ABl. 2004 L 24/1, vom 29.1.2004.
[161] De Crozals/ Hartog, EWS 2004, 533 (537).
[162] Kommission, ABl. 2003 C 20/4 (18) Rdn. 101- 104, vom 28.1.2003 – Vorschlag für eine Verordnung des Rates über die Kontrolle von Unternehmenszusammenschlüssen (EG- FKVO).
[163] Kommission, ABl. 2003 C 20/4 (18) Rdn. 104, vom 28.1.2003 – Vorschlag für eine Verordnung des Rates über die Kontrolle von Unternehmenszusammenschlüssen (EG- FKVO); so auch schon Dittert, in: Schröter/ Jakob/ Mederer, Europ. Wettbewerbsrecht, Art. 8 FKVO Rdn. 63.

In der nun verabschiedeten Fassung der neuen FKVO ist der Vorschlag der Kommission mit aufgenommen worden, jedoch nicht in seinem vollen Umfang[164]. Zwar wird grundsätzlich das Prinzip der Selbsteinschätzung der Unternehmen bezüglich von ihnen vereinbarter Nebenabreden in der FKVO verankert und die Kommission von einer Prüfung im Einzelfall entbunden, da alle Einschränkungen, die mit dem Zusammenschluss unmittelbar verbunden und für diesen notwendig sind, automatisch kraft Gesetzes als mit genehmigt gelten. Stellen die Unternehmen jedoch einen ausdrücklichen Antrag auf Behandlung der Nebenabreden, da der Fall neue oder ungelöste Fragen aufwirft, die zu ernsthafter Rechtsunsicherheit führen können, so „sollte" die Kommission die Nebenabreden gesondert prüfen. Dies ist insbesondere dann der Fall, wenn keine Regelungen in einer Bekanntmachung oder veröffentlichten Entscheidung der Kommission zu finden sind[165]. Von einer Antragsbescheidung kann gegenüber den geregelten Fällen des Weiteren wohl erst recht abgesehen werden, wenn die Frage in einem Urteil des EuG oder des EuGH abgehandelt worden ist. In dem der neuen FKVO vorhergehenden Urteil entschied das EuG noch, dass „bei einem genauen und eindeutigen Antrag, der in die Zuständigkeit der Kommission fällt, [...] diese verpflichtet (ist), eine angemessene Antwort zu geben[166]." Die von der Kommission in einem solchen Fall getroffenen Entscheidungen seien konstitutiver Natur[167]. Fragen wirft insofern die Verwendung des Wortes „soll" in Erwägungsgrund 21 zur neuen FKVO auf, was näherer Ausführungen bedarf, da nicht klar ersichtlich ist, ob die Benutzung des Begriffes „soll" gleichzusetzen ist mit der in der vorhergehenden Entscheidung des EuG benutzten Bezeichnung „ist" oder ob der Kommission bei ihrer Entscheidung, auf einen Antrag hin über Nebenabreden zu befinden, ein Entscheidungsspielraum zugestanden wird, der es ihr in atypisch gelagerten Fällen erlaubt, von einer Entscheidung über Nebenabreden, trotz Vorliegens eines diesbezüglichen Antrags, abzusehen. Damit verbunden stellt sich die Frage, inwieweit diese abwägende Entscheidung der Kommission von Seiten des Gerichts überprüft werden kann, sprich wie weit die gerichtliche Kontrolldichte geht. Im Zuge der neuen FKVO hat die Kommission daneben ihre Bekanntmachung aus dem Jahr 2001 über Nebenabreden durch eine neue, an die geänderten Vorschriften der FKVO angepasste Bekanntmachung über Nebenabreden aus dem Jahr 2005 ersetzt[168]. Eine weitere gravierende Änderung ist in diesen Bekanntmachungen der Kommission enthalten und zwar in Bezug auf die gerichtliche Zuständig-

---

[164] Erwägungsgrund 21 zur neuen FKVO; Art. 6 Abs. 1 lit. b) und Art. 8 Abs. 1 und 2 FKVO; Dittert, WuW 2004, 148 (160) spricht von einer „Kompromisslösung"; de Crozals/ Hartog, EWS 2004, 533 (538), wonach „die FKVO das Prinzip der Selbsteinschätzung (abmildere)".

[165] Erwägungsgrund 21 zur neuen FKVO, ABl. 2004 L 24/1 (3), vom 29.1.2004; Dittert, WuW 2004, 148 (160).

[166] EuGE 2002, 4829 (4857) Rdn. 90, Rs. T 251/00 – Lagardère u. Canal+/ Kommission.

[167] EuGE 2002, 4829 (4857) Rdn. 90, Rs. T 251/00 – Lagardère u. Canal+/ Kommission; Dittert, WuW 2004, 148 (160).

[168] Kommission, ABl. 2005 C 56/24, vom 5.3.2005 – Bekanntmachung über Einschränkungen; dazu de Crozals/ Hartog, EWS 2004, 533 ff.

keit bei Auftreten von Streitigkeiten über die Zulässigkeit von Nebenabreden, die auf die mitgliedstaatlichen Gerichte übertragen worden ist[169].

aa) Entschließungsermessen der Kommission und gerichtliche Kontrolldichte

In den Erwägungsgrund 21 der FKVO ist das Wort „sollte (gesondert prüfen)" aufgenommen worden, was vom reinen Wortlaut her ein „Weniger" gegenüber der Aussage des EuG, „ist diese verpflichtet, eine angemessene Antwort zu geben", darstellt[170]. Zu untersuchen ist, ob dem unterschiedlichen Wortlaut auch ein anderer Regelungsinhalt beizumessen ist. Bezüglich der Verwendung der Ausdrücke „sollte" und „ist verpflichtet" gegenüber einer öffentlichen Stelle können Anhaltspunkte dem deutschen Verwaltungsrecht aus dem Bereich der Ermessensproblematik entnommen werden. Im deutschen Verwaltungsrecht bedeutet eine „Soll- Vorschrift", dass für den Regelfall eine Bindung vorgesehen ist und nur in atypischen Fällen von einem Ermessen Gebrauch gemacht werden darf[171]. Unter einem atypischen Fall sind diejenigen Sachverhalte zu verstehen, die zwar von den Vorschriften des Gesetzes erfasst werden, jedoch nicht von seinem Regelungszweck[172]. Entscheidend sind die Besonderheiten des Einzelfalls, wonach eine abweichende Behandlung angezeigt ist[173]. In einem solchen Fall wird der Behörde im deutschen Verwaltungsrecht eine als Entschließungsermessen zu bezeichnende Form des Ermessens eingeräumt. Darunter wird die Möglichkeit einer Behörde verstanden, selbst zu beurteilen, ob und wann eine Entscheidung getroffen wird, die also nicht zwingend notwendig zu treffen ist[174]. Die Erwägungen zu den Voraussetzungen eines atypischen Falles unterliegen im deutschen Recht jedoch einer vollen gerichtlichen Überprüfung[175].
Die im deutschen Recht eingehend erörterte Dogmatik, in der die Probleme des Ermessens ausführlich diskutiert worden sind und in der streng zwischen dem Beurteilungsspielraum auf der Tatbestandsseite der Norm und dem Ermessen auf der Rechtsfolgenseite unterschieden wird[176], kann jedoch nicht ohne weiteres auf das europäische Recht übertragen werden. Verallgemeinernd lässt sich feststellen, dass der EuGH gerade nicht zwischen beiden Aspekten trennt und beides einfließen lässt bei der Prüfung

[169] Kommission, ABl. 2005 C 56/24 (24) Rdn. 5, vom 5.3.2005 – Bekanntmachung über Einschränkungen.
[170] Ebenso in Kommission, ABl. 2005 C 56/24 (24) Rdn. 3, vom 5.3.2005 – Bekanntmachung über Einschränkungen.
[171] Sachs, in: Stelkens/ Bonk/ Sachs, Verwaltungsverfahrensgesetz, § 40 VwVfG Rdn. 26.
[172] Sachs, in: Stelkens/ Bonk/ Sachs, Verwaltungsverfahrensgesetz, § 40 VwVfG Rdn. 27.
[173] Sachs, in: Stelkens/ Bonk/ Sachs, Verwaltungsverfahrensgesetz, § 40 VwVfG Rdn. 27.
[174] Sachs, in: Stelkens/ Bonk/ Sachs, Verwaltungsverfahrensgesetz, § 40 VwVfG Rdn. 46; Wolff/ Bachof/ Stober, Verwaltungsrecht Bd. I, § 31 Rdn. 35.
[175] BVerwGE 90, 275 (280); BVerwGE 91, 7 (13).
[176] Schwarze, Europ. Verwaltungsrecht, Bd. I, S. 254, 255, 280; Burgi, in: Rengeling/ Middeke/ Gellermann, Hdb. des Rechtsschutzes in der Europäischen Union, § 7 Rdn. 103; Pache, DVBl. 1998, 380 (384).

des Bestehens von Entscheidungs- und Gestaltungsfreiheit für die Verwaltung[177]. Der Verwendung des Wortes „sollte“ im Erwägungsgrund 21 könnte jedoch derselbe Rechtsgedanke zugrunde gelegt worden sein, wie er im deutschen Verwaltungsrecht der Benutzung von „Soll- Vorschriften“ innewohnt, wonach im Regelfall eine Bindung besteht, außer bei Vorliegen eines atypischen Falles. Übertragen auf den im Erwägungsgrund 21 geregelten Sachverhalt bedeutete dies, dass die Kommission generell bei einem Antrag eines Unternehmens auf ausdrückliche Entscheidung über die Nebenabreden, diesen Antrag auch zu bescheiden habe, wenn die im Erwägungsgrund genannten materiellen Voraussetzungen vorliegen, mithin eine neue oder ungelöste Frage besteht, die zu ernsthafter Rechtsunsicherheit führen könnte. Sollte jedoch ein atypischer Einzelfall vorliegen, so könnte die Kommission ausnahmsweise von einer Entscheidung absehen. Letztlich obläge damit im Einzelfall der Kommission die Entscheidung, ob sie auf einen Antrag eines Unternehmens hin auf ausdrückliche Überprüfung der Nebenabreden tätig würde. Bliebe die Kommission auf einen Antrag hin untätig, so hätte das antragstellende Unternehmen die Möglichkeit der Untätigkeitsklage gemäss Art. 232 Abs. 3, 225 Abs. 1 EG zum EuG, wonach das Gemeinschaftsorgan bei erfolgreicher Klage gemäss Art. 233 EG die sich aus dem Urteil ergebenden Maßnahmen zu ergreifen hätte. Für die nicht- privilegierten Kläger des Art. 232 Abs. 3 EG, natürliche oder juristische Personen, muss es sich jedoch bei der Unterlassung um einen verbindlichen Akt handeln[178]. Besteht wie vorliegend ein Ermessensspielraum des Gemeinschaftsorgans, so ist die Klage dann ausgeschlossen, wenn offensichtlich keine Verpflichtung für die begehrte Entscheidung gegeben ist[179]. In diesem Fall kann sich das beklagte Organ auf den ihm eingeräumten Entscheidungsspielraum berufen[180]. Von einer Verpflichtung der Kommission auf Antragsbescheidung ist dann auszugehen, wenn eine im Antrag gestellte Frage weder in der Bekanntmachung der Kommission über Einschränkungen noch in einer veröffentlichten Entscheidung der Kommission und auch nicht in einer Entscheidung des EuG oder EuGH behandelt worden ist. Insofern ist das Entschließungsermessen der Kommission durch die weiteren Voraussetzungen des Erwägungsgrunds 21 eingeschränkt.

Inwieweit die ergehende Entscheidung der Kommission sodann inhaltlich voll gerichtlich überprüft werden kann, ist eine Frage der gerichtlichen Kontrolldichte[181]. In Art. 229 EG ist eine unbeschränkte Ermessensüberprüfung des EuGH nur für Ausnahmefälle vorgesehen, hinsichtlich der in Verordnungen vorgesehenen Zwangsmaßnahmen, so dass daraus als Umkehrschluss zu entnehmen ist, dass grundsätzlich nur eine einge-

---

[177] Schwarze, Europ. Verwaltungsrecht, Bd. I, S. 281; Burgi, in: Rengeling/ Middeke/ Gellermann, Hdb. des Rechtsschutzes in der Europäischen Union, § 7 Rdn. 103.

[178] Gaitanides, in: von der Groeben/ Schwarze, Kommentar zum EU- /EG- Vertrag, Bd. 4, Art. 232 EG Rdn. 12.

[179] Gaitanides, in: von der Groeben/ Schwarze, Kommentar zum EU- /EG- Vertrag, Bd. 4, Art. 232 EG Rdn. 9.

[180] Gaitanides, in: von der Groeben/ Schwarze, Kommentar zum EU- /EG- Vertrag, Bd. 4, Art. 232 EG Rdn. 31.

[181] Gündisch/ Wienhues, Rechtsschutz in der Europäischen Union, S. 205.

schränkte Ermessensüberprüfung der Gemeinschaftsgerichte vorgesehen ist[182]. Wie weit der konkrete Umfang der Kontrolldichte in Wettbewerbssachen geht, ist nicht hinreichend geklärt[183]. Zum einen beschränkt sich der Gerichtshof bei Vorliegen komplexer Bewertungen wirtschaftlicher Art auf die Frage, „ob die Verfahrensvorschriften eingehalten sind, ob die Begründung ausreichend ist, ob der Sachverhalt zutreffend festgestellt ist und ob keine offensichtlich unrichtige Würdigung des Sachverhalts und kein Ermessensmissbrauch vorliegen[184].“ Zum anderen soll dieses weite Ermessen durch hohe Anforderungen an die Beachtung der Verfahrens- und Formvorschriften ausgeglichen werden[185].
Bei der Entscheidung der Kommission, ob sie auf einen ausdrücklichen Antrag hin über Nebenabreden entscheidet, handelt es sich nicht um eine komplexe Bewertung wirtschaftlicher Art. Eine solche liegt nur dann vor, wenn die Kommission in einer Entscheidung zu den Voraussetzungen der unmittelbaren Verbundenheit und Notwendigkeit Stellung nimmt[186]. Die in Erwägungsgrund 21 genannte Voraussetzung, dass ein Fall dann eine neue oder ungelöste Frage, die zu ernsthafter Rechtsunsicherheit führen kann beinhaltet, wenn weder in der entsprechenden Bekanntmachung noch in einer Entscheidung der Kommission über diese Frage entschieden worden ist, kann vom EuG vollständig überprüft werden. Hat die Kommission darüber hinaus in einem atypischen Fall, in dem keine Entscheidung und keine Bestimmung in der Bekanntmachung existieren, trotzdem das Vorliegen einer neuen oder ungelösten Frage, die zu ernsthafter Rechtsunsicherheit führen kann, mit ausreichender Begründung verneint, so wird der Kommission in diesem Fall ein gewisser nicht zu überprüfender Beurteilungsspielraum eingeräumt.

bb) Neue gerichtliche Zuständigkeit der Mitgliedstaaten - Rechtsschutz

Die zweite gravierende Veränderung in der verfahrensrechtlichen Behandlung von Nebenabreden ist die Neuregelung der gerichtlichen Zuständigkeit zur Beilegung von Streitigkeiten über Nebenabreden, wie sie die Kommission bereits in ihrer Bekanntmachung 2001 als auch in der neuen Bekanntmachung aus dem Jahr 2005 niedergelegt hat. Für Streitigkeiten über die unmittelbare Verbundenheit und Notwendigkeit von

---

[182] Burgi, in: Rengeling/ Middeke/ Gellermann, Hdb. des Rechtsschutzes in der Europäischen Union, § 7 Rdn. 105; Pache, DVBl. 1998, 380 (382).
[183] Weitbrecht, in: Everling/ Müller- Graff/ Schwarze, Zukunft der Europ. Gerichtsbarkeit nach Nizza, EuR Beiheft l/2003, 115 (119).
[184] EuGHE 1985, 2545 (2575) Rdn. 34, Rs. 42/84 – RemiaBV u.a./ Kommission.
[185] Burgi, in: Rengeling/ Middeke/ Gellermann, Hdb. des Rechtsschutzes in der Europäischen Union, § 7 Rdn. 106.
[186] EuGE 2002, 4829 (4859) Rdn. 98, Rs. T 251/00 – Lagardère u. Canal+/ Kommission; EuGE 2001, 2459 (2500) Rdn. 114, Rs. T 112/99 – Métropole télévision; EuGHE 1985, 2545 (2575) Rdn. 34, Rs. 42/84 – RemiaBV u.a./ Kommission.

Einschränkungen sollen nunmehr die mitgliedstaatlichen Gerichte zuständig sein[187], da sich nach der Neufassung der FKVO die Kommission im Regelfall nicht mehr zu Nebenabreden äußern wird, außer bei einem konkreten diesbezüglichen Antrag der Parteien bei Vorliegen der Voraussetzungen[188]. Aufgrund der Neuregelung ändert sich der mögliche Rechtsschutz. Bislang bestand die Möglichkeit der Nichtigkeitsklage gemäss Art. 230 Abs. 4, 225 EG zum EuG[189] bei Nichtanerkennung einer Vereinbarung als Nebenabrede durch die Kommission im Rahmen einer Freigabeentscheidung, wodurch die Zusammenschlussbeteiligten insofern beschwert wurden, als sie sich innerhalb eines Verfahrens nach Art. 81 EG nicht auf die mit dem Zusammenschluss erfolgte Genehmigung berufen konnten, die sich im Falle der Anerkennung der Vereinbarungen als Nebenabreden auch auf diese erstreckt hätte[190]. Da nach neuer Regelung die Kommission jedoch nicht mehr über die Nebenabreden entscheidet, sondern ein gesetzlicher Automatismus vorliegt, erfolgt insofern keine Entscheidung der Kommission mehr, gegen die mit der Nichtigkeitsklage nach Art. 230 EG vorgegangen werden könnte[191]. Zwar bleibt die Möglichkeit der Nichtigkeitsklage gegen die Zusammenschlussentscheidung an sich nach Art. 2 FKVO möglich, jedoch nicht mehr explizit und isoliert gegen die Entscheidung über Nebenabreden. Da, abgesehen von dem Fall des Untätigbleibens der Kommission bei einem ausdrücklichen Antrag der Unternehmen auf Entscheidung über die Nebenabreden, kein im Gemeinschaftsrecht nach den Art. 226 ff. EG vorgesehenes Klageverfahren möglich ist, besteht keine dem Gerichtshof gegenüber den nationalen Gerichten eingeräumte Zuständigkeit mehr. Aufgrund des in Art. 5 Abs. 1 EG enthaltenen Prinzips der begrenzten Einzelermächtigung, das auch für die Gemeinschaftsgerichtsbarkeit Geltung beansprucht[192], bedarf es für ein Tätigwerden der Gemeinschaftsgerichtsbarkeit einer konkreten Zuständigkeitszuweisung. Da eine solche nicht vorliegt, kommt insofern gemäß Art. 240 EG die Zuständigkeit der nationalen Gerichte zum Tragen, mit der Kommission als Gemeinschaftsorgan auf der einen Parteiseite[193]. Rechtsschutz ist daher nach der neuen Regelung,

---

[187] Kommission, ABl. 2005 C 56/24 (24) Rdn. 2, vom 5.3.2005 – Bekanntmachung über Einschränkungen.

[188] Erwägungsgrund 21 der neuen FKVO, ABl. 2004 L 24/1 (3), vom 29.1.2004, wenn neue oder ungelöste Fragen, die zu ernsthafter Rechtsunsicherheit führen können, vorliegen; dazu, siehe oben, 2. Teil B. III. 1. c)

[189] Ausführlich dazu, Burgi, in: Rengeling/ Middeke/ Gellermann, Hdb. des Rechtsschutzes in der Europäischen Union, § 7.

[190] Polley, WRP 2002, 304 (305); Schroeder, Nebenabreden in der Fusionskontrolle, S. 101; ausführlich zur bisherigen Rechtslage, Lückenbach, Nebenabreden nach europäischem Fusionskontrollrecht, S. 199 ff.; so auch im Verfahren Lagardère u. Canal+/ Kommission, EuGE 2002, 4829, Rs. T 251/00, in dem die Kläger Nichtigkeitsklage gegen eine Entscheidung der Kommission Nebenabreden betreffend erhoben haben.

[191] Polley, WRP 2002, 304 (305).

[192] Mankowski, in: Rengeling/ Middeke/ Gellermann, Hdb. des Rechtsschutzes in der Europäischen Union, § 37 Rdn. 4; Gaitanides, in: von der Groeben/ Schwarze, Kommentar zum EU-/ EG- Vertrag, Bd. 4, Art. 220 EG Rdn. 2.

[193] Gaitanides, in: von der Groeben/ Schwarze, Kommentar zum EU-/ EG- Vertrag, Bd. 4, Art. 241 EG Rdn. 4.

wonach Nebenabreden kraft Gesetzes automatisch an der Freigabewirkung teilhaben, nur über die mitgliedstaatlichen Gerichte möglich[194]. Gemäss § 87 Abs. 1 GWB n.F.[195] sind für bürgerliche Rechtsstreitigkeiten, die sich aus den Art. 81, 82 EG ergeben, die Landgerichte sachlich zuständig[196]. Dies gilt sowohl für einen sich in der Hauptsache ergebenden kartellrechtlichen Prozess (§ 96 S. 1 erster HS GWB) hinsichtlich etwaiger Feststellungs-, Gestaltungs-, oder Leistungsklagen als auch für solche Prozesse, in denen nur kartellrechtliche Vorfragen zu klären sind (§ 96 S. 1 zweiter HS GWB) beispielsweise bei Klagen auf Erfüllung oder Schadensersatz[197]. Aufgrund der Nichtaufnahme der FKVO in die Neufassung des § 87 GWB, fallen sich daraus ergebende Rechtsstreitigkeiten grundsätzlich nicht unter diese Vorschrift, da für die Anwendung der FKVO gemäss Art. 21 Abs. 3 FKVO die Kommission ausschließlich zuständig ist[198]. Dennoch fallen diesbezügliche Streitigkeiten unter die Vorschrift des § 87 GWB mit der sich daran anknüpfenden Zuständigkeit des Landgerichts. Zwar trifft die Kommission keine Entscheidung mehr über Nebenabreden. Da es sich bei der Frage der Zulässigkeit der Nebenabreden jedoch auch um eine Anwendung des Art. 81 EG handelt, weil es sich bei Nebenabreden im Gegensatz zu dem Zusammenschluss an sich um Verhaltensabsprachen zwischen den Zusammenschlussparteien handelt, zumindest bei vereinbarten Wettbewerbsverboten, ist § 87 Abs. 1 GWB einschlägig. Zivilrechtliche Ansprüche sind denkbar zum einen in der Konstellation zwischen den an einer Vereinbarung beteiligten Unternehmen sowie zum anderen zwischen den an einer Vereinbarung beteiligten Unternehmen und Dritten[199]. In Betracht kommen Leistungsklagen in Form von Erfüllungs- oder Unterlassungsklagen sowie Schadensersatzklagen oder auch Feststellungsklagen[200]. Gegenüber einer Klage des Vertragspartners auf Erfüllung kann gegebenenfalls die Unwirksamkeit der Nebenabreden eingewandt werden, ebenso wie bei einer Klage auf Schadensersatz wegen Verletzung vertraglicher Pflichten, wie etwa der Nichteinhaltung des vertraglich vereinbarten Wettbewerbsverbots. Rechtsstreitigkeiten zwischen Dritten und den an der Vereinbarung beteiligten Unternehmen behandeln meist Unterlassungs- oder Schadensersatzklagen, etwa auf Unterlassen von Wettbewerb aufgrund des vereinbarten Wettbewerbsverbots. Ein Unterlassungsanspruch kann sich dabei direkt aus dem vertraglich vereinbarten Verbot ergeben oder aus § 1004 BGB analog in Verbindung mit § 823 Abs. 2 BGB,

---

[194] Polley, WRP 2002, 304 (305).

[195] Bisher erklärte § 96 S. 1 GWB den § 87 Abs. 1 S. 1 GWB für entsprechend anwendbar; mit der 7. GWB-Novelle ist jedoch § 96 GWB aufgrund redaktioneller Änderung zwecks Vereinfachung weggefallen.

[196] In NRW ist gemäss § 89 GWB iVm. mit der dazu ergangenen VO vom 2.11.1994, GV NW, S. 1067 für den OLG- Bezirk Köln das LG Köln sachlich zuständig.

[197] K. Schmidt, in: Immenga/ Mestmäcker, GWB, § 96 GWB Rdn. 4 ff.

[198] K. Schmidt, in: Immenga/ Mestmäcker, GWB, § 96 GWB Rdn. 9.

[199] Schwarze/ Weitbrecht, Europäisches Kartellverfahrensrecht, § 11 Rdn. 13; Bornkamm, Die Rolle des Zivilrichters bei der Durchsetzung des Kartellrechts, S. 5.

[200] Schwarze/ Weitbrecht, Europäisches Kartellverfahrensrecht, § 11 Rdn. 13; zu Schadensersatz- und Unterlassungsansprüchen in einzelnen Fällen, siehe Baur, EuR 1988, 257 ff.

Art. 81 EG[201]. Bei der Prüfung der Wirksamkeit der Nebenabreden kann das zuständige Landgericht die Vereinbarungen nachträglich für unwirksam erklären[202]. Das Gericht ist dabei nicht an die inhaltlichen Vorgaben der Kommission in der Bekanntmachung gebunden, da die Bekanntmachung keine Rechtsverbindlichkeit besitzt, sondern nur die Auffassung der Kommission bei der Behandlung eines Regelfalls wiedergibt[203]. Die Bekanntmachungen der Kommission besitzen nach einhelliger Meinung keine Rechtsverbindlichkeit, da sie keine formellen Rechtsnormen darstellen und folglich keiner Kontrolle durch Parlament und Rat unterliegen[204]. Sie schaffen aber eine Selbstbindung der Kommission bei der Ausübung ihres Aufgreifermessens und der Verhängung von Geldbußen, da die Unternehmen ihre Tätigkeiten im Vertrauen auf die Bekanntmachungen ausrichten und alle Unternehmen anhand der Bekanntmachung gleich zu behandeln sind[205]. Es erscheint ebenso naheliegend, dass die Bekanntmachung auch eine Indizwirkung auf die Entscheidungen der Gerichte haben wird und sich auch die an einem Zusammenschluss beteiligten Parteien bei der Einschätzung der Nebenabreden von der Bekanntmachung leiten lassen werden[206]. Insofern ist den Bekanntmachungen zwar eine normative Wirkung abzusprechen, eine faktische Wirkung besteht aber sehr wohl[207]. Darüber hinaus können sich die mitgliedstaatlichen Gerichte informell von der Kommission beraten lassen[208]. Es besteht jedoch für die nationalen Gerichte auch die Möglichkeit, das nationale Verfahren auszusetzen und gemäss Art. 234 EG ein Vorabentscheidungsverfahren vor dem EuGH anhängig zu machen[209]. Als Verfahrensgegenstand kommt einerseits eine Auslegung von Art. 8 Abs. 2 UAbs. 3 FKVO als sekundärem Gemeinschaftsrecht in Betracht, andererseits eine bereits getroffene Kommissionsentscheidung über die Genehmigung eines konkreten Zusam-

---

[201] Schwarze/ Weitbrecht, Europäisches Kartellverfahrensrecht, § 11 Rdn. 19.

[202] Arhold, EWS 2001, 573 (578).

[203] Polley, WRP 2002, 304 (305); Gleiss/ Hirsch, Komm. zum EG- Kartellrecht, Einl.C Rdn. 76 ff.; a.A. Schweda, WuW 2004, 1133 ff., der eine Bindung in begrenztem Umfang für nationale Behörden und Gerichte annimmt zur Sicherung der kohärenten Anwendung des Gemeinschaftsrechts.

[204] Bunte, in: Langen/ Bunte, Kartellrecht, Bd. 1, Art. 85 EGV a.F. Rdn. 154; Kulka, in: FK, Art. 81 Abs. 1, 3 EG, Fallgruppen II.1 Rdn. 21; Schwarze/ Weitbrecht, Europäisches Kartellverfahrensrecht, § 2 Rdn. 26.

[205] EuGE 2003, 1288 (1335) Rdn. 143, Rs. T 114/02 – BaByliss; Bechtold, EWS 2001, 49 (53 f.); Bunte, in: Langen/ Bunte, Kartellrecht, Bd. 1, Art. 85 EGV a.F. Rdn. 154; Schwarze/ Weitbrecht, Europäisches Kartellverfahrensrecht, § 2 Rdn. 26; Emmerich, AG 2004, 629 (641).

[206] Schwarze/ Weitbrecht, Europäisches Kartellverfahrensrecht, § 2 Rdn. 26; Polley, WRP 2002, 304 (305, 306); Arhold, EWS 2001, 573 (577).

[207] Bunte, in: Langen/ Bunte, Kartellrecht, Bd. 1, Art. 85 EGV a.F. Rdn. 154; de Crozals/ Hartog, EWS 2004, 533 (538).

[208] So geregelt in der Bekanntmachung über die Zusammenarbeit zwischen der Kommission und den Gerichten der Mitgliedstaaten bei der Anwendung der Art. 81 und 82 des Vertrags, ABl. 2004 C 101/ 54 ff., vom 27.4.2004; Arhold, EWS 2001, 573 (578).

[209] Dittert, in: Schröter/ Jakob/ Mederer, Europ. Wettbewerbsrecht, Art. 8 FKVO Rdn. 67; Arhold, EWS 573 (578).

menschlusses und die gesetzliche Reichweite der Freigabewirkung hinsichtlich der mit vereinbarten Nebenabreden[210].
Neben der gerichtlichen Geltendmachung von Ansprüchen besteht in Deutschland parallel die Möglichkeit des Verwaltungsverfahrens in Kartellsachen, wobei gemäß § 48 Abs. 2 GWB bei grenzüberschreitendem Sachverhalt das Bundeskartellamt sachlich zuständig ist und gemäß Art. 3 der VO (EG) Nr. 1/2003 bei Erfüllen der Zwischenstaatlichkeitsklausel die materiellrechtlichen Vorschriften der Art. 81, 82 EG anzuwenden hat. Im Falle von Nebenabreden hat das Bundeskartellamt zu entscheiden, ob sie mit dem Zusammenschluss unmittelbar verbunden und für diesen notwendig sind. Um ein Verwaltungsverfahren gemäß § 54 Abs. 1 GWB in Gang zu setzen, muss dem Antragsteller ein Antragsrecht zustehen, sprich ein entsprechendes subjektives Recht. In § 54 Abs. 2 Nr. 4 GWB ausdrücklich erwähnt ist der Veräußerer eines Unternehmens als Drittbetroffener besonderer Art, da er an dem Zusammenschluss an sich nicht beteiligt ist[211]. Insofern kann er in den Kreis der Verfahrensbeteiligten mit einbezogen werden.

d) Ergebnis und Stellungnahme zur verfahrensrechtlichen Neuregelung

Dem vom Gesetzgeber für die FKVO vorgesehenen one- stop- shop Prinzip wird durch die neue verfahrensrechtliche Regelung zum Teil seine Wirkung genommen[212]. Grundsätzlich sollen zukünftig die mitgliedstaatlichen Gerichte über die Zulässigkeit von Nebenabreden entscheiden[213]. Damit einher geht eine Veränderung des Rechtsschutzes und bei näherer Betrachtung auch eine Spaltung des Rechtswegs. Im vorgesehenen „Normalfall" trifft die Kommission keine Entscheidung mehr über Nebenabreden, sondern diese gelten kraft Gesetzes als mit genehmigt, wenn sie die in Art. 6 Abs. 1 lit. b) UAbs. 2 bzw. Art. 8 Abs. 1 UAbs. 2, Abs. 2 UAbs. 3 FKVO genannten Voraussetzungen erfüllen. Entsteht nachträglich Streit über die Zulässigkeit der Nebenabreden, so sind die mitgliedstaatlichen Gerichte, für Deutschland die Landgerichte, zuständig. In einem Verfahren können die Nebenabreden als Vereinbarungen im Sinne des Art. 81 EG isoliert angegriffen werden im Rahmen der verschiedenen Klagemöglichkeiten. Die mitgliedstaatlichen Gerichte können gegebenenfalls ihr Verfahren aussetzen und dem EuGH gemäss Art. 234 EG vorlegen, bezüglich der abstrakten Auslegung von Art. 6 Abs. 1 lit. b) UAbs. 2 bzw. Art. 8 Abs. 1 UAbs. 2, Abs. 2 UAbs. 3 FKVO oder betreffend die Freigabewirkung eines von der Kommission genehmigten

[210] Dittert, in: Schröter/ Jakob/ Mederer, Europ. Wettbewerbsrecht, Art. 8 FKVO Rdn. 67; K. Schmidt, in: Immenga/ Mestmäcker, GWB, § 96 GWB Rdn. 32; Wegener, in: Callies/ Ruffert, EUV/ EGV, Art. 234 EG Rdn. 6.
[211] Schultz, in: Langen/ Bunte, Kartellrecht, Bd. 1, § 51 GWB Rdn. 35.
[212] Arhold, EWS 2001, 573 (578).
[213] Kommission, ABl. 2005 C 56/24 (24) Rdn. 2, vom 5.3.2005 – Bekanntmachung der Kommission über Einschränkungen; Arhold, EWS 2001, 573 (578); Sinclair, ECLR 2003, 315 (319).

Zusammenschlusses auf mit vereinbarte Nebenabreden[214]. Liegt der Fall jedoch so, dass die Kommission auf den Antrag eines Unternehmens hin im Falle neuer oder ungelöster Fragen, die zu ernsthafter Rechtsunsicherheit führen können, über Nebenabreden ausdrücklich entschieden hat, so liegt eine bindende Entscheidung eines Gemeinschaftsorgans vor[215], gegen die mit der Nichtigkeitsklage gemäss Art. 230 EG vorgegangen werden kann. Die Genehmigungsentscheidung der Kommission an sich kann ohnehin mit der Nichtigkeitsklage nach Art. 230 EG angegriffen werden. Insofern kommt es zu einer Spaltung des Rechtswegs je nachdem, ob die Voraussetzungen für einen ausdrücklichen Antrag vorliegen und die Kommission verpflichtet ist, ihn zu bescheiden oder nicht. Diese Spaltung war von der Kommission bei dem von ihr vorgelegten Vorschlag für eine neue FKVO nicht vorgesehen worden, sondern wurde aufgrund der Entscheidung des EuG in dem Verfahren Lagardère als Kompromisslösung in die Neufassung der FKVO aufgenommen[216]. Zu erklären ist die von der Kommission verfolgte verfahrensrechtliche Änderung mit ihrem Bestreben, sich häufig wiederkehrender „alltäglicher“ Aufgaben zu entledigen mit dem Ziel der Arbeitsentlastung[217], um sich intensiver mit der Verfolgung schwerwiegender Kartellrechtsverstöße, der „Formulierung der Wettbewerbspolitik“ und der „Koordinierung des Netzwerkes der Kartellbehörden“ befassen zu können[218]. Die Änderungen im Bereich der Fusionskontrolle fügen sich in die grundlegende Reform des Kartellverfahrensrechts durch die VO (EG) Nr. 1/2003 ein und tragen so zur Rechtsharmonisierung bei[219]. Auch bei der Reform der Anwendung der Art. 81, 82 EG war die dezentralisierte Anwendung der Vorschriften durch die mitgliedstaatlichen Gerichte ein wesentliches Reformargument[220]. So wird in beiden Verordnungen die Zusammenarbeit der Gerichte mit der Kommission behandelt, wobei bei der Anwendung der Art. 81, 82 EG nur eine informelle Beratung in Aussicht gestellt wird, hingegen in der FKVO bindende Entscheidungen der Kommission auf einen Antrag hin ergehen sollen[221].
Auf der anderen Seite steht das Bedürfnis der Unternehmen nach Rechtssicherheit bei der Durchführung von Unternehmenszusammenschlüssen, auf das vom EuG in dem Verfahren Lagardère auch ausdrücklich hingewiesen worden ist und das durch das one stop shop- Prinzip bisher auch gewährleistet worden ist[222]. Rechtsunsicherheit tritt für

---

[214] Dittert, in: Schröter/ Jakob/ Mederer, Europ. Wettbewerbsrecht, Art. 8 FKVO Rdn. 67; K.Schmidt, in: Immenga/ Mestmäcker, GWB, § 96 GWB Rdn. 32.
[215] EuGE 2002, 4829 (4856) Rdn. 90, Rs. T 251/00 – Lagardère u. Canal+/ Kommission.
[216] Dittert, WuW 2004, 148 (160).
[217] Auf die enorme Arbeitsbelastung der Merger Task Force aufgrund der rasant ansteigenden Zahl von Fusionen weist hin, Arhold, EWS 2001, 573 (580).
[218] Weitbrecht, EuZW 2003, 69 (70); Polley, WRP 2002, 304 (306).
[219] Dittert, WuW 2004, 148 (160).
[220] Kritisch dazu, Schwarze/ Weitbrecht, Europäisches Kartellverfahrensrecht, § 1 Rdn. 6, 7.
[221] Vergleiche Erwägungsgrund 21 der neuen FKVO, ABl. 2004 L 24/1 (3), vom 29.1.2004 und Erwägungsgrund 38 der VO (EG) Nr. 1/2003, ABl. 2003 L 1/1 (7), vom 4.1.2003.
[222] EuGE 2002, 4829 (4861), Rs. T 251/00 – Lagardère u. Canal+/ Kommission; Polley, WRP 2002, 304 (305); Arhold, EWS 2001, 573 (579); Sinclair, ECLR 2003, 315 (319); a.A. Dittert, WuW 2004,

die Unternehmen nach der Neuregelung dahingehend auf, dass bis zur Entscheidung im Streitfall durch ein mitgliedstaatliches Gericht, die Unternehmen nicht wissen können, ob die von ihnen vereinbarten Nebenabreden tatsächlich zulässig sind, da die Kommission über Nebenabreden nicht mehr ausdrücklich befindet und sie den Unternehmen auch keine Hilfestellung dabei bietet, herauszufinden, ob die besonderen Umstände des Einzelfalls denen einer früheren Kommissionsentscheidung entsprechen oder ob es sich tatsächlich um eine neue Frage handelt, über die auf Antrag hin von Seiten der Kommission entschieden wird[223]. Des Weiteren können die Unternehmen die zusätzlichen Vereinbarungen auch nicht vorab den nationalen Gerichten vorlegen[224]. Vielmehr kann die Situation eintreten, dass nach der Durchführung eines Zusammenschlusses mit vereinbarte Nebenabreden nachträglich als unzulässig angesehen werden und die Transaktion entgegen dem Willen der Parteien ohne die Nebenabreden vorliegt[225]. Da Nebenabreden für den wirtschaftlichen Erfolg einer Unternehmenstransaktion von höchstem praktischen Interesse sind und damit wirtschaftlich eng verknüpft sind, werden sich die Unternehmen beziehungsweise ihre Rechtsberater an die Vorgaben der Kommission in ihrer Bekanntmachung oder ihren ergangenen Entscheidungen anlehnen, um nicht Gefahr zu laufen, dass zwar der Zusammenschluss als solcher genehmigt wird, es jedoch nachträglich zu Streit über die Nebenabreden kommt, der mit einer Unwirksamkeitserklärung der Nebenabreden endet. Ein solcher Verlauf wäre für das ökonomische Gleichgewicht eines Zusammenschlusses äußerst nachteilig, da häufig ein enges Geflecht von gegenseitigen Vereinbarungen und Zugeständnissen die Grundlage einer Transaktion bildet und dieses Gleichgewicht durch den nachträglichen Wegfall von Nebenabreden empfindlich gestört werden könnte[226]. Nach der alten Verfahrensregelung wurden Nebenabreden häufig noch während des Genehmigungsverfahrens abgeändert auf einen entsprechenden Hinweis der Kommission hin[227]. Mit Blick auf das von der Kommission ausgewiesene Ziel der Arbeitsentlastung ist davon auszugehen, dass die Kommission in Zukunft keine Hinweise mehr während des Genehmigungsverfahrens erteilen wird. Das neue Verfahren wird dazu führen, dass unproblematische „alltägliche" Klauseltypen ohne weiteres per Gesetz als zulässig gelten, was zu einer großen Arbeitsentlastung der Kommission führen wird und als zweckmäßig anzusehen ist. Hinsichtlich neuer Typen wird die Arbeit von Rechtsberatern gefordert sein, um den vertragsschließenden Parteien aufzuzeigen, in welchem Umfang Klauseln noch als zulässig gelten werden aufgrund der Bestimmungen in der Bekanntmachung und den bisher ergangenen Kommissionsentscheidungen und der zukünftig ergehenden Gerichtsentscheidungen der mitgliedstaatlichen Gerich-

---

148 (159), der das Bedürfnis der Unternehmen nach Rechtssicherheit in Bezug auf Nebenabreden als gering einstuft.

[223] De Crozals/ Hartog, EWS 2004, 533 (538).

[224] Arhold, EWS 2001, 573 (578).

[225] Lückenbach, Nebenabreden nach europäischem Fusionskontrollrecht, S. 212.

[226] Topel, in: Wiedemann, Hdb. des Kartellrechts, § 50 Rdn. 15.

[227] Schroeder, Nebenabreden in der Fusionskontrolle, 93 (100).

te. Insofern ist in diesem Bereich die Entscheidungspraxis der Kommission und der Gerichte aufmerksam zu verfolgen.
Aus dem Blickwinkel der möglichst weitgehenden Rechtsharmonisierung ist die Anpassung des fusionsrechtlichen Verfahrens bezüglich der Behandlung von Nebenabreden an das neue Kartellverfahrensrecht hinsichtlich des nun auch im Bereich der Nebenabreden geltenden Prinzips der Selbsteinschätzung der Unternehmen und der Dezentralisierung der gerichtlichen Zuständigkeit auf die Mitgliedstaaten bei Streitigkeiten über Nebenabreden zu begrüßen. Einen besonderen Vorteil im Bereich der FKVO stellt für die Unternehmen die Antragsmöglichkeit bei neuen oder ungelösten Fragen dar, da eine daraufhin ergehende Entscheidung der Kommission Bindungswirkung für nationale Behörden und Gerichte erzeugt. Diese Bindungswirkung ist für Nebenabreden im Bereich des Art. 81 EG nicht zu erlangen[228]. Um den Unternehmen auch weiterhin den Umgang mit Nebenabreden vorhersehbar zu gestalten, sollte die Kommission in ihren Bekanntmachungen möglichst viele Klauseltypen aufgreifen und diese regelmäßig aktualisieren. Des Weiteren sollte die mitgliedstaatliche gerichtliche Zuständigkeit für Nebenabreden aus Klarstellungsgründen in der FKVO selbst geregelt werden, anstatt in einer unverbindlichen Bekanntmachung der Kommission verzeichnet zu sein. Ebenso sollte eine Bekanntmachung bezüglich des neuen Verfahrens und der damit verbundenen Änderungen des Rechtsschutzes veröffentlicht werden. Insofern wäre es wünschenswert, wenn die Kommission, vergleichbar ihren Betätigungen im Rahmen der neuen VO (EG) Nr. 1/2003[229], die neue Verfahrensweise durch Bekanntmachungen begleiten würde.

2. Materiellrechtliche Behandlung von Nebenabreden in der FKVO

Den Schwerpunkt der Beurteilung von Nebenabreden bildet deren materiellrechtliche Behandlung. Damit eine zusätzlich zu einem Zusammenschluss getätigte Vereinbarung überhaupt als Nebenabrede zu qualifizieren ist, muss sie drei Voraussetzungen erfüllen, die in den Artikeln 6 Abs. 1 lit. b) UAbs. 2 und 8 Abs. 1 UAbs. 2, Abs. 2 UAbs. 3 FKVO niedergelegt sind. Es muss sich um eine Einschränkung handeln, die mit der Durchführung des Zusammenschlusses unmittelbar verbunden und für sie notwendig ist. Ihre Maßstäbe hinsichtlich der Auslegung dieser Begriffe hat die Kommission in ihrer Bekanntmachung über Einschränkungen des Wettbewerbs dargelegt, die sie zuletzt im Jahr 2005 im Zuge der neuen FKVO an diese angepasst hat[230]. Für alle Voraussetzungen gilt, dass es sich um Kriterien „objektiver Natur“ handelt. Die Auffassung der Unternehmen, dass die genannten Kriterien erfüllt sind, ist daher nicht

---

[228] Rosenthal, EuZW 2004, 327 (332).
[229] Weitbrecht, EuZW 2003, 69 (73) hat die von der Kommission angekündigten (und zwischenzeitlich auch erlassenen) Rechtsakte zusammengestellt.
[230] Kommission, ABl. 2005 C 56/24, vom 5.3.2005 – Bekanntmachung über Einschränkungen.

maßgebend[231]. Im Folgenden werden zunächst die Merkmale der Einschränkung und der unmittelbaren Verbundenheit erläutert, bevor auf das am schwierigsten zu bestimmende Kriterium der Notwendigkeit eingegangen wird. Da die materiellen Voraussetzungen der Notwendigkeit weder in der FKVO noch in der einschlägigen Bekanntmachung näher erläutert werden, wird nach in Betracht kommenden Auslegungskriterien für die Begrifflichkeiten gesucht, wobei zum einen der Art. 81 Abs. 3 EG herangezogen wird, zum anderen der Verhältnismäßigkeitsgrundsatz. Dabei wird zunächst untersucht, ob überhaupt eine Orientierung an den im Rahmen des Art. 81 Abs. 3 EG vorgenommenen Auslegungsgrundsätzen möglich ist, was anhand der Vergleichbarkeit von Sinn und Zweck der Vorschriften untersucht wird. Nach Bejahung der Vergleichbarkeit wird zunächst das Kriterium der Unerlässlichkeit des Art. 81 Abs. 3 lit. a) EG hinsichtlich der Übertragbarkeit seiner Auslegung erörtert, bevor anschließend auf den in Art. 81 Abs. 3 lit. a) EG ebenfalls enthaltenen Verhältnismäßigkeitsgrundsatz eingegangen wird, dessen Übernahme in die Prüfung der Nebenabreden jedoch im Ergebnis nicht möglich ist, da von einer reinen Funktionsnotwendigkeit der Nebenabreden ausgegangen wird, für deren Annahme keine Angemessenheitserwägungen, wie jedoch in Art. 81 Abs. 3 EG vorgesehen, vorgenommen werden. Anschließend wird in einem weiteren Prüfungspunkt die Frage aufgeworfen, ob nicht dennoch im Einzelfall die Angemessenheit einer Nebenabrede für die Durchführung des Zusammenschlusses zu berücksichtigen ist, aufgrund der möglichen von Wettbewerbsverboten ausgehenden Marktstrukturwirkungen. Diese Problematik ist bisher nur vereinzelt und kontrovers diskutiert worden. Dargestellt werden zunächst einschlägige Kommissionsentscheidungen und die von verschiedenen Literaturmeinungen vertretenen Ansichten, bevor eine Stellungnahme erfolgt. In einem abschließenden Prüfungspunkt wird schließlich nach der Berücksichtigung von positiven mit Nebenabreden einhergehenden Marktwirkungen im Rahmen des Art. 2 Abs. 1 lit. a) FKVO gefragt. Denkbar sind positive Auswirkungen etwa in dem Fall, in dem zwar einerseits die Grenze der Zulässigkeit einer Nebenabrede erreicht ist, da sie zu der Begründung oder Verstärkung einer marktbeherrschenden Stellung beiträgt, auf der anderen Seite jedoch auf einem benachbarten Markt bei einem diversifizierten Unternehmen positive Auswirkungen auf den Markt durch den Zusammenschluss hervorgerufen werden, der mittelbar durch die Vereinbarung des Wettbewerbverbots zustande gekommen ist.

a) Einschränkung

Abzugrenzen ist die Nebenabrede von den vertraglichen Vereinbarungen, die Bestandteil des Zusammenschlusses selbst sind, das heißt, Vereinbarungen, die eine Kontrolle im Sinne von Art. 3 Abs. 3 FKVO begründen oder solchen, die für die Durchführung

[231] Kommission, ABl. 2005 C 56/24 (26) Rdn. 11, vom 5.3.2005 - Bekanntmachung über Einschränkungen; Adt, in: von der Groeben/ Schwarze, Kommentar zum EU- / EG- Vertrag, Bd. 2, FKVO Rdn. 320.

des Kerns des Zusammenschlusses notwendig sind[232]. Da das Merkmal der Notwendigkeit auch eine Tatbestandsvoraussetzung der Nebenabrede gemäss Art. 6 Abs. 1 lit. b) UAbs. 2 und Art. 8 Abs. 1 UAbs. 2, Abs. 2 UAbs. 3 FKVO darstellt, ist letztlich entscheidend darauf abzustellen, ob es sich um den „Kern“ des Zusammenschlusses handelt[233]. Darunter fallen die Vereinbarungen, die gerade den Grund des Zusammenschlusses darstellen, die sich auf die Schaffung einer wirtschaftlichen Einheit zwischen zuvor unabhängigen Unternehmen, also unmittelbar auf den Kontrollerwerb im Sinne von Art. 3 Abs. 3 FKVO beziehen[234]. Als Umkehrschluss daraus ergibt sich, dass es sich um eine „zusätzliche“[235] Vereinbarung handeln muss, die als „untergeordnet“[236] zu dem Zusammenschluss erscheint, wenn eine Vereinbarung als Nebenabrede qualifiziert werden soll. Damit wird auch deutlich, dass der Begriff des Zusammenschlusses in Art. 3 FKVO wesentlich enger zu sehen ist als in den übrigen Vorschriften der FKVO, bei denen der Begriff des Zusammenschlusses auch die Nebenabreden mit umfasst[237]. Denkbar sind jedoch auch sonstige zentrale Vereinbarungen, die über den unmittelbaren Kontrollerwerb hinausgehen[238]. Sie sind dann wie Nebenabreden zu behandeln, wenn sie ihrem Sinn und Zweck nach einem Gesellschaftsbeitrag gleichkommen[239]. Ist dies der Fall, so können sie genau wie Nebenabreden an der fusionsrechtlichen Freigabewirkung partizipieren. In keinem Fall werden jedoch Vereinbarungen zu Lasten der Handlungsfreiheit Dritter von der Genehmigungswirkung erfasst, da sie nicht als mit dem Zusammenschluss unmittelbar verbunden und für ihn notwendig erscheinen[240]. Sie unterliegen einer Prüfung nach Art. 81 EG. Dies wurde bereits ausdrücklich in der Bekanntmachung über Einschränkungen von 2001 geregelt[241] und ist auch in der neuen Bekanntmachung aus dem Jahr 2004 weiter aufgenommen wor-

[232] Kommission, ABl. 2005 C 56/24 (25) Rdn. 10, vom 5.3.2005 - Bekanntmachung der Kommission über Einschränkungen des Wettbewerbs.

[233] Schroeder, Nebenabreden in der Fusionskontrolle, S. 96.

[234] Dittert, in: Schröter/ Jakob/ Mederer, Europ. WettbewerbsR, Art. 8 FKVO Rdn. 61.

[235] Kommission, ABl. 2005 C 56/24 (25) Rdn. 10, vom 5.3.2005 - Bekanntmachung der Kommission über Einschränkungen des Wettbewerbs; Ebel/ Funke, Fusionskontrolle beim Unternehmenskauf, S. 146.

[236] Dittert, in: Schröter/ Jakob/ Mederer, Europ. Wettbewerbsrecht, Art. 8 FKVO Rdn. 61; Wagemann, in: Wiedemann, Hdb. des Kartellrechts, § 16 Rdn. 128; ebenso EuGE 2001, 2459 (2497) Rdn. 105, Rs. T 112/99 – Métropole télévision.

[237] Schroeder, Nebenabreden in der Fusionskontrolle, S. 96.

[238] So etwa, wenn bei der Gründung eines Gemeinschaftsunternehmens der Gesellschaftsbeitrag des einen Gründers in der Bereitstellung einer Lizenz besteht; die Lizenz ist dann als wesentlicher Bestandteil des Zusammenschlusses anzusehen. Bsp. genannt bei Dittert, in: Schröter/ Jakob/ Mederer, Europ. Wettbewerbsrecht, Art. 8 FKVO Rdn. 61.

[239] Dittert, in: Schröter/ Jakob/ Mederer, Europ. Wettbewerbsrecht, Art. 8 FKVO Rdn. 61.

[240] Kommission, ABl. 2005 C 56/24 (28) Rdn. 24, vom 5.3.2005 – Bekanntmachung über Einschränkungen; Adt, in: von der Groeben/ Schwarze, Kommentar zum EU-/ EG- Vertrag, FKVO Rdn. 320.

[241] Kommission, ABl. 2001 C 188/5 (7) Rdn. 18, vom 4.7.2001 – Bekanntmachung über Einschränkungen.

den[242]. Die Kommission nennt beispielhaft solche Klauseln, die die Einfuhr- oder Ausfuhrmöglichkeiten für Wiederverkäufer oder Nutzungsberechtigte einschränken[243]. Gemeint sind damit unmittelbare Beschränkungen eines Dritten, die durch Vereinbarung mit diesem erreicht werden, nicht jedoch Beschränkungen von Drittwettbewerb, die durch Vereinbarung zwischen den Zusammenschlussparteien erreicht werden[244]. Die letztgenannte Konstellation betrifft das bei Art. 81 EG bekannte Problem, ob es für den Begriff der Wettbewerbsbeschränkung ausreichend ist, dass durch eine Vereinbarung zwischen Unternehmen nur die Marktpositionen dritter Unternehmen bzw. der Verbraucher beeinträchtigt werden, was insbesondere bei horizontalen Vereinbarungen, wie Austauschverträgen, zum Tragen kommt[245]. Bei Wettbewerbsverboten in Unternehmensveräußerungsverträgen taucht dieser Problemfall jedoch regelmäßig nicht auf, da ein Wettbewerbsverbot zumindest immer auch einen der Beteiligten beschränkt, so dass das Problem der Drittbeeinträchtigung nicht weiter vertieft werden muss.

Hinsichtlich der Untersuchungsintensität bezüglich des Begriffs der Einschränkung ist in der Praxis festzustellen, dass zumeist nicht eingehend untersucht wird, ob die als Nebenabreden zu qualifizierenden Vereinbarungen wettbewerbsbeschränkender Art sind. Häufig wird die wettbewerbsbeschränkende Wirkung unterstellt oder offen gelassen oder es wird festgestellt, dass die Nebenabreden von der Genehmigungsentscheidung erfasst werden, soweit sie eine Wettbewerbsbeschränkung darstellen[246]. Der Grund für diese Vorgehensweise liegt in den kurzen Prüfungsfristen der EG- Fusionskontrolle, innerhalb derer eine umfassende Prüfung der Wettbewerbsbeschränkung, wie sie im Rahmen von Art. 81 EG vorgenommen wird, nicht möglich ist, auch in Anbetracht der Vielzahl der vorgelegten Fälle[247]. Zwar entspricht der Begriff der Einschränkung im Sinne der FKVO inhaltlich dem Begriff der Wettbewerbsbeschränkung in Art. 81 EG[248], jedoch soll im Rahmen der FKVO gerade keine Prüfung der Nebenabreden gemäss Art. 81 EG erfolgen[249]. Daher werden zunächst die beiden weiteren

---

[242] Kommission, ABl. 2005 C 56/24 (28) Rdn. 24, vom 5.3.2005 – Bekanntmachung über Einschränkungen

[243] Kommission, ABl. 2005 C 56/24 (28) Rdn. 24, vom 5.3.2005 – Bekanntmachung über Einschränkungen.

[244] Zum „Third Party Criterion", Holley, Fordham Corporate Law Institute 1990, 423 (433, 434); Lückenbach, Nebenabreden nach europäischem Fusionskontrollrecht, S. 40, 41.

[245] Uneinigkeit besteht in der Literatur diesbezüglich, s. zum Streitstand Schröter, in: von der Groeben/ Schwarze, Kommentar zum EU-/ EG- Vertrag, Bd. 2, Art. 81 Abs. 1 EG Rdn. 94; ausführlich Grabbe, Nebenabreden in der Europ. Fusionskontrolle, S. 55 ff.; Rechtsprechung und Verwaltungspraxis sind uneinheitlich.

[246] Immenga, in: Immenga/ Mestmäcker, EG- Wettbewerbsrecht, Bd. 1, FKVO- Nebenabreden Rdn. 8, spricht insofern von „salvatorischen Klauseln"; vgl. Entscheidung der Kommission vom 12.1.1995, IV/M 520 Rdn. 15 - Direct Line/ Bankinter ("Insofar as these clauses are restrictive, they are necessary and directly related...").

[247] Daoût, in: G/ T/ E, Kommentar zum EU-/ EG- Vertrag, Bd. 2/II, Art. 8 Abs. 2 FKVO Rdn. 46; Grabbe, Nebenabreden in der Europ. Fusionskontrolle, S. 64.

[248] Dazu ausführlich Grabbe, Nebenabreden in der Europ. Fusionskontrolle, S. 53 ff.

[249] Immenga, in: Immenga/ Mestmäcker, EG- Wettbewerbsrecht, Bd. 1, FKVO- Nebenabreden Rdn. 8.

Voraussetzungen der unmittelbaren Verbundenheit und der Notwendigkeit geprüft, da bei deren Nichtvorliegen die Vereinbarungen in den Anwendungsbereich der VO Nr. 1/2003 fallen und sodann eine ausführliche Überprüfung anhand des Art. 81 EG erfolgt[250].
Grundsätzlich wird bei der Nebenabredenprüfung also auf das Vorliegen der beiden weiteren Voraussetzungen der unmittelbaren Verbundenheit und der Notwendigkeit abgestellt, außer in dem Fall, dass eine den Wettbewerb offensichtlich nicht einschränkende Vereinbarung vorliegt. Aus dem Blickwinkel der Rechtsklarheit mag zwar ein Bedürfnis nach einer differenzierteren Auseinandersetzung mit dem Vorliegen einer Einschränkung bestehen, jedoch ist eine ausführliche Diskussion dieser Voraussetzung für die Beurteilung im Rahmen der FKVO nicht erforderlich[251].

b) Unmittelbare Verbundenheit

Als weiteres Kriterium für die Qualifizierung einer Vereinbarung als Nebenabrede ist die unmittelbare Verbundenheit der Vereinbarung mit der Durchführung des Zusammenschlusses erforderlich[252]. In der Bekanntmachung von 2001 und auch der neuen Bekanntmachung von 2005 ist nur negativ geregelt, wann eine Vereinbarung nicht als mit dem Zusammenschluss unmittelbar verbunden anzusehen ist. Nicht ausreichend ist demnach, wenn Vereinbarungen nur „in derselben Zeit oder demselben Zusammenhang, in dem der Zusammenschluss stattfindet" abgeschlossen werden[253]. Die Bekanntmachung von 1990 enthielt zu dem Begriff der unmittelbaren Verbundenheit noch genauere Angaben[254]. Ihr ist zu entnehmen, dass eine „unmittelbare wirtschaftliche Verbindung" erforderlich ist[255]. Ebenso ist auch in die neue Bekanntmachung von 2005 aufgenommen worden, dass eine unmittelbare Verbundenheit dann vorliegt, wenn die Vereinbarungen mit dem Hauptzusammenschluss wirtschaftlich verbunden sind und eine reibungslose Durchführung der Veränderung der Unternehmensstruktur aufgrund des Zusammenschlusses erlauben[256]. Des Weiteren wurde in der Bekanntmachung von 1990 insbesondere hervorgehoben, dass eine Nebenabrede eine dem

[250] Wagemann, in: Wiedemann, Hdb. des Kartellrechts, § 16 Rdn. 127.
[251] So auch Immenga, in: Immenga/ Mestmäcker, EG- Wettbewerbsrecht, Bd. 1, FKVO- Nebenabreden Rdn. 10; Grabbe, Nebenabreden in der Europ. Fusionskontrolle, S. 64, 65.
[252] Art. 6 Abs. 1 b) UAbs. 2 und Art. 8 Abs. 2 UAbs. 2 S. 2 FKVO.
[253] Kommission, ABl. 2005 C 56/24 (26) Rdn. 12, vom 5.3.2005 - Bekanntmachung über Einschränkungen des Wettbewerbs.
[254] Kommission, ABl. 1990 C 203/5, vom 14.8.1990 - Bekanntmachung über Nebenabreden zu Zusammenschlüssen nach der VO (EWG) Nr. 4064/89 des Rates vom 21.12.1989 über die Kontrolle von Unternehmenszusammenschlüssen.
[255] Kommission, ABl. 1990 C 203/5 (6) Rdn. II4., vom 14.8.1990 - Bekanntmachung über Nebenabreden; Schroeder, Nebenabreden in der Fusionskontrolle, S. 97; Dittert, in: Schröter/ Jakob/ Mederer, Europ. Wettbewerbsrecht, Art. 8 FKVO Rdn. 69; Daoût, in: G/ T/ E, Kommentar zum EU- / EG- Vertrag, Bd. 2/II, Art. 8 Abs. 2 FKVO Rdn. 47.
[256] Kommission, ABl. 2005 C 56/24 (26) Rdn. 12, vom 5.3.2005 – Bekanntmachung über Einschränkungen.

Hauptgegenstand des Zusammenschlusses „untergeordnete" Bedeutung haben musste[257]. Dieses Kriterium kann auch weiterhin als Ausgangspunkt der Auslegung dienen[258].

Zum einen sind demnach solche Vereinbarungen nicht als Nebenabreden zu betrachten, die zu dem Kerngeschäft oder den Wesenselementen des Zusammenschlusses gehören, die also mithin „konstitutiver Bestandteil"[259] des Zusammenschlussvorgangs sind. Die Vereinbarungen, die zu dem eigentlichen Kern des Zusammenschlusses gehören, sind Teil der Vereinbarkeitsprüfung gemäss Art. 2 FKVO[260]. Darunter fallen insbesondere alle Klauseln, die sich unmittelbar auf den Kontrollerwerb im Sinne von Art. 3 Abs. 3 FKVO beziehen[261]. Die Unterscheidung zwischen einem „wesentlichen Element" als Zusammenschlussbestandteil und einer unmittelbar mit dem Zusammenschluss verbundenen Nebenabrede bereitet oftmals Schwierigkeiten und wird auch in der Praxis nicht einheitlich beurteilt[262]. Aufgrund des unterschiedlichen Prüfungsumfangs der beiden Kriterien ist sie aber dennoch zu treffen. Bei einem Zusammenschlussbestandteil erübrigt sich eine weitere Prüfung des Kriteriums der Notwendigkeit, so dass eine eingehende Untersuchung der zeitlichen, sachlichen und örtlichen Reichweite einer Klausel nicht erforderlich wird[263]. Wird die Klausel jedoch als wesentlicher Zusammenschlussbestandteil qualifiziert, so kann sie bei der wettbewerbsrechtlichen Gesamtbeurteilung gemäß Art. 2 FKVO Wichtigkeit erlangen im Hinblick auf die Frage, ob durch den Zusammenschluss wirksamer Wettbewerb im Gemeinsamen Markt oder in einem wesentlichen Teil desselben erheblich behindert würde, insbesondere durch Begründung oder Verstärkung einer marktbeherrschenden Stellung[264]. Insofern besteht an der Unterscheidung jedenfalls ein wettbewerbspolitisches Bedürfnis[265], da eine Vereinbarung im Rahmen der Prüfung des Art. 2 FKVO wesentlichen Einfluss auf die Beurteilung eines Zusammenschlusses als zulässig erlangen kann, was ihr im Rahmen der Qualifizierung als Nebenabrede nicht ohne weiteres zufällt, da sie bereits bei Vorliegen ihrer Funktionsnotwendigkeit für die Durchführung

---

[257] Kommission, ABl. 1990 C 203/5 (6) Rdn. II4., vom 14.8.1990 - Bekanntmachung über Nebenabreden.

[258] Lückenbach, Nebenabreden nach europäischem Fusionskontrollrecht, S. 42, spricht insofern von einer „Faustformel".

[259] Diesen sehr passenden Begriff verwendet Wagemann, in: Wiedemann, Hdb. des Kartellrechts, § 16 Rdn. 128.

[260] Daoût, in: G/ T/ E, Kommentar zum EU-/ EG- Vertrag, Bd. 2/II, Art. 8 Abs. 2 FKVO Rdn. 48; Immenga, in: Immenga/ Mestmäcker, EG- Wettbewerbsrecht, Bd. 1, FKVO- Nebenabreden Rdn. 11.

[261] Ausführlich dazu, siehe oben, 2. Teil B. II. 1. a)

[262] Schütz, in: Gem.Ktr., Art. 6 FKVO Rdn. 17; Daoût, in: G/ T/ E, Kommentar zum EU-/ EG- Vertrag, Bd. 2/II, Art. 8 Abs. 2 FKVO Rdn. 48.

[263] Lückenbach, Nebenabreden nach europäischem Fusionskontrollrecht, S. 43; Holley, Fordham Corporate Law Institute 1990, 423 (436).

[264] Art. 2 Abs. 3 FKVO; nach der Neufassung der FKVO wird die Begründung oder Verstärkung einer marktbeherrschenden Stellung als Regelbeispiel angeführt. In erster Linie wird auf die erhebliche Beeinträchtigung wirksamen Wettbewerbs abgestellt; dazu Böge, WuW 2004, 138 (145, 146); ausführlich dazu, siehe oben, 2.Teil B. II. 2.

[265] Daoût, in: G/ T/ E, Kommentar zum EU-/ EG- Vertrag, Bd. 2/II, Art. 8 Abs. 2 FKVO Rdn. 48.

des Zusammenschlusses als zulässige Nebenabrede an der Genehmigung des Zusammenschlusses partizipiert. Im Gegensatz zur Prüfung innerhalb des Art. 2 FKVO wird bei der Nebenabredenprüfung grundsätzlich nicht auf die Marktverhältnisse abgestellt[266].
Zum anderen fehlt die unmittelbare Verbundenheit bei solchen Vereinbarungen, die nur zeitlich oder sachlich mit dem Zusammenschluss verbunden sind, jedoch keine wirtschaftliche Verbundenheit mit ihm aufweisen[267]. Darunter fallen etwa Vereinbarungen, die zwar zum Zeitpunkt des Zusammenschlusses getroffen werden oder bereits getroffen wurden, bei denen jedoch der wirtschaftliche Zusammenhang fehlt, so bei schon vor dem Zusammenschluss bestehenden kooperativen Vereinbarungen, die jedoch keinen unmittelbaren Bezug zu dem Zusammenschluss aufweisen, da sich für diese Vereinbarungen durch den Zusammenschluss nichts ändert[268]. Problematisch erscheinen auch finanzielle Vereinbarungen im Zusammenhang mit der Durchführung eines Zusammenschlusses. Diese sind bisher nicht einheitlich von der Kommission beurteilt worden. Zum Teil wurde die Frage hinsichtlich derartiger Vereinbarungen offen gelassen[269] oder der Nebenabredencharakter von Finanzierungsvereinbarungen abgelehnt[270]. Die Kommission unterscheidet zwischen Vereinbarungen, die aus dem Zusammenschluss als solchem folgen und solchen, die ausschließlich seiner Finanzierung dienen, aber dennoch nicht als unmittelbar verbundene Abreden zu qualifizieren sind. Dagegen lässt sich einwenden, dass gerade Vereinbarungen über die Finanzierung besonders eng und unmittelbar mit dem Zusammenschlussvorhaben verknüpft sind, da ohne sie der Zusammenschluss häufig gar nicht erst stattfinden kann und sie darüber hinaus keine weitere Kooperation der Unternehmen nach sich ziehen[271].
Ein Sonderproblem stellen stufenweise durchgeführte Zusammenschlüsse dar. Vereinbarungen, die sich auf Sachverhalte vor der Begründung der Kontrolle im Sinne von Art. 3 FKVO beziehen, werden nicht als unmittelbar verbunden betrachtet[272]. Auf sie

---

266 Diese Problematik wird ausführlich innerhalb des Kriteriums der Notwendigkeit behandelt, siehe unten, 2. Teil B. III. 2. c) cc)

267 Dittert, in: Schröter/ Jakob/ Mederer, Europ. Wettbewerbsrecht, Art. 8 FKVO Rdn. 69; Wagemann, in: Wiedemann, Hdb. des Kartellrechts, § 16 Rdn. 128; Kommission, ABl. 2005 C 56/24 (26) Rdn. 12, vom 5.3.2005: „im gleichen Zusammenhang" oder „zum gleichen Zeitpunkt"; zu dem zeitlichen und sachlichen Kriterium eingehend, Grabbe, Nebenabreden in der Europ. Fusionskontrolle, S. 90 ff., der innerhalb des sachlichen Kriteriums noch genauer zwischen wirtschaftlicher und wettbewerblicher Verbundenheit unterscheidet.

268 Schroeder, Nebenabreden in der Fusionskontrolle, S. 97, 98, unter Verweis auf die einschlägigen Entscheidungen der Kommission; BMW/ Rover, vom 14.4.1994 betreffend bereits bestehende Projektkooperationen; SPAR/ Dansk Supermarked, vom 3.2.1992 betreffend Beteiligungen an Einkaufsgemeinschaften; auch Grabbe, Nebenabreden in der Europ. Fusionskontrolle, S. 103.

269 Kommission, Fall Nr. IV/M.597 - Swiss Bank Corporation/ S.G. Warburg, vom 28.6.1995, wo hauptsächlich Vereinbarungen finanzieller und administrativer Natur gemacht worden sind.

270 So im Fall Kommission, Nr. IV/M.384 - UAP/ Vinci, vom 1.12.1993, in dem ein Teil des Kaufpreises im Wege eines Aktientauschs finanziert wurde.

271 So Lückenbach, Nebenabreden nach europäischem Fusionskontrollrecht, S. 47.

272 Kommission, ABl. 2005 C 56/24 (26) Rdn. 14, vom 5.3.2005 – Bekanntmachung über Einschränkungen.

sind die Vorschriften der Art. 81, 82 EG anwendbar[273]. Dazu zählen etwa Kooperationsvereinbarungen in der Vorbereitungsphase, Vorverträge oder ein sogenannter „letter of intent“[274], in dem die Vertragsparteien typischerweise schuldrechtliche Zusatzvereinbarungen zu dem Hauptvertrag treffen[275]. Eine Ausnahme macht die Kommission für „consortium bids“, bei denen zwei oder mehr Unternehmen vereinbaren, die Kontrolle über ein anderes Unternehmen nur zu dem Zweck zu erlangen, das Unternehmen unter sich aufzuteilen[276]. Die sich zusammenschließenden Unternehmen vereinbaren dabei regelmäßig, keine konkurrierenden Angebote für dasselbe Unternehmen abzugeben oder sonst die Kontrolle zu erlangen[277]. Nicht vollständig geklärt ist, ob auch eine Ausnahme hinsichtlich anderer Übergangsvereinbarungen zu machen ist. Häufig wird zwischen den Unternehmen vereinbart, dass das Zielunternehmen verpflichtet ist, in der Zeit zwischen dem Vertragsschluss und der Übernahme seinen „normalen“ Geschäftsbetrieb fortzuführen[278], Veränderungen nicht ohne Zustimmung des Erwerbers vorzunehmen[279] oder konkurrierende Kaufangebote nicht zu unterstützen[280]. Durch diese Abreden soll der status quo bei Vertragsschluss gesichert werden. In der Bekanntmachung von 2001 wurde festgelegt, dass Vereinbarungen, mit denen lediglich der Erwerb der Kontrolle erleichtert werden soll, als unmittelbar verbunden angesehen werden können[281]. Die neue Bekanntmachung von 2005 behandelt solche Vereinbarungen, die materielle Veränderungen im Zielunternehmen bis zum endgültigen Abschluss des Zusammenschlusses verbieten, als unmittelbar verbunden und notwendig[282]. Dies spricht für die Behandlung von Übergangsvereinbarungen als Nebenabreden. Sinn und Zweck derartiger Vereinbarungen ist es, die Durchführung des Zusammenschlusses zu sichern und Vereitelungen vorzubeugen. Damit sind solche Vereinbarungen zwar zeitlich dem Zusammenschluss vorgelagert, jedoch sachlich eng mit ihm verknüpft[283]. Ein alleiniges Abstellen auf den zeitlichen Aspekt erschiene hier unangemessen, da diese vorgelagerten Vereinbarungen für die erfolgreiche Durchführung des Zusammenschlusses von großer Bedeutung sind. Der zeitliche Aspekt ist da-

---

[273] So noch ausdrücklich in der alten Bekanntmachung über Einschränkungen aus 2001, ABl. 2001 C 188/5 (6) Rdn. 10, vom 4.7.2001; Adt, in: von der Groeben/ Schwarze, Kommentar zum EU-/ EG-Vertrag, Bd. 2, FKVO Rdn. 323.

[274] Duhnkrack/ Hellmann, ZIP 2003, 1425 ff.; Picot/ Land, DB 1998, 1601 ff.

[275] Gleiss/ Hirsch, Komm. zum EG- Kartellrecht, Art. 85 (1) EGV Rdn. 604.

[276] Kommission, ABl. 2005 C 56/24 (26) Rdn. 15, vom 5.3.2005 – Bekanntmachung über Einschränkungen; ausführlich dazu Lückenbach, Nebenabreden nach europäischem Fusionskontrollrecht, S. 162 ff.; Grabbe, Nebenabreden in der Europ. Fusionskontrolle, S. 106 ff.

[277] Kommission, ABl. 2005 C 56/24 (26) Rdn. 14, vom 5.3.2005 – Bekanntmachung über Einschränkungen.

[278] Kommission, Fall Nr. IV/M.253 - BTR/ Pirelli, vom 17.8.1992.

[279] Kommission, Fall Nr. IV/M.319 - BHF/ CCF/ Charterhouse, vom 30.9.1993.

[280] Kommission, Fall Nr. IV/M.465 - GE/ CIGI, vom 29.8.1994.

[281] Kommission, ABl. 2001 C 188/5 (6) Rdn. 10, vom 4.7.2001 - Bekanntmachung über Einschränkungen.

[282] Kommission, ABl. 2005 C 56/24 (26) Rdn. 14, vom 5.3.2005 – Bekanntmachung über Einschränkungen.

[283] Adt, in: von der Groeben/ Schwarze, Kommentar zum EU-/ EG- Vertrag, Bd. 2, FKVO Rdn. 323.

her nicht geeignet, eine angemessene Entscheidung über die Behandlung als Nebenabreden zu ermöglichen[284]. Es widerspräche außerdem dem Prinzip des „one- stop-shop“ diese Übergangsvereinbarungen nicht als Nebenabreden zu qualifizieren und sie damit einer Überprüfung nach Art. 81, 82 EG zu unterstellen, wohingegen der Zusammenschluss selbst unter die FKVO fallen würde[285].

c) Notwendigkeit

Das dritte und am schwierigsten zu fassende Kriterium nach der Prüfung der Einschränkung und der unmittelbaren Verbundenheit stellt schließlich das Merkmal der Notwendigkeit als Hauptvoraussetzung dar[286]. In der aktuellen Bekanntmachung wird die Notwendigkeit einer Nebenabrede wie auch schon bisher dahingehend bestimmt, dass „ohne sie der Zusammenschluss entweder gar nicht oder nur unter ungewissen Voraussetzungen, zu wesentlich höheren Kosten, über einen spürbar längeren Zeitraum oder mit erheblich geringeren Erfolgsaussichten durchgeführt werden könnte“[287]. Auch die wirtschaftlichen Gründe für die Notwendigkeit werden im Anschluss dargelegt[288]. Es muss sich um „Vereinbarungen mit dem Ziel, den übertragenen Vermögenswert zu erhalten, die Versorgungssicherheit nach Auflösung einer bestehenden wirtschaftlichen Einheit zu gewährleisten oder den Start einer neuen Einheit zu ermöglichen“, handeln[289]. Zur Bestimmung der Kriterien wird ein rein objektiver Maßstab angelegt[290]. Es ist also nicht ausreichend, dass die beteiligten Unternehmen von der Notwendigkeit der Vereinbarungen ausgehen, sondern es muss eine Vereinbarung vorliegen, ohne die ein Zusammenschluss generell unannehmbar wäre[291]. Entscheidend ist dabei nicht in erster Linie, ob der Vertragsschluss für die beteiligten Parteien unannehmbar ist, sondern ob sich auch ein Dritter aus wirtschaftlich nachvollziehbaren

---

[284] Hinsichtlich des „Vernachlässigen des zeitlichen Aspekts“ siehe Grabbe, Nebenabreden in der Europ. Fusionskontrolle, S. 90, 91.

[285] Daoût, in: G/ T/ E, Kommentar zum EU-/ EG- Vertrag, Bd. 2/II, Art. 8 Abs. 2 FKVO Rdn. 49; Modrall, ECLR 1995, 40 (40).

[286] So auch Holley, Fordham Corporate Law Institute 1990, 423 (436) "the more important of the two".

[287] Kommission, ABl. 2005 C 56/24 (26) Rdn. 13, vom 5.3.2005 – Bekanntmachung über Einschränkungen, mit Verweis auf die Kommissionsentscheidung vom 18.12.2000, COMP/M.1863 – Vodafone/ BG/ Airtel JV, Rdn. 20.

[288] Kommission, ABl. 2005 C 56/24 (26) Rdn. 13, vom 5.3.2005 - Bekanntmachung über Einschränkungen.

[289] Kommission, ABl. 2005 C 56/24 (26) Rdn. 13, vom 5.3.2005 – Bekanntmachung über Einschränkungen, mit Verweis auf einschlägige Entscheidungen.

[290] Kommission, ABl. 2005 C 56/24 (26) Rdn. 11, vom 5.3.2005 – Bekanntmachung über Einschränkungen.

[291] Daoût, in: G/ T/ E, Kommentar zum EU-/ EG- Vertrag, Bd. 2/II, Art. 8 Abs. 2 FKVO Rdn. 50; zu Art. 85 Abs. 3 EGV a.F. dahingehend: Sauter, in: Immenga/ Mestmäcker, EG- Wettbewerbsrecht, Bd. 1, Art. 85 Abs. 3 EGV Rn. 24.

Gründen nicht bereit gefunden hätte, den Vertrag abzuschließen[292]. Durch die Verwendung der Begriffe „ungewisse Voraussetzungen“, „wesentlich höhere Kosten“, „spürbar längerer Zeitraum“ und „erheblich geringere Erfolgsaussichten“ bringt die Kommission zum Ausdruck, dass von dem Begriff der Notwendigkeit nur solche Vereinbarungen erfasst werden, die für die erfolgreiche Durchführung unverzichtbar sind. Wird hingegen die Durchführung des Zusammenschlusses nur unerheblich erschwert, so ist die Notwendigkeit der Vereinbarungen abzulehnen[293]. Ebenso ist es nicht ausreichend, dass eine Vereinbarung nur förderlich für den Zusammenschluss ist[294]. Von einer Nebenabrede wird eben nur dann gesprochen, wenn ohne sie der Zusammenschluss gar nicht erst stattfinden würde und die Vereinbarung daher zwingend erforderlich für die Ermöglichung der Durchführung des Zusammenschlusses ist[295].
Als „zweite Stufe“ der Notwendigkeitsprüfung untersucht die Kommission die Art der Absprache und ob die betreffende Vereinbarung hinsichtlich ihrer Geltungsdauer und ihres sachlichen und räumlichen Geltungsbereichs nicht über das hinausgeht, was für die Durchführung des Zusammenschlusses wirklich erforderlich ist[296]. Die Unternehmen sind dabei gehalten, sich für die Lösung zu entscheiden, die den Wettbewerb objektiv gesehen am wenigsten einschränkt, wenn gleich wirksame Alternativen vorhanden sind. Auf dieser zweiten Ebene ist also von der Kommission eine Art Verhältnismäßigkeitsprüfung eingeführt worden, zumindest bezüglich des Kriteriums der Erforderlichkeit im Sinne eines milderen Mittels[297]. Anhand dieser beiden „Stufen“ ist nach Ansicht der Kommission zu prüfen, ob eine Nebenabrede als notwendig anzusehen ist. Ausschlaggebend ist die Notwendigkeit einer Vereinbarung für die Durchführung des Zusammenschlusses, so dass im Vordergrund der Prüfung die sogenannte Funktionsnotwendigkeit der Nebenabrede steht. Eine Untersuchung des Marktes wird dabei von der Kommission nicht vorgenommen, da nicht der geschäftliche Erfolg des Zusammenschlusses an sich maßgeblich ist, sondern nur der Vorgang seiner Verwirklichung anhand der Nebenabreden[298]. Begrenzt werden die Nebenabreden dabei auf das zeitlich, sachlich und örtlich dafür erforderliche Maß.

---

[292] Grabbe, Nebenabreden in der Europ. Fusionskontrolle, S. 121; Jones/ González- Díaz, EEC Merger Regulation, S. 179, 180.
[293] Auf den Aspekt der „Geringfügigkeitsschwelle“ weist Lückenbach, Nebenabreden nach europäischem Fusionskontrollrecht, S. 51 hin.
[294] Daoût, in: G/ T/ E, Kommentar zum EU-/ EG- Vertrag, Bd. 2/II, Art. 8 Abs. 2 FKVO Rdn. 50; Immenga, in: Immenga/ Mestmäcker, EG- Wettbewerbsrecht, FKVO – Nebenabreden Rdn. 12.
[295] Goyder, EC Competition Law, S. 124.
[296] Kommission, ABl. 2005 C 56/24 (26) Rdn. 13, vom 5.3.2005 – Bekanntmachung über Einschränkungen; EuGE 2001, 2459 ( ) Rdn. 106, Rs. T 112/99 – Métropole télévision „doppelte Prüfung“.
[297] Ausdrücklich erwähnt wurde der Verhältnismäßigkeitsgrundsatz noch in der alten Bekanntmachung von 1990, ABl. C 203/5 (6) Rdn. II6.; EuGE 2001, 2459 ( ) Rdn. 106, Rs. T- 112/99 - Métropole télévision; Daoût, in: G/ T/ E, Kommentar zum EU-/ EG- Vertrag, Bd. 2/II, Art. 8 Abs. 2 FKVO Rdn. 51; Wagemann, in: Wiedemann, Hdb. des Kartellrechts, § 16 Rdn. 129; Dittert, in: Schröter/ Jakob/ Mederer, Europ. Wettbewerbsrecht, Art. 8 FKVO Rdn. 70.
[298] EuGE 2001, 2459 ( ) Rdn. 109, Rs. T 112/99 – Métropole télévision; González Díaz, Fordham International Law Journal 1995, 951 (957).

Die in den Bekanntmachungen der Kommission genannten Kriterien der Bestimmung des Begriffs der Notwendigkeit sind ungenau, da die materiellen Voraussetzungen nicht näher behandelt werden[299]. Um weitere Anhaltspunkte zur Bestimmung des Kriteriums der Notwendigkeit zu erhalten, könnte eine Orientierung an den Auslegungskriterien des Merkmals der Unerlässlichkeit in Art. 81 Abs. 3 lit. a) EG weiterhelfen, da die im Rahmen der Nebenabredenprüfung verwendete Begrifflichkeit derjenigen bei Auslegung des Art. 81 Abs. 3 EG nachempfunden zu sein scheint[300]. Es entsteht der Eindruck, als habe die Kommission in ihrer Bekanntmachung über Einschränkungen auf die ihr geläufigen Interpretationen im Rahmen des Art. 81 Abs. 3 EG zurückgreifen wollen. Da die Kriterien des Art. 81 Abs. 3 EG bereits umfassend analysiert worden sind, könnte bei einem Rückgriff auf die dort vorhandenen Auslegungskriterien von dem bereits existierenden umfangreichen Entscheidungsmaterial der Kommission und den Kommentierungen der Literatur profitiert werden.
Bei der Unerlässlichkeit werden der Gegenstand, Inhalt und Auswirkungen einer Vereinbarung betrachtet, dahin gehend, ob sie sich im Rahmen dessen halten, was als unbedingt erforderlich für die Erreichung des angestrebten Vorteils anzusehen ist[301]. Kann das Ziel auch ohne Wettbewerbsbeschränkung oder mit einem weniger weit reichenden Eingriff erreicht werden, so ist die wettbewerbsbeschränkende Vereinbarung als nicht unerlässlich anzusehen[302]. Insofern wird der Wahrung des Verhältnismäßigkeitsgrundsatzes Genüge getan, so dass die Unerlässlichkeit bisher als Freistellungssperre galt beziehungsweise nach der Umgestaltung des Art. 81 EG zu einer Legalausnahme die Grenze einer als erlaubt zu betrachtenden Kartellvereinbarung darstellt[303]. Da Art. 81 Abs. 3 EG insgesamt vier materielle Voraussetzungen enthält und die Voraussetzung der Unerlässlichkeit in diesen Zusammenhang eingebettet ist, ist immer auch zu beachten, ob die durch die Vereinbarung hervorgerufene Wettbewerbsbeschränkung in einem angemessenen Verhältnis zu dem mit ihr verbundenen Beitrag des Vorhabens zum wirtschaftlichen und technischen Fortschritt als erstem Kriterium steht[304]. Wichtige Anhaltspunkte bieten daneben die im Bereich des Art. 81 Abs. 3 EG erlassenen Gruppenfreistellungsverordnungen hinsichtlich der dort als unbedenklich erklärten Vertragsklauseln, die regelmäßig auch als Nebenabreden für erforderlich betrachtet werden[305].

---

[299] Gleiss/ Hirsch, Kommentar zum EG- Kartellrecht, Art. 85 (1) EGV Rdn. 605.
[300] Immenga, in: Immenga/ Mestmäcker, EG- Wettbewerbsrecht, Bd. 1, FKVO – Nebenabreden Rdn. 13.
[301] Schröter, in: Schröter/ Jakob/ Mederer, Europ. Wettbewerbsrecht, Art. 81 Abs. 3 EG Rdn. 355; Sauter, in: Immenga/ Mestmäcker, EG- Wettbewerbsrecht, Bd. 1, Art. 85 Abs. 3 EGV a.F., C. III. Rdn. 23.
[302] Sauter, in: Immenga/ Mestmäcker, EG- Wettbewerbsrecht, Bd. 1, Art. 85 Abs. 3 EGV Rdn. 23.
[303] Schröter, in: Schröter/ Jakob/ Mederer, Kommentar zum Europ. Wettbewerbsrecht, Art. 81 Abs. 3 EG Rdn. 355; Sauter, in: Immenga/ Mestmäcker, EG- Wettbewerbsrecht, Bd. 1, Art. 85 Abs. 3 EGV Rdn. 23; Gleiss/ Hirsch, Komm. zum EG- Kartellrecht, Art. 85 (3) EGV Rdn. 1931.
[304] Sauter, in: Immenga/ Mestmäcker, EG- Wettbewerbsrecht, Bd. 1, Art. 85 Abs. 3 EGV Rdn. 26; Gleiss/ Hirsch, Komm. zum EG- Kartellrecht, Art. 85 (3) EGV Rdn. 1864.
[305] Schröter, in: Schröter/ Jakob/ Mederer, Europ. Wettbewerbsrecht, Art. 81 Abs. 3 EG Rdn. 357.

Bevor jedoch auf die Übertragbarkeit der Auslegungskriterien eingegangen wird, muss zunächst untersucht werden, ob eine solche Übertragung überhaupt möglich ist. Dazu sind zunächst der Sinn und Zweck der Normen des Art. 81 Abs. 3 EG und der Art. 6 Abs. 1 lit. b) UAbs. 2 und Art. 8 Abs. 1 UAbs. 2 und Abs. 2 UAbs. 3 FKVO zu vergleichen. Anschließend wird das Kriterium der Unerlässlichkeit und seine Auslegung im Bereich des Art. 81 Abs. 3 EG behandelt, bevor untersucht wird, ob die gefundenen Auslegungsansätze auf das Merkmal der Notwendigkeit im Bereich der Nebenabreden übertragen werden können.

aa) Vergleichbarkeit von Sinn und Zweck der Art. 6 Abs. 1 lit. b) UAbs. 2, Art. 8 Abs. 1 UAbs. 2, Abs. 2 UAbs. 3 mit Art. 81 Abs. 3 EG

Die Regelung des Art. 81 EG ist zurück zu führen auf Art. 3 lit. g) EG, wonach es zu der Aufgabe der Gemeinschaft gehört, ein System zu errichten, das den Wettbewerb innerhalb des Binnenmarktes vor Verfälschungen schützt[306]. Dem liegt die Vorstellung zu Grunde, dass bei unbeeinträchtigtem Wettbewerb durch das freie Spiel der Marktkräfte eine stetig bessere Versorgung der Märkte erreicht und die Konsumentenwohlfahrt gesteigert wird[307]. Dennoch sind aber Konstellationen denkbar, bei denen gerade wettbewerbsbeschränkende Maßnahmen zu einer derartigen Verbesserung führen und ohne diese Maßnahmen gerade keine solche Verbesserung erreichbar wäre, sprich der unbeeinträchtigte Wettbewerb nicht die günstigste Versorgung des Marktes gewährleistet[308]. In diesem Fall sind Wettbewerbsbeschränkungen, wenn sie die Voraussetzungen des Art. 81 Abs. 3 EG erfüllen, ausnahmsweise als zulässig zu betrachten und laufen nicht dem Ziel des Schutzes unverfälschten Wettbewerbs zuwider[309]. Begrenzt werden diese Maßnahmen durch das Erfordernis der „Unerlässlichkeit“ gemäß Art. 81 Abs. 3 lit. a) EG und die „Vermeidung der völligen Ausschaltung des Wettbewerbs“ nach Art. 81 Abs. 3 lit. b) EG[310]. Insofern findet sich in Art. 81 Abs. 3 lit. a) und b) EG der Verhältnismäßigkeitsgrundsatz wieder[311].

---

[306] Weiß, in: Callies/ Ruffert, EUV/ EGV, Art. 3 EG Rdn. 9.

[307] Weiß, in: Callies/ Ruffert, EUV/ EGV, Art. 81 EG Rdn. 153; Sauter, in: Immenga/ Mestmäcker, EG- Wettbewerbsrecht, Bd. 1, Art. 85 Abs. 3 EGV Rdn. 23; Schröter, in: G/ T/ E, Kommentar zum EU-/ EG- Vertrag, Bd. 2/I, Art. 85 Abs. 3 EGV a.F. Rdn. 299; Bunte, in: Langen/ Bunte, Kartellrecht, Bd. 1, Art. 85 EGV a.F. Rdn. 131.

[308] Bunte, in: Langen/ Bunte, Kartellrecht, Bd. 1, Art. 85 EGV a.F. Rdn. 132; Weiß, in: Callies/ Ruffert, EUV/ EGV, Art. 81 EG Rdn. 153; Schröter, in: G/ T/ E, Kommentar zum EU-/ EG- Vertrag, Bd. 2/I, Art. 85 Abs. 3 EGV a.F. Rdn. 299.

[309] Gleiss/ Hirsch, Komm. zum EG- Kartellrecht, Art. 85 (3) EGV Rdn. 1781.

[310] Gleiss/ Hirsch, Komm. zum EG- Kartellrecht, Art. 85 (3) EGV Rdn. 1931: „Die dritte Voraussetzung bildet insofern, ebenso wie die vierte, eine Freistellungssperre.“

[311] Schröter, in: Schröter/ Jakob/ Mederer, Europ. Wettbewerbsrecht, Art. 81 Abs. 3 EG Rdn. 355; Mestmäcker, in: Immenga/ Mestmäcker, EG- Wettbewerbsrecht, Bd. 1, Einleitung Rdn. 34.

Das rechtspolitische Hauptziel der Fusionskontrollverordnung ist der Schutz des Wettbewerbs vor schädlichen Strukturveränderungen[312]. Da unter Art. 3 lit. g) EG der Schutz des Wettbewerbs vor jeglichen Verfälschungen fällt, das heißt sowohl durch Beeinträchtigungen aufgrund des Verhaltens als auch durch Strukturveränderungen[313], dienen auch die Normen der FKVO dem in Art. 3 lit. g) EG gesetzten Ziel der Aufrechterhaltung und Entwicklung von Wettbewerb[314]. Ein umfassender Wettbewerbsschutz soll durch ein generelles Kartellverbot, eine Missbrauchsaufsicht und eine vorbeugende Fusionskontrolle erreicht werden[315]. Die FKVO ist aufgrund der Rechtsgrundlagen der Art. 83 und 308 EG erlassen worden und stellt eine Verordnung zur Verwirklichung der in den Art. 81, 82 EG niedergelegten Grundsätze dar[316]. Wettbewerbsverbote, die ihrem Wesen nach als wettbewerbsbeschränkende Vereinbarung grundsätzlich dem Art. 81 Abs. 1 EG unterfallen, sind aufgrund der speziellen Regelung in der FKVO im Rahmen der Zusammenschlusskontrolle mit abzuhandeln und entgehen bei Erfüllen der Voraussetzungen einer gesonderten Prüfung nach Art. 81 EG. Diese Privilegierung währt jedoch nur solange, wie die Voraussetzungen der unmittelbaren Verbundenheit und Notwendigkeit erfüllt sind. Zwar dienen Wettbewerbsverbote in erster Linie nur der erfolgreichen Durchführung des Zusammenschlusses und nicht unmittelbar dem Wettbewerbsschutz, jedoch werden einem Zusammenschluss im Gegensatz zu Kartellvereinbarungen regelmäßig auch wettbewerbsfördernde Wirkungen zugeschrieben aufgrund der damit möglicherweise verbundenen Synergieeffekte und Effizienzen, die mittelbar auch durch die Nebenabreden ermöglicht werden[317]. Bei der Gegenüberstellung der Regelungen in Art. 81 Abs. 3 EG und Art. 6 Abs. 1 lit. b) UAbs. 2 FKVO bzw. Art. 8 Abs. 1 UAbs. 2 und Abs. 2 UAbs. 3 FKVO ist eine vergleichbare Systematik hinsichtlich der Regelung der Ausnahmen von wettbewerbsbeschränkenden Vereinbarungen vom generellen Kartellverbot festzustellen, wozu zum einen auf das Kriterium der „Unerlässlichkeit", zum anderen auf die „Notwendigkeit" abgestellt wird. Beide Regelungen sollen „Grauzonen" erfassen, in denen zwar grundsätzlich eine den Wettbewerb beschränkende Abrede vorliegt, die jedoch aufgrund ihrer auch wettbewerbsförderlichen Seiten ausnahmsweise einem Verbot entgehen soll, so dass beide Vorschriften Ausnahmeregelungen bezüglich der generellen Verbotsnorm enthalten. Insofern dienen die Regelung in Art. 81 Abs. 3 EG als auch die Behandlung von Nebenabreden in der FKVO im Gesamtgefüge des europäischen Wettbewerbrechts dem in Art. 3 Abs. 1 lit. g) EG vorgegebenen Ziel des Wett-

---

[312] Albers/ Hacker, in: Schröter/ Jakob/ Mederer, Europ. Wettbewerbsrecht, Art. 2 FKVO Rdn. 8, 9; 5. Erwägungsgrund zur FKVO, Kommission, ABl. 2004 L 24/1, vom 29.1.2004 - Fusionskontrollverordnung.

[313] Ukrow, in: Callies/ Ruffert, EUV/ EGV, Art. 3 EG Rdn. 9; Wirtz, EWS 2002, 59 (61).

[314] 2. Erwägungsgrund zur FKVO, Kommission, ABl. 2004 L 24/1, vom 29.1.2004 - Fusionskontrollverordnung.

[315] Immenga/ Stopper, RIW 2001, 512 (517).

[316] Zuletzt EuGHE 2002, 4829 (4856), Rs. T 251/00 - Lagardère u. Canal+/ Kommission; Löffler, Komm. zur FKVO, Vorbemerkungen Rdn. 12; Koch, EWS 1990, 65 (66).

[317] Wirtz, EWS 2002, 59 (60, 65); Berg, BB 2004, 561 (563).

bewerbsschutzes vor Verfälschungen, so dass Sinn und Zweck der Regelungen vergleichbar sind und damit eine Übertragung einzelner Auslegungsansätze aus Art. 81 Abs. 3 EG in die Nebenabredenproblematik grundsätzlich möglich ist[318].

bb) Auslegung des Unerlässlichkeitskriteriums des Art. 81 Abs. 3 lit. a) EG

Insbesondere das Unerlässlichkeitskriterium des Art. 81 Abs. 3 lit. a) EG könnte Auslegungshilfen für die Ausfüllung des Begriffs der Notwendigkeit bieten. Bereits der Wortsinn der Begriffe „Notwendigkeit" und „Unerlässlichkeit" lässt eine unterschiedliche Interpretation nur schwer zu[319]. Bei näherer Betrachtung ist zudem festzustellen, dass auch die inhaltliche Ausfüllung der Begriffe in weiten Teilen übereinstimmend ist. Im Folgenden wird zunächst die Auslegung des Unerlässlichkeitskriteriums erörtert, bevor im Anschluss eine Übertragung der Auslegungsansätze für die inhaltliche Ausfüllung des Kriteriums der Notwendigkeit untersucht wird.
Bei der Unerlässlichkeit werden der Gegenstand, Inhalt und Auswirkungen einer Vereinbarung dahin gehend betrachtet, ob sie sich im Rahmen dessen halten, was als unbedingt erforderlich für die Erreichung der angestrebten Vorteile anzusehen ist[320]. Eine Wettbewerbsbeschränkung ist dann unerlässlich im Sinne von Art. 81 Abs. 3 EG, wenn sich die angestrebten Vorteile auf andere Weise entweder gar nicht oder nicht in demselben Ausmaß, innerhalb desselben Zeitraums oder mit derselben Sicherheit herbeiführen lassen[321]. Nicht ausreichend ist lediglich die Eignung einer Vereinbarung, zur Erreichung der angestrebten Ziele beizutragen[322]. Diese Bestimmung erfolgt aufgrund eines objektiven Maßstabs, die Auffassung der beteiligten Unternehmen ist dabei nicht ausschlaggebend[323]. Wie der Begriff der Unerlässlichkeit bereits impliziert, dürfen die Ziele der Verbesserung der Warenerzeugung oder -verteilung oder der Förderung des technischen oder wirtschaftlichen Fortschritts nur durch die geringst mögliche Beeinträchtigung des Wettbewerbs erreicht werden[324]. Darüber hinaus müssen die Wettbewerbsbeeinträchtigungen in einem angemessenen Verhältnis hinsichtlich des von dem Vorhaben ausgehenden wirtschaftlichen oder technischen Fortschritts

---

318 A.A. Lückenbach, Nebenabreden nach europäischem Fusionskontrollrecht, S. 50.

319 Holley, Fordham Corporate Law Institute 1990, 423 (437) "lack of distance between the words".

320 Schröter, in: Schröter/ Jakob/ Mederer, Europ. Wettbewerbsrecht, Art. 81 Abs. 3 EG Rdn. 355; Sauter, in: Immenga/ Mestmäcker, EG- Wettbewerbsrecht, Bd. 1, Art. 85 Abs. 3 EGV a.F., C. III. Rdn. 23; Schwintowski/ Klaue, WuW 2005, 370 (374).

321 GA Roemer, Slg. 1966, 437, Schlussanträge zu EuGH vom 13.7.1966, verb. Rs. 56 und 58/ 64 - Grundig/ Consten; EuGHE 1977, 1916 Rdn. 44 ff., Rs. 26/76 - Metro/ Saba I; Koch, in: Grabitz/ Hilf, EGV, Art. 85 EGV a.F. Rdn. 181; Schröter, in: Schröter/ Jakob/ Mederer, Europ. Wettbewerbsrecht, Art. 81 Abs. 3 EG Rdn. 356 mit Verweis auf zahlreiche Rechtsprechung und Kommissionsentscheidungen.

322 EuGHE 1966, 322 (397), verb. Rs. 56 und 58/64 – Grundig/ Consten; Schröter, in: Schröter/ Jakob/ Mederer, Europ. Wettbewerbsrecht, Art. 81 Abs. 3 EG Rdn. 356.

323 Gleiss/ Hirsch, Komm. zum EG- Kartellrecht, Art. 85 (3) EGV Rdn. 1932.

324 Weiß, in: Callies/ Ruffert, EUV / EGV, Art. 81 EG Rdn. 153 ff.; hierzu auch Grabbe, Nebenabreden in der Europ. Fusionskontrolle, S. 118, 119.

stehen[325]. Insofern kommt in Art. 81 Abs. 3 lit. a) EG das Verhältnismäßigkeitsprinzip zum Ausdruck[326], da die Unerlässlichkeitsprüfung das Merkmal der Erforderlichkeit der Wettbewerbsbeschränkung im Hinblick darauf betrifft, ob der Vorteil auch mit anderen, weniger einschränkenden Eingriffen erreicht werden kann[327] und auch die Angemessenheit der Beschränkung erfordert[328]. Die wettbewerbsbeschränkenden Vereinbarungen sollen in ihrem zeitlichen, örtlichen und sachlichen Umfang nicht das Maß dessen überschreiten, das für die Erreichung der angestrebten Ziele als unbedingt erforderlich anzusehen ist[329]. Entscheidend ist, ob den Beteiligten unter Berücksichtigung ökonomischer Gesichtspunkte eine mögliche und zumutbare Handlungsalternative offen steht, wonach sie ihr Ziel auch mit anderen, weniger wettbewerbsbeschränkenden Vereinbarungen erreichen können[330]. Gefordert wird dabei keine „strenge Kausalitätsprüfung" dahin gehend, dass überhaupt keine andere objektive Möglichkeit der Zielerreichung besteht, sondern es wird im Rahmen einer Prognose ermittelt, ob bestimmte Vereinbarungen für die Verwirklichung der angestrebten Vorteile aus einer objektiven Sichtweise heraus unvermeidbar sind[331]. Da nicht die Beurteilung der beteiligten Unternehmen entscheidend ist, wird auf das kaufmännisch vernünftige Verhalten eines außenstehenden Dritten abgestellt. Insofern beinhaltet die Entscheidung auch wertende Elemente[332]. Besonders eingehend werden von der Kommission Vereinbarungen marktstarker Wettbewerber im Hinblick auf ihre Unerlässlichkeit geprüft, da bei diesen Konstellationen die Gefahr des Überwiegens der wettbewerbsbeschränkenden Wirkungen aufgrund des geringeren Wettbewerbsdrucks auf die Unternehmen besonders groß ist[333].

Anhaltspunkte für „unerlässliche" Vereinbarungen im Sinne des Art. 81 Abs. 3 lit. a) EG sind den Gruppenfreistellungsverordnungen zu entnehmen[334]. Dort freigestellte

325 Sauter, in: Immenga/ Mestmäcker, EG- Wettbewerbsrecht, Bd. 1, Art. 85 Abs. 3 EGV a.F., C. III. Rdn. 23.

326 Weiß, in: Callies/ Ruffert, EUV/ EGV, Art. 81 EG Rdn. 161; Schröter, in: G/ T/ E, Kommentar zum EU- / EG- Vertrag, Bd. 2/I, Art. 85 Abs. 3 EGV a.F. Rdn. 295; Grabbe, Nebenabreden in der Europ. Fusionskontrolle, S. 117- 119; Lückenbach, Nebenabreden nach europäischem Fusionskontrollrecht, S. 53.

327 Koch, in: Grabitz/ Hilf, EGV, Art. 85 EGV a.F. Rdn. 179; Schröter, in: von der Groeben/ Schwarze, Kommentar zum EU-/ EG- Vertrag, Bd. 2, Art. 81 Abs. 3 EG Rdn. 319.

328 Sauter, in: Immenga/ Mestmäcker, EG- Wettbewerbsrecht, Bd. 1, Art. 85 Abs. 3 EGV a.F., C. III. Rdn. 26.

329 Sauter, in: Immenga/ Mestmäcker, EG- Wettbewerbsrecht, Bd. 1, Art. 85 Abs. 3 EGV a.F., C. III. Rdn. 23; Schröter, in: G/ T/ E, Kommentar zum EU- / EG- Vertrag, Bd. 2/I, Art. 85 Abs. 3 EGV Rdn. 306; Schröter, in: Schröter/ Jakob/ Mederer, Europ. Wettbewerbsrecht, Art. 81 Abs. 3 EG Rdn. 356.

330 Gleiss/ Hirsch, Komm. zum EG- Kartellrecht, Art. 85 (3) EGV Rdn. 1936; Schröter, in: Schröter/ Jakob/ Mederer, Europ. Wettbewerbsrecht, Art. 81 Abs. 3 EG Rdn. 356.

331 Gleiss/ Hirsch, Komm. zum EG- Kartellrecht, Art. 85 (3) EGV Rdn. 1934.

332 Gleiss/ Hirsch, Komm. zum EG- Kartellrecht, Art. 85 (3) EGV Rdn. 1935.

333 Vergleiche VO (EG) Nr. 2790/1999 der Kommission, ABl. 1999 L 336/21 (21) Rdn. 7, vom 29.12.1999 – Vertikal-GVO.

334 Mestmäcker/ Schweitzer, Europ. Wettbewerbsrecht, § 13 Rdn. 64; Schröter, in: Schröter/ Jakob/ Mederer, Europ. Wettbewerbsrecht, Art. 81 Abs. 3 EG Rdn. 357.

Klauseln sind regelmäßig auch erforderlich im Sinne von Art. 81 Abs. 3 lit. a) EG, wohingegen dies bei sogenannten „schwarzen Klauseln", die grundsätzlich verboten sind, nicht der Fall ist[335]. Wettbewerbsverbote werden in der Gruppenfreistellungsverordnung (GVO) zu vertikalen Vereinbarungen sogar explizit erwähnt[336]. Zwar findet die GVO gemäß Art. 2 Abs. 1 Vertikal-GVO nur Anwendung auf Vereinbarungen von auf unterschiedlicher Produktionsstufe stehenden Unternehmen beziehungsweise unter speziellen Voraussetzungen gemäß Art. 2 Abs. 4 Vertikal-GVO auch auf nicht wechselseitige vertikale Vereinbarungen zwischen Wettbewerbern, wenn unter anderem der Käufer keine mit den Vertragswaren im Wettbewerb stehenden Waren herstellt beziehungsweise keine damit in Wettbewerb stehenden Dienstleistungen erbringt[337]. Dennoch sind der Systematik der Vertikal-GVO ebenso wie der konkreten Behandlung von Wettbewerbsverboten wichtige Hinweise für die Beurteilung von zwischen Wettbewerbern vereinbarten Nebenabreden zu entnehmen. Als nicht freistellungsfähig werden gemäß Art. 5 lit. a) Vertikal-GVO Wettbewerbsverbote zu Lasten des Käufers betrachtet, die für eine unbestimmte Dauer oder für einen fünf Jahre überschreitenden Zeitraum vereinbart worden sind. Verbote, die über die Fünf- Jahres- Grenze hinaus stillschweigend verlängert werden, gelten ebenso als für unbestimmte Zeit vereinbart. Begründet wird die zeitliche Einschränkung der Wettbewerbsverbote mit dem Ziel, einer Marktabschottung auf Lieferantenebene vorzubeugen, die Zusammenarbeit von Lieferanten mit gleichen Vereinbarungen zu unterbinden und den Markenwettbewerb in den Verkaufsstätten aufrecht zu erhalten[338]. Des Weiteren werden gemäß Art. 5 lit. b) Vertikal-GVO solche Verpflichtungen nicht freigestellt, die den Käufer veranlassen, Waren oder Dienstleistungen nach Beendigung der Vereinbarung nicht herzustellen, zu erbringen, zu beziehen, zu verkaufen oder weiterzuverkaufen. Eine Ausnahme wird dann gemacht, wenn die nachvertraglichen Wettbewerbsverbote sachlich auf die miteinander im Wettbewerb stehenden Waren oder Dienstleistungen beschränkt werden, örtlich sich auf die Geschäftsräume des Käufers beziehen und darüber hinaus unerlässlich sind, um dem Käufer vom Lieferanten übertragenes Know-how zu schützen und das Wettbewerbsverbot zeitlich auf ein Jahr nach Beendigung der Vereinbarung begrenzt ist[339]. Hervorzuheben ist in diesem Zusammenhang die Möglichkeit der Kommission, im Einzelfall den Vorteil der Verordnung gemäß Art. 29 VO (EG) Nr. 1/2003

---

[335] Schröter, in: von der Groeben/ Schwarze, Kommentar zum EU-/ EG- Vertrag, Bd. 2/II, Art. 81 Abs. 3 EG Rdn. 321; Klotz, in: Schröter/ Jakob/ Mederer, Art. 81 – Fallgruppen Liefer- und Bezugsvereinbarungen Rdn. 19, 20.

[336] VO (EG) Nr. 2790/1999, Kommission, ABl. 1999 L 336/21, vom 29.12.1999 über die Anwendung von Art. 81 Abs. 3 EG auf Gruppen von vertikalen Vereinbarungen und aufeinander abgestimmte Verhaltensweisen.

[337] Klotz, in: Schröter/ Jakob/ Mederer, Europ. Wettbewerbsrecht, Art. 81 – Fallgruppen Liefer- und Bezugsvereinbarungen Rdn. 40.

[338] Kommission, ABl. 2000 C 291/1 Rdn. 138, vom 13.10.2000 – Mitteilung der Kommission über Leitlinien für vertikale Beschränkungen.

[339] Klotz, in: Schröter/ Jakob/ Mederer, Europ. Wettbewerbsrecht, Art. 81 – Fallgruppen Liefer- und Bezugsvereinbarungen Rdn. 118, 119.

zu entziehen, obwohl die betroffene Vereinbarung grundsätzlich unter die Verordnung fällt, jedoch ihre Wirkungen mit Art. 81 Abs. 3 EG unvereinbar sind[340]. Vor Inkrafttreten der neuen Verordnung (EG) Nr. 1/2003 war die Möglichkeit des Entzugs in Art. 6 Vertikal-GVO geregelt[341]. Darin wird bestimmt, dass eine Unvereinbarkeit mit den Voraussetzungen des Art. 81 Abs. 3 EG insbesondere dann vorliegt, wenn der Zugang zu dem betroffenen Markt oder der dort herrschende Wettbewerb durch gleichartige Wirkungen paralleler Netze vertikaler Vereinbarungen in erheblichem Maß beschränkt wird, was insbesondere bei Wettbewerbsverboten der Fall ist, sowie des Weiteren gemäß Erwägungsgrund 13 zur Vertikal-GVO, wenn der Käufer über erhebliche Marktmacht verfügt.

Eine Orientierung an den existierenden Gruppenfreistellungsverordnungen ist auch nicht durch die neue Kartellverfahrensverordnung (EG) Nr. 1/2003 unmöglich geworden. Zwar entfällt das Freistellungsmonopol der Kommission zugunsten der Selbstveranlagung durch die Unternehmen aufgrund des eingeführten Systems der Legalausnahme[342]. Trotzdem werden sich auch die Unternehmen, die jetzt selbst das Vorliegen der Voraussetzungen des Art. 81 Abs. 3 EG zu prüfen haben, ebenso wie auch die nationalen Behörden und Gerichte Art. 81 Abs. 3 EG unmittelbar anwenden können, bei der Auslegung der Voraussetzungen des Absatzes 3 an den auch unter der neuen Verordnung fortbestehenden Gruppenfreistellungsverordnungen orientieren[343]. Dass der Verordnungsgeber an dem System der Gruppenfreistellungsverordnungen festhalten wollte, obwohl dies in dem neu eingeführten System der Legalausnahme eigentlich überflüssig ist, lässt sich insbesondere aus Art. 29 VO (EG) Nr. 1/2003 ableiten, wonach der Rechtsvorteil einer GVO ausdrücklich entzogen werden kann, was nur möglich ist, wenn die Verordnungen weiterhin existent sind[344]. Insofern fungieren die Gruppenfreistellungsverordnungen, unabhängig von der Frage, ob ihnen im neuen System noch eine konstitutive oder nur deklaratorische Wirkung zukommt, zumindest als Auslegungsrichtlinien[345]. Den bestehenden Gruppenfreistellungsverordnungen fällt daher bei der Auslegung des Kriteriums der Unerlässlichkeit im Rahmen des Art. 81 Abs. 3 EG eine wichtige Rolle zu, da in ihnen Beispiele für konkrete Absprachen zu finden sind und sie eine Einschätzungshilfe für die zu beurteilende Vereinbarung bieten[346].

---

[340] Dazu Kommission, ABl. 2004 C 101/97 (103) Rdn. 36, vom 27.4.2004 – Bekanntmachung über Leitlinien zur Anwendung von Art. 81 Abs. 3 EG.

[341] Klotz, in: Schröter/ Jakob/ Mederer, Europ. Wettbewerbsrecht, Art. 81 – Fallgruppen Liefer- und Bezugsvereinbarungen Rdn. 124, 125.

[342] Art. 1 VO 1/2003, ABl. 2003 L 1/1, vom 4.1.2003.

[343] Bornkamm, in: Baudenbacher, Neueste Entwicklungen im europ. und internat. Kartellrecht, 13 (16 ff.).

[344] Dazu Röhling, GRUR 2003, 1019 (1023); Fuchs, ZWeR 2005, 1 (10); ausführlich Brunn, EG- Kartellverfahrensverordnung 1/2003 und ihre Auswirkungen auf die GVOen, 2004.

[345] Röhling, GRUR 2003, 1019 (1021); Bechtold, WuW 2003, 343; Montag/ Rosenfeld, ZWeR 2003, 107 (114 ff.); Fuchs, ZWeR 2005, 1 (15, 16); gegen eine bloss deklaratorische Wirkung, Bornkamm, in: Baudenbacher, Neueste Entwicklungen im europ. und internat. Kartellrecht, 13 (17).

[346] Schröter, in: Schröter/ Jakob/ Mederer, Europ. Wettbewerbsrecht, Art. 81 Abs. 3 EG Rdn. 357.

cc) Übertragung der Auslegungskriterien auf das Merkmal der Notwendigkeit

Parallel zu der Untersuchung im Rahmen des Unerlässlichkeitskriteriums im Rahmen des Art. 81 Abs. 3 EG wird auch bei der Notwendigkeit einer Nebenabrede geprüft, ob sie für die erfolgreiche Durchführung der Unternehmenstransaktion unbedingt erforderlich ist[347]. Auch hier wird geprüft, ob der Zusammenschluss ohne sie überhaupt zustande käme oder nur unter ungewissen Voraussetzungen, zu höheren Kosten, über einen spürbar längeren Zeitraum oder mit erheblich geringeren Erfolgsaussichten[348]. Entscheidend ist, ob die Beteiligten noch andere wirtschaftlich vertretbare Möglichkeiten haben, unter zumutbaren Umständen betreffend die Kosten und den Zeitraum zu einer erfolgreichen Durchführung ihres Zusammenschlussvorhabens zu gelangen, und dabei weniger wettbewerbsbeschränkende Nebenabreden treffen können[349]. Nicht ausreichend ist es auch hier, dass durch eine Nebenabrede lediglich die Erreichung der mit dem Zusammenschluss angestrebten Ziele erleichtert wird, was dem Begriff der Notwendigkeit zu entnehmen ist. Soll mit der Vereinbarung der übertragene Vermögenswert erhalten, die Versorgungssicherheit nach Auflösung einer bestehenden wirtschaftlichen Einheit gewährleistet oder der Start einer neuen Einheit erleichtert werden, so sind diese Abreden regelmäßig erforderlich im Sinne von „unerlässlich"[350]. Sind Alternativen denkbar, mit denen das Ziel ebenso wirksam zu erreichen ist, die jedoch den Wettbewerb weniger stark einschränken, so ist die Notwendigkeit der Nebenabrede abzulehnen[351]. Abzustellen ist auf eine objektive Sichtweise, die Ansicht der Unternehmen ist nicht entscheidend[352]. In einem zweiten Schritt wird die Art der wettbewerbsbeschränkenden Vereinbarung und deren Erforderlichkeit bezüglich ihres sachlichen, zeitlichen und örtlichen Umfangs dahin gehend geprüft, was die Durchführung eines Zusammenschlusses vernünftigerweise erfordert, wobei die Prüfungsschritte dabei nicht immer sorgfältig voneinander getrennt werden. Da also auch im Rahmen der Nebenabredenprüfung nicht die Beurteilung der beteiligten Unternehmen entscheidet, ist auch hier auf das kaufmännisch vernünftige Verhalten eines außenstehenden Dritten abzustellen, womit auch wertende Elemente in die Prüfung einbezogen werden[353]. Dennoch ist im Bereich der Nebenabreden keine Angemessenheitsprüfung vorgese-

[347] Immenga, in: Immenga/ Mestmäcker, EG- Wettbewerbsrecht, Bd. 1, FKVO – Nebenabreden Rdn. 15.
[348] Kommission, ABl. 2005 C 56/24 (26) Rdn. 13, vom 5.3.2005 – Bekanntmachung über Einschränkungen.
[349] Daoût, in: G/ T/ E, Kommentar zum EU-/ EG- Vertrag, Bd. 2/II, Art. 8 Abs. 2 FKVO Rdn. 50.
[350] Kommission, ABl. 2005 C 56/24 (26) Rdn. 13, vom 5.3.2005 – Bekanntmachung über Einschränkungen.
[351] Kommission, ABl. 2005 C 56/24 (26) Rdn. 13, vom 5.3.2005 – Bekanntmachung über Einschränkungen.
[352] Kommission, ABl. 2005 C 56/24 (26) Rdn. 11, vom 5.3.2005 – Bekanntmachung über Einschränkungen; Daoût, in: G/ T/ E, Kommentar zum EU-/ EG- Vertrag, Art. 8 Abs. 2 FKVO Rdn. 50; Rieger, in: FK, Bd. VI, Art. 8 FKVO Rdn. 18.
[353] Rieger, in: FK, Bd. VI, Art. 8 FKVO Rdn. 18.

hen, da sich die Funktion der Nebenabreden in der Ermöglichung der Durchführung des Zusammenschlusses erschöpfen soll und daher keine Abwägung zwischen mit dem Zusammenschluss einhergehenden Vorteilen gegenüber den mit den Nebenabreden verbundenen Nachteilen erfolgen muss. Beurteilt wird nur die Erforderlichkeit der Nebenabreden hinsichtlich ihres konkreten für die Transaktion erforderlichen Umfangs im Sinne eines zur Verfügung stehenden milderen Mittels, so dass in diesem Zusammenhang auch der Grundsatz der Verhältnismäßigkeit, der als allgemeiner Grundsatz des Gemeinschaftsrechts generell bei der Auslegung Anwendung finden kann[354], Eingang in die Nebenabredenprüfung findet, obwohl er in den Bekanntmachungen explizit nicht erwähnt worden ist[355]. Da im Vordergrund die Vermeidung einer Wettbewerbsbeschränkung steht, eröffnet die Frage nach dem mildesten Mittel die Möglichkeit, die wettbewerbsfreundlichste Alternative, die dennoch zu dem erwünschten reibungslosen Ablauf des Zusammenschlusses führt, zu ermitteln[356]. Bei der Beurteilung, ob andere genauso wirksame, aber weniger wettbewerbsbeschränkende Vereinbarungen möglich sind, muss von der beurteilenden Stelle eine mitunter schwierige rechtliche und ökonomische Prognose erstellt werden innerhalb der auch nach der neuen FKVO relativ kurzen fusionsrechtlichen Fristen[357]. Die entscheidende Stelle muss dabei auf einer objektiven Grundlage entscheiden[358]. Zunächst muss die wettbewerbsbeschränkende Wirkung einer Vereinbarung festgestellt werden. Dies kann durch einen Vergleich der Wettbewerbssituation mit vereinbartem Verbot und derjenigen ohne festgestellt werden. Im Anschluss daran kann geprüft werden, ob andere Vereinbarungen möglich sind, die den Wettbewerb weniger stark einschränken. Nach der Bekanntmachung sind dabei „Alternativen, mit denen sich das legitime Ziel genau so wirksam erreichen lässt“ zu überprüfen[359]. Bloße rein theoretische Alternativen müssen dabei jedoch außer Betracht bleiben[360]. Es ist auch nicht erforderlich, dass der Zu-

---

354 Aus der Rechtsprechung des EuGH insbesondere EuGHE 1989, 2237 (2269 ff.), Rs. 265/87 - Schräder/ Hauptzollamt Gronau; weitere Rechtsprechungshinweise zu finden bei, von Danwitz, EWS 2003, 393 (393); Schwarze, Europ. Verwaltungsrecht, Bd. II, S. 830 ff.

355 Daoût, in: G/ T/ E, Kommentar zum EU-/ EG- Vertrag, Bd. 2/II, Art. 8 Abs. 2 FKVO Rdn. 51; Dittert, in: Schröter/ Jakob/ Mederer, Europ. Wettbewerbsrecht, Art. 8 FKVO Rdn. 70; Wagemann, in: Wiedemann, Hdb. des Kartellrechts, § 16 Rdn. 129; Immenga, in: Immenga/ Mestmäcker, EG- Wettbewerbsrecht, Bd. 1, FKVO- Nebenabreden Rdn. 14; Schroeder, Nebenabreden in der Fusionskontrolle, S. 98.

356 Caspar, Wettbewerbliche Gesamtwürdigung, S. 155.

357 Es läuft jetzt eine Frist von 25 Arbeitstagen bei Entscheidungen nach Art. 6 Abs. 1 lit. c FKVO und von 90 Arbeitstagen bei Entscheidungen nach Art. 8 Abs. 1- 3 FKVO, beides geregelt in Art. 10 FKVO; dazu Staebe/ Denzel, EWS 2004, 194 (197); Holley, Fordham Corporate Law Institute 1990, 423 (439); so zu Art. 85 EGV a.F., Koch, in: Grabitz/ Hilf, EGV, Art. 85 EGV a.F. Rdn. 181.

358 Holley, Fordham Corporate Law Institute 1990, 423 (438); Grabbe, Nebenabreden in der Europ. Fusionskontrolle, S. 119 ff.

359 Kommission, ABl. 2005 C 56/24 (26) Rdn. 13, vom 5.3.2005 - Bekanntmachung über Einschränkungen.

360 Sauter, in: Immenga/ Mestmäcker, EG- Wettbewerbsrecht, Bd. 1, Art. 85 Abs. 3 EGV Rdn. 25; Schröter, in: G/ T/ E, Kommentar zum EU-/ EG- Vertrag, Bd. 2/II, Art. 85 Abs. 3 EGV Rdn. 307; Schröter, in: Schröter/ Jakob/ Mederer, Europ. Wettbewerbsrecht, Art. 81 Abs. 3 EG Rdn. 356.

sammenschluss zu genau den gleichen Konditionen, wie zuvor angemeldet, durchgeführt wird, da durch die Nebenabreden nur die erfolgreiche Durchführung des Zusammenschlusses an sich gewährleistet werden soll und nicht ein bestimmtes Maß an erfolgreicher Durchführung[361]. Im Hinblick etwa auf die mit einem Zusammenschluss verbundenen Kosten müssen die Parteien auch dann eine weniger einschränkende Vereinbarung wählen, wenn damit erhöhte Kosten für den Zusammenschluss verbunden sind, denn das Ziel einer rechtlich erfolgreichen Durchführung eines Zusammenschlusses ist damit trotzdem erreicht, auch wenn die höheren Kosten für die Unternehmen einen wirtschaftlichen Nachteil darstellen[362]. Für die entscheidende Stelle wäre es zudem beinahe unmöglich, zu entscheiden, welche alternative Vereinbarung zu dem exakt gleichen wirtschaftlichen Erfolg führen würde bei weniger wettbewerbsbeschränkender Wirkung, da sie bei der Entscheidung immer mit wirtschaftlichen Prognosen arbeiten muss[363]. Zu beachten ist weiterhin, dass die Suche nach einer weniger einschränkenden Vereinbarung nicht zu Lasten Dritter gehen darf, da auch dann der Verhältnismäßigkeitsgrundsatz nicht mehr gewahrt ist[364].
Vergleichbar den Regelungen von als freigestellt zu betrachtenden Klauseln in den Gruppenfreistellungsverordnungen werden auch in der Bekanntmachung der Kommission über Nebenabreden typischerweise bei dem Verkauf von Unternehmen vorkommende Klauseln hinsichtlich ihrer Zulässigkeit behandelt[365]. Unterschieden wird zwischen Wettbewerbsverboten, Lizenzvereinbarungen sowie Bezugs- und Lieferpflichten[366]. Für die Gruppe der Wettbewerbsverbote als in der Praxis häufigste und wichtigste Nebenabrede wird der Grund für ihre Vereinbarung darin gesehen, dem Erwerber den Übergang des vollständigen Wertes der immateriellen und materiellen Vermögenswerte zu verschaffen[367]. Daher müsse der Erwerber für eine gewisse Zeit vor der Konkurrenz des Veräußerers geschützt werden[368]. Insofern seien die Verbote für die Durchführung der Transaktion notwendig, da ohne sie nicht mit dem Vollzug der Unternehmensveräußerung gerechnet werden könne. Ein solcher Schutz sei nicht gerechtfertigt, wenn sich die Übertragung nur auf materielle Vermögenswerte beziehe[369]. Für die Übertragung des Geschäftswerts als auch des Know-how wird ein Wettbewerbs-

[361] Holley, Fordham Corporate Law Institute 1990, 423 (437, 438); Lückenbach, Nebenabreden nach europäischem Fusionskontrollrecht, S. 53, 54.
[362] Lückenbach, Nebenabreden nach europäischem Fusionskontrollrecht, S. 54.
[363] Holley, Fordham Corporate Law Institute 1990, 423 (439).
[364] Lückenbach, Nebenabreden nach europäischem Fusionskontrollrecht, S. 54; Michael, JuS 2001, 148 (149).
[365] Daoût, in: G/ T/ E, Kommentar zum EU-/ EG- Vertrag, Bd. 2/II, Art. 8 Abs. 2 FKVO Rdn. 52; Dittert, in: Schröter/ Jakob/ Mederer, Europ. Wettbewerbsrecht, Art. 8 FKVO Rdn. 72.
[366] Kommission, ABl. 2005 C 56/24 (27) Rdn. III. A.- C., vom 5.3.2005 – Bekanntmachung über Einschränkungen.
[367] Rieger, in: FK, Bd. VI, Art. 8 FKVO Rdn. 20.
[368] Kommission, ABl. 2005 C 56/24 (26) Rdn. 18, vom 5.3.2005 – Bekanntmachung über Einschränkungen.
[369] Kommission, ABl. 2005 C 56/24 (27) Rdn. 21, vom 5.3.2005 – Bekanntmachung über Einschränkungen.

verbot von bis zu drei Jahren als zulässig betrachtet[370]. Wird hingegen nur der Geschäftswert veräußert, gilt eine Frist von zwei Jahren[371]. Räumlich sind Wettbewerbsverbote auf das Gebiet zu beschränken, in dem der Veräußerer die betreffenden Waren oder Dienstleistungen bereits vor der Unternehmensübertragung erbracht hat, da kein Schutz vor Wettbewerb in solchen Gebieten gewährt werden muss, in denen der Veräußerer zuvor nicht aktiv gewesen ist[372]. Anders ist dies nur dann zu beurteilen, wenn der Veräußerer bereits vor der Veräußerung konkrete Pläne zur Geschäftsaufnahme in einem bestimmten Gebiet hatte und auch bereits entsprechende Investitionsmaßnahmen getroffen hat[373]. In sachlicher Hinsicht muss sich das Verbot auf die Waren oder Dienstleistungen beschränken, die Geschäftsgegenstand des veräußerten Unternehmens sind. Dazu zählen auch solche Waren oder Dienstleistungen, die in einem fortgeschrittenen Entwicklungsstadium sind oder bereits fertig gestellte Erzeugnisse[374]. In personeller Hinsicht kann der Veräußerer sich selbst, seine Tochtergesellschaften und Handelsvertreter binden. Auch Klauseln, die das Recht des Veräußerers einschränken, Anteile an einem Unternehmen zu erwerben oder zu halten, unterfallen den bereits genannten Bedingungen, außer sie hindern den Veräußerer daran, Anteile zu Investitionszwecken zu erwerben oder zu halten, ohne dass damit direkt oder indirekt Leitungsfunktionen oder ein materieller Einfluss im Konkurrenzunternehmen verbunden wäre[375].

Bei der Bestimmung des zulässigen Umfangs von Wettbewerbsverboten wird die Ähnlichkeit mit der Vorgehensweise in der Vertikal-GVO deutlich, wo ebenso Grenzen der Zulässigkeit von wettbewerbsbeschränkenden Vereinbarungen nach Art. 81 Abs. 3 EG festgesetzt werden, wenn diese Vereinbarungen ab einem bestimmten Umfang den Marktzugang versperren oder Marktabsprachen begünstigen[376]. Auch diese werden hinsichtlich ihres zeitlichen, räumlichen und sachlichen Umfangs beschränkt. In der alten Bekanntmachung von 1990[377] wurde zudem noch, wohl angelehnt an die Rechtsprechung des EuGH[378] und die damaligen Gruppenfreistellungsverordnungen[379], von

---

[370] Kommission, ABl. 2005 C 56/24 (27) Rdn. 20, vom 5.3.2005 – Bekanntmachung über Einschränkungen; Renner, DB 2002, 1143 (1145).

[371] Kommission, ABl. 2005 C 56/24 (27) Rdn. 20, vom 5.3.2005 – Bekanntmachung über Einschränkungen.

[372] Kommission, ABl. 2005 C 56/24 (27) Rdn. 22, vom 5.3.2005 – Bekanntmachung über Einschränkungen.

[373] Kommission, ABl. 2005 C 56/24 (27) Rdn. 22, vom 5.3.2005 – Bekanntmachung über Einschränkungen.

[374] Kommission, ABl. 2005 C 56/24 (28) Rdn. 23, vom 5.3.2005 – Bekanntmachung über Einschränkungen.

[375] Kommission, ABl. 2005 C 56/24 (28) Rdn. 25, vom 5.3.2005 – Bekanntmachung über Einschränkungen.

[376] Erwägungsgrund 11 zur Vertikal-GVO, ABl. 1999 L 336/21 (22), vom 29.12.1999.

[377] Kommission, ABl. 1990 C 203/5, vom 14.8.1990 – Bekanntmachung der Kommission über Nebenabreden zu Zusammenschlüssen.

[378] EuGHE 1985, 2545 (2574 ff.), Rs. 42/84 – RemiaBV u.a./ Kommission.

[379] Art. 3 lit. d) VO (EWG) Nr. 1984/83 über die Anwendung von Art. 85 Abs. 3 des Vertrages auf Gruppen von Alleinbezugsvereinbarungen vom 22.6.1983; diese GVO wurde später in die Vertikal-

einer zulässigen Dauer für Wettbewerbsverbote von fünf Jahren ausgegangen[380]. Wie auch die Bekanntmachung über Einschränkungen möchte die Vertikal-GVO den Unternehmen Rechtssicherheit im Umgang mit wettbewerbsbeschränkenden Klauseln bieten[381]. Dennoch ist die Vertikal-GVO im Gegensatz zu ihren Vorgängern wie auch die Bekanntmachung der Kommission über Einschränkungen flexibel gestaltet, indem zum einen bei der GVO nicht mehr das „Alles- oder- Nichts- Prinzip" angewendet wird, nach dem bei Vorliegen einer unzulässigen „schwarzen Klausel" die gesamte Vereinbarung nicht freigestellt wurde[382], und indem bei der Nebenabreden-Bekanntmachung diese ständig aktualisiert und vervollständigt wird, um mit neuen Fällen einhergehende Geschäftspraktiken zu erfassen[383].
Im Gegensatz zur Bekanntmachung über Nebenabreden besteht jedoch gemäß Art. 29 VO (EG) Nr. 1/2003 auch die Möglichkeit, den Vorteil einer Gruppenfreistellungsverordnung für wettbewerbsbeschränkende Vereinbarungen im Einzelfall zu entziehen, auch wenn die betroffene Abrede grundsätzlich unter die Verordnung fällt, ihre Wirkungen jedoch mit Art. 81 Abs. 3 EG nicht zu vereinbaren sind, mit der Rechtsfolge, dass die Vereinbarungen Art. 81 Abs. 1 EG unterfallen und gemäß Art. 81 Abs. 2 EG nichtig sind[384]. Dies wird insbesondere dann angenommen, wenn zum einen der Zugang zum Markt in erheblichem Maße beschränkt wird sowie dann, wenn ein Unternehmen über erhebliche Marktmacht verfügt, da bei diesen Konstellationen die Gefahr des Überwiegens der wettbewerbsbeschränkenden Wirkungen wahrscheinlich ist[385]. Stand nach Art. 6 GVO die Entzugskompetenz nur der Kommission zu, so sind nach Art. 29 VO (EG) Nr. 1/2003 nunmehr auch die mitgliedstaatlichen Behörden zuständig, falls das Gebiet des Mitgliedstaates oder ein Teil desselben einen räumlich abgegrenzten Markt darstellen[386].
Im Rahmen der Nebenabredenprüfung anhand der FKVO besteht demgegenüber keine Entzugsmöglichkeit des „Vorteils" in den Fällen, in denen Vereinbarungen zwar die Kriterien der Einschränkung, unmittelbaren Verbundenheit und Notwendigkeit erfül-

GVO (EG) Nr. 2790/1999 aufgenommen, ebenso wie die Verordnungen (EWG) Nr. 1983/83 über Alleinvertriebsvereinbarungen und die VO (EWG) Nr. 4087/88 über Franchisevereinbarungen; zur Entwicklung, Klotz, in: Schröter/ Jakob/ Mederer, Europ. Wettbewerbsrecht, Art. 81 – Fallgruppen Liefer- und Bezugsvereinbarungen Rdn. 21 ff., 59 ff.

380 Kommission, ABl. 1990 C 203/5 (6) Rdn. III.A.2., vom 14.8.1990 – Bekanntmachung über Nebenabreden; Rieger, in: FK, Bd. VI, Art. 8 FKVO Rdn. 20.

381 Klotz, in: Schröter/ Jakob/ Mederer, Europ. Wettbewerbsrecht, Art. 81 – Fallgruppen Liefer- und Bezugsvereinbarungen Rdn. 22.

382 Klotz, in: Schröter/ Jakob/ Mederer, Europ. Wettbewerbsrecht, Art. 81 – Fallgruppen Liefer- und Bezugsvereinbarungen Rdn. 20, 25.

383 Daoût, in: G/ T/ E, Kommentar zum EU-/ EG- Vertrag, Bd. 2/II, Art. 8 Abs. 2 FKVO Rdn. 52.

384 Für das Entzugsverfahren gilt seit dem 1.5.2004 die neue VO (EG) Nr. 1/2003; Mestmäcker/ Schweitzer, Europ. Wettbewerbsrecht, § 13 Rdn. 32; Klotz, in: Schröter/ Jakob/ Mederer, Europ. Wettbewerbsrecht, Art. 81 – Fallgruppen Liefer- und Bezugsvereinbarungen Rdn. 124.

385 Mestmäcker/ Schweitzer, Europ. Wettbewerbsrecht, § 13 Rdn. 32.

386 Mestmäcker/ Schweitzer, Europ. Wettbewerbsrecht, § 14 Rdn. 55; Bornkamm, in: Baudenbacher, Neueste Entwicklungen im europ. und internat. Kartellrecht, 13 (18).

len, aber dennoch Wirkungen mit ihnen einhergehen, die dem materiellen Zusammenschlusskriterium des Art. 2 Abs. 2 FKVO nicht standhalten, da sie den wirksamen Wettbewerb erheblich behindern, insbesondere durch die Begründung oder Verstärkung einer marktbeherrschenden Stellung. So etwa in dem Fall, in dem ein marktstarkes Unternehmen einen Unternehmensteil an einen ebenfalls marktstarken Konkurrenten unter Vereinbarung eines Wettbewerbsverbots veräußert, so dass das Konkurrenzunternehmen eine marktbeherrschende Stellung, zumindest für den Zeitraum der Gültigkeit des Wettbewerbsverbots, erhält. Insbesondere auf Märkten, auf denen ein hoher Wettbewerbsdruck besteht, reicht häufig schon ein begrenzter Zeitraum, um einen Konkurrenten vom Markt zu drängen. Zwar wäre in einem solchen Fall das Wettbewerbsverbot ohne Zweifel für die Durchführung des Zusammenschlusses „notwendig" im Sinne der „Unerlässlichkeit" und der „Erforderlichkeit", da ansonsten der Veräußerer als marktstarkes Unternehmen die Neupositionierung des Erwerbers erheblich erschweren oder sogar verhindern könnte, jedoch wäre mit ihm eine derart starke marktbeeinträchtigende Wirkung verbunden, dass es als nicht mehr „angemessen" anzusehen wäre, da der Veräußerer aus dem Markt gedrängt werden könnte[387]. Dies führt zu der Frage, ob unabhängig vom Erfüllen der in Art. 6 und 8 FKVO aufgestellten Kriterien, der Zulässigkeit von Nebenabreden Grenzen gesetzt werden müssen, bei deren Überschreiten keine Privilegierung mehr möglich ist, was dann der Fall ist, wenn aufgrund von Nebenabreden eine erhebliche Beeinträchtigung des Wettbewerbs, insbesondere aufgrund der Begründung oder Verstärkung einer marktbeherrschenden Stellung im Sinne von Art. 2 Abs. 2 FKVO zu befürchten ist.

d) Grenzen der Zulässigkeit von Wettbewerbsverboten

Weder Marktmachtwirkungen noch die Frage der Angemessenheit von Nebenabreden werden in der FKVO selbst oder in der Bekanntmachung der Kommission erwähnt und auch in der Literatur nur vereinzelt behandelt[388]. Anhaltspunkte für die Möglichkeit der Berücksichtigung von Marktmachtwirkungen bietet die Untersuchung der einschlägigen Kommissionsentscheidungen. Jedoch bringt sie nicht die erforderliche Klarheit, da die Begründungen der Entscheidungen in der Regel sehr knapp ausfallen und die Prüfungsreihenfolge uneinheitlich ist. Von „Angemessenheitserwägungen" ist hingegen nur in der kartellrechtlichen Literatur die Rede[389].
Im Folgenden werden zunächst die einschlägigen Entscheidungen der Kommission analysiert, bevor die vereinzelten Literaturansichten bezüglich des Problems der von Nebenabreden ausgehenden Marktmachtwirkungen dargestellt werden. Schließlich

[387] Auf diesen theoretischen Fall weist auch Grabbe, Nebenabreden in der Europ. Fusionskontrolle, S. 129 hin.
[388] Grabbe, Nebenabreden in der Europ. Fusionskontrolle, S. 125 ff.; knappe Erwähnung bei Dittert, in: Schröter/ Jakob/ Mederer, Europ. Wettbewerbsrecht, Art. 8 FKVO Rdn. 66.
[389] Schroeder, Nebenabreden in der Fusionskontrolle, S. 98; González Díaz, Fordham International Law Journal 1996, 951 (956, 957); Grabbe, Nebenabreden in der Europ. Fusionskontrolle, S. 128, 129; Lückenbach, Nebenabreden nach europäischem Fusionskontrollrecht, S. 51, 55, 56.

werden die Vorgehensweisen in einer Stellungnahme diskutiert und es wird auf die Möglichkeit hingewiesen, parallel zu der Möglichkeit des Entzugsverfahrens in den Gruppenfreistellungsverordnungen im Einzelfall Nebenabreden die Privilegierung der Art. 6 Abs. 1 lit. b) UAbs. 2 und 8 Abs. 1 UAbs. 2, Abs. 2 UAbs. 3 FKVO zu entziehen und sie ebenso wie den Zusammenschluss an sich einer Prüfung nach Art. 2 FKVO zu unterziehen.

aa) Entscheidungspraxis der EG- Kommission

In der Entscheidung Kali+Salz/MdK/Treuhand vom 14.12.1993[390] erkannte die Kommission ein 10-jähriges Wettbewerbsverbot zugunsten des neu gegründeten Gemeinschaftsunternehmens MdK GmbH (GU) nicht an, wonach sich die Parteien Kali+Salz und Treuhand zum einen verpflichteten, nicht in Wettbewerb zu dem GU zu treten und zum anderen das Wettbewerbsverbot auch auf Erwerber von Anlagen, Einrichtungen oder Beteiligungsrechten zu übertragen, wenn die erworbenen Aktivitäten genutzt werden könnten, um in Wettbewerb zu dem GU treten zu können. Die Kommission stellte insbesondere darauf ab, dass es der Treuhandanstalt so unmöglich gemacht würde, Privatisierungen vorzunehmen, wenn die privatisierten Unternehmen im Anschluss in Wettbewerb zu K+S/MdK träten. Durch das Wettbewerbsverbot werde die marktbeherrschende Stellung des Unternehmens K+S/MdK „weiter abgesichert und zementiert“[391].
In der Entscheidung TNT/Canada Post, DBP Postdienst, La Poste, PTT Post and Sweden Post vom 2.12.1991[392] wurden die internationalen Express- Postzustelldienste von TNT und 5 weiteren staatlichen Postgesellschaften in einem GU vereinigt. Eine große Anzahl von Poststellen sollte über 5 Jahre hinweg ausschließlich von dem GU zum Verkauf von Produkten genutzt werden. Die Klausel wurde noch während des Verfahrens hinsichtlich ihres zeitlichen und gegenständlichen Umfangs begrenzt. Die Kommission stellte fest, dass durch den exklusiven Zugang zu den Poststellen das GU mit einem derart umfangreichen Kundenkreis versorgt worden wäre, den andere Unternehmen nur durch ein gesondertes Netzwerk hätten erreichen können. Dadurch hätte das GU einen enormen Wettbewerbsvorsprung erhalten mit der Folge einer Wettbewerbsbeschränkung für die anderen Unternehmen. Obwohl die Kommission die ursprüngliche Vereinbarung nur im Rahmen des Art. 2 FKVO geprüft hatte, stellte sie nach der Einschränkung der Vereinbarung durch die Parteien im Rahmen der nebenabredenrechtlichen Prüfung sodann fest, dass die nun zweijährige Dauer für die Übertragung der Geschäftswerte erforderlich sei.

---

[390] Kommission, ABl. 1994 L 186/38, vom 21.7.1994 - Kali+Salz/MdK/Treuhand.
[391] Kommission, ABl. 1994 L 186/38 (53) Rdn. 92, vom 21.7.1994 - Kali+Salz/MdK/Treuhand.
[392] Kommission, Sache Nr. IV/M 102 - TNT/Canada Post, DBP Postdienst, La Poste, PTT Post and Sweden Post= WuW 1992, 320 ff.

Auch in der Entscheidung RTL/Veronica/Endemol vom 20.9.1995[393] stellte die Kommission wieder auf die Verstärkung einer marktbeherrschenden Stellung durch die Vereinbarung einer Nebenabrede ab. Vereinbart worden war eine Nebenabrede als Abnahmegarantie in dem Sinne, dass das neue GU, an dem auch Endemol beteiligt war, von Endemol eine bestimmte Menge von Produktionen abnahm und Endemol somit über eine Verkaufsplattform für seine Produktionen verfügte, die von Wettbewerbern nicht angegriffen werden konnte. Die Kommission verneinte die Erforderlichkeit der Nebenabrede, da durch die Vereinbarung eine marktbeherrschende Stellung verstärkt worden wäre.

Bei der Betrachtung der Entscheidungen fällt auf, dass die Kommission zur Beurteilung der Zulässigkeit einer Nebenabrede insbesondere auf die Auswirkungen des Zusammenschlusses mit der vereinbarten Klausel auf dem relevanten Markt abgestellt hat. Kernpunkt ihrer Erwägungen ist die Frage, ob dritte Unternehmen als Wettbewerber in ihrer wirtschaftlichen Betätigungsfreiheit mittelbar durch das Wettbewerbsverbot, das zu einer Verstärkung oder Verfestigung einer ohnehin schon bestehenden marktbeherrschenden Stellung führt, weiter beschränkt worden wären[394]. Diese Verstärkung ist in den behandelten Entscheidungen erst durch das vereinbarte Wettbewerbsverbot hervorgerufen oder intensiviert worden. Daher hat die Kommission die Abreden abhängig von ihren strukturellen Wirkungen im Einzelfall entweder für insgesamt nicht erforderlich gehalten oder sie in ihrem sachlichen, zeitlichen und räumlichen Anwendungsbereich reduziert bzw. auf eine Beschränkung von Seiten der Parteien noch während des Genehmigungsverfahrens hingewirkt. Von der Kommission wurde jedoch in ihren Entscheidungen nicht immer sorgfältig getrennt zwischen der nebenabredenrechtlichen Prüfung einerseits und der Prüfung des Gesamtzusammenschlusses nach Art. 2 FKVO andererseits. Insbesondere die verwendeten Formulierungen im Rahmen der Prüfung der Wettbewerbsverbote erinnern stark an die im Rahmen des Art. 2 FKVO geläufigen Verwendungen[395]. Insbesondere in der Entscheidung TNT/ Canada Post, DBP Postdienst, La Poste, PTT Post and Sweden Post prüfte die Kommission die ursprünglich fünfjährige Exklusivnutzungsvereinbarung zunächst unter den Gesichtspunkten des Art. 2 FKVO und erst nach deren Reduzierung durch die Parteien stellte sie deren Notwendigkeit im Rahmen der nebenabredenrechtlichen Prüfung fest. In der Kali+Salz- Entscheidung lehnte die Kommission die Einstufung des Wettbewerbsverbots als Nebenabrede mit der Begründung ab, dass zum einen regelmäßig nur eine fünfjährige Laufzeit zulässig sei und darüber hinaus durch das Verbot Wettbewerb unmöglich gemacht würde, was zu der Verstärkung einer marktbeherrschenden Stellung führe. Ähnlich verfuhr die Kommission in der Entscheidung RTL/ Endemol, in der sie die Erforderlichkeit der Abnahmeverpflichtung ablehnte, da diese der Grund für die Verstärkung einer marktbeherrschenden Stellung sei. Das Kri-

[393] Kommission, Sache Nr. IV/M 566 - RTL/ Veronica/ Endemol.

[394] Entscheidung der Kommission, ABl. 1994 L 186/38 (53), vom 21.7.1994 – Kali+Salz/ MdK/ Treuhand.

[395] Daoût, in: G/ T/ E, Kommentar zum EU-/ EG- Vertrag, Bd. 2/II, Art. 8 Abs. 2 FKVO Rdn. 48.

terium der marktbeherrschenden Stellung wird von der Kommission also teilweise in die Nebenabredenprüfung integriert, teilweise bezieht die Kommission jedoch auch die Nebenabredenprüfung in die Prüfung des Art. 2 FKVO mit ein. Festzuhalten bleibt, dass jedenfalls dann, wenn durch eine Vereinbarung, die zwar unmittelbar mit dem Zusammenschluss verbunden ist, die Entstehung oder Verstärkung einer marktbeherrschenden Stellung des Gesamtzusammenschlusses hervorgerufen wird, diese Vereinbarung als nicht erforderlich und damit nicht als Nebenabrede zu betrachten ist, außer sie wird in ihrem Umfang reduziert.

bb) Kartellrechtliche Literatur

Auch in der einschlägigen kartellrechtlichen Literatur findet sich kein eindeutiger Lösungsansatz zur Beurteilung der von Nebenabreden möglicherweise ausgehenden Marktmachtwirkungen. Bei der Behandlung von Nebenabreden würden gerade nicht die wettbewerblichen Auswirkungen auf den relevanten Markt berücksichtigt[396], da eine umfängliche Marktanalyse nicht durchgeführt werde, zumindest bei solchen Klauseln, die lediglich den vollen Übergang der immateriellen Werte eines Unternehmens sichern und nicht das Geschäftsrisiko des neuen Inhabers absichern sollen[397]. Eine Abwägung fände dahingehend nicht statt. Vielmehr seien Vereinbarungen, ohne die ein Zusammenschluss nicht durchgeführt werden könne, als „per se" zulässig anzusehen, mit dem damit verbundenen Vorteil enormer Rechtssicherheit für die an einem Zusammenschluss beteiligten Unternehmen[398], obwohl auch von dieser Ansicht eingeräumt wird, dass eine Nebenabrede durchaus außerverhältnismäßige wettbewerbsbeschränkende Auswirkungen haben könne, die aufgrund der per se- Zulässigkeit nicht erfasst würden[399]. Eine Angemessenheitsprüfung müsse bei der Beurteilung der Notwendigkeit von Nebenabreden nicht durchgeführt werden, da das Übermaßverbot nicht Prüfungsmaßstab der FKVO sei[400]. Des Weiteren wird vorgebracht, dass bereits das Kriterium der Wettbewerbsbeschränkung einer Nebenabrede von der Kommission in ihrer Praxis nicht eingehend untersucht werde, so dass davon ausgegangen werden könne, dass ein „ungeschriebenes" Kriterium der Angemessenheit erst recht nicht ausführlich geprüft werde[401]. Jedoch kann dies nicht als Begründung dafür angesehen werden, auch die Angemessenheit einer Vereinbarung nicht eingehend zu über-

---

396 Lückenbach, Nebenabreden nach europäischem Fusionskontrollrecht, S. 56.
397 González Díaz, Fordham International Law Journal 1996, 951 (957).
398 González Díaz, Fordham International Law Journal 1996, 951 (957); Lückenbach, Nebenabreden nach europäischem Fusionskontrollrecht, S. 56.
399 So zumindest Lückenbach, Nebenabreden nach europäischem Fusionskontrollrecht, S. 56.
400 Lückenbach, Nebenabreden nach europäischem Fusionskontrollrecht, S. 51, 55, 56; González Díaz, Fordham International Law Journal 1996, 951 (956, 957); wohl auch Grabbe, Nebenabreden in der Europ. Fusionskontrolle, S. 128, 129; a.A. Schroeder, Nebenabreden in der Fusionskontrolle, S. 98, der einen weiten Verhältnismäßigkeitsbegriff im europäischen Recht annimmt, der auch das Kriterium der Angemessenheit umfasst.
401 Lückenbach, Nebenabreden nach europäischem Fusionskontrollrecht, S. 55.

prüfen. Als Argument für die mangelnde Prüfung der Wettbewerbsbeschränkung, außer in Fällen, in denen eine Beschränkung offensichtlich ausscheidet[402], wird insbesondere auf die kurzen Prüfungsfristen in der Fusionskontrolle hingewiesen[403]. Dieses Argument der Kommission hatte jedoch vor dem EuG keinen Bestand. Die Kommission könne sich nicht auf „noch so große verwaltungstechnische Schwierigkeiten berufen, um der Verordnung (EWG) Nr. 4064/89 (jetzt VO (EG) Nr. 139/2004) einen Teil ihres Inhalts zu nehmen"[404]. Die Vorschriften der Verordnung könnten schließlich nur durch den Gesetzgeber geändert werden[405]. Des Weiteren wird vorgebracht, Angemessenheitserwägungen aufgrund etwaig vorhandener Marktmachtwirkungen würden bereits im Rahmen der Notwendigkeitsprüfung im Hinblick auf die Frage der sachlichen, räumlichen und zeitlichen Reichweite einer Nebenabrede ausreichend berücksichtigt[406]. Abhängig von den Strukturwirkungen einer Abrede werde deren zulässiger Umfang im Einzelfall bestimmt und insofern ein Ergebnis vermieden, das den Wettbewerb unangemessen beeinträchtigen würde. Ein „eigenständiges, negatives Tatbestandsmerkmal" des „Fehlens signifikanter Marktmachtwirkungen" sei aus dogmatischen Erwägungen nicht mit der Funktionsnotwendigkeit von Nebenabreden vereinbar, die zulässig seien, wenn sie für einen strukturell unbedenklichen Zusammenschluss notwendig wären[407]. Auch die in den Entscheidungen der Kommission auftretende getrennte Prüfung einer Abrede zum einen unter dem Gesichtspunkt „struktureller Vereinbarkeit" und zum anderen der „nebenabredenrechtlichen Notwendigkeit" lasse nicht den Schluss auf eine „eigenständige Zulässigkeitsvoraussetzung von Nebenabreden oder sogar [auf] eine eigenständige Vereinbarkeitsvoraussetzung des Zusammenschlusses mit dem Gemeinsamen Markt" im Hinblick auf von Nebenabreden ausgehende Strukturbeeinträchtigungen zu[408]. Es handele sich dabei nur um eine „Frage der Prüfungsfolge" ohne Einfluss auf die materiellen Verhältnisse.

cc) Stellungnahme zur Grenze der Zulässigkeit von Nebenabreden

Dass Nebenabreden auch negative Marktstrukturwirkungen haben können, in dem Sinne, dass sie zur Begründung oder Verstärkung einer marktbeherrschenden Stellung aufgrund eines Zusammenschlusses beitragen, wird sowohl von der Kommission in ihren Entscheidungen als auch von den verschiedenen Meinungen in der Literatur er-

---

[402] Immenga, in: Immenga/ Mestmäcker, EG- Wettbewerbsrecht, Bd. 1, FKVO- Nebenabreden Rdn. 10; Daoût, in: G/ T/ E, Kommentar zum EU-/ EG- Vertrag, Bd. 2/II, Art. 8 Abs. 2 FKVO Rdn. 46 a.E.; Wagemann, in: Wiedemann, Hdb. des Kartellrechts, § 16 Rdn. 127.

[403] Daoût, in: G/ T/ E, Kommentar zum EU-/ EG- Vertrag, Bd. 2/II, Art. 8 Abs. 2 FKVO Rdn. 46; Wagemann, in: Wiedemann, Hdb. des Kartellrechts, § 16 Rdn. 127.

[404] EuGE 2002, 4829 (4863), Rs. T 251/00 - Lagardère und Canal+/ Kommission, hinsichtlich der Überprüfung, ob Einschränkungen unmittelbar verbunden und notwendig sind.

[405] EuGE 2002, 4829 (4863), Rs. T 251/00 - Lagardère und Canal+/ Kommission.

[406] Grabbe, Nebenabreden in der Europ. Fusionskontrolle, S. 128.

[407] Grabbe, Nebenabreden in der Europ. Fusionskontrolle, S. 128.

[408] Grabbe, Nebenabreden in der Europ. Fusionskontrolle, S. 129.

kannt[409]. Dennoch werden diese möglichen von Nebenabreden ausgehenden Strukturbeeinträchtigungen weder in der FKVO noch in der Bekanntmachung der Kommission explizit erfasst. Ausdrücklich behandelt werden nur Strukturauswirkungen des Zusammenschlusses an sich in Art. 2 FKVO[410]. Besonders deutlich zeigen sich von Nebenabreden ausgehende Marktstrukturwirkungen bei Wettbewerbsverboten, die eine bereits bestehende oder aufgrund ihrer Vereinbarung entstehende marktbeherrschende Stellung hervorrufen oder verfestigen können, zumindest für einen vorübergehenden Zeitraum. Die Ansicht, wonach Nebenabreden, ohne die eine Unternehmensveräußerung objektiv nicht stattfinden könnte, als per se zulässig anzusehen sind, ohne dass eine Marktanalyse durchgeführt werden müsste, lässt die Behandlung dieser Auswirkungen im Grunde offen[411]. Danach finden von Nebenabreden über die Durchführung des Zusammenschlusses hinaus ausgehende wettbewerbsbeschränkende Wirkungen keine Berücksichtigung, da gerade keine Marktanalyse vorgenommen werden soll aufgrund der privilegierten Behandlung von Nebenabreden[412]. Gegen diese Auffassung lässt sich einwenden, dass bereits für die Bestimmung des sachlich, zeitlich und räumlich notwendigen Umfangs einer Nebenabrede, der auch nach dieser Ansicht vorgenommen wird, eine Marktstrukturbetrachtung durchgeführt wird, denn ohne eine solche ließe sich überhaupt nicht bestimmen, ab welchem Umfang ein Wettbewerbsverbot marktbeeinträchtigende Wirkungen hätte. Vielmehr kann in diesem Zusammenhang der Ansicht, wonach die Erfassung von Marktstrukturwirkungen in die Prüfung der Erforderlichkeit integriert wird, zugegeben werden, dass die Intensität wettbewerbsbeeinträchtigender Marktmachtwirkungen von Nebenabreden tatsächlich anhand des sachlichen, zeitlichen und räumlichen Umfangs gesteuert und eingegrenzt werden kann, so dass die Marktmachtwirkungen auf ein zumutbares Maß reduziert werden können[413]. Insofern kann die Behandlung von Marktmachtwirkungen tatsächlich in die Nebenabredenprüfung integriert werden. Dafür spricht auch die Entscheidungspraxis der Kommission, wonach Nebenabreden häufig noch während des Zusammenschlussverfahrens aufgrund ihrer zu stark wettbewerbsbeeinträchtigenden Wirkung reduziert worden sind, um überhaupt als zulässig angesehen werden zu können[414]. Zur Begründung der wettbewerbsbeeinträchtigenden Wirkung wurde auf das Entstehen einer

---

[409] Kommission, Sache Nr. IV/M 102 - TNT/Canada Post, DBP Postdienst, La Poste, PTT Post and Sweden Post= WuW 1992, 320 ff.; Kommission, ABl. 1994 L 186/38, vom 21.7.1994 - Kali+Salz/MdK/Treuhand; Kommission, Sache Nr. IV/M 566 - RTL/ Veronica/ Endemol; Dittert, in: Schröter/ Jakob/ Mederer, Europ. Wettbewerbsrecht, Art. 8 FKVO Rdn. 66; Lückenbach, Nebenabreden nach europäischem Fusionskontrollrecht, S. 56; Grabbe, Nebenabreden in der Europ. Fusionskontrolle, S. 125 ff.; Holley, Fordham Corporate Law Institute 1991, 423 (433).

[410] Adt, in: von der Groeben/ Schwarze, Kommentar zum EU-/ EG- Vertrag, Bd. 2, FKVO Rdn. 146; Albers, in: G/ T/ E, Kommentar zum EU-/ EG- Vertrag, Bd. 2/II, Art. 2 FKVO Rdn. 1.

[411] González Díaz, Fordham International Law Journal 1995, 951 (957); Lückenbach, Nebenabreden nach europäischem Fusionskontrollrecht, S. 56.

[412] González Díaz, Fordham International Law Journal 1995, 951 (957).

[413] Grabbe, Nebenabreden in der Europ. Fusionskontrolle, S. 128.

[414] Kommission, Sache Nr. IV/M 102 - TNT/Canada Post, DBP Postdienst, La Poste, PTT Post and Sweden Post= WuW 1992, 320 ff.

marktbeherrschenden Stellung durch ein etwa zeitlich oder sachlich zu weit gehendes Wettbewerbsverbot abgestellt[415]. Demgegenüber hat die Kommission in anderen Entscheidungen Nebenabreden aber auch innerhalb des Art. 2 FKVO daraufhin überprüft, inwiefern von ihnen eine marktbeherrschende Stellung ausgeht, ohne zwischen Haupt- und Nebenabredenentscheidung zu differenzieren[416]. Von der Kommission wurde insofern in ihren Entscheidungen nicht immer strikt zwischen der gesonderten Nebenabredenprüfung und der Prüfung im Rahmen der materiellen Prüfung des Zusammenschlusses nach Art. 2 FKVO unterschieden, so dass zum Teil Verhaltensabsprachen mit Mitteln der Strukturkontrolle überprüft worden sind[417]. Festzuhalten bleibt jedoch, dass grundsätzlich anhand der nebenabredenrechtlichen Erforderlichkeitsprüfung von Nebenabreden ausgehende negative Marktstrukturwirkungen erfasst und eingegrenzt werden können, indem die Absprache sachlich, zeitlich und örtlich auf ein Maß gebracht wird, das nicht zu einer erheblichen Beeinträchtigung des Wettbewerbs führt. Dennoch ist auch hier, vergleichbar der Problematik im Rahmen des Art. 81 Abs. 3 EG, der Fall denkbar, dass zwar eine Abrede die Nebenabredenkriterien erfüllt, aber dennoch zu einer erheblichen Beeinträchtigung des Wettbewerbs im Sinne des Art. 2 Abs. 3 FKVO führt. Im Anwendungsbereich des Art. 81 Abs. 3 EG wird der Fall dahin gehend gelöst, dass der Vorteil der Gruppenfreistellungsverordnung anhand des Art. 29 VO (EG) Nr. 1/2003 entzogen wird[418]. Eine explizite Entzugsmöglichkeit des Privilegs der Nebenabredenbehandlung existiert in der FKVO nicht. Möglich ist nur eine Untersagung des Zusammenschlusses an sich gemäß Art. 2 Abs. 3 FKVO, da es für eine Untersagung grundsätzlich keine Rolle spielen kann, ob die erhebliche Beeinträchtigung des Wettbewerbs, insbesondere das Hervorrufen oder die Verstärkung einer marktbeherrschenden Stellung, aufgrund des Zusammenschlusses an sich oder aufgrund der unmittelbar mit ihm verbundenen Nebenabreden erfolgt[419]. Sind nach positiv verlaufener Nebenabredenprüfung und bereits durchgeführter Reduzierung des Umfangs der Nebenabrede auf das für die erfolgreiche Durchführung des Zusammenschlusses erforderliche Ausmaß dennoch mit dem Wettbewerbsverbot einhergehende negative Marktstrukturwirkungen im Hinblick auf die Verstärkung oder das Hervorrufen einer marktbeherrschenden Stellung wahrscheinlich, so kann im Einzelfall die Nebenabrede gemeinsam mit dem Zusammenschluss nach Art. 2 FKVO geprüft werden. Entweder kann die Nebenabrede dann noch weiter reduziert werden, bis keine negativen Marktmachtwirkungen mehr von ihr ausgehen oder ihre Auswirkungen sind so

---

[415] Kommission, Sache Nr. IV/M 102 - TNT/Canada Post, DBP Postdienst, La Poste, PTT Post and Sweden Post= WuW 1992, 320 ff.; Kommission, ABl. 1994 L 186/38, vom 21.7.1994 - Kali+Salz/MdK/Treuhand; Kommission, Sache Nr. IV/M 566 - RTL/ Veronica/ Endemol.

[416] Kommission, Sache Nr. IV/M 102 - TNT/Canada Post, DBP Postdienst, La Poste, PTT Post and Sweden Post= WuW 1992, 320 ff.

[417] Für eine strenge Unterscheidung zwischen Haupt- und Nebenabredenentscheidung, Grabbe, Nebenabreden in der Europ. Fusionskontrolle, S. 37; a.A. Ahlborn/ Turner, ECLR 1998, 249 (259); Dittert, in: Schröter/ Jakob/ Mederer, Europ. Wettbewerbsrecht, Art. 8 FKVO Rdn. 66.

[418] Fuchs, ZWeR 2005, 1 (27).

[419] Dittert, in: Schröter/ Jakob/ Mederer, Europ. Wettbewerbsrecht, Art. 8 FKVO Rdn. 66 Fn. 189.

schwerwiegend, dass entweder sie alleine oder der gesamte Zusammenschluss in seinen Auswirkungen zu untersagen ist. Die Untersagungsmöglichkeit des Zusammenschlusses steht dabei aufgrund der in Art. 21 Abs. 1 FKVO geregelten ausschließlichen Zuständigkeit allein der Kommission zu. Zu beachten ist an dieser Stelle, dass die Kommission jedoch grundsätzlich nicht mehr über Nebenabreden entscheidet, da diese kraft Gesetzes an der Genehmigung des Zusammenschlusses partizipieren[420]. Nur auf Antrag der Unternehmen bei neuen oder ungelösten Fragen entscheidet die Kommission noch ausdrücklich über Nebenabreden[421]. Daher ist anzunehmen, dass im Normalfall Nebenabreden nicht mehr mit angemeldet und nur durch die Vorlage der Zusammenschlussverträge zur Kenntnis der Kommission gelangen können. Dementsprechend ist das Formblatt CO zur Anmeldung eines Zusammenschlusses der neuen FKVO angepasst worden[422]. Unter der Geltung des alten Formblattes wurden Nebenabreden unter Abschnitt 11.1. angegeben. Diese Vorgehensweise ist mit der neuen verfahrensrechtlichen Behandlung von Seiten der Kommission hinfällig geworden[423]. Ob in Zukunft Nebenabreden dennoch grundsätzlich mit angemeldet werden, bleibt abzuwarten. Beweiserleichterungen in einem möglichen späteren Streit vor den mitgliedstaatlichen Gerichten über die Zulässigkeit der Nebenabreden kann mit der vorhergehenden Anmeldung grundsätzlich nicht verbunden sein, da Nebenabreden bei Erfüllen der Kriterien gerade kraft Gesetzes als zulässig gelten. Im übrigen können die Nebenabreden regelmäßig den vorzulegenden Zusammenschlussverträgen entnommen werden.

Entsteht nachträglich Streit über die Zulässigkeit der Nebenabreden, so sind die nationalen Gerichte zur Entscheidung darüber zuständig[424]. Das nationale Gericht kann jedoch, wenn es zu der Feststellung gelangt, die mit einer Nebenabrede einhergehenden Wirkungen beeinträchtigten in erheblicher Weise den Wettbewerb, nur die Nebenabrede für unzulässig erklären, deren Voraussetzungen es anhand der Art. 6 Abs. 1 lit. b) UAbs. 2 und Art. 8 Abs. 1 UAbs. 2, Abs. 1 UAbs. 2, Abs. 2 UAbs. 3 FKVO prüft, und nicht den Zusammenschluss an sich nachträglich untersagen. Zwar besteht die Zuständigkeit der nationalen Gerichte nur für die zusätzlich vereinbarten Nebenabreden, jedoch muss das Gericht, um das erforderliche sachliche, zeitliche und räumliche Ausmaß einer Nebenabrede bestimmen zu können, auch das Zusammenschlussvorhaben an sich kennen. Dennoch kann es keine Bewertung des Zusammenschlussvorhabens an sich vornehmen. Gelangt das Gericht zu dem Ergebnis, die Nebenabredenkriterien sind nicht erfüllt, so unterfällt die Vereinbarung bei zwischenstaatlicher Wirkung dem Art.

---

420 Erwägungsgrund 21 der FKVO, ABl. 2004 L 24/1 (3); ausführlich dazu, siehe oben, 2. Teil B. III. 1. c).

421 Erwägungsgrund 21 der FKVO, ABl. 2004 L 24/1 (3); ausführlich dazu, siehe oben, 2. Teil B. III. 1. c).

422 Anhang I zur neuen VO (EG) Nr. 802/2004, ABl. 2004 L 133/1, vom 30.4.2004 zur Durchführung der VO (EG) Nr. 139/2004 des Rates über die Kontrolle von Unternehmenszusammenschlüssen.

423 Dittert, in: Schröter/ Jakob/ Mederer, Europ. Wettbewerbsrecht, Art. 8 FKVO Rdn. 66 Fn. 189.

424 Kommission, ABl. 2005 C 56/24 (24) Rdn. 2, vom 5.3.2005 – Bekanntmachung über Einschränkungen.

81 Abs. 1 EG. Möglich bleibt dann nur noch eine Erlaubnis der Vereinbarung anhand des Art. 81 Abs. 3 EG bei Erfüllen der Voraussetzungen. Hält das Gericht die Kriterien der unmittelbaren Verbundenheit und Notwendigkeit jedoch für erfüllt, befürchtet es jedoch darüber hinaus eine erhebliche Beeinträchtigung des Wettbewerbs durch die Nebenabrede, so ist die Grenze der Zulässigkeit der Nebenabrede erreicht. An dieser Stelle ist der Gedanke des Art. 29 VO (EG) Nr. 1/2003 zu beachten, der die Möglichkeit eröffnet, den Vorteil einer Gruppenfreistellungsverordnung zu entziehen, wenn eine Vereinbarung „gleichwohl Wirkungen hat, die mit den Voraussetzungen des Art. 81 Abs. 3 EG unvereinbar sind"[425]. Eine unmittelbare möglicherweise analoge Anwendung des Art. 29 VO (EG) Nr. 1/2003 ist nicht möglich, da zum einen ein Rückgriff auf die VO (EG) Nr. 1/2003 durch Art. 21 Abs. 1 FKVO versperrt ist, da in einem Zusammenschlussfall gemäß Art. 3 FKVO die VO (EG) Nr. 1/2003 für unanwendbar erklärt wird. Zwar stellen Nebenabreden grundsätzlich Vereinbarungen im Sinne des Art. 81 Abs. 1 EG dar, jedoch wenden die nationalen Gerichte bei der Prüfung von Nebenabreden die Art. 6 Abs. 1 lit. b) UAbs. 2 und 8 Abs. 1 UAbs. 2, Abs. 2 UAbs. 3FKVO an. Zum anderen steht die in Art. 29 VO (EG) Nr. 1/2003 geregelte Befugnis nur der Kommission beziehungsweise den nationalen Kartellbehörden zu, jedoch nicht den mitgliedstaatlichen Gerichten[426]. Dennoch kann der in Art. 29 VO (EG) Nr. 1/2003 verankerte Rechtsgedanke herangezogen werden. Zwar sollen die nationalen Gerichte nicht über den Zusammenschluss an sich befinden, jedoch muss es ihnen möglich sein, bei von Nebenabreden ausgehenden erheblichen Beeinträchtigungen des Wettbewerbs diese als unzulässig zu erklären und folglich einer Prüfung anhand des Art. 81 EG bei Erfüllen der Zwischenstaatlichkeit unterfallen zu lassen. Dahin gehend würden die Nebenabreden nicht völlig eingeschränkt rein auf ihre Funktionsnotwendigkeit hin geprüft werden. Dennoch ist der geschilderte Fall als seltene Ausnahme in der Praxis anzusehen, da in der Regel die mit Nebenabreden verbundenen negativen Marktstrukturauswirkungen, wie bereits geschildert, im Rahmen der Erforderlichkeit auf ein unschädliches Maß reduziert werden können. Im Übrigen besteht natürlich die Möglichkeit der nationalen Gerichte, das Verfahren auszusetzen und die Frage in einem Vorabentscheidungsersuchen dem EuGH vorzulegen, da es letztlich um die Auslegung der Art. 6 Abs. 1 lit. b) UAbs. 2 und Art. 8 Abs. 1 UAbs. 2, Abs. 2 UAbs. 3 FKVO geht.

e) Berücksichtigung positiver Auswirkungen von Wettbewerbsverboten im Rahmen des Art. 2 Abs. 1 lit. a) FKVO

Festgestellt wurde, dass die Grenze der Zulässigkeit von Nebenabreden dann erreicht ist, wenn sie zu einer erheblichen Behinderung des Wettbewerbs, insbesondere zu der Begründung oder Verstärkung einer marktbeherrschenden Stellung beitragen. Denkbar

[425] Fuchs, ZWeR 2005, 1 (27 ff.).
[426] Bornkamm, in: Baudenbacher, Neueste Entwicklungen im europ. und internat. Kartellrecht, 13 (18).

ist jedoch auch der gegenteilige Fall, dass bei einem diversifizierten Unternehmen zwar auf einem Markt eine marktbeherrschende Stellung entsteht, auf einem anderen Markt jedoch das durch den Zusammenschluss gewachsene Unternehmen den Wettbewerb dort belebt. Dies etwa in dem Sinne, dass ein Unternehmensverkauf nur aufgrund mit vereinbarter Wettbewerbsverbote zustande kommt, da er nur so wirtschaftlich erfolgreich durchführbar ist, mit der Folge, dass zwar auf dem einen Markt ein neues möglicherweise marktbeherrschendes oder zumindest den wirksamen Wettbewerb beeinträchtigendes Unternehmen durch den Zusammenschluss entsteht, auf einem benachbarten Markt jedoch durch das neue Unternehmen einem bereits auf dem Markt befindlichen marktbeherrschenden oder zumindest marktstarken Unternehmen Konkurrenz gemacht wird und insofern die Marktstruktur auf diesem zweiten Markt verbessert wird. Ohne Nebenabrede wäre der Zusammenschluss nicht denkbar und damit auch keine dadurch erreichten Strukturverbesserungen[427]. Insofern erschöpft sich die Funktion der Nebenabrede nicht nur in der Ermöglichung der Durchführung des Unternehmenskaufvertrags, sondern kann in ihren mittelbaren Wirkungen darüber hinaus gehen. Insofern könnten Nebenabreden indirekt Einfluss auf die im Rahmen des Art. 2 Abs. 1 lit. a) FKVO vorzunehmende Gesamtbeurteilung der Vor- und Nachteile des Zusammenschlusses nehmen[428]. Damit diese ambivalenten Auswirkungen aber überhaupt berücksichtigt werden können, muss im Rahmen der materiellen Fusionskontrolle in Art. 2 Abs. 1 lit. a) FKVO überhaupt eine Abwägung der Strukturverbesserungen und –verschlechterungen möglich sein, was bisher nicht eindeutig geklärt worden ist. Des Weiteren ist die Frage zu beantworten, ob die Vorteile die Nachteile nur ausgleichen oder überwiegen müssen. Weitere Voraussetzung für eine Abwägung ist die kausale Bedingtheit der Verbesserung oder Verschlechterung durch den Zusammenschluss, die insbesondere für die Berücksichtigung von Nebenabreden Bedeutung erlangt, da bei einer geforderten unmittelbaren oder direkten Kausalität von Nebenabreden ausgehende Wirkungen nicht einfließen könnten aufgrund ihrer lediglich mittelbaren Einflussnahme.

aa) Abwägungsmöglichkeit in Art. 2 Abs. 1 lit. a) FKVO

Für die Beurteilung eines Zusammenschlusses wird auf die möglicherweise mit dem Zusammenschluss einhergehende Strukturveränderung auf allen betroffenen Märkten abgestellt, da eine Marktstrukturverschlechterung durch die Zusammenschlusskontrolle verhindert werden soll (Art. 2 Abs. 1 lit. a) FKVO)[429]. Unter Strukturveränderungen

---

[427] Der gleiche Gedanke findet sich bei Herfarth, WuW 2004, 584 (589), in Bezug auf zu Fusionen gemachte Auflagen oder Bedingungen im Rahmen der Abwägung des § 36 Abs. 1 HS 2 GWB, der Abwägungsklausel im deutschen Fusionskontrollrecht.

[428] Dittert, in: Schröter/ Jakob/ Mederer, Europ. Wettbewerbsrecht, Art. 8 FKVO Rdn. 66, der auf die negativen Auswirkungen von Nebenabreden abstellt. Sind jedoch negative Wirkungen möglich, so können ebenso auch positive Einflüsse von Nebenabreden ausgehen.

[429] Albers/ Hacker, in: Schröter/ Jakob/ Mederer, Europ. Wettbewerbsrecht, Art. 2 FKVO Rdn. 9; Immenga, in: Immenga/ Mestmäcker, EG- Wettbewerbsrecht, Bd. 1, FKVO, Art. 2 FKVO Rdn. 2.

versteht man Faktoren, die längerfristig über den Zeitpunkt des Zusammenschlusses hinaus die Möglichkeiten für wirksamen Wettbewerb beeinflussen[430]. Da Strukturveränderungen nach dem Wortlaut von Art. 2 Abs. 1 lit. a) FKVO auf allen betroffenen Märkten berücksichtigt werden sollen, ist es möglich, dass man bei der Betrachtung aller relevanten Märkte feststellt, dass zwar auf einem Markt eine Strukturverschlechterung aufgrund des erfolgten Zusammenschlusses eingetreten ist, auf einem anderen, benachbarten Markt jedoch eine Strukturverbesserung, die womöglich sogar die Verschlechterung überwiegt[431]. Eine Verbesserung ist etwa dahingehend denkbar, dass zwar auf einem Markt durch den Zusammenschluss eine marktbeherrschende Stellung entsteht, jedoch auf einem anderen Markt, auf dem die zusammenschlussbeteiligten diversifizierten Unternehmen ebenfalls tätig sind, eine „dritte Macht" als Gegengewicht zu dem dort marktbeherrschenden Unternehmen gebildet wird, mit der Folge wieder wirksamen Wettbewerbs und insofern einer Strukturverbesserung[432]. Kommt hinzu, dass der letztgenannte Markt wirtschaftlich bedeutender als der negativ betroffene ist, so ist das Ergebnis der wettbewerblichen Abwägung, dass die mit dem Zusammenschluss verbundenen Vorteile die Nachteile überwiegen[433]. Ob die Formulierung „Struktur aller betroffenen Märkte" überhaupt eine Abwägung zwischen Strukturverschlechterungen und -verbesserungen auf unterschiedlichen Märkten erlaubt, wie es etwa in § 36 Abs. 1 GWB vorgesehen ist[434], und ob die Abwägung darüber hinaus der Ausfüllung des Tatbestandsmerkmals der Erheblichkeit der Wettbewerbsbehinderung dient[435], ist nicht eindeutig geklärt[436]. Die Kommission hat hierzu bislang nicht ausdrücklich Stellung bezogen[437]. Einigkeit besteht jedoch dahin gehend, dass nur zusammenschlussbedingte Effekte wettbewerbsstruktureller Art erfasst werden dürfen, wohingegen industriepolitische Erwägungen keinen Eingang in die Abwägung finden

---

430 Albers/ Hacker, in: Schröter/ Jakob/ Mederer, Europ. Wettbewerbsrecht, Art. 2 FKVO Rdn. 9.

431 Albers/ Hacker, in: Schröter/ Jakob/ Mederer, Europ. Wettbewerbsrecht, Art. 2 FKVO Rdn. 422; Immenga, in: Immenga/ Mestmäcker, Europ. Wettbewerbsrecht, FKVO, Art. 2 FKVO Rdn. 27; Albers, in: G/ T/ E, Kommentar zum EU- /EG- Vertrag, Bd. 2 II, Art. 2 FKVO Rdn. 497; Rösler, in: FK, Art. 2 FKVO Rdn. 140, 144.

432 Immenga, in: Immenga/ Mestmäcker, Europ. Wettbewerbsrecht, Art. 2 FKVO Rdn. 25; Albers, in: G/ T/ E, Kommentar zum EU- /EG- Vertrag, Bd. 2 II, Art. 2 FKVO Rdn. 497; Heineke, Entlastungsgründe in der Zusammenschlusskontrolle, 2003, S. 89, 90.

433 Heineke, Entlastungsgründe in der Zusammenschlusskontrolle, 2003, S. 95.

434 Mestmäcker/ Veelken, in: Immenga/ Mestmäcker, GWB, § 36 GWB Rdn. 290.

435 Darauf abstellend insbesondere, Terhechte, Ungeschriebene Tatbestandsmerkmale des europäischen Wettbewerbsrechts, 2003, S. 297 ff.; auch Bechtold, EuZW 1996, 389 (390, 391); Kleemann, in: FS für Lieberknecht, 1997, 379 (382).

436 Befürwortend: Bechtold, EuZW 1996, 389 (390); Immenga, in: Immenga/ Mestmäcker, EG- Wettbewerbsrecht, Bd. 1, FKVO, Art. 2 FKVO Rdn. 27; Albers, in: G/ T/ E, Kommentar zum EU-/ EG-Vertrag, Bd. 2 II, Art. 2 FKVO Rdn. 499; Kleemann, in: FS für Lieberknecht, 1997, S. 379 (380 ff.); Heineke, Entlastungsgründe in der Zusammenschlusskontrolle, 2003, S. 96; ablehnend: Hirsbrunner, EuZW 1997, 748 (752).

437 Albers, in: G/ T/ E, Kommentar zum EU- /EG- Vertrag, Bd. 2 II, Art. 2 FKVO Rdn. 498; Heineke, Entlastungsgründe in der Zusammenschlusskontrolle, 2003, S. 90; Terhechte, Ungeschriebene Tatbestandsmerkmale des europäischen Wettbewerbsrechts, 2003, S. 300.

sollen[438]. Zwar wird gegen die Vornahme einer Abwägung der Wortlaut von Art. 2 FKVO angeführt, der ausdrücklich keine Abwägung vorsieht und der zudem gegenüber den Vorentwürfen der Verordnung[439], die eine Abwägung ausdrücklich vorsahen, geändert worden ist[440]. Für die Vornahme einer solchen Abwägung spricht jedoch zum einen die Formulierung in Art. 2 Abs. 1 lit. a) FKVO – der Berücksichtigung aller betroffenen Märkte[441] – sowie die eigenständige Funktion des Kriteriums der Erheblichkeit der Wettbewerbsbehinderung in Art. 2 Abs. 2 und 3 FKVO[442], dessen Bedeutung durch den neuen Wortlaut der FKVO noch vergrößert worden ist. Des Weiteren ist das in Art. 2 Abs. 1 lit. a) FKVO und auch in Erwägungsgrund 4 angeführte Ziel, die Entwicklung wirksamen Wettbewerbs und die Steigerung der Wettbewerbsfähigkeit zu gewährleisten, anzuführen, wonach eine möglichst „effiziente Wettbewerbsstruktur" erreicht werden soll[443]. Diesem Ziel dient eine solche Abwägung.

Bejaht man grundsätzlich die Vornahme einer Abwägung, so gelangt man zu der weiteren Frage, ob die Strukturverbesserungen die Nachteile ausgleichen[444] oder ob sie diese überwiegen müssen[445], damit der Zusammenschluss genehmigt werden kann. Für ein Überwiegen spricht die Tatsache, dass in der Praxis eine exakte Bestimmung der wettbewerbsfördernden und der wettbewerbsbeeinträchtigenden Auswirkungen häufig nicht möglich ist, so dass eine Rechtfertigung der Marktbeherrschung nur bei eindeutigem Überwiegen der positiven Effekte überzeugend sein kann[446]. Insofern obliegt der Kommission ein weiter Beurteilungsspielraum[447]. Demgegenüber ist für das Ausreichen eines Ausgleichs vorgebracht worden, dass die Untersagung eines Zusammenschlusses einen Eingriff in Gemeinschaftsgrundrechte darstellt, der nur soweit gerechtfertigt sei, wie der Wettbewerb geschützt werden müsse, was aber bei einem Ausgleich der Wettbewerbsbeschränkung durch einen Wettbewerbsvorteil gerade nicht mehr er-

---

438 Albers, in: G/ T/ E, Kommentar zum EU-/ EG- Vertrag, Bd. 2 II, Art. 2 FKVO Rdn. 499; Terhechte, Ungeschriebene Tatbestandsmerkmale des europäischen Wettbewerbsrechts, 2003, S. 298, 299; Kleemann, in: FS für Lieberknecht, 1997, 379 (381).

439 Kommission, ABl. 1989 C 22/14, vom 28.1.1989.

440 Albers/ Hacker, in: Schröter/ Jakob/ Mederer, Europ. Wettbewerbsrecht, Art. 2 FKVO Rdn. 426; Albers, in: G/ T/ E, Kommentar zum EU-/ EG- Vertrag, Bd. 2 II, Art. 2 FKVO Rdn. 498; Kleemann, in: FS für Lieberknecht, 1997, 379 (380); Heineke, Entlastungsgründe in der Zusammenschlusskontrolle, 2003, S. 90.

441 Bechtold, EuZW 1996, 389 (390); Immenga, in: Immenga/ Mestmäcker, EG- Wettbewerbsrecht, Art. 2 FKVO Rdn. 27.

442 Bechtold, EuZW 1996, 389 (390, 391).

443 Kleemann, in: FS für Lieberknecht, 1997, 379 (382).

444 Bechtold, EuZW 1996, 389 (393); Heineke, Entlastungsgründe in der Zusammenschlusskontrolle, 2003, S. 93;

445 Immenga, WuW 1990, 371 (374 f.); Rösler, in: FK, Art. 2 FKVO Rdn. 140; Albers, in: G/ T/ E, Kommentar zum EU-/ EG- Vertrag, Bd. 2 II, Art. 2 FKVO Rdn. 502; Kleemann, in: FS für Lieberknecht, 1997, 379 (384).

446 Kleemann, in: FS für Lieberknecht, 1997, 379 (383, 384), unter Verweis auf das „Regel- Ausnahmeschema" der Fusionskontrolle.

447 Heineke, Entlastungsgründe in der Zusammenschlusskontrolle, 2003, S. 93.

forderlich sei[448]. Einen Anknüpfungspunkt für diese Beurteilung findet sich in Erwägungsgrund 29 der FKVO, wo für die Berücksichtigung von Effizienzvorteilen lediglich gefordert wird, dass sie die Auswirkungen des Zusammenschlusses, insbesondere den Schaden für die Verbraucher, ausgleichen müssen[449]. Zwar sind die Vorgehensweisen beider Abwägungsgründe nicht identisch, da bei der Betrachtung der Struktur aller Märkte im Sinne von Art. 2 Abs. 1 lit. a) FKVO nur wettbewerbliche zusammenschlussinterne Effekte betrachtet werden, während in die Effizienzanalyse anhand des technischen und wirtschaftlichen Fortschritts nach Art. 2 Abs. 1 lit. b) FKVO auch nicht wettbewerbliche Faktoren Eingang finden können. Daraus lässt sich jedoch der Schluss ziehen, dass, wenn sogar bei der Berücksichtigung außerwettbewerblicher Faktoren ein Ausgleich ausreichend ist, dies erst recht bei der rein zusammenschlussinternen wettbewerblichen Abwägung der Fall sein muss. Eine weitere Voraussetzung für die Abwägung liegt in der Beachtung des Verhältnismäßigkeitsprinzips, so dass die Strukturverbesserungen nicht auf weniger wettbewerbsschädliche Art zu erreichen sein dürfen, etwa durch Veräußerungszusagen[450] der beteiligten Unternehmen, um die strukturverschlechternden Auswirkungen des Zusammenschlusses zu mindern[451].
Nach der Neufassung der FKVO käme man nicht mehr zu der bisher bezüglich der Abwägung vorgeschlagenen zweistufigen Prüfung[452] - Begründung einer marktbeherrschenden Stellung und Erheblichkeit dieser Stellung für die Struktur aller betroffenen Märkte - , sondern das Merkmal der Erheblichkeit wird zur einzig zu berücksichtigenden Untersagungsvoraussetzung, da das Vorliegen einer marktbeherrschenden Stellung nunmehr als Regelbeispiel zu werten ist[453]. Geprüft wird, ob wirksamer Wettbewerb durch den Zusammenschluss auf irgendeine Weise erheblich behindert wird[454]. Eine erhebliche Behinderung ist aber auch weiterhin nur dann anzunehmen, wenn die damit verbundenen negativen Auswirkungen die positiven Effekte überwiegen[455]. Die Beweislast für das Vorliegen der Abwägungsvoraussetzungen liegt bei den Unternehmen, wobei dem Vorliegen einer marktbeherrschenden Stellung eine Vermutung für die Kausalität bezüglich der Wettbewerbsbeeinträchtigung zugeschrieben wird, die von

---

[448] Heineke, Entlastungsgründe in der Zusammenschlusskontrolle, 2003, S. 93.
[449] Erwägungsgrund 29 zur FKVO, VO (EG) Nr. 139/2004, ABl. 2004 L 24/1 (4), vom 29.1.2004; Kommission, ABl. 2004 C 31/5 (13) Rdn. 77, 78, vom 5.2.2004 – Leitlinien zur Bewertung horizontaler Zusammenschlüsse; Staebe/ Denzel, EWS 2004, 194 (199).
[450] Zu möglichen Nebenbestimmungen siehe, Herfarth, WuW 2004, 584 (586).
[451] Albers, in: G/ T/ E, Kommentar zum EU-/ EG- Vertrag, Bd. 2 II, Art. 2 FKVO Rdn. 501; Kleemann, in: FS für Lieberknecht, 1997, 379 (384).
[452] Bechtold, EuZW 1996, 389 (392); Heineke, Entlastungsgründe in der Zusammenschlusskontrolle, 2003, S. 92; Staebe/ Denzel, EWS 2004, 194 (199).
[453] Böge, WuW 2004, 138 (144); Staebe/ Denzel, EWS 2004, 194 (199).
[454] Staebe/ Denzel, EWS 2004, 194 (199); jedoch ergibt sich aus Erwägungsgrund 25, dass Ziel der Änderung vor allem die Erfassung von „nicht koordiniertem Verhalten von Unternehmen, die auf dem jeweiligen Markt keine beherrschende Stellung haben würden" sein soll, so dass nunmehr auch sogenannte „3 to 2- mergers" erfasst werden, bei denen durch „unilaterale Effekte" die Unternehmen in die Lage versetzt werden, über dem Wettbewerbsniveau liegende Preise durchzusetzen.
[455] Bechtold, EuZW 1996, 389 (391).

den Parteien entkräftet werden muss[456]. Es ist jedoch davon auszugehen, dass die Parteien bereits im eigenen Interesse mögliche positive Auswirkungen ihres Zusammenschlusses vorbringen werden[457]

bb) Kausalzusammenhang

Dies führt zu der weiteren Frage, ob aber Strukturverbesserungen, die durch Nebenabreden indirekt hervorgerufen werden, bei der Abwägung im Sinne von Art. 2 FKVO überhaupt rechtlich berücksichtigt werden können. Voraussetzung für die Abwägung ist nämlich, dass die Veränderung auf den Märkten, sei sie negativ oder positiv, kausal durch den Zusammenschluss bedingt ist[458]. Der Wortlaut des Art. 2 Abs. 2 und 3 FKVO „durch die" in Bezug auf die Zusammenschlüsse lässt eine Interpretation sowohl als unmittelbare direkte Kausalität als auch als weiter gefasste Kausalität im Sinne von „conditio sine qua non" zu. Versteht man die Kausalität als unmittelbare oder direkte, so können im Wege von Nebenabreden hervorgerufene Strukturverbesserungen nicht bei der Abwägung berücksichtigt werden. Die Kausalität wird jedoch auch dann bejaht, wenn der Zusammenschluss zwar eine notwendige Bedingung für die Strukturverschlechterung darstellt, jedoch nicht die einzige beziehungsweise im Falle einer Sanierungsfusion die entstandene marktbeherrschende Stellung auch ohne Zusammenschluss entstanden wäre, da Marktanteile und Ressourcen aufgrund der Insolvenz auf Konkurrenten übergegangen wären[459]. Insofern könnte die Kausalität auch im Sinne einer „conditio sine qua non" zu verstehen sein, wonach alle Bedingungen kausal sind, die nicht hinweggedacht werden können, ohne dass der Erfolg in seiner konkreten Gestalt entfiele[460]. Als eine solche Bedingung wären dann auch ohne weiteres die Wettbewerbsverbote zu qualifizieren, die damit in die Abwägung eingestellt werden könnten. Für die Kausalität im Sinne der „conditio sine qua non"- Formel spricht, dass dann bei der Feststellung der erheblichen Behinderung des Wettbewerbs der Zusammenschluss nicht die einzige Bedingung für die Strukturverschlechterung sein muss, sondern nur eine notwendige. Würde eine direkte oder unmittelbare Kausalität gefordert werden, so könnten sich die beteiligten Unternehmen regelmäßig auf die Verteidigung zurückziehen, dass die Strukturverschlechterung auf dem Markt auch durch anderen Faktoren, außer dem Zusammenschluss, bedingt sei. Aufgrund des Charakters der Abwägung in Art. 2 Abs. 1 lit. a) FKVO als Ausnahmetatbestand ist daneben jedoch einschränkend bei Anwendung der „conditio sine qua non"- Formel zu

[456] Kleemann, in: FS für Lieberknecht, 1997, 379 (385); Albers, in: G/ T/ E, Kommentar zum EU-/ EG- Vertrag, Bd. 2 II, Art. 2 FKVO Rdn. 503.
[457] Darauf hin weist, Bechtold, EuZW 1996, 389 (393); Immenga, in: Immenga/ Mestmäcker, EG-Wettbewerbsrecht, Bd. 1, Art. 2 FKVO Rdn. 29.
[458] Rösler, in: FK, Art. 2 FKVO Rdn. 133, 143; Immenga, in: Immenga/ Mestmäcker, EG- Wettbewerbsrecht, Bd. 1, FKVO, Art. 2 FKVO Rdn. 28; Albers, in: G/ T/ E, Kommentar zum EU-/ EG- Vertrag, Bd. 2 II, Art. 2 FKVO Rdn. 501.
[459] Immenga, in: Immenga/ Mestmäcker, EG- Wettbewerbsrecht, Bd. 1, FKVO, Art. 2 FKVO Rdn. 31.
[460] Schütz, in: Gem.Ktr., § 36 GWB Rdn. 153; Herfarth, WuW 2004, 584 (589).

fordern, dass die Märkte, auf denen sich der Zusammenschluss positiv auswirkt, zumindest durch den Zusammenschluss berührt sind[461].

cc) Ergebnis und Stellungnahme zur Berücksichtigung positiver Auswirkungen von Wettbewerbsverboten im Rahmen des Art. 2 Abs. 1 lit. a) FKVO

Die bisher nicht eindeutig entschiedene Frage, ob bei dem Merkmal der „Struktur aller betroffenen Märkte" in Art. 2 Abs. 1 lit. a) FKVO eine Abwägung zwischen Strukturverschlechterungen und –verbesserungen auf allen durch den Zusammenschluss betroffenen Märkten vorzunehmen ist, muss insbesondere nach der erfolgten Novellierung der FKVO hin zum sogenannten SIEC Test, der eine erhebliche Behinderung des Wettbewerbs im Gemeinsamen Markt oder einem wesentlichen Teil desselben fordert, positiv beantwortet werden. Zwar ergibt sich die Abwägungsmöglichkeit nicht unmittelbar aus dem Wortlaut der Vorschrift. Um aber der durch die Novellierung noch gestärkten Funktion des Merkmals der „Erheblichkeit der Wettbewerbsbehinderung" gerecht zu werden, dürfen nur solche Zusammenschlüsse als unvereinbar mit dem Gemeinsamen Markt erklärt werden, bei denen die mit ihnen verbundenen negativen Auswirkungen auf die Marktstruktur nicht durch positive Wirkungen ausgeglichen werden. Diese Vorgehensweise entspricht auch dem in Erwägungsgrund 4 zur FKVO und Art. 2 Abs. 1 lit. a) FKVO genannten Zielen der Erreichung einer möglichst „effizienten Wettbewerbsstruktur" und der Aufrechterhaltung wirksamen Wettbewerbs durch einen Marktstrukturschutz. Dieses auch in Art. 3 Abs. 1 lit. g) EG verankerte Ziel bezieht sich jedoch auf den Gemeinsamen Markt beziehungsweise zumindest auf einen wesentlichen Teil desselben[462]. Insofern müssen bei der Betrachtung der Auswirkungen eines Zusammenschlusses alle mit diesem in Berührung kommenden Märkte in die Untersuchung einbezogen werden und hinsichtlich der negativen oder positiven Auswirkungen auf ihre Marktstruktur untersucht werden. Die Auswirkungen müssen dabei kausal durch den Zusammenschluss bedingt sein im Sinne der „conditio sine qua non"- Formel, so dass der Zusammenschluss nicht hinweggedacht werden kann, ohne dass die auf den einzelnen Märkten eingetretenen Verschlechterungen oder Verbesserungen entfielen[463]. Insofern können auch von Nebenabreden mittelbar ausgehende Strukturverbesserungen oder auch -verschlechterungen, sofern letztere nicht bereits im Rahmen der Notwendigkeit der Nebenabrede auf das erforderliche Maß zurückgestuft worden sind, bei der Gesamtabwägung innerhalb des Art. 2 Abs. 1 lit. a) FKVO berücksichtigt werden. Vorstellbar wäre dies in dem theoretischen Fall, dass ein Unternehmenszusammenschluss nur aufgrund eines mit vereinbarten Wettbewerbverbots erfolgt, das nicht weiter eingeschränkt werden kann, ohne dass es seine Wirkung gänzlich verlöre. Mit dem Zusammenschluss verbunden ist jedoch die Entste-

---

[461] Immenga, in: Immenga/ Mestmäcker, EG- Wettbewerbsrecht, Bd. 1, Art. 2 FKVO Rdn. 28; Herfarth, WuW 2004, 584 (591).
[462] Bechtold, EuZW 1996, 389 (390).
[463] Schütz, in: Gem.Ktr., § 36 GWB Rdn. 153; Herfarth, WuW 2004, 584 (589).

hung einer marktbeherrschenden Stellung auf dem Markt des Zusammenschlusses. Gleichzeitig jedoch wird der Wettbewerb auf einem benachbarten Markt, auf dem das diversifizierte jetzt stark gewachsene Unternehmen ebenfalls tätig ist, belebt. Würde das Wettbewerbsverbot als unzulässig betrachtet, käme keine Transaktion zustande und folglich keine Wettbewerbsbelebung auf dem angrenzenden Markt. Zu berücksichtigen ist in diesem Zusammenhang die gesamtwirtschaftliche Bedeutung des jeweiligen Marktes[464].
Die Argumentation muss bezüglicher einschlägiger Beispiele[465] auf einer stark theoretischen Ebene verbleiben, aufgrund des bei der Abwägung erforderlichen Abstellens auf den jeweiligen Einzelfall, da etwa auch zu berücksichtigen ist, auf welchem Markt der Unternehmensverkäufer tätig ist, der durch das Wettbewerbsverbot zumindest vorübergehend an seiner Konkurrenztätigkeit gehindert ist. Befindet er sich auf dem neu belebten Markt, so wird dort der Wettbewerb auch wieder eingeschränkt, aufgrund der Nichttätigkeit des Konkurrenten. Zu berücksichtigen sind hier jedoch dann die jeweiligen Marktanteile der Marktteilnehmer, die Anzahl der überhaupt auf dem Markt tätigen Unternehmen sowie das maßgebliche Tätigkeitsfeld oder Produkt. Insofern ist es schwierig, alle Alternativen theoretisch zu erfassen und die vorgeschlagene Abwägungsmethode übergreifend für verschiedene Fallgruppen vorzunehmen.

IV. Zwischenergebnis zur Behandlung von Nebenabreden in der europäischen Fusionskontrolle

Um dem in der FKVO verankerten Prinzip des „one stop shop" zu möglichst weitgehender Geltung zu verhelfen, ist eine Privilegierung auch der mit einem Zusammenschluss zusätzlich verbundenen Abreden eingeführt worden, die bei Erfüllen der Nebenabredenvoraussetzungen an der Genehmigung des Zusammenschlusses partizipieren. Insofern bestimmt der 21. Erwägungsgrund zur FKVO, dass diese eben auch dann anwendbar ist, wenn „die beteiligten Unternehmen sich Einschränkungen unterwerfen, die mit der Durchführung des Zusammenschlusses unmittelbar verbunden und dafür notwendig sind." In den Art. 6 Abs. 1 lit. b) UAbs. 2 und 8 Abs. 1 UAbs. 2, Abs. 2 UAbs. 3 FKVO sind daher die Rechtsgrundlagen für die Behandlung von Nebenabreden in der Fusionskontrolle niedergelegt worden, die grundsätzlich als wettbewerbsbeschränkende Vereinbarungen einer Prüfung nach Art. 81 Abs. 1 EG unterfielen. Daneben hat die Kommission eine Bekanntmachung über Einschränkungen erlassen[466], in der sie ihre Maßstäbe der Auslegung des Begriffs der Nebenabrede aufgrund

[464] Bechtold, EuZW 1996, 389 (391).
[465] Einige Fallkonstellationen werden geprüft bei, Bechtold, EuZW 1996, 389 (391).
[466] Die erste Bekanntmachung stammt aus dem Jahr 1990: Kommission, ABl. 1990 C 203/5, vom 14.8.1990 - Bekanntmachung der Kommission über Nebenabreden zu Zusammenschlüssen nach der Verordnung (EWG) Nr. 4064/89 des Rates vom 21.12.1989 über die Kontrolle von Unternehmenszusammenschlüssen; abgelöst wurde sie durch die Bekanntmachung aus dem Jahr 2001: Kommission, ABl. C 188/5, vom 4.7.2001 - Bekanntmachung der Kommission über Einschränkungen des Wettbewerbs, die mit der Durchführung von Unternehmenszusammenschlüssen unmittelbar verbunden und

ihrer Erfahrungen in der Praxis darlegt und die den Unternehmen die Interpretationsweise der Kommission erläutern und ihnen so die Möglichkeit eröffnen soll, sich in ihrem Wettbewerbsverhalten auf die Maßstäbe der Kommission einzustellen[467]. Die verfahrensrechtliche Behandlung der Nebenabreden hat in jüngster Zeit, angestoßen durch die Kommissionsbekanntmachung aus dem Jahr 2001 und der Antwort des EuG in der Sache Lagardère und Canal+/ Kommission darauf, sowie schließlich der neuen FKVO aus dem Jahr 2004 eine grundlegende Änderung erfahren. Zum einen ist das Prinzip der Selbsteinschätzung der Unternehmen bezüglich von ihnen vereinbarter Nebenabreden eingeführt worden, wonach die Kommission von einer Prüfung im Einzelfall entbunden ist, da alle Einschränkungen, die mit dem Zusammenschluss unmittelbar verbunden und für diesen notwendig sind, automatisch kraft Gesetzes als mit genehmigt gelten. Eine Ausnahme ist nur bei einem ausdrücklichen Antrag der Unternehmen bei Vorliegen der in Erwägungsgrund 21 genannten Voraussetzungen gegeben. Aber auch dann ist die Kommission nur generell zur Bescheidung des Antrags verpflichtet, da bei Vorliegen eines atypischen Einzelfalls die Kommission von dem ihr zustehenden Ermessensspielraum Gebrauch machen kann, wie der Formulierung des 21. Erwägungsgrunds anhand des Begriffes „sollte" mit Blick auf den vergleichbaren Rechtsgedanken in der deutschen Verwaltungsrechtsdogmatik entnommen werden kann[468]. Da grundsätzlich kein Akt der Kommission mehr vorliegt, besteht Rechtsschutz vor den europäischen Gerichten nur im Falle der unberechtigten Untätigkeit der Kommission, in dem Untätigkeitsklage gemäß Art. 232 Abs. 3, 225 Abs. 1 EG zum EuG erhoben werden kann. Da es sich bei dem Verfahrensgegenstand jedoch um einen verbindlichen Akt handeln muss, kann sich die Kommission auf das ihr zustehende Ermessen berufen, wenn keine Pflicht zur Antragsbescheidung vorgelegen hat. Ob die Voraussetzungen des Erwägungsgrunds 21 hinsichtlich einer Antragsbescheidung vorgelegen haben, ist einer vollen gerichtlichen Überprüfung zugänglich, da es sich nicht um komplexe Bewertungen wirtschaftlicher Art handelt[469]. Des Weiteren ist im Zuge der Dezentralisierung des Kartellrechts auch in der Fusionskontrolle die Zuständigkeit der nationalen Gerichte ausgeweitet worden, indem diese bei Streitigkeiten über die Zulässigkeit von Nebenabreden zuständig sind[470]. Nach deutschem Recht sind gemäß §§ 87 Abs. 1, 96 GWB die Landgerichte sachlich zuständig, da es zwar in erster Linie um die Auslegung der Art. 6 Abs. 1 lit. b) UAbs. 2, 8 Abs. 1 UAbs. 2, Abs. 2 UAbs. 3 FKVO geht, jedoch auch um eine Anwendung des Art. 81 EG, da es sich bei Nebenab-

für diese notwendig sind; die aktuelle Bekanntmachung ist aus dem Jahr 2005: ABl. 2005 C 56/24, vom 5.3.2005 – Bekanntmachung über Einschränkungen des Wettbewerbs.

[467] Schröter, in: G/T/E, Kommentar zu EU-/ EG- Vertrag, Bd. 2, Vorbem. zu den Art. 81- 85 EG Rdn. 6 mit Hinweis darauf, dass der EuGH selbst bisher nicht zu der Rechtsnatur der Bekanntmachungen Stellung genommen hat.

[468] Ausführlich dazu, siehe oben, 2. Teil B. III. 1. c) aa).

[469] Ausführlich dazu, siehe oben, 2. Teil B. III. 1. c) aa).

[470] Kommission, ABl. 2005 C 56/24 (24) Rdn. 2, vom 5.3.2005 – Bekanntmachung über Einschränkungen.

reden um generell dem Art. 81 Abs. 1 EG unterfallende wettbewerbsbeschränkende Vereinbarungen handelt.
Dem in der FKVO verankerten „one- stop- shop" Prinzip, das auch für die Beurteilung von Nebenabreden gelten soll, wird durch die neuen verfahrensrechtlichen Regelungen teilweise seine Wirksamkeit genommen. Zum einen ist die Konstellation möglich, dass die Nebenabreden isoliert vom Zusammenschluss an sich von einem nationalen Gericht beurteilt werden. Damit verbunden ist eine Veränderung des Rechtsschutzes und eine Spaltung des Rechtswegs, abhängig davon, ob eine Kommissionsentscheidung auf einen Antrag hin ergangen ist oder die Nebenabreden wie im Regelfall kraft Gesetzes an der Beurteilung des Zusammenschlusses partizipieren. Zu erklären ist die Änderung zum einen mit dem Bestreben der Kommission, sich alltäglich wiederkehrender Aufgaben zu entledigen und zum anderen dem insgesamt im Kartellrecht zu verzeichnenden Vorgehen, die Entscheidungen zu dezentralisieren[471].
Hinsichtlich der materiellrechtlichen Beurteilung von Nebenabreden sind keine gravierenden Veränderungen erfolgt. Um als Nebenabrede zu gelten, muss eine Vereinbarung eine Einschränkung darstellen, die mit dem Zusammenschluss unmittelbar verbunden und für diesen notwendig ist. Die Bestimmung der Kriterien der Einschränkung und unmittelbaren Verbundenheit verursacht keine allzu großen Schwierigkeiten. Demgegenüber bedarf das Kriterium der Notwendigkeit weiterer Ausfüllung, da es weder in der FKVO noch in der Bekanntmachung der Kommission erschöpfend behandelt wird[472]. Anknüpfungspunkte zur Auslegung sind dem Art. 81 Abs. 3 EG zu entnehmen, insbesondere hinsichtlich der in der Vertikal-GVO Nr. 2790/1999[473] als freigestellt zu betrachtenden Wettbewerbsverbote hinsichtlich ihrer sachlichen, zeitlichen und örtlichen Reichweite. Insgesamt ist eine sehr starke Orientierung der Kommission an der Systematik und dem Inhalt der Gruppenfreistellungsverordnungen bei Erstellung der Bekanntmachung über Nebenabreden festzustellen. Nicht übertragen werden können jedoch die im Rahmen des Art. 81 Abs. 3 EG vorzunehmenden Angemessenheitserwägungen, da im Rahmen der Nebenabredenprüfung gerade keine Abwägung erfolgen soll. Dennoch sind auch für Nebenabreden Grenzen ihrer Zulässigkeit festzusetzen. So wenn eine Vereinbarung zwar die Voraussetzungen einer Nebenabrede erfüllt, jedoch dennoch Auswirkungen beinhaltet, die zu einer erheblichen Behinderung des Wettbewerbs, insbesondere zur Verstärkung oder Hervorrufung einer marktbeherrschenden Stellung führen können. Im Regelfall können diese sogenannten negativen Marktstrukturwirkungen von Nebenabreden durch die Voraussetzung der sachlichen, zeitlichen und örtlichen Erforderlichkeit erfasst werden, indem die Nebenabrede auf das Maß geschrumpft wird, das keine negativen Auswirkungen mehr er-

[471] Vergleiche die Neuregelungen im Bereich des Art. 81 EG durch die neue VO (EG) Nr. 1/2003, ABl. 2003 L 1/1, vom 4.1.2003, wonach der gesamte Art. 81 EG nunmehr unmittelbar von nationalen Gerichten und Behörden angewendet werden kann und Unternehmen im Wege der Selbstveranlagung die Vereinbarkeit ihrer Vereinbarungen mit Art. 81 EG zu prognostizieren haben.
[472] Gleiss/ Hirsch, Kommentar zum EG- Kartellrecht, Art. 85 (1) EGV Rdn. 605.
[473] Kommission, ABl. 1999 L 336/21, vom 29.12.1999 – Vertikal-GVO.

zeugt. Sollte dies im Einzelfall jedoch unmöglich sein, so besteht im Gegensatz zu Art. 29 VO (EG) Nr. 1/2003 nicht die Möglichkeit, das Nebenabredenprivileg zu entziehen. Von Seiten der Kommission kann in einem solchen Fall der Zusammenschluss gemäß Art. 2 Abs. 3 FKVO untersagt werden, da es grundsätzlich nicht entscheidend sein kann, ob der Zusammenschluss an sich oder die mit ihm vereinbarten Nebenabreden zu einer erheblichen Behinderung des Wettbewerbs führen. Besteht hingegen Streit isoliert nur über die Nebenabreden und ist ein Verfahren vor einem nationalen Gericht anhängig, so kann das nationale Gericht nur die Nebenabreden für unzulässig erklären, nicht jedoch den Zusammenschluss untersagen. In einem solchen Fall erfolgt eine unzweckmäßige getrennte Prüfung des Zusammenschlusses und der Nebenabreden. Insofern wirkt sich auch bei der materiellrechtlichen Beurteilung die neue verfahrensrechtliche Regelung aus. Dennoch sollte auch bei der isolierten Überprüfung der Nebenabreden die Grenze ihrer Zulässigkeit trotz Erfüllens der in der FKVO genannten Kriterien dann angenommen werden, wenn sie zu einer erheblichen Behinderung des Wettbewerbs, insbesondere zu der Verstärkung oder Hervorrufung einer marktbeherrschenden Stellung beitragen[474]. Daneben können Nebenabreden auch bei der Überprüfung eines Zusammenschlusses anhand des Art. 2 Abs. 2 und 3 FKVO aufgrund möglicher positiver von ihnen ausgehender Wirkungen eine Rolle spielen, da eine Abwägung positiver und negativer Marktstrukturwirkungen im Rahmen des Art. 2 Abs. 1 lit. a) FKVO möglich ist und Nebenabreden kausal im Sinne der condition sine qua non-Formel sein können.
Da mittlerweile auf Grundlage der in der FKVO niedergelegten Rechtsvorschriften bereits über 1500 Entscheidungen der Kommission zu Nebenabreden anhand der dargelegten verfahrensrechtlichen und materiellrechtlichen Grundsätze ergangen sind[475], kann von einem eigenständigen europäischen Konzept der Nebenabreden in der FKVO gesprochen werden, dessen Übertragbarkeit in den Anwendungsbereich des Art. 81 EG sowie der §§ 1, 35 ff. GWB im Folgenden erörtert wird.

C. Die Behandlung von Wettbewerbsverboten nach Art. 81 EG

Im folgenden Kapitel wird die Behandlung von Wettbewerbsverboten anhand des Art. 81 EG dargestellt. Dazu wird zunächst, vor der Behandlung der eigentlichen materiellrechtlichen Problematik, eingegangen auf den Anwendungsbereich des Art. 81 EG hinsichtlich der von der FKVO erfasster Zusammenschlüsse sowie der Möglichkeit, diese anhand der Art. 81, 82 EG zu beurteilen. Der Schwerpunkt des Kapitels liegt in der Darstellung der verschiedenen Ansichten zu Einschränkungsmöglichkeiten des Art. 81 EG. Hierbei wird letztlich auf das in der FKVO entwickelte europäische Konzept der Nebenabreden abgestellt als sinnvolle teleologische Auslegung des Art. 81 Abs. 1 EG, anhand dessen auch im Rahmen des Kartellprimärrechts Wettbewerbsverbote zu Unternehmensveräußerungsverträgen zu beurteilen sind.

---

[474] Ausführlich dazu, siehe oben, 2. Teil B. III. 2. d).
[475] Rosenthal, EuZW 2004, 327 (332).

I. Einführung zu Art. 81 EG

Sinn und Zweck der materiellrechtlichen Regelung des Art. 81 EG ist es, alle wettbewerbsbeschränkenden Absprachen mit seinem in Absatz 1 verankerten Verbot zu erfassen[476]. Darunter fallen grundsätzlich alle horizontalen als auch vertikalen wettbewerbsbeschränkenden Absprachen zwischen Unternehmen[477]. Eine wirtschaftliche Transaktion in Form eines Unternehmensverkaufs fällt als an sich wettbewerbsneutraler Austauschvertrag generell nicht unter das Kartellverbot des Art. 81 EG, da mit ihm regelmäßig keine Wettbewerbsbeschränkung einhergeht[478]. Im Gegenteil ist Wettbewerb im Sinne eines Austauschprozesses gerade auf den Abschluss von Verträgen als wettbewerblichen Handlungen im Rahmen der Privatautonomie angewiesen, um überhaupt funktionieren zu können[479]. Der Abschluss eines zivilrechtlichen Vertrages ist daher generell als zumindest wettbewerbsneutral, wenn nicht sogar wettbewerbsförderlich zu qualifizieren[480]. Darüber hinaus werden Unternehmensveräußerungsverträge regelmäßig von den Vorschriften der europäischen Fusionskontrolle erfasst, da mit ihnen grundsätzlich ein Kontrollerwerb im Sinne des Art. 3 Abs. 1 lit. b) FKVO verbunden ist und sie somit als Zusammenschlusstatbestand zu bewerten sind[481]. Sind jedoch, wie im Regelfall, mit der Unternehmenstransaktion Nebenabreden in Form von Wettbewerbsverboten verbunden, so ist insbesondere in diesem Fall neben den Vorschriften der FKVO grundsätzlich auch Art. 81 EG anwendbar, da mit diesen Vereinbarungen im Regelfall wettbewerbsbeschränkende Wirkungen verbunden sind[482]. Darüber hinaus ist von Seiten des EuGH vor Inkrafttreten der FKVO eine Anwendung der Art. 81, 82 EG (vormals Art. 85, 86 EGV) auf Zusammenschlusssachverhalte als möglich angenommen worden[483]. Ob die Rechtsprechung des EuGH auch nach Erlass der FKVO weiter Geltung beansprucht, wird kontrovers diskutiert, ist jedoch aus wettbewerbspolitischen Gründen, wie noch zu erörtern sein wird, abzulehnen[484]. Um eine insofern mögliche Doppelkontrolle von Zusammenschlusssachverhalten zu vermeiden, ist Art. 21 Abs. 1 FKVO aufgenommen worden, der das Verhältnis der Vorschriften der FKVO zu Art. 81 EG klarstellen soll, indem er die Anwendung der VO (EG) Nr.

---

476 Schröter, in: Schröter/ Jakob/ Mederer, Europ. Wettbewerbsrecht, Art. 81 EG Einführung Rdn. 1.

477 Mestmäcker/ Schweitzer, Europ. Wettbewerbsrecht, § 7 Rdn. 3.

478 Weiß, in: Callies/ Ruffert, EUV/ EGV, Art. 81 EG Rdn. 118; Schröter, in: von der Groeben/ Schwarze, Kommentar zum EU-/ EG- Vertrag, Bd. 2, Art. 81 Abs. 1 EG Rdn. 94.

479 Schröter, in: von der Groeben/ Schwarze, Kommentar zum EU-/ EG- Vertrag, Bd. 2, Art. 81 Abs. 1 EG Rdn. 86; Roth/ Ackermann, in: FK, Art. 81 Abs. 1 EG – Grundfragen, Rdn. 257.

480 Zur „Wettbewerbsneutralität" von Austauschverträgen, Caspar, Wettbewerbliche Gesamtwürdigung, S. 22, 23; ausführlich dazu unten, 2. Teil V. 3. a) bb).

481 Ausführlich dazu, siehe oben, 2. Teil B. II.

482 Emmerich, in: Dauses, Hdb. EU- Wirtschaftsrecht, H.I § 1 Rdn. 150; Bunte, in: Langen/ Bunte, Kartellrecht, Bd. 1, Art. 81 EG Rdn. 39, 52; Schröter, in: von der Groeben/ Schwarze, Kommentar zum EU-/ EG- Vertrag, Bd. 2, Art. 81 Abs. 1 EG Rdn. 95.

483 Eingehend dazu, Blank, Europ. Fusionskontrolle im Rahmen der Art. 85, 86 des EWG- Vertrages, 1991, S. 222 ff.

484 Ausführlich dazu, siehe unten, 2. Teil C. III. 2.

1/2003 als einschlägiges Verfahrensrecht ausschließt[485]. Nicht eindeutig geklärt ist dabei, ob der Ausschluss für alle Zusammenschlusssachverhalte gilt oder nur für gemeinschaftsweite, die die Schwellenwerte des Art. 1 FKVO überschreiten. Wie noch zu zeigen sein wird, ist der Ausschluss nur für gemeinschaftsweite Zusammenschlüsse anzunehmen, so dass es bei der Anwendung des Art. 81 EG für Unternehmenstransaktionen mit verbundenen Wettbewerbsverboten bleibt, wenn die Schwellenwerte nicht überschritten sind oder kein Zusammenschlusssachverhalt vorliegt[486].
Gelangt man also zu einer Anwendung des Art. 81 EG, so erfüllen die äußerst praxisrelevanten und wirtschaftlich unverzichtbaren, der Unternehmenstransaktion beigefügten Wettbewerbsverbote regelmäßig den Tatbestand des Art. 81 Abs. 1 EG und sind damit nach Art. 81 Abs. 2 EG nichtig. Da jedoch erkannt wurde, dass die Unternehmensveräußerungsverträge mit der Nichtigkeit der Wettbewerbsverbote häufig ihr wirtschaftliches Gleichgewicht verlieren und mit ihnen vielmehr positive Wirkungen verbunden sind, sind sie von dem Anwendungsbereich des Art. 81 EG ausgenommen[487] oder gemäss Art. 81 Abs. 3 EG freigestellt worden[488]. Dieser Vorgehensweise liegt der Gedanke zugrunde, dass Wettbewerbsverbote gerade nicht vorrangig die Ausschaltung von Wettbewerb bezwecken, sondern die erfolgreiche Durchführung der Transaktion sichern sollen[489]. Die Verbundenheit mit dem kartellrechtsneutralen Austauschvertrag führt jedoch nicht dazu, dass auch das Wettbewerbsverbot von der Neutralität erfasst würde und damit dem Kartellverbot per se entginge[490]. Bereits vor Erlass der FKVO haben die Kommission und der EuGH in Entscheidungen Ausführungen zur Behandlung von Wettbewerbsverboten im Rahmen des Art. 81 EG gemacht[491]. Ein in sich gefestigtes Konzept, wie die Behandlung von Nebenabreden in der FKVO, war jedoch darin bislang nicht zu erkennen[492]. Vielmehr wurde von der kartellrechtlichen Literatur durch verschiedene Möglichkeiten versucht, Wettbewerbsverbote anhand tatbestandsimmanenter Einschränkungen dem Kartellverbot bereits auf Tatbestandsebene entgehen zu lassen. Als wichtigste Ansätze zu nennen sind dabei der Rückgriff auf das Kriterium der Spürbarkeit, das Abstellen auf die Beeinträchtigung potentiellen Wettbewerbs, die Berücksichtigung von mit wettbewerbsbeschränkenden Vereinbarungen einhergehenden wettbewerbsförderlichen Marktdurchdringungs- und Marktintegrationswirkungen im Rahmen der „Wettbewerbseröffnungstheorie" und der

[485] Löffler, Komm. zur FKVO, Art. 22 Rdn. 5; Emmerich, in: Immenga/ Mestmäcker, EG- Wettbewerbsrecht, Bd. 1, Art. 85 Abs. 1 EGV Rdn. 354.
[486] Ausführlich dazu, siehe unten, 2. Teil C. II. 2.
[487] EuGHE 1985, 2545 (2571) Rdn. 20, Rs. 42/84 – RemiaBV u.a./ Kommission.
[488] Kommission, ABl. 1999 L 90/6 (19 ff.), vom 2.4.1999 – TPS; EuGE 2001, 2459 (2507 ff.) Rdn. 141 ff., Rs. T 112/99 – Métropole télévision.
[489] Fritzsche, ZHR 160 (1996), 31 (56, 57).
[490] EuGHE 1985, 2545 (2571), Rs. 42/84 – RemiaBV u.a./ Kommission.
[491] EuGHE 1985, 2545 (2571), Rs. 42/84 – RemiaBV u.a./ Kommission; Kommission, ABl. 1976 L 254/40, vom 17.9.1976 – Reuter/ BASF; Kommission, ABl. 1983 L 376/22, vom 31.12.1983 – Nutricia/ Zuid; Kommission, ABl. 1985 L 35/54, vom 7.2.1985 – Mecaniver- PPG.
[492] Ansätze dazu im Urteil Remia, EuGHE 1985, 2545 (2571), Rs. 42/84; anders jedoch EuGE 2001, 2459 ff., Rs. T 112/99 – Métropole télévision.

„Markterschließungsdoktrin" sowie der Rückgriff auf die Grundsätze der amerikanischen „ancillary restraints"- Doktrin. Neben diesen Ansätzen ist im Rahmen einer teleologischen Auslegung der Norm von Seiten der Kommission und des EuG das in der FKVO verankerte europäische Konzept der Nebenabreden für die Prüfung von Nebenabreden im Rahmen des Art. 81 EG angewandt worden[493]. Dahin gehend ist im Folgenden zu zeigen, dass eine Übertragung des europäischen Konzepts der Nebenabreden aus der europäischen Fusionskontrolle möglich und sinnvoll ist, so dass für den gesamten Bereich des europäischen Kartellrechts von einem einheitlichen Konzept der Nebenabreden ausgegangen werden kann. Sinnvoll erscheint die Übertragung des Konzepts insbesondere im Hinblick auf die Neueinführung des Systems der Legalausnahme, da aufgrund der nunmehr unmittelbaren Anwendbarkeit des Art. 81 Abs. 3 EG die Gründe, die bisher die Vorteilhaftigkeit der immanenten Ausnahme aus Art. 81 Abs. 1 EG gegenüber der Freistellung nach Art. 81 Abs. 3 EG dargestellt haben, nach der Reform entfallen sind und Wettbewerbsverbote insofern grundsätzlich anhand des Art. 81 Abs. 3 EG zu behandeln sein könnten[494]. Bisher war eine Reduktion des Verbotstatbestands des Art. 81 Abs. 1 EG für die Unternehmen vorteilhafter als eine Freistellung nach Absatz 3, da letztgenannte erst vom Zeitpunkt der Anmeldung an wirksam war (Art. 6 Abs. 1 S. 2 VO (EWG) Nr. 17/62), mit Bedingungen und Auflagen verbunden (Art. 8 VO (EWG) Nr. 17/62) und bis zur Anmeldung mit Geldbußen belegt werden konnte (Art. 15 Abs. 2a, Abs. 5a VO (EWG) Nr. 17/62). Diese Möglichkeiten sind mit Inkrafttreten der neuen VO (EG) Nr. 1/2003 entfallen[495]. Weiterhin wirft die neue Verfahrensordnung die Frage auf, ob nicht die entwickelten immanenten Schranken im Rahmen des Art. 81 Abs. 1 EG in den gesetzlich verankerten Ausnahmegrund des Absatzes 3 zurückgeführt werden sollten[496]. Dies liegt insbesondere wegen der zukünftigen absatzübergreifenden Betrachtung des Art. 81 EG im Wege der Selbstveranlagung der Unternehmen nahe. Ein solches Vorgehen wäre für die Unternehmen mit einem erhöhten Maß an Planungs- und Rechtssicherheit verbunden, da sie sich an die in Absatz 3 explizit genannten Kriterien halten und insbesondere auf die fortgeltenden Gruppenfreistellungsverordnungen[497] als Auslegungsrichtlinien zurückgreifen könnten[498]. Insofern wäre eine Übertragung des europäischen Konzepts der Nebenabreden aus der FKVO im Rahmen einer teleologischen Auslegung des Art. 81 Abs. 1 EG gegenüber den verschiedenen Einschränkungsansätzen des Tatbestands zu bevorzugen, denn damit bestünde eine einheitliche Vorgehensweise zur Beurteilung

[493] EuGE 2001, 2459 ff., Rs. T 112/99 – Métropole télévision.
[494] Reymann, Immanente Schranken des europäischen Kartellverbots, S. 27.
[495] Reymann, Immanente Schranken des europäischen Kartellverbots, S. 63.
[496] Reymann, Immanente Schranken des europäischen Kartellverbots, S. 27.
[497] Da nach Art. 29 VO (EG) Nr. 1/2003 der Entzug des Rechtsvorteils einer Gruppenfreistellungsverordnung im Einzelfall möglich ist, wird im Umkehrschluss daraus gefolgert, dass die Verordnungen bis zum Ablauf ihrer Geltungsdauer fortbestehen bleiben, obwohl sie strenggenommen im System der Legalausnahme obsolet geworden sind; dazu Röhling, GRUR 2003, 1019 (1023); Fuchs, ZWeR 2005, 1 ff.
[498] Röhling, GRUR 2003, 1019 (1021).

von Nebenabreden sowohl im Rahmen der Fusionskontrolle als auch im Bereich des Art. 81 EG, deren Grundlagen in der FKVO und der Bekanntmachung der Kommission verankert wären und damit für die Rechtsanwender vorhersehbarer und überschaubarer wären als die unterschiedlichen Auslegungsansätze von Seiten der Literatur. Dafür spricht des Weiteren, dass sich, wie zu zeigen sein wird, die von der kartellrechtlichen Literatur vorgebrachten Ansätze zu einer Tatbestandseinschränkung des Art. 81 Abs. 1 EG in dem Konzept der Nebenabreden ohnehin wiederfinden lassen.
Im Folgenden wird zunächst die Problematik des verbleibenden Anwendungsbereichs des europäischen Kartellprimärrechts gegenüber der FKVO dargestellt sowie daran anschließend sein Regelungsbereich bezüglich der Behandlung von Zusammenschlusssachverhalten anhand der Art. 81, 82 EG. Es folgt die Darstellung der verschiedenen von der Literatur vorgebrachten Ansätze zu einer Einschränkung des Verbotstatbestands des Art. 81 Abs. 1 EG bezüglich der hier interessierenden Wettbewerbsverbote zu Unternehmensveräußerungsverträgen. Schließlich wird die Übertragung des europäischen Konzepts der Nebenabreden im Wege der teleologischen Auslegung des Art. 81 Abs. 1 EG eingehend erörtert. Abschließend werden die Voraussetzungen einer Prüfung von Wettbewerbsverboten nach Art. 81 Abs. 3 EG dargestellt, der bei Nichterfüllen der Voraussetzungen des Konzepts der Nebenabreden zur Geltung gelangt. Das Kapitel endet mit einem Zwischenergebnis zur Behandlung von Wettbewerbsverboten nach Art. 81 EG.

II. Anwendungsbereich des europäischen Kartellprimärrechts

Da vom EuGH eine mögliche Anwendbarkeit der Art. 81, 82 EG auf Zusammenschlusssachverhalte angenommen worden war, wollte man aus Gründen der Rechtssicherheit und Rechtsklarheit eine Doppelkontrolle solcher Fälle vermeiden und die parallele Anwendbarkeit des europäischen Kartellprimärrechts für Zusammenschlussfälle ausschließen[499]. Um dieses Ziel zu erreichen wurde Art. 21 Abs. 1 FKVO in die Regeln der Fusionskontrolle aufgenommen, der für Zusammenschlüsse im Sinne des Art. 3 FKVO die Verordnung (EG) Nr. 1/2003 für unanwendbar erklärt und so das für die Anwendbarkeit von Art. 81 EG einschlägige Verfahrensrecht zur Durchführung der in den Art. 81, 82 EG geregelten Vorschriften ausschließt[500].

1. Unanwendbarkeit der VO (EG) Nr. 1/2003

In Art. 21 Abs. 1 FKVO ist bewusst der Ausschluss der Anwendbarkeit der Durchführungsverordnung als dem einschlägigen verfahrensrechtlichen Instrument zur Anwen-

[499] Löffler, Komm. zur FKVO, Art. 22 FKVO Rdn. 2; Langeheine, in: G/ T/ E, Kommentar zum EU-/ EG- Vertrag, Art. 22 FKVO Rdn. 3.
[500] Art. 21 Abs. 1 FKVO; ausdrücklich auch noch in der alten Bekanntmachung aus 2001, Kommission, ABl. 2001 C 188/5 (5) Rdn. 1, vom 4.7.2001 - Bekanntmachung über Einschränkungen des Wettbewerbs.

dung von Art. 81 EG gewählt worden, da grundsätzlich durch eine Verordnung als Sekundärrecht nicht die Anwendbarkeit des Primärrechts (der Art. 81, 82 EG) ausgeschlossen werden kann[501]. Ebenso wenig kann die FKVO eine verbindliche Interpretation des Art. 81 EG darstellen hinsichtlich der Beurteilung von Zusammenschlüssen, da dem Rat die Kompetenz dazu fehlt[502]. Zur verbindlichen Auslegung des EG- Vertrags ist allein der EuGH gemäss Art. 220 EG befugt[503]. Auch kann die FKVO nicht als lex specialis gegenüber den Vorschriften der Art. 81, 82 EG betrachtet werden, da ein Spezialitätsverhältnis nur zwischen gleichrangigen Normen bestehen kann, was jedoch vorliegend nicht der Fall ist[504]. Unklar ist jedoch, ob der in Art. 21 Abs. 1 FKVO geregelte Ausschluss für alle Zusammenschlussfälle gilt, unabhängig von dem Erreichen der Umsatzschwellenwerte des Art. 1 FKVO oder ob nur gemeinschaftsweite Zusammenschlüsse erfasst werden sollen.

2. Geltung für gemeinschaftsweite und nicht gemeinschaftsweite Zusammenschlüsse

Betrachtet man den Wortlaut des Art. 21 Abs. 1 FKVO, so könnte davon auszugehen sein, dass die FKVO für alle Zusammenschlüsse im Sinne des Art. 3 FKVO gilt, so dass sowohl gemeinschaftsweite Zusammenschlüsse als auch solche ohne gemeinschaftsweite Bedeutung im Sinne von Art. 1 FKVO erfasst wären, da auf Art. 3 FKVO und gerade nicht auf Art. 1 FKVO verwiesen wird[505]. Damit wäre für alle Zusammenschlüsse, die die Kriterien des Art. 3 FKVO erfüllten, aber nicht die Umsatzschwellen des Art. 1 FKVO überschritten, die Anwendung von Art. 81 EG ausgeschlossen aufgrund der Unanwendbarkeit der VO (EG) Nr. 1/2003, so dass nur die Anwendung nationalen Fusionskontrollrechts möglich bliebe[506]. Dies erscheint jedoch in Fällen, in denen ein Zusammenschluss geeignet ist, den Handel zwischen den Mitgliedstaaten zu beeinträchtigen im Sinne der Zwischenstaatlichkeitsklausel, die zunehmend sehr weit ausgelegt wird[507], als unbefriedigend, da in diesen Fällen gerade die Anwendung der

---

[501] Schröter, in: Schröter/ Jakob/ Mederer, Europ. Wettbewerbsrecht, Art. 22 FKVO Rdn. 4; Immenga, in: Immenga/ Mestmäcker, EG- Wettbewerbsrecht, Art. 22 FKVO Rdn. 2; Schütz, in: Gem.Ktr., Einführung EU- Fusionskontrolle Rdn. 24; Staebe, EWS 2003, 249 (252); Röhling, ZIP 1990, 1179 (1185); Basedow, EuZW 2003, 44 (46).

[502] Rösler, in: FK, Art. 22 FKVO Rdn. 4; Röhling, ZIP 1990, 1179 (1185); Fritzsche, WuW 2003, 1153 (1155).

[503] Rösler, in: FK, Art. 22 FKVO Rdn. 4; Röhling, ZIP 1990, 1179 (1185); Fritzsche, WuW 2003, 1153 (1155).

[504] Rösler, in: FK, Art. 22 FKVO Rdn. 4; Röhling, ZIP 1990, 1179 (1185).

[505] Immenga, in: Immenga/ Mestmäcker, EG- Wettbewerbsrecht, FKVO, Art. 22 Rdn. 3; Emmerich, Kartellrecht, S. 480; Langeheine/ Dittert, in: Schröter/ Jakob/ Mederer, Europ. Wettbewerbsrecht, Art. 22 FKVO Rdn. 3; Staebe, EWS 2003, 249 (253); Fritzsche, WuW 2003, 1153 (1158).

[506] Schütz, in: Gem.Ktr., Einführung EU- Fusionskontrolle Rdn. 28.

[507] Rittner, Wettbewerbs- und Kartellrecht, § 7 Rdn. 88 ff.; Stockenhuber, in: Grabitz/ Hilf, EGV/ EUV, Art. 81 EG Rdn. 207; Rehbinder, in: Immenga/ Mestmäcker, EG- Wettbewerbsrecht, Bd. 1,

Art. 81, 82 EG sachgerecht erscheint[508]. Der Anwendungsbereich des primären Wettbewerbsrechts wird insofern viel weiter gezogen als der Anwendungsbereich für die Fusionskontrolle definiert ist[509] Gerade der Zusammenschluss von national operierenden Großunternehmen, die aufgrund von Art. 1 Abs. 2, 2. HS FKVO keine gemeinschaftsweite Bedeutung haben, sollte zweckmäßigerweise anhand der europäischen Wettbewerbsvorschriften zu beurteilen sein und nicht den unterschiedlichen nationalen Fusionskontrollvorschriften unterliegen[510]. In der Praxis ist die Kommission bisher in keinem Fall, in dem die Umsatzschwellen der FKVO nicht überschritten worden sind, tätig geworden, so dass das vorgenannte Argument bisher auf rein theoretischer Ebene verblieben ist[511].

3. Anwendung der Art. 81, 82 EG über Art. 85 EG

Von den Vertretern der Ansicht, dass der Ausschluss der Anwendbarkeit der VO (EG) Nr. 1/2003 für alle Zusammenschlussfälle gilt, wird auf die Möglichkeit verwiesen, über Art. 85 EG doch noch zu einer Anwendung der Maßstäbe der Art. 81, 82 EG zu kommen, da bei Nichtanwendbarkeit der VO (EG) Nr. 1/2003 die gleiche Situation bestehe wie vor Inkrafttreten des Durchführungsrechts, so dass die Art. 84, 85 EG wieder auflebten[512]. Bedenklich an dieser Lösung erscheint, dass Art. 85 EG die Befugnisse der Kommission nur bis zum Inkrafttreten einer Durchführungsverordnung regelt, so dass mit Einführung der VO (EWG) Nr. 17/62 sich diese Norm erledigt habe[513]. Dagegen wird überwiegend eingewandt, dass Art. 85 Abs. 1 S. 1 EG eine Grundsatznorm enthalte und daher keinen zeitlichen Beschränkungen unterliege[514]. Insofern sei die Vorschrift nicht auf eine Übergangszeit beschränkt, sondern gelte auch nach Inkrafttreten der Durchführungsverordnung fort[515]. Die Kommission selbst äußert

---

Einleitung zu Art. 85 Abs. 1 EGV Rdn. 8 ff.; Monopolkommission, Sondergutachten Zusammenschlussvorhaben E.ON AG – Gelsenberg AG und E.ON AG – Bergemann AG, zu finden unter: http://www.monopolkommission.de/sg_34/text_s34.pdf.

[508] Basedow, EuZW 2003, 44 (50); Blank, Europ. Fusionskontrolle im Rahmen der Art. 85, 86 des EWG- Vertrages, 1991, S. 225.

[509] Basedow, EuZW 2003, 44 (45); Monopolkommission, Sondergutachten Zusammenschlussvorhaben E.ON AG – Gelsenberg AG und E.ON AG – Bergemann AG, zu finden unter: http://www.monopolkommission.de/sg_34/text_s34.pdf.

[510] Basedow, EuZW 2003, 44 (50).

[511] Dreher, WuW 2002, 828 (831); Rehbinder, in: Immenga/ Mestmäcker, EG- Wettbewerbsrecht, Bd. 1, Einleitung Rdn. 66.

[512] Immenga, in: Immenga/ Mestmäcker, EG- Wettbewerbsrecht, Bd. 1, Art. 22 FKVO Rdn. 3; de Bronett, Komm. zum europ. Kartellverfahrensrecht, S. 15 Rdn. 9; Dreher, WuW 2002, 828 (834); Langeheine, in: G/ T/ E, Kommentar zum EU-/ EG- Vertrag, Bd. 2/II, Art. 22 FKVO Rdn. 3; Jung, in: Callies/ Ruffert, EUV/ EGV, Art. 85 EG Rdn. 2; Staebe, EWS 2003, 249 (253); Fritzsche, WuW 2003, 1153 (1159); zweifelnd, Rehbinder, in: Immenga/ Mestmäcker, Bd. 1, Einleitung Rdn. 67.

[513] Dreher, WuW 2002, 828 (834).

[514] Schröter, in: von der Groeben/ Schwarze, Kommentar zum EU-/ EG- Vertrag, Art. 85 EG Rdn. 9.

[515] Schröter, in: von der Groeben/ Schwarze, Kommentar zum EU-/ EG- Vertrag, Art. 85 EG Rdn. 9; Gleiss/ Hirsch, Komm. zum EG- Kartellrecht, Art. 89 EGV Rdn. 1; Ritter, in: Immenga/ Mestmäcker,

sich in ihrer Protokollerklärung zum Erlass der FKVO dahin gehend, dass sie „normalerweise nicht beabsichtigt, die Art. 85 und 86 EGV auf Zusammenschlüsse im Sinne von Art. 3 anders als im Wege dieser Verordnung anzuwenden“[516]. Dennoch behält sie sich im folgenden Satz vor, über Art. 89 EGV (jetzt Art. 85 EG) in Fällen ohne gemeinschaftsweite Bedeutung tätig zu werden[517]. Zwar kommt der Protokollerklärung keine rechtlich verbindliche Wirkung zu, jedoch bindet sie mit ihrer Veröffentlichung die Kommission selbst[518]. Offen bleibt bei der Erklärung der Kommission, welche Fallkonstellationen unter „normalerweise“ zu verstehen sind und für welche anderen Gestaltungen der Vorbehalt des Tätigwerdens gedacht ist[519].

4. Stellungnahme zum Anwendungsbereich des europäischen Kartellprimärrechts

Gegen einen Ausschluss der VO (EG) Nr. 1/2003 im Sinne des Art. 21 Abs. 1 FKVO für gemeinschaftsweite und nicht gemeinschaftsweite Zusammenschlüsse spricht der eindeutige Wortlaut des Art. 1 FKVO, der den Anwendungsbereich für die gesamte Verordnung festlegt und somit auch für die Art. 3 und 21 Abs. 1 FKVO gilt[520]. Danach ist die FKVO und somit Art. 21 Abs. 1 FKVO überhaupt nur dann anwendbar, wenn ein Zusammenschluss gemäss Art. 3 FKVO vorliegt, der die Umsatzschwellen des Art. 1 FKVO überschreitet[521]. Dafür spricht auch Erwägungsgrund 9 der neuen FKVO, wonach der Anwendungsbereich der Verordnung „durch Schwellenwerte eingegrenzt werden“ soll, damit eben nur wirtschaftlich bedeutende Zusammenschlüsse erfasst werden[522]. Es erscheint vom Sinn und Zweck der FKVO her nicht geboten, auch nicht gemeinschaftsweite Zusammenschlüsse im Sinne der FKVO, die aber gleichwohl den Handel zwischen den Mitgliedstaaten beschränken können, von einer Anwendung des Art. 81 EG auszunehmen. Die FKVO soll gerade nur für bedeutsame Strukturveränderungen gelten, deren Auswirkungen auf den Markt die Grenzen eines Mitgliedstaats überschreiten[523]. Um auch wirklich bedeutsame Veränderungen zu erfassen, ist das Kriterium der Umsatzschwellen in die FKVO aufgenommen worden[524]. Ein weiteres Argument gegen einen Ausschluss der VO (EG) Nr. 1/2003 für Zusammenschlüsse

EG- Wettbewerbsrecht, Bd. 1, Einleitung Rdn. 67; Jung, in: Callies/ Ruffert, EUV/ EGV, Art. 85 EG Rdn. 1; Dreher, WuW 2002, 828 (834).

[516] Erklärungen für das Ratsprotokoll vom 19.12.1989, WuW 1990, 240 (243); jedoch nur bei Überschreitung eines Gesamtumsatzes von mehr als 2 Milliarden Euro und einem gemeinschaftsweiten Zusammenschluss von mehr als 100 Mio. Euro.

[517] Kommission, WuW 1990, 240 (243).

[518] Dreher, WuW 2002, 828 (835).

[519] Basedow, EuZW 2003, 44 (49); Kommission, ABl. 1993 L 116/21 (27 ff.) Rdn. 22 ff., vom 10.11.1992 – Gillette, in diesem Fall fand eine rechtliche Würdigung der Vereinbarungen anhand der Art. 85, 86 EGV a.F. statt, obwohl die FKVO bereits in Kraft getreten war.

[520] Basedow, EuZW 2003, 44 (49); Löffler, Komm. zur FKVO, Art. 22 Rdn. 5.

[521] Basedow, EuZW 2003, 44 (49).

[522] Vgl. Erwägungsgrund Nr. 9 zur FKVO, ABl. 2004 L 24/1 (2), vom 29.1.2004.

[523] Vgl. Erwägungsgrund Nr. 8 zur FKVO, ABl. 2004 L 24/1 (2), vom 29.1.2004.

[524] Vgl. Erwägungsgrund Nr. 9 zur FKVO, ABl. 2004 L 24/1 (2), vom 29.1.2004.

ohne gemeinschaftsweite Bedeutung liegt in dem Gesichtspunkt des „effet utile“ des Gemeinschaftsrechts, wonach Sekundärrecht so auszulegen ist, dass das Primärrecht mit der größtmöglichen praktischen Wirkung durchgesetzt werden kann[525]. Da Art. 85 EG nur eingeschränkte Befugnisse und keine Zwangsmittel vermittelt[526], Art. 81 Abs. 2 EG jedoch die Nichtigkeit einer wettbewerbsbeschränkenden Vereinbarung bestimmt, führt die Anwendung der VO (EG) Nr. 1/2003 zu einer wesentlich effektiveren Durchsetzung des Wettbewerbsrechts[527]. Darüber hinaus hätte die Novellierung der FKVO genutzt werden können, um die in Art. 1 Abs. 2 und 3 FKVO enthaltene Zwei- Drittel- Regelung, die regelmäßig bei Zusammenschlüssen von „nationalen Champions“ eingreift, zu streichen, um so auch diese Konstellationen in den Anwendungsbereich der FKVO einzubeziehen, was jedoch nicht erfolgt ist[528].
Die Anwendung der VO (EG) Nr. 1/2003 ist daher nur für Zusammenschlüsse von gemeinschaftsweiter Bedeutung im Sinne des Art. 1 FKVO ausgeschlossen. Zusammenschlüsse, die nicht in den Anwendungsbereich der FKVO fallen, sei es weil sie die Schwellenwerte des Art. 1 FKVO nicht überschreiten, sei es weil sie keinen Zusammenschluss im Sinne des Art. 3 FKVO darstellen, sind bei einer Beeinträchtigung des Handels zwischen den Mitgliedstaaten an Art. 81, 82 EG zu messen. Insofern obliegt es dann der Kommission, ob sie tätig wird und auf einen Zusammenschlussfall die Art. 81, 82 EG anwendet. Aufgrund der unmittelbaren Anwendbarkeit der Art. 81, 82 EG nach Art. 1 VO (EG) Nr. 1/2003 können und nach Art. 3 VO (EG) Nr. 1/2003 müssen auch die nationalen Behörden und Gerichte die europäischen Wettbewerbsvorschriften anwenden. Eine Ausnahme vom Vorrang des europäischen Rechts der Art. 81, 82 EG ist lediglich nach Art. 3 Abs. 3 VO (EG) Nr. 1/2003 dann vorgesehen, wenn die Wettbewerbsbehörden und Gerichte der Mitgliedstaaten einzelstaatliche Gesetze über die Kontrolle von Unternehmenszusammenschlüssen anwenden[529]. Ist die Zwischenstaatlichkeitsklausel nicht erfüllt, so findet alleine das nationale Fusionskontrollrecht der §§ 35 ff. GWB auf Zusammenschlüsse Anwendung.

III. Regelungsbereich des Art. 81 EG

Wie aufgrund vorhergehender Untersuchung festgestellt worden ist, gilt der Ausschluss der VO (EG) Nr. 1/2003 nur für gemeinschaftsweite Zusammenschlüsse im Sinne des Art. 1 FKVO, so dass Zusammenschlüsse ohne gemeinschaftsweite Bedeu-

---

[525] Entwickelt vom EuGH, vgl. nur EuGHE 1974, 1337 Rdn. 12, Rs. 41/74 – van Duyn; zum effet utile im Gemeinschaftsrecht, Streinz, in: FS für Everling, 1995, Bd. II, 1491 (1495, 1497); Wegener, in: Callies/ Ruffert, EUV/ EGV, Art. 220 EG Rdn. 14.

[526] Kommission kann von Amts wegen Untersuchungen einleiten; bei Zuwiderhandlungen geeignete Mittel zur Abstellung vorschlagen; Feststellung einer Zuwiderhandlung; Ermächtigung der Mitgliedstaaten, erforderliche Abhilfemaßnahmen zu treffen.

[527] Basedow, EuZW 2003, 44 (49); Wagemann, in: Wiedemann, Hdb. des Kartellrechts, § 15 Rdn. 26 a.E.

[528] Basedow, EuZW 2003, 44 (50).

[529] Ausführlich dazu im Rahmen der deutschen Fusionskontrolle, siehe unten, 3. Teil B. II. 2.

tung, die jedoch die Voraussetzungen der Zwischenstaatlichkeitsklausel erfüllen, anhand der Art. 81, 82 EG zu beurteilen wären, wenn diese Vorschriften des Primärrechts auf Zusammenschlüsse Anwendung finden können. Von Seiten des EuGH wurde dies in zwei Entscheidungen noch vor Erlass der FKVO als möglich entschieden. Bezüglich der Fortgeltung dieser EuGH- Rechtsprechung auch nach Inkrafttreten der FKVO besteht Uneinigkeit. Höchstrichterlich ist diese Frage bisher nicht entschieden worden.

1. Fusionskontrolle nach Art. 81, 82 EG

Dass generell auch eine Anwendung der Art. 81, 82 EG (vormals Art. 85, 86 EGV) auf Unternehmenszusammenschlüsse möglich ist, entschied der EuGH in zwei Entscheidungen bereits vor Inkrafttreten der FKVO[530] und ist auch in Erwägungsgrund 7 der FKVO festgehalten worden[531].

a) EuGH- Entscheidungen „Philip Morris“ und „Continental Can“

Der Entscheidung „Philip Morris“ lag die Frage zugrunde, ob der Erwerb einer Minderheitsbeteiligung an einem Konkurrenzunternehmen auf einem oligopolistischen Markt einen Verstoß gegen Art. 81 Abs. 1 EG (damals Art. 85 Abs. 1 EGV) darstellte, und somit als Mittel dienen konnte, das geschäftliche Verhalten des Unternehmens so zu beeinflussen, dass eine Wettbewerbsbeschränkung eintreten würde[532]. Dem Fall lag ein Dreiecksverhältnis zugrunde, da der Erwerber (Philip Morris) von dem Veräußerer (Rembrandt Group) die Beteiligung an einem dritten Unternehmen (Rothmans) erwarb, an dem auch der Veräußerer beteiligt war. Zum anderen befasste sich der EuGH in dem Fall „Continental Can“ mit der Problematik, inwiefern der Erwerb einer Kontrolle an einem Konkurrenten gegen Art. 82 EG (damals Art. 86 EGV) verstoßen könne. Kernpunkt des Verfahrens war die Frage, ob unter das Merkmal „missbräuchliche Ausnutzung“ des Art. 82 EG auch die Veränderung der Struktur eines Unternehmens falle, die zu schweren Wettbewerbsbeeinträchtigungen auf einem wesentlichen Teil des gemeinsamen Marktes führe[533]. Die Anwendung der Art. 81, 82 EG im Sinne eines „case law“ auf Zusammenschlussfälle wurde jedoch als nicht befriedigend angesehen im Vergleich zu einer systematischen Erfassung solcher Vorhaben anhand einer echten

---

[530] EuGHE 1973, 215 (244 ff.), Rs. 6/72 - Continental Can/ Kommission; EuGHE, 1987, 4487 (4575 ff.), verb. Rs. 142 und 156/84 - BAT und Reynolds/ Kommission („Philip Morris“); ausführlich Blank, Europ. Fusionskontrolle im Rahmen der Art. 85, 86 des EWG- Vertrages.

[531] Zu diesem Problembereich eingehend: Blank, Europ. Fusionskontrolle im Rahmen der Art. 85, 86 des EWG- Vertrages, 1991, S. 222 ff.

[532] „Philip Morris“, zusammengefasst bei Weitbrecht/ Karenfort, Europ. Wettbewerbsrecht in Fällen, S. 242 ff.; dazu Immenga/ Fuchs, NJW 1988, 3052 ff.

[533] „Continental Can“, zusammengefasst bei Weitbrecht/ Karenfort, Europ. Wettbewerbsrecht in Fällen, S. 247 ff.; dazu Immenga/ Fuchs, NJW 1988, 3052 ff.

Marktstrukturkontrolle, so dass die FKVO als spezielles Instrument zur Erfassung von Unternehmenszusammenschlüssen nach zähen Verhandlungen erlassen worden ist[534]. Problematisch an der Anwendung der Art. 81, 82 EG auf Zusammenschlusssachverhalte ist zum einen, dass Voraussetzung für eine Anwendung das Vorliegen zweier wirtschaftlich unabhängiger Unternehmen mit der Möglichkeit selbstbestimmter Entscheidungen, sprich der Möglichkeit zur Verhaltenskoordinierung, auch noch nach Durchführung der Vereinbarung gegeben ist[535]. Aus dem Urteil „Philip Morris“ wurde daher zum Teil gefolgert, dass das Kartellverbot nur auf den Erwerb von Minderheitsbeteiligungen anwendbar sein könne, da bei einer Mehrheitsbeteiligung infolge der Fusion ein Unternehmen seine Selbständigkeit verliere und daher nach Durchführung der Vereinbarung keine autonomen Entscheidungsträger mehr vorhanden seien[536]. Dies sei erforderlich für alle beteiligten Unternehmen, im Dreiecksverhältnis demnach Erwerber, Veräußerer und Zielunternehmen[537]. Auch der EuGH stellt auf den durch den Beteiligungserwerb möglichen Erwerb rechtlicher oder faktischer Kontrolle über das geschäftliche Verhalten der betreffenden Unternehmen ab, mithin auf die sich aus dem Erwerb ergebende Gefahr der Verhaltenskoordinierung[538]. Daraus ist gefolgert worden, dass der bei dem Zielunternehmen verbleibende Entscheidungsspielraum maßgeblich sei, unabhängig von der Größe der erworbenen Anteile[539]. So könne etwa auch bei einem Mehrheitserwerb eine Rücksichtnahme auf etwaige Minderheitsaktionäre angezeigt sein, wenn diesen besondere Rechte eingeräumt sind oder sie aus tatsächlichen Gründen, etwa aufgrund starker Zersplitterung der Restaktien auf eine Vielzahl von Kleinaktionären, eine faktische Kontrollmöglichkeit haben[540]. Jeder Fusion liegt darüber hinaus ein Verschmelzungsvertrag zugrunde, auf den Art. 81 EG angewendet werden könne[541]. Zu diesen Fragen musste der EuGH jedoch keine Stellung nehmen, da er eine Minderheitsbeteiligung zwischen zwei Konkurrenzunterneh-

---

[534] Löffler, in: Langen/ Bunte, Kartellrecht, Bd. 1, FKVO Vorbemerkungen Rdn. 8; Emmerich, in: FS für Steindorff, S. 952 Fn. 7, wonach insbesondere das BKartA „große Vorbehalte“ gegen eine europäische FKVO hegte, da es einen enormen Kompetenzverlust befürchtete.

[535] Schröter, in: Schröter/ Jakob/ Mederer, Europ. Wettbewerbsrecht, Art. 81 Abs. 1 EG Rdn. 65; Staebe, EWS 2003, 249 (251).

[536] BMWi, Verfügung vom 5.7.2002, auszugsweise in WuW/E DE- V 573 Rdn. 80 ff. – E.ON – Ruhrgas; Rösler, in: FK, Art. 22 FKVO Rdn. 5; Schröter, in: G/ T/ E, Kommentar zum EU-/ EG- Vertrag, Bd. 2/I, Art. 85 EGV Einf. Rdn. 39; Benisch, in: FS für Rittner, 1991, S. 17 (26); Einsele, RIW 1992, Beilage 2 zu Heft 8, 2 (9); Staebe, EWS 2003, 249 (251); a.A.: Emmerich, in: FS für Steindorff, S. 959, 960; Schödermeier, WuW 1988, 185 (189 f.); Basedow, EuZW 2003, 44 (47).

[537] Staebe, EWS 2003, 249 (251); BMWi, Verfügung vom 5.7.2002, auszugsweise in WuW/E DE- V 573 Rdn. 84 – E.ON – Ruhrgas.

[538] EuGHE 1987, 4487 Rdn. 38, verb. Rs. 142 und 156/84 – Philip Morris; kritisch zum Abstellen auf die Erlangung der Kontrolle: Immenga/ Fuchs, NJW 1988, 3052 (3055).

[539] Basedow, EuZW 2003, 44 (47).

[540] Basedow, EuZW 2003, 44 (47); Adt, in: von der Groeben/ Schwarze, Kommentar zum EU-/ EG-Vertrag, FKVO Rdn. 51, 52; kritisch, Staebe, EWS 2003, 249 (251).

[541] Emmerich, in: FS für Steindorff, 1990, S. 959.

men zu beurteilen hatte[542]. Insofern kann aus seinem Urteil auch nicht der Gegenschluss gezogen werden, dass eine Anwendung des Art. 81 EG bei einem Mehrheitserwerb generell ausscheidet[543]. Abzustellen ist demgegenüber auf den jeweiligen Einzelfall, in dem zu prüfen ist, ob noch ein Entscheidungsspielraum des Zielunternehmens gegeben ist, unabhängig davon, ob es sich um einen Mehrheits- oder Minderheitserwerb handelt.

b) Fortgeltung der EuGH- Rechtsprechung nach Erlass der FKVO

Unabhängig von der Frage der Art der Beteiligung an einem Unternehmen wird die Frage, ob die Rechtsprechung des EuGH auch nach Erlass der FKVO überhaupt weiter Geltung beansprucht mit der Folge, dass Unternehmenszusammenschlüsse generell auch von Art. 81, 82 EG erfasst werden können, zumindest dann, wenn sie die Aufgreifkriterien der FKVO nicht erfüllen, kontrovers diskutiert[544]. Eine Stellungnahme des EuGH zur Fortgeltung oder Aufgabe seiner Rechtsprechung auch nach Erlass der FKVO ist bislang nicht erfolgt[545]. Gegen eine Fortgeltung der Rechtsprechung wird eingewandt, es habe sich um „politische Entscheidungen" gehandelt, die auf die Einführung einer speziellen Fusionskontrolle drängen und deutlich machen wollten, dass ansonsten eine Erfassung von Zusammenschlüssen im Einzelfall auch über die primärrechtlichen Wettbewerbsvorschriften möglich sei[546]. Der EuGH habe dem europäischen Gesetzgeber lediglich einen Anstoß zu einer Initiative geben wollen[547]. Für die generelle Fortgeltung der Art. 81, 82 EG neben der erlassenen FKVO ist jedoch ganz grundsätzlich anzuführen, dass primäres Vertragsrecht nicht durch den Erlass von Sekundärrecht ausgeschlossen werden kann[548]. Des Weiteren kann die Verordnung auch keine verbindliche Interpretation der Art. 81, 82 EG darstellen, da zur verbindlichen Auslegung des EG- Vertrags nach Art. 220 EG nur der europäische Gerichtshof befugt

---

542 Ungeklärt ist auch die Anwendung von Art. 81 EG auf vertikale und konglomerate Zusammenschlüsse, siehe Basedow, EuZW 2003, 44 (48).

543 Basedow, EuZW 2003, 44 (47).

544 Gegen eine Fortgeltung: Dreher, WuW 2002, 828 (832); K.Schmidt, BB 1990, 719 (721); Schütz, in: Gem.Ktr., Art. 3 VO (EG) Nr. 1/2003 Rdn. 25 a.E.; für eine weitere Fortgeltung insbesondere: Monopolkommission, Sondergutachten Zusammenschlussvorhaben E.ON AG – Gelsenberg AG und E.ON AG – Bergemann AG, zu finden unter http://www.monopolkommission.de/sg_34/text_s34.pdf; Basedow, EuZW 2003, 44 (44); Röhling, ZIP 1990, 1179 (1185).

545 Fritzsche, WuW 2003, 1153 (1155); Rösler, in: FK, Art. 22 FKVO Rdn. 4; Röhling, ZIP 1990, 1179 (1185).

546 Dreher, WuW 2002, 828 (831); Immenga, in: Immenga/ Mestmäcker, EG- Wettbewerbsrecht, Bd. 1, Abschn. A zur FKVO Rdn. 13.

547 Immenga, in: Immenga/ Mestmäcker, EG- Wettbewerbsrecht, Bd. 1, Abschn. A zur FKVO Rdn. 13; Dreher, WuW 2002, 828 (831).

548 Allgemeine Ansicht: Immenga, in: Immenga/ Mestmäcker, EG- Wettbewerbsrecht, Bd. 1, Abschn. F zur FKVO Rdn. 4; Emmerich, in: Immenga/ Mestmäcker, EG- Wettbewerbsrecht, Bd. 1, Art. 85 Abs. 1 EGV Rdn. 354; Basedow, EuZW 2003, 44 (46); Möschel, BB 2002, 2077 (2085); Fritzsche, WuW 2003, 1153 (1155); Röhling, ZIP 1990, 1179 (1185).

ist[549]. Zudem ist auch die Kommission in ihren Erklärungen für das Ratsprotokoll, entgegen ihrer früheren Ansicht[550], von einer generellen Fortgeltung und Anwendbarkeit der Art. 81 und 82 EG ausgegangen. Anders lassen sich ihre Aussagen, dass sie sich eine Anwendbarkeit der Art. 81, 82 EG über Art. 85 EG (vormals Art. 89 EGV) vorbehalte, nicht erklären[551]. Auch die Erwägungsgründe 6 und 7 der FKVO gehen davon aus, dass zwar die Art. 81 und 82 EG nach der Rechtsprechung des Gerichtshofs auf bestimmte Zusammenschlusskonstellationen anwendbar sind, jedoch nicht alle Zusammenschlussformen mit diesen Normen erfasst werden können und daher das besondere Rechtsinstrument der FKVO geschaffen worden sei und grundsätzlich auch das einzige auf Zusammenschlüsse anwendbare Normgefüge darstellen solle. Grundsätzlich soll auf europäischer Ebene eine Doppelkontrolle vermieden werden[552]. Eben dies möchte auch das in der FKVO zugrunde gelegte „one- stop- shop“ Prinzip als Ziel erreichen, wobei es jedoch nur solange zur Geltung kommt wie der Anwendungsbereich der FKVO eröffnet ist[553].

2. Stellungnahme zur Fusionskontrolle nach Art. 81, 82 EG

Festzuhalten bleibt, dass grundsätzlich die Art. 81, 82 EG auch nach Erlass der FKVO auf Zusammenschlüsse anwendbar sind, wenn ihre Tatbestandsvoraussetzungen vorliegen, da die FKVO als Sekundärrecht nicht die Anwendbarkeit des Primärrechts ausschließen kann und die Verordnung mangels Kompetenz des Rates auch keine verbindliche Interpretation der Art. 81, 82 EG darstellt. Insofern besteht grundsätzlich eine dogmatische Notwendigkeit für die Anwendung der Art. 81, 82 EG auf Zusammenschlüsse[554]. Den Kritikern einer weiteren Anwendung der Art. 81, 82 EG auf Zusammenschlüsse ist jedoch zuzugeben, dass vom Ergebnis her dies als wettbewerbspolitisch nicht zweckmäßig anzusehen ist[555]. In der Praxis ist daher auch keine Entscheidung über Zusammenschlüsse nach Art. 81, 82 EG mehr ergangen[556]. Geht man von zwei Grundtypen der Wettbewerbsbeschränkung aus, zum einen der abgestimmten Verhaltensweise und des Missbrauchs von Marktmacht sowie zum anderen von der

---

549 Röhling, ZIP 1990, 1179 (1185); Rösler, in: FK, Art. 22 FKVO Rdn. 4; Fritzsche, WuW 2003, 1153 (1155).

550 Kommission, Das Problem der Unternehmenskonzentration im Gemeinsamen Markt, Studienreihe Wettbewerb 3, Brüssel 1966, S. 21 ff.

551 Kommission, WuW 1990, 240 (243); Basedow, EuZW 2003, 44 (46); Blank, Europ. Fusionskontrolle im Rahmen der Art. 85, 86 des EWG- Vertrages, 1991, S. 225.

552 Rösler, in: FK, Art. 22 FKVO Rdn. 3; Dreher, WuW 2002, 828 (833).

553 Basedow, EuZW 2003, 44 (46).

554 So auch Fritzsche, WuW 2003, 1153 (1155).

555 Auf den Gegensatz zwischen „dogmatischer Notwendigkeit“ und „wettbewerbspolitischer Zweckmäßigkeit“ wird hingewiesen von Fritzsche, WuW 2003, 1153 (1155); auch Basedow, EuZW 2003, 44 (50): „Unbefriedigend ist die Anwendung der Art. 81 und 82 EG auf Unternehmenszusammenschlüsse dagegen aus anderen Gründen.“; Rösler, in: FK, Art. 22 FKVO Rdn. 3.

556 Dreher, WuW 2002, 828 (831); Fritzsche, WuW 2003, 1153 (1164); Möschel, in: Immenga/Mestmäcker, EG- Wettbewerbsrecht, Bd. 1, Art. 86 EGV Rdn. 251.

Gestaltung der Marktstruktur durch Zusammenschlüsse, so stehen diesen Formen der Wettbewerbsbeschränkung die Reaktionen der Marktverhaltenskontrolle und der Marktstrukturkontrolle gegenüber[557]. Der Marktverhaltenskontrolle hinsichtlich zweiseitiger oder einseitiger missbräuchlicher Vorgehensweisen dienen die Vorschriften der Art. 81, 82 EG, der Marktstrukturkontrolle ganz speziell die Vorschriften der FKVO[558]. Wie in Erwägungsgrund 7 zur FKVO ausgeführt, können zwar Zusammenschlüsse auch von Art. 81, 82 EG erfasst werden, jedoch sind diese Normen nicht für alle Fallkonstellationen ausreichend, so dass anhand der FKVO zusätzliche spezielle Vorschriften geschaffen worden sind. Daher ist die FKVO auch nicht nur auf Grundlage des Art. 83 EG erlassen worden, wonach Durchführungsverordnungen zur Verwirklichung der in den Art. 81, 82 EG niedergelegten Grundsätze beschlossen werden können[559], sondern auch aufgrund des Art. 308 EG, der eine Kompetenz zum Erlass von Vorschriften zur Erreichung der im Vertrag niedergelegten Ziele enthält, mangels Bestehens einer spezifischen Kompetenzzuweisung des EG- Vertrags und insofern auch als „Generalermächtigung" bezeichnet wird[560]. Aus der Bezugnahme auf Art. 308 EG wird deutlich, dass sich die Vorschriften der FKVO nicht im Rahmen der Art. 81, 82 EG erschöpfen, sondern darüber hinaus gehen. Den von Unternehmen herbeigeführten Veränderungen der Marktstruktur muss grundsätzlich anders begegnet werden als von diesen getroffenen Absprachen. Zur Begründung wird teilweise auf das vermeintlich unterschiedliche Gefährdungspotential von Kartellierungen und Zusammenschlüssen verwiesen[561]. Zusammenschlüssen werden häufig Effizienzen zugesprochen, die sich wettbewerblich positiv auswirken können[562]. Eine wirksame Marktstrukturkontrolle erfordert eine Anmeldepflicht von geplanten Zusammenschlüssen, um der zuständigen Behörde überhaupt erst die Möglichkeit der Kenntnisnahme zu verschaffen, um ihr im Sinne einer ex ante Kontrolle vor Durchführung des Zusammenschlusses eine Entscheidung zu ermöglichen. Ohne Anmeldung erführe die Behörde womöglich erst spät von dem dann bereits durchgeführten Zusammenschluss, dessen nachträgliche Zerschlagung schwierig und für die Unternehmen häufig mit enormen wirtschaftlichen Einbußen verbunden ist. Diese verfahrensrechtlichen Möglichkeiten bietet die Anwendung der Art. 81, 82 EG nicht. Zudem ist die Erfassung von Zusammenschlussfällen anhand der Art. 81, 82 EG in vielen Fällen nur durch eine extensive Auslegung der Tatbestandsmerkmale dieser Vorschriften möglich und bleibt selbst dann oft noch ungenau. Insofern ist die FKVO grundsätzlich das geeignetere Instrumentarium, um Zusammenschlussfälle zu erfassen und wird insofern auch von den zuständigen Behörden vorrangig angewendet werden. Dies bedeutet jedoch nicht, dass eine

---

[557] K.Schmidt, BB 1990, 719 (720).
[558] K.Schmidt, BB 1990, 719 (720); Immenga/ Fuchs, NJW 1988, 3052 (3056).
[559] Schröter, in: von der Groeben/ Schwarze, Kommentar zum EU/ EG- Vertrag, Art. 83 EG Rdn. 6; Zuleeg, EuR 1990, 123 (134).
[560] Rossi, in: Callies/ Ruffert, EUV/ EGV, Art. 308 EG Rdn. 1; Zuleeg, EuR 1990, 123 (134).
[561] Immenga/ Fuchs, NJW 1988, 3052 (3056); kritisch, Benisch, in: FS für Rittner, 1991, S. 17.
[562] Luescher, ECLR 2004, 72 (72); Wirtz, EWS 2002, 59 (60); Immenga/ Stopper, RIW 2001, 512 (515); kritisch, Benisch, FS für Rittner, 1991, S. 17, 18.

Anwendung der Art. 81, 82 EG grundsätzlich nicht mehr möglich ist, sie ist bloß nicht mehr zweckmäßig. Der insoweit zu weite Anwendungsbereich der Art. 81, 82 EG sollte daher im Wege einer teleologischen Auslegung auf Verhaltensabsprachen beziehungsweise missbräuchliche Verhaltensweisen marktbeherrschender Unternehmen eingegrenzt werden[563]. Um die bestehende Rechtsunsicherheit in diesem Bereich zu beseitigen, ist eine dahin gehende Entscheidung des EuGH abzuwarten, in der er eine Klarstellung der Anwendungsbereiche insoweit vornehmen könnte, dass die Art. 81, 82 EG in ihrem Anwendungsbereich auf eine Marktverhaltenskontrolle beschränkt werden und die Vorschriften der FKVO speziell alle Zusammenschlussfälle erfassen[564].

IV. Zwischenergebnis zum Anwendungs- und Regelungsbereich des Art. 81 EG

Bevor auf die einzelnen Einschränkungsmöglichkeiten des Art. 81 Abs. 1 EG eingegangen wird, bleibt festzuhalten, dass es in einer Vielzahl von Fällen, in denen Wettbewerbsverbote vereinbart worden sind, aufgrund des in der europäischen Fusionskontrolle geltenden Konzentrationsprivilegs gar nicht erst zu einer Prüfung nach Art. 81 EG kommt. Sobald ein Zusammenschluss im Sinne des Art. 3 FKVO vorliegt, gilt gemäss Art. 21 Abs. 1 FKVO die VO (EG) Nr. 1/2003 nicht mehr und Art. 81 EG findet insofern keine Anwedung mehr aufgrund des Ausschlusses des einschlägigen Verfahrensrechts[565]. Zu einer Prüfung gelangt man jedoch dann, wenn entweder der Zusammenschlusstatbestand des Art. 3 FKVO nicht erfüllt ist oder, nach hier vertretener Ansicht, zwar ein Zusammenschluss vorliegt, jedoch die Schwellenwerte des Art. 1 FKVO nicht überschritten werden[566]. Das Nichterfüllen des Zusammenschlussbegriffs kommt etwa in Betracht, wenn ein neugegründetes Unternehmen nicht gemäss Art. 3 Abs. 4 FKVO als Gemeinschaftsunternehmen eingestuft wird, da es nicht alle Funktionen einer selbständigen wirtschaftlichen Einheit erfüllt[567] oder bei einem Unternehmensverkauf nur eine Minderheitsbeteiligung veräußert wird und dabei regelmäßig, von Ausnahmen abgesehen[568], kein Kontrollerwerb im Sinne von Art. 3 Abs. 1 lit. b)

---

563 In diesem Sinne wohl, K.Schmidt, BB 1990, 719 (725), mit Verweis auf die „immanenten Schranken" des Kartellverbots; Immenga/ Fuchs, NJW 1988, 3052 (3056) „teleologische Restriktion" des zu weiten Wortlauts, wobei fraglich ist, ob eine Gesetzeslücke vorliegt, da Zusammenschlüsse ja gerade von Art. 81 EG erfasst werden können.

564 Dahin gehend Röhling, ZIP 1990, 1179 (1185).

565 So auch Erwägungsgrund 6 der FKVO, wonach die FKVO „das einzige auf derartige Zusammenschlüsse anwendbare Instrument ist".

566 Zum Streitstand, ob Art. 3 FKVO gemeinschaftsweite und nicht gemeinschaftsweite Zusammenschlüsse erfasst, oder ob Art. 1 FKVO den Anwendungsbereich für die gesamte Verordnung bestimmt, siehe oben, 2. Teil C. II. 2.

567 So in dem Fall EuGE 2001, 2459 Rdn. 14, Rs. T 112/99 – Métropole télévision.

568 Minderheitsbeteiligungen können in Verbindung mit rechtlichen oder tatsächlichen Umständen einen Kontrollerwerb darstellen; siehe dazu, Mestmäcker/ Schweitzer, Europ. Wettbewerbsrecht, § 24 Rdn. 26.

FKVO vorliegt[569]. Für den Fall eines Unternehmensveräußerungsvertrags ist jedoch regelmäßig das Tatbestandsmerkmal des Kontrollerwerbs gemäß Art. 3 FKVO erfüllt, von Fällen der reinen Minderheitsbeteiligung abgesehen. Eine Prüfung nach Art. 81 EG kommt mithin nur dann in Betracht, wenn entweder die Schwellenwerte des Art. 1 FKVO nicht überschritten worden sind, trotzdem aber eine grenzüberschreitende Wirkung vorhanden ist, so dass die Zwischenstaatlichkeitsklausel erfüllt ist. Zum anderen kommt eine Anwendung des Art. 81 EG dann in Betracht, wenn ein Wettbewerbsverbot die Kriterien der unmittelbaren Verbundenheit und Notwendigkeit für die Durchführung eines Zusammenschlusses gemäß Art. 6 Abs. 1 lit. b UAbs. 2 oder Art. 8 Abs. 1 UAbs. 2, Abs. 2 UAbs. 3 FKVO nicht erfüllt beziehungsweise über diese hinausgeht und dann als wettbewerbsbeschränkende Vereinbarung dem Art. 81 Abs. 1 EG unterfällt.

V. Einschränkungsmöglichkeiten des Tatbestands des Art. 81 Abs. 1 EG

Gelangt man zu einer Anwendung des Art. 81 EG, so erfüllen die äußerst praxisrelevanten und wirtschaftlich unverzichtbaren der Unternehmenstransaktion beigefügten Wettbewerbsverbote regelmäßig den Tatbestand des Art. 81 Abs. 1 EG und sind damit nach Art. 81 Abs. 2 EG nichtig. Erkannt wurde jedoch, dass es nicht Sinn und Zweck des Wettbewerbsrechts sein kann, jede begriffliche Wettbewerbsbeschränkung durch das Kartellverbot zu erfassen. Wäre dies der Fall, so wäre strenggenommen jeder im Rahmen der Vertragsfreiheit und Privatautonomie getätigte Vertragsschluss als Wettbewerbsbeschränkung aufzufassen[570]. Damit würde jedoch gerade das Ziel, gemäss Art. 3 Abs. 1 lit. g) EG die Existenz von Wettbewerb zu schützen, zunichte gemacht, da funktionierender Wettbewerb auf den Leistungsaustausch im Rahmen des Abschlusses von Verträgen angewiesen ist[571]. Die wirtschaftlich sinnvolle Durchführung von Verträgen soll durch das Kartellrecht also nicht generell behindert werden, sondern eingeschritten werden soll nur dann, wenn eine Absprache geeignet ist, die Marktverhältnisse erheblich zu beeinträchtigen[572]. Dies zeigen auch die gesetzlich verankerten Wettbewerbsverbote in § 112 HGB für den Gesellschafter der OHG und gemäss § 90 a HGB zu Lasten des Handelsvertreters nach Beendigung des Vertragsverhältnisses, die ausdrücklich erlaubt sind. Wirkliche Handlungs- und Entschließungsfreiheit ist nämlich nur in einer weitgehend machtfreien Wirtschaft möglich[573]. Das

---

[569] Mestmäcker/ Schweitzer, Europ. Wettbewerbsrecht, § 24 Rdn. 25; Löffler, Komm. zur FKVO, Art. 3 FKVO Rdn. 10.

[570] Stockenhuber, in: Grabitz/ Hilf, EGV, Art. 81 EGV Rdn. 147; Fritzsche, ZHR 160 (1996), 31 (55); Reymann, Immanente Schranken des europäischen Kartellverbots, S. 274, der von „einem auf die Gesamtrechtsordnung bezogenen *venire contra factum proprium*- Ansatz“ ausgeht, dahin gehend, dass dieser Grundsatz es gebietet, Wettbewerbsverbote im erforderlichen Umfang als zulässig anzusehen, um nicht den kartellrechtsneutralen Leistungsaustausch zu vereiteln.

[571] Weiß, in: Callies/ Ruffert, EUV/ EGV, Art. 81 EG Rdn. 116.

[572] EuGHE 1995, 3447 (3517), Rs. C 266/93 – Volkswagen – VAG Leasing.

[573] Schmidt, Wettbewerbspolitik und Kartellrecht, S. 117.

bedeutet jedoch nicht, dass nicht auch im Rahmen eines ordnungsgemäßen Wettbewerbs die Handlungsfreiheit des einen Wettbewerbers gerade durch die Betätigung eines anderen eingeschränkt werden kann aufgrund der Dynamik des Wettbewerbsprozesses; sie sind als „wettbewerbsimmanente Beschränkung[en] der Handlungsfreiheit hinzunehmen“[574]. Die Normen des europäischen Kartellrechts stehen damit grundsätzlich in einem Spannungsverhältnis zu den gewährten Rechtsgrundlagen der Vertragsfreiheit und Privatautonomie[575]. Soll durch die Vereinbarung von Wettbewerbsverboten das Gelingen einer Transaktion gesichert werden, so sind solche Vereinbarungen als erlaubt anzusehen[576]. Allerdings gilt dies nur, wenn zumindest auch immaterielle Vermögenswerte wie „Know-how“ und „Goodwill“ übertragen werden und nicht nur Sachwerte[577]. Für die Übertragung letzterer ist kein zusätzlicher Schutz durch ein Wettbewerbsverbot erforderlich, da der Veräußerer ohnehin vertraglich zur vollständigen Übertragung des Geschäftswerts des Unternehmens verpflichtet ist[578]. Der besondere Schutz der Übertragung immaterieller Werte liegt darin begründet, dass sich der Veräußerer seines Wissens und seiner Kenntnisse nicht ohne weiteres entledigen kann und daher durch das Wettbewerbsverbot an ihrer weiteren „Nutzung“, die einen faktischen Wettbewerbsvorsprung gegenüber dem Erwerber darstellt, gehindert werden soll[579]. Würde der Veräußerer seine Kenntnisse uneingeschränkt weiter nutzen dürfen, so würde dem Erwerber der Eintritt in die gekauften Unternehmenswerte erheblich erschwert und die Werte selbst würden geschmälert werden[580]. Insbesondere für Wettbewerbsverbote zu Unternehmensveräußerungsverträgen wird demnach eine Ausnahme vom Kartellverbot gefordert, obwohl der Wortlaut des Art. 81 Abs. 1 EG grundsätzlich keinen Spielraum für die Ausnahme bestimmter Vereinbarungen aus dem generellen Verbot des Absatzes 1 lässt[581] Neben der restriktiven Auslegung von Tatbestandsmerkmalen kann eine Einschränkung der Norm nur durch systematische und teleologische Erwägungen erfolgen[582], wobei immer auf die gemeinschaftsrechtsspezifischen Besonderheiten geachtet werden muss[583], insbesondere auf die allgemeine

---

[574] Baur, ZHR 134 (1970), 97 (105).

[575] Stockenhuber, in: Grabitz/ Hilf, EGV, Art. 81 EG Rn. 147 ff.; Weiß, in: Callies/ Ruffert, EUV/ EGV, Art. 81 EG Rn. 116; Emmerich, in: Dauses, Hdb. EU- Wirtschaftsrecht, H.I § 1 Rn. 144.

[576] Emmerich, in: Immenga/ Mestmäcker, EG- Wettbewerbsrecht, Bd. 1, Art. 85 Abs. 1 EGV Rdn. 275.

[577] Kommission, ABl. 1985 L 35/54 (56), vom 7.2.1985 – Mecaniver- PPG.

[578] Kommission, ABl. 1976 L 254/40 (46), vom 17.9.1976 – Reuter/ BASF; Gleiss/ Hirsch, Komm. zum EG- Kartellrecht, Art. 85 Abs. 1 EGV Rdn. 608.

[579] Kommission, ABl. 1976 L 254/40 (47), vom 17.9.1976 – Reuter/ BASF.

[580] Kommission, ABl. 1976 L 254/40 (47), vom 17.9.1976 – Reuter/ BASF.

[581] Fritzsche, ZHR 160 (1996), 31 (52).

[582] Daneben gibt es die grammatikalische, logische und historische Auslegungsmethode, zurückgehend auf von Savigny, System des heutigen Römischen Rechts, Bd. 1, 1840, S. 213; dazu Huber, JZ 2003, 1 ff.; die teleologische Auslegung ist erst später hinzugekommen, Fikentscher, Methoden des Rechts, Bd. IV, 1977, S. 356; Fritzsche, ZHR 160 (1996), 31 (52).

[583] So wird auf gemeinschaftsrechtlicher Ebene auch die gemeinschaftsrechtskonforme Auslegung vorgenommen.

Integrationsaufgabe nach Art. 2 und 3 EG. Insofern wird bei der Auslegung des europäischen Wettbewerbsrechts immer aus der Integrationsperspektive heraus geschaut[584]. Die Auslegung auf gemeinschaftsrechtlicher Ebene versucht, den Sinngehalt der Normen aus einer objektiven Perspektive zu ermitteln, wobei die teleologische Auslegung im Gemeinschaftsrecht besonders häufig herangezogen wird, da sie für das sich dynamisch entwickelnde Gemeinschaftsrecht am besten geeignet ist und ihr daher eine besondere Bedeutung auf europäischer Ebene zukommt[585]. Bei der teleologischen Auslegung versucht man, eine Norm nach den erkennbaren Zwecken und dem Grundgedanken der Regelung auszulegen[586]. Maßgebliches Augenmerk wird dabei auf das einer Norm zugrunde liegende Ziel gerichtet[587]. Bei der Ermittlung des Sinnzusammenhangs einer europäischen Norm stellt man vorwiegend auf die in Art. 2 und 3 EG genannten Integrationsziele ab[588]. Demgegenüber versucht man bei der teleologischen Reduktion eine zu weit geratene Vorschrift durch den ihr zugrunde liegenden Sinn und Zweck einzuschränken[589]. Voraussetzung ist das Vorliegen eines reduktionserfordernden Telos der Norm sowie einer Gesetzeslücke. Häufig ist es schwierig, zwischen einschränkender Auslegung und teleologischer Reduktion zu unterscheiden[590]. Ausgangspunkt einer teleologisch- systematischen Auslegung bei Art. 81 Abs. 1 EG ist das Tatbestandsmerkmal der „Verhinderung, Einschränkung oder Verfälschung des Wettbewerbs" in Art. 81 Abs. 1 EG, sprich die Wettbewerbsbeschränkung[591], wobei von dem in Art. 3 Abs. 1 lit. g) EG verankerten Ziel des Wettbewerbsschutzes auszugehen ist[592]. Hinsichtlich des Begriffs der Wettbewerbsbeschränkung ist der Wortlaut der Vorschrift zu weit gefasst, da wettbewerbsbeschränkende Vereinbarungen möglich sind, die jedoch aufgrund ihrer Förderung oder Ermöglichung neuen Wettbewerbs oder ihrer Funktionsnotwendigkeit von dem Kartellverbot ausgenommen werden sollen[593]. Hingegen fehlt es für eine teleologische Reduktion des Tatbestands des Art. 81 Abs. 1 EG an der dafür erforderlichen Gesetzeslücke aufgrund der Systematik der Vorschrift, sprich dem Vorhandensein von Absatz 3, der eine Möglichkeit bietet, Fäl-

[584] Weiß, in: Callies/ Ruffert, EUV/ EGV, Art. 81 EG Rdn. 117; Fritzsche, ZHR 160 (1996), 31 (53).
[585] EuGHE 1963, 1 (24), Rs. 26/62 – van Gend&Loos; Wegener, in: Callies/ Ruffert, EUV/ EGV, Art. 220 EG Rdn. 14; Schwarze, in: Schwarze, EU- Kommentar, Art. 220 EGV Rdn. 27; Ackermann, Art. 85 Abs. 1 EGV u. rule of reason, S. 53, 54; Fritzsche, ZHR 160 (1996), 31 (52).
[586] Larenz, Methodenlehre der Rechtswissenschaft, S. 328 ff.
[587] Terhechte, Ungeschriebene Tatbestandsmerkmale des europäischen Wettbewerbsrechts, 2003, S. 64.
[588] Weiß, in: Callies/ Ruffert, EUV/ EGV, Art. 81 EG Rdn. 116.
[589] Larenz, Methodenlehre der Rechtswissenschaft, S. 391.
[590] Larenz, Methodenlehre der Rechtswissenschaft, S. 391.
[591] Weiß, in: Callies/ Ruffert, EUV/ EGV, Art. 81 EG Rdn. 116.
[592] Weiß, in: Callies/ Ruffert, EUV/ EGV, Art. 81 EG Rdn. 116, 117; Fritzsche, ZHR 160 (1996), 31 (53); Caspar, Wettbewerbliche Gesamtwürdigung, S. 24; Ackermann, Art. 85 Abs. 1 EGV u. rule of reason.
[593] Weiß, in: Callies/ Ruffert, EUV/ EGV, Art. 81 EG Rdn. 110, 113.

le, die nicht unter das Kartellverbot zu passen scheinen, von diesem auszunehmen[594]. Insofern ist die Vorschrift des Art. 81 Abs. 1 EG im Gesamtkontext des Art. 81 EG mit allen seinen Absätzen nicht als lückenhaft anzusehen. Das Erfordernis der Gesamtbetrachtung der Norm des Art. 81 EG wird noch dringender aufgrund des erfolgten Systemwechsels hin zu einer Legalausnahme, da nunmehr der Absatz 1 immer im Zusammenhang mit Absatz 3 zu betrachten ist[595]. Insofern ist die Ausnahmemöglichkeit des Absatzes 3 noch enger an das Verbot des Absatzes 1 angekoppelt worden. Eine andere Beurteilung erfolgt auch nicht aufgrund der in der FKVO erfolgten ausdrücklichen Verankerung der Normen zur Behandlung von Nebenabreden, so dass nicht von einer „gesetzlich verankerten teleologischen Reduktion" gesprochen werden kann[596].

Zur Begründung einer teleologischen Auslegung des Kartellverbots des Art. 81 Abs. 1 EG sind von Seiten des EuGH, der Kommission und der kartellrechtlichen Literatur unterschiedliche Begründungsansätze vorgebracht worden, wobei insbesondere von der Literatur immer wieder versucht worden ist, eine umfassende Kategorisierung der Einschränkungsmöglichkeiten vorzunehmen. Im Ergebnis betrachten alle Auslegungsansätze die Vor- und Nachteile einer an sich wettbewerbsbeschränkenden Maßnahme. Auch wenn die Ergebnisse sich im Wesentlichen stark ähneln, so sind doch die Ansatzpunkte zumindest von der Begrifflichkeit her unterschiedlich[597]. Oft werden die Begründungsansätze aber auch nicht scharf voneinander getrennt, sondern vermischt[598]. Auch sind die Wertungsgrundlagen und der Umfang der Tatbestandsrestriktionen zum Teil nur schwer zu konkretisieren und können nicht einheitlich bestimmt werden[599]. Bei der Vornahme von Einschränkungen des Verbotstatbestands des Art. 81 Abs. 1 EG ist immer zu bedenken, dass sie grundsätzlich in einem Spannungsverhältnis zu der Systematik von Art. 81 EG stehen, wonach eben grundsätzlich alle wettbewerbsbeschränkenden Vereinbarungen unter das Kartellverbot des Absatzes 1 fallen, wobei in Ausnahmefällen bisher eine Freistellung nach Absatz 3 der Vorschrift erfolgt ist, entweder als Einzel- oder Gruppenfreistellung durch die Kommission[600], bzw. nach der neuen VO (EG) Nr. 1/2003 nunmehr alle Vereinbarungen, sobald und solange sie die Voraussetzungen des Absatzes 3 erfüllen, wirksam und durchsetzbar sind und an-

---

[594] Ackermann, Art. 85 Abs. 1 EGV u. rule of reason, S. 88; Caspar, Wettbewerbliche Gesamtwürdigung, S. 24; Reymann, Immanente Schranken des europäischen Kartellverbots, S. 322 ff.

[595] Schwintowski/ Klaue, WuW 2005, 370 (377, 378), die für die erforderliche Selbsteinschätzung der Unternehmen vorschlagen, zunächst Freistellungsmöglichkeiten zu prüfen und erst im Anschluss Art. 81 Abs. 1 EG.

[596] So jedoch Grabbe, Nebenabreden in der Europ. Fusionskontrolle, S. 44.

[597] So auch Fritzsche, ZHR 160 (1996), 31 (51): „Die Unterschiede (...) liegen oft eher in der Terminologie, die auf die beobachteten Phänomene angewendet wird."; Axster, in: FS für Lieberknecht, 1997, S. 225 (234); Herrmann, Beurteilung exklusiver Know-how- Lizenzen, S. 95.

[598] Darauf hinweisend auch Stockenhuber, in: Grabitz/ Hilf, EGV, Art. 81 EG Rn. 149.

[599] Stockenhuber, in: Grabitz/ Hilf, EGV, Art. 81 EG Rdn. 149.

[600] Stockenhuber, in: Grabitz/ Hilf, EGV, Art. 81 EG Rdn. 148.

derenfalls alle Vereinbarungen, die unter Absatz 1 zu subsumieren sind, automatisch kraft Gesetzes als nach Art. 81 Abs. 2 EG verboten gelten.
Im Folgenden werden die für den Bereich der Wettbewerbsverbote in Unternehmensveräußerungsverträgen wesentlichen Ansätze hinsichtlich einer teleologischen Auslegung des Tatbestands aufgezeigt, wobei besonderes Augenmerk auf die Aussagen des EuGH, des EuG sowie der Kommission in einschlägigen Fällen gelegt wird. Betrachtet wird das ungeschriebene Merkmal der Spürbarkeit, das Abstellen auf das Vorliegen potentiellen Wettbewerbs sowie die Markterschließungsdoktrin beziehungsweise Wettbewerbseröffnungstheorie. Die Diskussion einer europäischen rule of reason[601] wird nur hinsichtlich des für die vorliegende Bearbeitung relevanten Teilbereichs der ancillary restraints-Doktrin bezüglich ihrer Übertragungsmöglichkeit aus dem US-amerikanischen Recht durchgeführt. Neben den verschiedenen Auslegungsvarianten wird im Anschluss schwerpunktmäßig das in der FKVO entwickelte europäische Konzept der Nebenabreden und dessen Anwendbarkeit im Rahmen einer teleologischen Auslegung des Art. 81 EG behandelt. Wie zu zeigen sein wird, ist eine Übertragung des europäischen Konzepts der Nebenabreden aus der europäischen Fusionskontrolle möglich und sinnvoll, da zum einen aufgrund der notwendigen Selbstveranlagung der Unternehmen ein geschlossenes einheitliches System der Behandlung von Nebenabreden mit erhöhter Rechtssicherheit verbunden ist und sich zum anderen die von der Literatur vorgebrachten Einschränkungsmöglichkeiten des Art. 81 Abs. 1 EG als gedankliche Grundlagen des Konzepts der Nebenabreden wiederfinden lassen. Dennoch erscheint es notwendig, im Laufe der folgenden Bearbeitung zunächst die verschiedenen Ansätze der Einschränkung des Tatbestands des Art. 81 Abs. 1 EG darzustellen, da sich aus ihnen wichtige Auslegungskriterien zur Ausfüllung der in dem europäischen Konzept der Nebenabreden verwandten Begriffe entnehmen lassen. Abschließend wird die Beurteilung von Nebenabreden anhand des Art. 81 Abs. 3 EG behandelt, wenn sie den Voraussetzungen des europäischen Konzepts der Nebenabreden nicht genügen.

1. Ansätze der Literatur zur Einschränkung des Tatbestands des Art. 81 Abs. 1 EG

Von Seiten der kartellrechtlichen Literatur sind verschiedene Ansätze entwickelt worden, um zu einer Einschränkung des Kartellverbots zu gelangen, die teilweise auch von Seiten der Rechtsprechung übernommen und fortentwickelt worden sind. Die verschiedenen gedanklichen Ansatzpunkte werden im Folgenden nacheinander dargestellt.

[601] Stockenhuber, in: Grabitz/ Hilf, EGV, Art. 81 EG Rdn. 147; Roth/ Ackermann, in: FK, Art. 81 Abs. 1 EG – Grundfragen, Rdn. 255 ff. sehen in vier von ihnen genannten Fallgruppen jeweils Ansätze der rule of reason verwirklicht.

a) Kriterium der Spürbarkeit

Mit Hilfe des ungeschriebenen Tatbestandsmerkmals der Spürbarkeit wird eine erste für alle Vereinbarungen zu prüfende Einschränkung des Verbotstatbestands des Art. 81 Abs. 1 EG dahin gehend vorgenommen, dass eine gewisse Schwere des Eingriffs in den Wettbewerb vorliegen muss und solche Vereinbarungen nicht dem Verbot unterfallen sollen, die lediglich von geringer Belastung sind[602]. Der Begriff der Spürbarkeit hat dabei einen doppelten Bezug, zum einen hinsichtlich der Handelsbeeinträchtigung zwischen den Mitgliedstaaten und zum anderen bezüglich der Wettbewerbsbeschränkung[603]. Der EuGH verneint die Spürbarkeit, wenn eine Absprache „den Markt wegen der schwachen Stellung der Beteiligten auf dem Markt der fraglichen Erzeugnisse nur geringfügig beeinträchtigt"[604]. Um den Begriff der Spürbarkeit zu konkretisieren und den Unternehmen die Anwendung zu erleichtern, erließ die Kommission eine „Bekanntmachung über Vereinbarungen von geringer Bedeutung", die sogenannte „Bagatellbekanntmachung"[605]. Danach fallen Vereinbarungen zwischen Unternehmen, deren Geschäftsbetrieb auf die Erzeugung oder den Absatz von Waren oder auf die Erbringung von Dienstleistungen gerichtet ist, nicht unter Art. 81 Abs. 1 EG, wenn die von den Beteiligten gehaltenen Marktanteile eine Schwelle von 10% bei horizontalen Vereinbarungen und eine von 15% bei vertikalen Vereinbarungen nicht überschreiten[606]. Kann die Vereinbarung nicht eindeutig zugeordnet werden, gilt die 10% Schwelle. Daneben berücksichtigt die Kommission jedoch auch qualitative Kriterien, bezeichnet als „Kernbeschränkungen", die in einer „schwarzen Liste" aufgezählt sind[607]. Daher kann die Kommission auch dann ein Verfahren einleiten, wenn zwar die Spürbarkeitsschwellen nicht überschritten sind, jedoch „schwarze Klauseln" wie etwa im Bereich der horizontalen Absprachen Preisfestsetzungen, Produktions- oder Absatzbeschränkungen oder Marktaufteilungen und bei vertikalen Absprachen eine Bindung der Wiederverkaufspreise oder Gebietsschutzklauseln verwirklicht sind[608]. Dieses Vorgehen macht deutlich, dass quantitative Kriterien in den Hintergrund treten, wenn qualitativ besonders schwerwiegende Verstöße vorliegen[609]. Keine spürbare Beeinträchtigung des Handels zwischen Mitgliedstaaten liegt in der Regel bei Vereinbarungen zwischen kleinen und mittleren Unternehmen vor, von welchen ausgegangen wird bei Unter-

---

602 Ausführlich dazu, Terhechte, Ungeschriebene Tatbestandsmerkmale des europäischen Wettbewerbsrechts, 2003, S. 186 ff.

603 Schröter, in: Schröter/ Jakob/ Mederer, Europ. Wettbewerbsrecht, Art. 81 Abs. 1 EG Rdn. 219.

604 EuGHE 1969, 295 (302), Rs. 5/69 – Völk/Vervaecke; bereits zuvor, jedoch nicht explizit angedeutet in EuGHE 1966, 281 (303), Rs. 56/65 – Société technique minière/ Maschinenbau Ulm.

605 Kommission, ABl. 1970 C 64/1, vom 25.7.1970 - Bagatellbekanntmachung; neueste Fassung ABl. 2001 C 368/13, vom 22.12.2001.

606 Kommission, ABl. 2001 C 368/13 II 7., vom 22.12.2001 – Bagatellbekanntmachung.

607 Kommission, ABl. 2001 C 368/13 II 11., vom 22.12.2001 – Bagatellbekanntmachung.

608 Schröter, in: Schröter/ Jakob/ Mederer, Europ. Wettbewerbsrecht, Art. 81 Abs. 1 EG Rdn. 223.

609 Schröter, in: Schröter/ Jakob/ Mederer, Europ. Wettbewerbsrecht, Art. 81 Abs. 1 EG Rdn. 222, 223.

nehmen mit weniger als 250 Mitarbeitern und einem Jahresumsatz von 50 Mio. Euro oder einer Bilanzsumme von 43 Mio. Euro[610].

Nicht ausdrücklich geregelt ist, wie mit Nebenabreden bezüglich des Spürbarkeitskriteriums umzugehen ist. Eine gesonderte Prüfung nur der Nebenabreden hinsichtlich ihrer Spürbarkeit erscheint nicht durchführbar, da für ein Wettbewerbsverbot alleine kein Marktanteil bestimmt werden kann. Der Marktanteil des Wettbewerbsverbotes bezieht sich immer auf die Marktanteile der an dieser Vereinbarung beteiligten Unternehmen, für die dieses Verbot gilt[611]. Dabei ist abzustellen auf den relevanten Produktmarkt und den räumlich relevanten Markt, wobei der konkreten Marktanteilsberechnung der Absatzwert oder der Wert der auf dem Markt getätigten Käufe zugrunde gelegt wird[612]. Insofern erfasst die Einschränkung des Tatbestands des Art. 81 Abs. 1 EG anhand des Spürbarkeitskriteriums auch die Wettbewerbsverbote, ohne dass diese dabei separat geprüft würden. Insofern unterfallen Wettbewerbsverbote, die wirtschaftlich völlig unbedeutenden Vereinbarungen beigefügt sind, ebenso wie die Vereinbarungen selbst, nicht dem Kartellverbot des Art. 81 Abs. 1 EG.

b) Potentielles Wettbewerbsverhältnis

Neben dem ungeschriebenen Tatbestandsmerkmal der Spürbarkeit wird eine Einschränkung des Verbotstatbestands auch anhand des Merkmals des Wettbewerbs vorgenommen, indem darauf abgestellt wird, dass ein potentielles Wettbewerbsverhältnis besteht, da Wettbewerb nur dort beschränkt werden kann, wo er zumindest möglicherweise vorliegt[613]. Besteht kein Wettbewerbsverhältnis, so kann auch kein Wettbewerb beschränkt werden, so dass das Verbot des Art. 81 Abs. 1 EG nicht eingreifen kann. Liegt jedoch ein potentielles Wettbewerbsverhältnis vor, so genießt auch dieses den Schutz des Art. 81 EG[614]. In Bezug auf vereinbarte Wettbewerbsverbote zu Unternehmensveräußerungsverträgen kann anhand des potentiellen Wettbewerbsverhältnisses bestimmt werden, ob die Vereinbarung eines Wettbewerbsverbots überhaupt notwendig erscheint und wenn ja, in welchem Umfang es als noch zulässig zu betrachten ist, dahin gehend, ab welchem Umfang der bestehende potentielle Wettbewerb zerstört würde. Grundsätzlich ist ein potentielles Wettbewerbsverhältnis dann anzunehmen, wenn ein Unternehmen zum Markteintritt fähig wäre, davon jedoch aufgrund einer Vereinbarung, eines Beschlusses oder einer aufeinander abgestimmten Verhaltenswei-

---

[610] Diese Werte sind in der Empfehlung der Kommission 96/280/EG, ABl. 1996 L 107, vom 30.4.1996 noch nicht genannt, eine Anpassung dahingehend ist aber vorgesehen, siehe Kommission, ABl. 2001 C 368/13, vom 22.12.2001 – Bagatellbekanntmachung.

[611] Kommission, ABl. 2001 C 368/13 (13) II.7., vom 22.12.2001 – Bagatellbekanntmachung.

[612] Kommission, ABl. 2001 C 368/13 (13) II.10., vom 22.12.2001 – Bagatellbekanntmachung.

[613] Fritzsche, ZHR 160 (1996), 31 (35).

[614] Allgemeine Ansicht: Emmerich, in: Immenga/ Mestmäcker, EG- Wettbewerbsrecht, Bd. 1, Art. 81 Abs. 1 EG Rdn. 172 ff.; Bunte, in: Langen/ Bunte, Kartellrecht, Bd. 1, Art. 81 EG Rdn. 53 ff.; Roth/ Ackermann, in: FK, Art. 81 Abs. 1 EG- Grundfragen, Rdn. 168 ff.; Stockenhuber, in: Grabitz/ Hilf, EGV, Art. 81 EG Rdn. 133 ff.

se absieht[615]. Für die Annahme eines potentiellen Wettbewerbsverhältnisses muss jedoch eine gewisse Wahrscheinlichkeit für das Auftreten des Unternehmens als neuem Konkurrenten auf dem Markt innerhalb einer angemessenen Frist bestehen[616]. Die nur theoretische, praktisch jedoch fernliegende Möglichkeit des Markteintritts und der damit verbundenen Entstehung neuen Wettbewerbs ist nicht ausreichend[617]. Das Unternehmen muss technisch, organisatorisch und finanziell unter Berücksichtigung der Marktverhältnisse eine auch betriebswirtschaftlich nicht ganz fernliegende Möglichkeit haben, alsbald als Konkurrent in den Markt einzutreten[618]. Diese Möglichkeit kann durch das Vorliegen von Marktzutrittsschranken verhindert werden[619]. Marktzutrittsschranken können rechtlicher oder administrativer (fehlender Zugang zu gewerblichen Eigentumsrechten)[620], technischer oder kommerzieller (Zugang zur erforderlichen Technologie)[621] oder rein tatsächlicher (hohe Konzentration auf dem relevanten Markt, hohe Eintritts- und Entwicklungskosten)[622] Natur sein.
Regelmäßig stellen vereinbarte Wettbewerbsverbote ein Indiz für ein, zumindest von den Parteien angenommenes, potentielles Wettbewerbsverhältnis dar, welches überhaupt erst den Grund für den Abschluss eines Wettbewerbsverbots bildet[623]. Daher unterfallen Wettbewerbsverbote grundsätzlich dem Kartellverbot des Art. 81 Abs. 1 EG. Würde der jeweilige Vertragspartner keinen potentiellen Konkurrenten auf dem relevanten Markt darstellen, hätte der Unternehmenserwerber keinen Wiedereintritt des Veräußerers zu befürchten und müsste sich nicht durch ein Wettbewerbsverbot schützen. Dem potentiellen Wettbewerbsverhältnis liegt also eine potentielle Konkurrententätigkeit zugrunde. Im Anschluss wird das Vorliegen eines potentiellen Wettbewerbsverhältnisses in verschiedenen Konstellationen der Veräußerung eines Unternehmens untersucht, denen jeweils ein anderes Motiv des Unternehmenskäufers zugrunde liegt. Zum einen wird die Situation eines Unternehmenserwerbs zur Stilllegung betrachtet, des Weiteren der Fall des sogenannten Abkaufs von Wettbewerb sowie schließlich die teilweise und vollständige Übertragung eines Unternehmens.

---

615 Roth/ Ackermann, in: FK, Art. 81 Abs. 1 EG – Grundfragen, Rdn. 171.
616 Kommission, ABl. 1969 L 122/8, vom 22.5.1969 - Chaufourniers; Kommission, ABl. 1990 L 209/15, vom 8.8.1990 – Elopak/ MetalBox- Odin.
617 Roth/ Ackermann, in: FK, Art. 81 Abs. 1 – Grundfragen, Rdn. 169.
618 Montag, in: Picot, Unternehmenskauf und Restrukturierung, S. 744; Kriterien zur Bestimmung potentiellen Wettbewerbs nennen, Roth/ Ackermann, in: FK, Art. 81 Abs. 1 EG – Grundfragen, Rdn. 173 ff.
619 Montag, in: Picot, Unternehmenskauf und Restrukturierung, S. 743, 744; Roth/ Ackermann, in: FK, Art. 81 Abs. 1 EG – Grundfragen, Rdn. 173.
620 Kommission, Entscheidung vom 19.7.1991, Fall Nr. IV/M.068, Rdn. 3.4. - Tetra Pak/ Alfa- Laval.
621 Kommission, Entscheidung vom 4.5.1993, Fall Nr. IV/M.291, Rdn. 26 - KNP/ BT/ VRG.
622 Kommission, Entscheidung vom 22.7.1992, Fall Nr. IV/M.190, Rdn. 34 - Nestlé/ Perrier; Kommission, Entscheidung vom 4.5.1993, Fall Nr. IV/M.291, Rdn. 47 ff. - KNP/BT/VRG.
623 Fritzsche, ZHR 160 (1996), 31 (36); von Jeinsen, DB 1981, 1707 (1707).

aa) Stilllegung des Unternehmens

Ein potentielles Wettbewerbsverhältnis kann in dem Fall zu verneinen sein, in dem ein Unternehmen nur zum Zwecke der völligen Stilllegung ohne Übertragung des vorhandenen Kundenstammes und des Know-how veräußert wird[624]. Obwohl also vordergründig kein zu beschränkender Wettbewerb vorliegt, erscheint die Vereinbarung eines Wettbewerbsverbots in diesem Fall dennoch als nicht erforderlich, da kein schützenswertes Interesses des Erwerbers aufgrund des völligen Marktrückzugs des Veräußerers und mangels Erwerbs von immateriellen Vermögenswerten vorliegt. Zwar behält der Veräußerer das „Know-how" und den Goodwill des Unternehmens, so dass er sich mit neuen Sachmitteln wieder auf den Markt begeben könnte, jedoch ist der Erwerber nicht mehr an einer konkurrierenden Tätigkeit interessiert, da er das Unternehmen zu dem einzigen Zweck seiner Stilllegung erworben hat. Insofern verdient er nicht den Schutz eines Wettbewerbsverbots vor einem potentiellen Wettbewerb des Veräußerers, wenn er selbst nicht mehr tätig sein möchte. In anderen Fallkonstellationen, bei denen nur eine teilweise Stilllegung des Unternehmens bei dem Erwerber erfolgt, bleibt zu prüfen, ob nicht gerade nur aufgrund des Wettbewerbsverbots und seines zu weit gehenden Umfangs ein Marktzutritt des Veräußerers nicht mehr erfolgt und daher ein potentielles Wettbewerbsverhältnis zwar vorgelegen hat, jedoch durch das übermäßige Wettbewerbsverbot zerstört worden ist[625]. Insofern kann die Vereinbarung des Wettbewerbsverbots hier wieder als Indiz für das Vorliegen eines potentiellen Wettbewerbsverhältnisses angenommen werden.

bb) Abkauf von Wettbewerb

Zu unterscheiden ist dieser Fall von der Konstellation, dass zwar das Unternehmen stillgelegt wird, jedoch eigentlicher Gegenstand des Kaufvertrags der Abkauf von Wettbewerb ist[626]. Von einem Wettbewerbsabkauf spricht man dann, wenn in einer Vereinbarung das Ausscheiden des bisherigen Inhabers aus dem Wettbewerb durch die Stilllegung seines Unternehmens als eine Hauptleistung gegen Zahlung eines Entgeltes vereinbart und insbesondere der vorhandene Kundenstamm erworben wird[627]. Dabei spielt es keine Rolle, ob zunächst noch das Unternehmen einschließlich der Sachmittel übertragen wird und in Folge von dem Erwerber stillgelegt wird, oder ob diese Pflicht noch den Veräußerer trifft[628]. In einem solchen Fall besteht zwar grundsätzlich kein potentielles Wettbewerbsverhältnis mehr, da der Veräußerer sich seiner Produktionsmittel endgültig entledigt hat und ihm daher eine produzierende Tätigkeit mangels

[624] Köhler, ZHR 148 (1984), 487 (494).
[625] Lammel, AcP 189 (1989), 244 (283).
[626] Köhler, ZHR 148 (1984), 487 (491).
[627] OLG Stuttgart, WuW/E OLG 2983 – Strohgäu- Wochenjournal.
[628] K.Schmidt, Kartellverbot und „sonstige Wettbewerbsbeschränkungen", S. 86; a.A. Helm, in: FS für Hefermehl, 1972, S. 299.

Sachmittel nicht mehr möglich ist. Dennoch besitzt er aber weiterhin das für eine Tätigkeit erforderliche Know-how und die noch nicht verflüchtigten alten Kundenbeziehungen, die einen Marktanteil darstellen[629]. In diesem Falle besteht also in eingeschränkter Form potentieller Wettbewerb fort, gegen den sich der Erwerber durch ein Wettbewerbsverbot schützen möchte. Auf der anderen Seite unterfällt der potentielle Wettbewerb jedoch auch dem Schutz des Art. 81 Abs. 1 EG, so dass er durch das Wettbewerbsverbot nicht gänzlich zerstört werden darf. Entscheidend ist also nicht die sich äußerlich manifestierende Stilllegung eines Unternehmens, sondern abzustellen ist darauf, ob der Erwerber wichtige Vermögenswerte aus dem Unternehmen vor einer möglicherweise erfolgenden Stilllegung erhalten hat, wozu eben insbesondere die Erlangung des Know-how und des Kundenstamms zu zählen sind[630]. Zu der Gewährleistung der vollständigen Übernahme dieser Vermögenswerte ist die Vereinbarung eines Wettbewerbsverbots in der erforderlichen Reichweite zulässig, auch bei einer erfolgenden Stilllegung des erworbenen Unternehmens. Insofern ist das Wettbewerbsverbot von dem Kartellverbot des Art. 81 Abs. 1 EG in dem erforderlichen Umfang auszunehmen.

cc) Teilweise und vollständige Übertragung eines Unternehmens

Wieder anders verhält es sich dann, wenn der Veräußerer nur einen Teil seines Unternehmens oder sogar das gesamte Unternehmen veräußert, aber weiter im relevanten Markt aktiv bleiben möchte, dies ihm jedoch durch das vereinbarte Wettbewerbsverbot versagt ist, so dass sich das Verbot als Marktzutrittsschranke auswirkt, die potentiellen Wettbewerb verhindert[631]. In diesem Fall ist zu prüfen, ob das Wettbewerbsverbot die erforderliche Dauer überschreitet, denn die immateriellen Werte wie Know-how und Kundenbeziehungen stellen keine absoluten Rechte dar, sondern sind als faktische Wettbewerbspositionen dem ständigen Wettbewerb Dritter ausgesetzt[632]. Insbesondere wenn der Veräußerer im Bereich der Forschung tätig ist, kann die Folge eines überlangen Wettbewerbsverbots sein, dass er den wissenschaftlichen Anschluss verliert und ihm ein Wiedereinstieg unmöglich gemacht wird, so dass die Vereinbarung des Wettbewerbsverbots einem „Berufsverbot" nahe kommt. Eine weitere Forschungstätigkeit liegt jedoch auch im Interesse der Gemeinschaft an der Aufrechterhaltung eines wirksamen Wettbewerbs im Gemeinsamen Markt[633]. Entscheidend ist der Punkt, ab dem der Erwerber sich das übertragene Know-how selbst angeeignet und insofern die Position des erworbenen Unternehmens übernommen hat und kein Grund mehr vorliegt, das Wiederauftreten des Veräußerers auf dem Markt von dem eines beliebigen dritten

---

[629] Köhler, ZHR 148 (1984), 487 (493).
[630] Köhler, ZHR 148 (1984), 487 (492).
[631] So in dem Fall Reuter/ BASF, Kommission, ABl. 1976 L 254/40, vom 17.9.1976.
[632] Kommission, ABl. 1976 L 254/40 (46), vom 17.9.1976 – Reuter/ BASF.
[633] Kommission, ABl. 1976 L 254/40 (47), vom 17.9.1976 – Reuter/ BASF.

Konkurrenten zu differenzieren[634]. Zu berücksichtigen sind insofern auch die Organisationsschwierigkeiten, die mit der Eingliederung des neuen Unternehmens verbunden sind[635] sowie die Tatsache, ob es sich bei dem Erwerber um einen Branchennewcomer oder einen Branchenkundigen handelt[636]. In dem Fall der teilweisen oder vollständigen Übertragung eines Unternehmens ist für eine Ausnahme von dem Kartellverbot des Art. 81 Abs. 1 EG danach zu differenzieren, ob das Verbot die erforderliche Dauer überschreitet und insofern als Marktzutrittsschranke zu qualifizieren ist oder ob es sich im Rahmen der zulässigen Zeitspanne bewegt und daher keine solche Schranke für den Marktzutritt darstellt.

Entscheidend ist also in allen drei Fallkonstellationen darauf abzustellen, wie sich die Vereinbarung des Wettbewerbsverbots auf den zu schützenden Wettbewerb ausweislich des potentiellen Wettbewerbs auswirkt. Anhand des potentiellen Wettbewerbsverhältnisses, das auch den Schutz des Art. 81 Abs. 1 EG genießt, kann die Zulässigkeit eines Wettbewerbsverbots bestimmt werden. Besteht schon kein potentielles Wettbewerbsverhältnis, so erscheint die Vereinbarung eines Wettbewerbsverbots nicht notwendig. Liegt jedoch ein potentielles Wettbewerbsverhältnis vor, so ist das Wettbewerbsverbot in seinem Umfang soweit zu reduzieren, dass der potentielle Wettbewerb nicht vollständig zerstört wird.

c) „Wettbewerbseröffnungstheorie" und „Markterschließungsdoktrin"

Eng verknüpft mit den Erwägungen zu einem potentiellen Wettbewerbsverhältnis ist die als Begrifflichkeit von der Literatur geprägte sogenannte „Wettbewerbseröffnungs- oder Markterschließungsdoktrin" [637], die zum Teil als eigener dogmatischer Ansatzpunkt zur Einschränkung des Kartellverbots betrachtet wird[638]. Von anderen werden die Argumente dieser Theorien im Rahmen des potentiellen Wettbewerbsverhältnisses erörtert mit der Begründung, beiden Ansätzen läge die Frage zugrunde, ob ohne eine Vereinbarung eine Wettbewerbsteilnahme bzw. ein Marktzutritt überhaupt möglich wäre[639].

---

634 Kommission, ABl. 1976 L 254/40 (48), vom 17.9.1976 – Reuter/ BASF; Kommission, ABl. 1983 L 376/22 (26), vom 31.12.1983 – Nutricia/ Zuid- Hollandse Conservenfabriek.

635 Kommission, ABl. 1976 L 254/40 (46), vom 17.9.1976 – Reuter/ BASF.

636 Lammel, AcP 189 (1989), 244 (283).

637 Stockenhuber, in: Grabitz/ Hilf, EGV, Art. 81 EG Rdn. 152; Weiß, in: Callies/ Ruffert, EUV/ EGV, Art. 81 EG Rdn. 110; Emmerich, in: Dauses, Hdb. EU- Wirtschaftsrecht, H.I. § 1 Rdn. 144; zum Teil werden beide Begriffe gleichgesetzt, zum Teil werden sie voneinander unterschieden, so Reymann, Immanente Schranken des europäischen Kartellverbots, S. 245 Fn. 320.

638 Fritzsche, ZHR 160 (1996), 31 (35); Herrmann, Beurteilung exklusiver Know-how- Lizenzen, S. 89 f.

639 Roth/ Ackermann, in: FK, Art. 81 Abs. 1 EG – Grundfragen, Rdn. 171; Ulmer, RIW 1985, 517 (521).

aa) Grundlagen der Wettbewerbseröffnungs- und Markterschließungstheorie

Die Gemeinschaftsorgane haben unter dem Begriff der „Wettbewerbseröffnungstheorie" wettbewerbsbeschränkende Vereinbarungen dann dem Verbotstatbestand des Art. 81 Abs. 1 EG entzogen, wenn mit ihnen als wettbewerbsförderlich zu kennzeichnende Marktdurchdringungs- und Marktintegrationswirkungen verbunden waren[640]. Berücksichtigt werden die wirtschaftlichen Schwierigkeiten bei dem Eindringen in fremde Märkte, insbesondere bei Vertikalverhältnissen[641], wenn etwa der Absatzmittler oder ganz typischerweise[642] der Lizenznehmer nur gegen ein entsprechendes Wettbewerbsverbot bereit sind, die Anfangsinvestitionen und die damit verbundenen Investitionsrisiken für die Einführung eines neuen Produktes oder einer neuen Technologie aufzubringen[643]. So kann etwa ein ausschließliches Vertriebsrecht für die Erschließung neuer Märkte[644] oder die Erteilung einer ausschließlichen Lizenz für die Verbreitung einer neuen Technologie[645] unerlässlich sein. Gerade im Bereich der ausschließlichen Lizenzvereinbarungen und bei Franchising- Systemen entwickelte der EuGH zunehmend Gesichtspunkte der Markterschließung bei der Prüfung der Lizenzerteilung, da in solchen Fällen je nach Gegenstand des Lizenzvertrags eine Markterschließung ohne ausschließliche Lizenzerteilung nicht gelingen könne aufgrund des Schutzrechtsmonopols des Rechtsinhabers[646]. Ein Verstoß gegen Art. 81 EG liege daher nicht vor, wenn eine ausschließliche Lizenz zur Verbreitung einer neuen Technologie beitrage und der Wettbewerb in der Gemeinschaft zwischen dem neuen Erzeugnis und ähnlichen, bereits vorhandenen Erzeugnissen gefördert werde[647]. Bei Franchise- Systemen ging der EuGH davon aus, dass diese nur wirksam sein können, wenn sie „zum Schutz des

---

640 EuGHE 1966, 281 (304), Rs. 56/65 – Maschinenbau Ulm; EuGHE 1982, 2015 (2054 ff.), Rs. 258/78 – Nungesser (Maissaatgut); Kommission, ABl. 1968 L 201/1, vom 12.8.1968 - Machines- outils; Kommission, ABl. 1969 L 323/21, vom 24.12.1969 - Dunlop/ Pirelli; Kommission, ABl. 1972 L 13/44, vom 17.1.1972 - SAFCO.

641 Nach Reymann, Immanente Schranken des europäischen Kartellverbots, S. 245 ff., ist „die Wettbewerbseröffnungstheorie [...] spezifisch auf Beschränkungen in Lizenzverträgen zugeschnitten", da das „wettbewerbslähmende Schutzrechtsmonopol" des Rechtsinhabers die „Ausgangslage" dieser Theorie sei.

642 Das Kartellrecht steht auch mit den gewerblichen Schutzrechten in einem grundsätzlichen Spannungsverhältnis, da gewerbliche Schutzrechte als Bestandteil der Eigentumsordnung zu einer Monopolstellung ihres Inhabers bzw. bei Erteilung einer ausschließlichen Lizenz auch zu einer Monopolstellung des Lizenznehmers führen; überblicksartig Bartenbach/ Gennen, Patentlizenz- und Know-how- Vertrag, S. 150 Rdn. 635 ff.

643 EuGHE 1982, 2015 (2069), Rs. 258/78 – Nungesser (Maissaatgut); van der Esch, WuW 1988, 563 (570).

644 EuGHE 1966, 281 (304), Rs. 56/65 – Maschinenbau Ulm.

645 EuGHE 1982, 2015 (2069), Rs. 258/78 – Nungesser (Maissaatgut).

646 EuGHE 1982, 2015 (2069), Rs. 258/78 – Nungesser (Maissaatgut).

647 EuGHE 1982, 2015 (2069), Rs. 258/78 – Nungesser (Maissaatgut); so auch Erwägungsgrund 10 der neuen VO (EG) Nr. 772/2004, vom 27.4.2004 – über die Anwendung von Art. 81 Abs. 3 EG auf Gruppen von Technologietransfer- Vereinbarungen, ABl. 2004 L 123/11, vom 27.4.2004.

vermittelten Know-hows und zur Wahrung der Identität und des Ansehens der Vertriebsorganisation unerlässlich" seien[648].
Auch die Kommission berücksichtigte in ihren Entscheidungen zum Teil markterschließende Gesichtspunkte, so etwa bei einer für den Lizenznehmer errichteten Ausfuhrorganisation zu Zwecken des ausschließlichen Vertriebs[649]. Teilweise hat die Kommission bei der Prognose über den Marktzutritt den Aspekt der Wirtschaftlichkeit aber auch erst im Rahmen des Art. 81 Abs. 3 EG berücksichtigt[650].
Neben den Vertikalverhältnissen sind Markterschließungsaspekte auch im Bereich horizontaler Vereinbarungen berücksichtigt worden. So wurden etwa Kooperationsverträge positiv beurteilt, da ein Zusammenschluss mehrerer kleiner Händler deren Exporttätigkeit verstärken und den gemeinschaftlichen Wettbewerb fördern könne[651]. Ebenso können sich Unternehmen durch die Gründung eines Gemeinschaftsunternehmens Zutritt zu einem neuen Produktmarkt verschaffen, zu dem sie alleine wirtschaftlich oder technisch nicht in der Lage gewesen wären[652]. Einen Fall des Unternehmensverkaufs betreffend prüfte der EuGH, wie sich der Wettbewerb gestaltet hätte, wenn kein Wettbewerbsverbot vereinbart worden wäre[653]. Er konstatierte, dass derartige Verbote überhaupt erst eine effektive Unternehmensübertragung ermöglichten, wenn ansonsten aufgrund der fortbestehenden Konkurrenzsituation kein Vertragsschluss erfolgt wäre[654]. Insofern trügen die Wettbewerbsverbote zu einer „Vermehrung der auf dem betreffenden Markt tätigen Unternehmen und damit zu einer Verstärkung des Wettbewerbs bei"[655]. Diese Aussage lässt den Schluss zu, dass der EuGH Unternehmenskaufverträge als grundsätzlich wettbewerbsförderlich einstuft. Seinen Ausführungen liegt die Ansicht zugrunde, dass nach einer Transaktion nach Ablauf des Wettbewerbsverbots sowohl der Käufer als auch der Verkäufer auf dem Markt wieder als Konkurrenten auftreten können, die Anzahl der Wettbewerbsteilnehmer auf dem relevanten Markt daher gesteigert und der Wettbewerb insofern verbessert werde[656]. Kritisiert worden ist an dieser Auffassung, dass es durchaus aber Konstellationen geben könne, in denen der Veräußerer keine weitere Tätigkeit mehr wünsche und daher lediglich der Unternehmensinhaber wechsele, ohne dass es zu einer Unternehmensver-

[648] EuGHE 1986, 353 (382), Rs. 161/84 – Pronuptia; dazu Terhechte, Ungeschriebene Tatbestandsmerkmale des europäischen Wettbewerbsrechts, 2003, S. 212.
[649] Kommission, ABl. 1968 L 201/1 (2), vom 12.8.1968 - Machines- outils.
[650] Kommission, ABl. 1990 L 32/19, vom 12.1.1990 – Alcatel Espace/ ANT Nachrichtentechnik; Kommission, ABl. 1991 L 19/25, vom 12.12.1990 – KSB/ Goulds/ Lowara/ ITT; Kommission, ABl. 1993 L 20/10, vom 21.12.1992 – Fiat/ Hitachi.
[651] Kommission, ABl. 1972 L 13/44 (45), vom 17.1.1972 - SAFCO.
[652] Schröter, in: Schröter/ Jakob/ Mederer, Europ. Wettbewerbsrecht, Art. 81 Abs. 1 EG Rdn. 114.
[653] EuGHE 1985, 2545, Rs. 42/84 – RemiaBV u. a./ Kommission.
[654] EuGHE 1985, 2545 (2571), Rs. 42/84 – RemiaBV u. a./ Kommission.
[655] EuGHE 1985, 2545 (2571), Rs. 42/84 – RemiaBV u.a./ Kommission.
[656] Stockenhuber, in: Grabitz/ Hilf, EGV, Art. 81 EG Rdn. 150; Terhechte, Ungeschriebene Tatbestandsmerkmale des europäischen Wettbewerbsrechts, 2003, S. 231.

mehrung komme, zumindest während der Geltungsdauer des Wettbewerbsverbots[657]. Insofern könne eine Unternehmensveräußerung auch als lediglich wettbewerbsneutral anzusehen sein[658]. Diesen Aspekt betrachtet der EuGH jedoch nicht, sondern er stellt dem wettbewerbsbeschränkenden Wettbewerbsverbot explizit alle mit der Transaktion verbundenen positiven Auswirkungen gegenüber, wobei er von einer generell positiven wettbewerblichen Wirkung des Unternehmenskaufvertrags ausgeht[659].
Bei Betrachtung der Aussagen des EuGH fällt auf, dass es als nicht ausreichend betrachtet wird, wenn die Wettbewerbsbeschränkung durch ein Wettbewerbsverbot auf der einen Seite durch die Schaffung von Wettbewerb an anderer Stelle praktisch aufgehoben oder neutralisiert wird. Daneben wird die Erforderlichkeit des Wettbewerbsverbots für die Durchführung des zivilrechtlichen Vertrags gefordert, ohne dass aber die Voraussetzungen dieser Erforderlichkeit eingehend erörtert würden[660]. Ein Wettbewerbsverbot müsse in seiner Geltungsdauer und seinem Anwendungsbereich auf den Zweck der Durchführung des Zivilvertrags gerichtet sein[661]. Zeitlich sei danach ein Zeitraum zulässig, der erforderlich sei, um die Marktposition des erworbenen Unternehmens ohne Einbußen übernehmen zu können[662]. Räumlich und sachlich müsse sich das Wettbewerbsverbot auf Märkte beziehen, auf denen das veräußerte Unternehmen selbst tätig war oder als potentieller Wettbewerber tätig werden könnte[663].

bb) Verortung der Wettbewerbseröffnungs- und Markterschließungstheorie

Der Wettbewerbseröffnungs- oder Markterschließungstheorie wird entgegengehalten, dass es bereits an einem potentiellen Wettbewerbsverhältnis fehle, wenn es Unternehmen unmöglich sei, in einen Markt überhaupt einzutreten, sei es mangels Möglichkeit oder aufgrund fehlenden Interesses[664]. Bestehe schon kein aktueller oder potentieller Wettbewerb, so müsse auch keine weitere Einschränkung des Kartellverbots überlegt werden. Eingeräumt wird jedoch, dass die Wettbewerbsverhältnisse selten so klar strukturiert sind wie in der Theorie gedacht und daher der Markterschließungsdoktrin gewisse Ansätze zur Einschränkung des Kartellverbots nicht abgesprochen werden könnten[665]. Die vorgenannte Ansicht verkennt aber insbesondere, dass die Markter-

---

[657] Stockenhuber, in: Callies/ Ruffert, EUV/ EGV, Art. 81 EGV Rdn. 150; Stockenhuber, in: Grabitz/ Hilf, EGV, Art. 81 EG Rdn. 150; Caspar, Wettbewerbliche Gesamtwürdigung, S. 144; Ackermann, Art. 85 Abs. 1 EGV u. rule of reason, S. 162.
[658] Stockenhuber, in: Callies/ Ruffert, EUV/ EGV, Art. 81 EGV Rdn. 150; Caspar, Wettbewerbliche Gesamtwürdigung, S. 156.
[659] EuGHE 1985, 2545 (2571), Rdn. 19, Rs. 42/84 – RemiaBV u.a./ Kommission; Caspar, Wettbewerbliche Gesamtwürdigung, S. 144.
[660] EuGHE 1985, 2545 (2571) Rdn. 20, Rs. 42/84 – RemiaBV u.a./ Kommission; Fritzsche, ZHR 160 (1996), 31 (41).
[661] EuGHE 1985, 2545 (2571) Rdn. 20, Rs. 42/84 – RemiaBV u.a./ Kommission.
[662] Kommission, ABl. 1976 L 254/40 (47), vom 17.9.1976 – Reuter/ BASF.
[663] Kommission, ABl. 1976 L 254/40 (47), vom 17.9.1976 – Reuter/ BASF.
[664] Ulmer, RIW 1985, 517 (521).
[665] Ulmer, RIW 1985, 517 (521).

schließungsdoktrin den Unternehmen nicht generell einen Marktzutritt ermöglichen soll, sondern dass in den Fällen, in denen ein Marktzutritt nur möglich ist in Verbindung mit zugleich auch wettbewerbsbeschränkenden Vereinbarungen (ausschließliche Lizenzen, ausschließlicher Vertrieb), die Eröffnung und Förderung des Wettbewerbs im Vordergrund stehen soll. Den potentiellen Konkurrenten ist zudem ein Marktzutritt in diesen Fällen nicht deshalb unmöglich, weil sie selbst nicht in der Lage wären, etwa zu kostendeckenden Preisen ein Produkt auf den Markt zu bringen, sondern weil das bereits auf dem Markt befindliche Unternehmen sich weigert, ihnen eine Marktteilnahme ohne Einschränkungen überhaupt zu gestatten (Teilhabe an Lizenz oder Vertrieb)[666]. Darüber hinaus wird durch die Absprache zwischen diesen beiden Unternehmen der Wettbewerb im Verhältnis zu Dritten eingeschränkt, denen etwa keine Lizenz erteilt wird[667].

Gedankliche Grundlage der Theorie ist also die Vorstellung, dass nicht grundsätzlich ein freier Zugang zu den Märkten bestehe, sondern dass diese mit Marktzutrittsschranken versehen sein können. Dagegen ist einzuwenden, dass diese Annahme einer Anerkennung der Markterschließungstheorie als einer teleologischen Auslegungsmethode des Kartellverbots widerspreche, da sie von einer Situation ausgehe, die durch das Kartellverbot gerade verhindert werden solle, da nämlich der freie Marktzugang die Grundlage des Gemeinsamen Marktes darstelle und von Art. 81 Abs. 1 EG grundsätzlich alle Einschränkungen erfasst werden sollen[668]. Als Hauptargument gegen die Berücksichtigung von Markterschließungsgedanken bereits auf der Verbotsebene wird schließlich vorgebracht, dass Markterschließungsgesichtspunkte systematisch gesehen erst im Rahmen des Art. 81 Abs. 3 EG berücksichtigt werden dürften bei der dort vorzunehmenden Abwägung der wettbewerbsfördernden und wettbewerbsbeeinträchtigenden Auswirkungen einer Vereinbarung als ein Beitrag zur Förderung des technischen oder wirtschaftlichen Fortschritts[669]. Dort ist anerkannt, dass eine neue Markterschließung sogar sehr weitreichende Wettbewerbsbeschränkungen rechtfertigen kann[670]. Insofern können dort im Rahmen einer wirtschaftlichen Bilanz die Vor- und Nachteile einer Vereinbarung gegeneinander abgewogen werden[671]. Für eine Verortung der Markterschließungsdoktrin in den Art. 81 Abs. 3 EG spricht des Weiteren, dass zur Bestimmung der Erforderlichkeit der Markteröffnung der konkrete Marktkon-

---

[666] EuGHE 2004, Urt. vom 29.4.2004, Rs. C 418/01 – IMS Health/ NDC Health = WuW 2004, 668 ff.; EuGHE 1995, 743 ff., verb. Rs. C 241/91 P und C 242/91 P – Magill.

[667] Reymann, Immanente Schranken des europäischen Kartellverbots, S. 248.

[668] Stockenhuber, in: Grabitz/ Hilf, EGV, Art. 81 EG Rdn. 135; Mestmäcker/ Schweitzer, Europ. Wettbewerbsrecht, § 28 Rdn. 23; dieser Ansatz steht auch im Widerspruch zu den Prämissen der sog. „Chicago School", wonach ein idealtypischer Markt ohne Marktzutrittsschranken unterstellt wird, Schmidt/ Rittaler, Chicago School, S. 83, 84.

[669] Gleiss/ Hirsch, Komm. zum EG- Kartellrecht, Art. 85 Abs. 1 EGV Rdn. 261.

[670] Schröter, in: von der Groeben/ Schwarze, Kommentar zum EU-/ EG- Vertrag, Bd. 2, Art. 81 Abs. 3 EG Rdn. 310.

[671] Schröter, in: von der Groeben/ Schwarze, Kommentar zum EU- / EG- Vertrag, Bd. 2, Art. 81 Abs. 3 EG Rdn. 307.

text, also die genauen Marktverhältnisse, insbesondere die Marktstruktur zu prüfen sind und dies insbesondere für die Voraussetzungen des Absatzes 3 zu geschehen hat. Insofern stellt die Berücksichtigung wettbewerbseröffnender oder markterschließender Auswirkungen einer Vereinbarung einen bei der Prüfung wettbewerbsförderlicher Effekte zu berücksichtigenden Faktor dar, jedoch keine eigenständige „Theorie" mit dogmatischem Unterbau zur Begründung einer teleologischen Reduktion des Kartellverbots[672].

d) Rezeption der ancillary restraints-Doktrin aus dem US-amerikanischen Recht

Als weitere Möglichkeit, zu einer Einschränkung des Kartellverbots des Art. 81 Abs. 1 EG zu gelangen, wird von Seiten der Kommission und der kartellrechtlichen Literatur auf Begriffe aus dem US-amerikanischen Kartellrecht abgestellt[673]. Dabei werden unterschiedliche Ansätze jeweils unter dem Stichwort der rule of reason erörtert, ohne dass damit eine Übernahme dieser amerikanischen Rechtsfigur in das europäische Kartellrecht verbunden wäre[674]. Für die Untersuchung von Wettbewerbsverboten ist nur ein Teilbereich dieser Diskussion von Interesse bezüglich der im amerikanischen Antitrustrecht seit dem 19. Jahrhundert vorzufindenden ancillary restraints-Doktrin, die als Vorläufer im Zuge der Entwicklung der rule of reason entstanden ist[675] und deren Begrifflichkeit zunehmend im Bereich der Nebenabredenproblematik des Art. 81 EG bemüht wird[676], ohne dass deren Hintergründe explizit beleuchtet würden. Insbesondere wird nicht geklärt, ob es sich lediglich um die Übernahme der Terminologie oder des dahinter stehenden Rechtsgedankens handelt oder ob das Rechtsinstitut auch sachlich übernommen werden soll, wobei von einer abgeschlossenen Rezeption ausländischer Rechtsinstitute erst mit Anerkennung durch den EuGH ausgegangen werden

672 Fritzsche, ZHR 160 (1996), 31 (41) spricht von „Schlagwort"; Reymann, Immanente Schranken des europäischen Kartellverbots, S. 247, 248.

673 Kommission, ABl. 1999 L 218/ 24 Rdn. 46, 47, vom 18.8.1999 - Télécom Développement; Kommission, ABl. 1997 L 16/87 (95) Rdn. 48, 49, vom 18.1.1997 - Iridium; Kommission, ABl. 1996 L 239/ 57 (69) Rdn. 52, vom 19.9.1996 - Phoenix/ GlobalOne; Kommission, ABl. 1996 L 239/ 23 (41) Rdn. 42, vom 19.9.1996 - Atlas; Kommission, ABl. 1994 L 354/ 75 (85) Rdn. 62, vom 31.12.1994 - International Private Satellite Partners; Mestmäcker/ Schweitzer, Europ. Wettbewerbsrecht, § 7 Rdn. 58; Grabbe, Nebenabreden in der Europ. Fusionskontrolle, S. 40 ff.; Ackermann, Art. 85 Abs. 1 EGV u. rule of reason, S. 23, 24, 190 ff; Reymann, Immanente Schranken des europäischen Kartellverbots, S. 232 ff.; Caspar, Wettbewerbliche Gesamtwürdigung, S. 67, 68, 226 ff.; Fritzsche, ZHR 160 (1996), 31 (43).

674 Mestmäcker/ Schweitzer, Europ. Wettbewerbsrecht, § 7 Rdn. 56; Fritzsche, ZHR 160 (1996), 31 (47).

675 Mestmäcker/ Schweitzer, Europ. Wettbewerbsrecht, § 7 Rdn. 35.

676 Siehe Aufzählung bei Fritzsche, ZHR 160 (1996), 31 (43, 44): „ancillary agreements/ restraints/ restrictions", „Nebenabreden", „restriction accessoires à l'opération de concentration"; jeweils mit Nachweisen; Fleischer/ Körber, WuW 2001, 6 (9); Reymann, Immanente Schranken des europäischen Kartellverbots, S. 233, nach dessen Ansicht sich der Begriff der ancillary restraints im Bereich der FKVO „allgemein eingebürgert" habe.

kann[677]. Zwar hat sich der EuGH in seinen Entscheidungen mit der Problematik der Nebenabreden befasst, jedoch hat er den Begriff der ancillary restraints dabei nicht verwandt, da er Entscheidungen ausländischer Gerichte in seinen Entscheidungsgründen grundsätzlich nicht erwähnt [678]. Hingegen können Einflüsse ausländischen Rechts häufig in den Schlussanträgen der Generalanwälte ausgemacht werden und fließen insofern zum Teil indirekt in die Entscheidungen des EuGH ein[679]. Dagegen werden ausländische Denkansätze von der Kommission in ihren Entscheidungen oder ihren Bekanntmachungen zu einzelnen Bereichen häufig aufgegriffen [680]. Daher sind auch die Aussagen der Kommission, des EuG sowie der Kartellrechtswissenschaft in diesem Bereich zu berücksichtigen.
Im Folgenden wird zunächst die Ausprägung der ancillary restraints-Doktrin im US-amerikanischen Kartellrecht dargestellt, bevor anschließend eine mögliche Rezeption in das europäische Wettbewerbsrecht untersucht wird[681].

aa) Ancillary restraints im US-amerikanischen Antitrustrecht

Die ancillary restraints-Doktrin wird als eine besondere Ausprägung der rule of reason angesehen[682], ist jedoch hinsichtlich ihres Anwendungsbereichs und ihrer Begründung mittlerweile eigenständig[683]. Seinen Ursprung hat das Konzept im common law[684] und wurde im Rahmen des sec. 1 Sherman Act daraus entwickelt[685]. Danach sind an sich wettbewerbsbeschränkende Vereinbarungen erlaubt, solange sie einem legitimen Hauptzweck dienen und nicht über das vernünftigerweise dafür notwendige Maß hinausgehen[686]. Der dahinter stehende Rechtsgedanke liegt darin begründet, dass bestimmte Wettbewerbsbeschränkungen, die mit der Durchführung einer legitimen Hauptvereinbarung verbunden sind, trotz ihrer wettbewerbsbeschränkenden Wirkung

---

677 Fleischer/ Körber, WuW 2001, 6 (16).
678 EuGHE 1985, 2545, Rs. 42/84 – RemiaBV u.a./ Kommission; EuGHE 1994, 5641, Rs. – Gottrup-Klim.
679 Fleischer/ Körber, WuW 2001, 6 (15).
680 Fleischer/ Körber, WuW 2001, 6 (15).
681 Zu den Voraussetzungen eines Rezeptionsvorgangs, Fleischer/ Körber, WuW 2001, 6 (16 ff.).
682 Standard Oil of New Jersey v. U.S., 221 U.S.1 (1911); U.S. v. American Tobacco, 221 U.S.106 (1911); umfassend zur rule of reason im amerikanischen Antitrustrecht: ABA Antitrust Section, Monograph no. 23, The Rule of Reason (1999); im europäischen Kartellrecht: Ackermann, Art. 85 Abs. 1 EGV u. rule of reason, S. 23; Fuchs, Kartellrechtliche Grenzen der Forschungskooperation, S. 333; Caspar, Wettbewerbliche Gesamtwürdigung, S. 67; Fleischer/ Körber, WuW 2001, 6 (9).
683 Caspar, Wettbewerbliche Gesamtwürdigung, S. 67; Fuchs, Kartellrechtliche Grenzen der Forschungskooperation, S. 334.
684 Mitchel v. Reynolds, 1 P.Wms. 181, 197, 24 Eng.Rep. 347 (352) (K.B.1711); Louis, Virgina Law Review 1980, 879 (881).
685 Judge *Taft* in U.S. v. Addyston Pipe&Steel Co., 85 F. 271 (6th Cir. 1898), modified and affirmed, 175 U.S. 211 (1899).
686 U.S. v. Addyston Pipe& Steel Co., 85 F. 271 (283) (6th Cir. 1898), modified and affirmed, 175 U.S. 211 (1899); ABA Antitrust Section, Antitrust Law Developments, vol. I, p. 128; Kretzer, Immanenztheorien, S. 31; Ackermann, Art. 85 Abs. 1 EGV u. rule of reason, S. 14, 15.

als zulässig anzusehen sind, damit die Hauptvereinbarung überhaupt vollzogen werden kann[687]. Da die Hauptvereinbarung gefördert werden soll, werden bestimmte Wettbewerbsbeschränkungen geduldet und insofern gegenüber anderen wettbewerbsbeschränkenden Vereinbarungen privilegiert[688]. Als legitimer Zweck werden neben der Gründung von "joint ventures" vor allem Unternehmensveräußerungsverträge angesehen, für deren erfolgreiche Durchführung die Vereinbarung von Wettbewerbsverboten erforderlich ist[689]. Das erlaubte Maß wird bezüglich des zeitlichen, räumlichen und sachlichen Gegenstands der Vereinbarung bestimmt[690]. Insofern können per se Verbote, als solche werden Wettbewerbsverbote im amerikanischen Antitrustrecht behandelt[691], die grundsätzlich verboten (illegal) sind, anhand der ancillary restraints-Doktrin wieder in den Anwendungsbereich der rule of reason verbracht werden[692]. Sie werden sodann auch unter ihr beurteilt, anhand der bezüglich der ancillary restraints-Doktrin modifizierten Voraussetzungen[693]. Hinsichtlich der Prüfungsreihenfolge lassen sich die Voraussetzungen der ancillary restraints-Doktrin mühelos in die bei der rule of reason vorzunehmenden Erwägungen integrieren. Da die rule of reason einem stetigen Veränderungs- und Anpassungsprozeß unterworfen ist, existiert allerdings kein abschließendes Prüfungsschema[694]. Es sind jedoch unterschiedliche Prüfungsstufen vorgeschlagen worden, insbesondere um das Tatsachenmaterial im konkreten Fall nach Beweislastgesichtspunkten ordnen zu können[695], da die rule of reason vorrangig als prozesstaktisches Instrument verwendet wird[696]. Danach werden zunächst die mit einer Vereinbarung möglichen Wettbewerbsnachteile vorgetragen (restraints), bevor in einem zweiten Schritt das Vorliegen eines legitimen, also wettbewerbsförderlichen

---

[687] ABA Antitrust Section, Monograph no. 23, The Rule of Reason (1999), p. 123; Louis, Virginia Law Review 1980, 879 (882); Shenefield/ Stelzer, The Antitrust Laws – A Primer, S. 17 ff.

[688] ABA Section of Antitrust Law, Antitrust Law Developments, vol. I, p. 128

[689] Sogenannte „covenants not to compete"; González Díaz, Fordham International Law Journal 1995, 951 (956); Louis, Virginia Law Review 1980, 879 (882).

[690] ABA Antitrust Section, Antitrust Law Developments, vol. I, p. 129; Louis, Virginia Law Review 1980, 879 (909, 910).

[691] Engine Specialties, Inc. v. Bombardier Ltd., 605 F.2d 1, 9 (1st Cir. 1979); Transource International, Inc. v. Trinity Industries, Inc., 725 F.2d 274, 280 (5th Cir. 1984).

[692] Judge Bork in Rothery Storage&Van Co. v. Atlas Van Lines, Inc., 792 F.2d 210, 224 (D.C. Cir. 1986) schlug folgende Definition vor: "To be ancillary, and hence exempt from the per se rule, an agreement must be subordinate and collateral to a separate, legitimate transaction. The ancillary restraint is subordinate and collateral in the sense that it serves to make the main transaction more effective in accomplishing its purpose."; González Díaz, Fordham International Law Journal 1995, 951 (954).

[693] ABA Antitrust Section, Antitrust Law Developments, vol. I, p. 128: „Thus, the enforceability of an ancillary covenant not to compete is determined under the rule of reason."; Fuchs, Kartellrechtliche Grenzen der Forschungskooperation, S. 334; González Díaz, Fordham International Law Journal 1995, 951 (954).

[694] ABA Antitrust Section, Monograph no. 23, The Rule of Reason (1999), 102.

[695] Etwa das Modell von Areeda, dargestellt bei Ackermann, Art. 85 Abs. 1 EGV u. rule of reason, S. 22, 23; Mestmäcker/ Schweitzer, Europ. Wettbewerbsrecht, § 7 Rdn. 37.

[696] Terhechte, Ungeschriebene Tatbestandsmerkmale des europäischen Wettbewerbsrechts, S. 234.

Zwecks, der mit der Abrede verfolgt werden soll (redeeming virtues), im Hinblick auf eine Entkräftung der Wettbewerbsschädlichkeit vorgebracht wird[697]. Schließlich müssen die Beschränkungen zur Zweckerreichung vernünftigerweise erforderlich und es dürfen keine weniger einschränkenden Alternativen gegeben sein. Gelangt man anhand dieser Prüfung zu keinem eindeutigen Ergebnis, so findet als letztes Mittel eine Gewichtung und damit Abwägung der wettbewerbsfördernden und der wettbewerbsbeschränkenden Aspekte statt, wobei es dazu nur in seltenen Fällen im Rahmen einer Feinabstimmung kommen soll. Nach eben diesem Schema können auch Nebenabreden zu einer Hauptvereinbarung, die einen legitimen Zweck darstellen muss, geprüft werden. Im Gegensatz zur rule of reason wird jedoch nur auf einen ganz bestimmten Zweck, nämlich den vorübergehenden Schutz der einen Vertragspartei vor dem uneingeschränkten Wettbewerb ihres Vertragspartners, abgestellt[698]. Insofern ist die ancillary restraints Doktrin enger als die rule of reason[699]. Voraussetzung ist ferner, dass es sich auch tatsächlich um eine Nebenabrede handelt, sie also einem legitimen Hauptzweck untergeordnet ist und es den Parteien nicht vorrangig um die mit ihr verbundene Wettbewerbsbeschränkung geht[700]. Die Unterscheidung zwischen Haupt- und Nebenabrede fällt bei Unternehmensveräußerungsverträgen und dazu vereinbarten Wettbewerbsverboten relativ leicht, wohingegen in anderen Fallgruppen Schwierigkeiten auftreten können[701]. Im US-amerikanischen Recht existiert jedoch für den Bereich der Unternehmenskaufverträge eine umfangreiche Entscheidungspraxis, so dass dahin gehend keine Unterscheidungsschwierigkeiten mehr bestehen[702]. Können Abreden jedoch nicht in Haupt- und Nebenabreden unterteilt werden oder ist für ihre Bewertung eine komplexe Marktanalyse notwendig, so werden sie anhand der rule of reason beurteilt, wenn es sich bei ihnen nicht um per se Verbote handelt[703].

bb) Ancillary restraints-Doktrin im geltenden Gemeinschaftsrecht

Hinter der terminologischen Verwendung des Begriffs der ancillary restraints, zumindest von Seiten der Kommission[704] und der kartellrechtlichen Literatur[705], könnte eine

697 Areeda, Antitrust Law Journal 1986, 571 (572 ff.); Areeda/ Hovenkamp, Antitrust Law vol. VII, § 1502, p. 371 f.

698 U.S. v. Addyston Pipe&Steel Co., 85 F. 271, 282 (6th Cir. 1898); Ackermann, Art. 85 Abs. 1 EGV u. rule of reason, S. 23; Caspar, Wettbewerbliche Gesamtwürdigung, S. 67.

699 Ackermann, Art. 85 Abs. 1 EGV u. rule of reason, S. 23.

700 Louis, Virginia Law Review 1980, 879 (916), "the courts should not use the doctrine to grant the parties a carte blanche".

701 Caspar, Wettbewerbliche Gesamtwürdigung, S. 68; Reymann, Immanente Schranken des europäischen Kartellrechts, S. 233.

702 Eichorn v. AT&T Corp., 248 F.3d 131 (145) (3rd Cir. 2001).

703 Reymann, Immanente Schranken des europäischen Kartellverbots, S. 233; Caspar, Wettbewerbliche Gesamtwürdigung, S. 68, die die oftmals schwierige Unterscheidung zwischen Haupt- und Nebenabreden als einen der Schwachpunkte der ancillary restraints-Doktrin herausstellt.

704 Kommission, ABl. 1999 L 218/ 24 Rdn. 46, 47, vom 18.8.1999 - Télécom Développement; Kommission, ABl. 1997 L 16/87 (95) Rdn. 48, 49, vom 18.1.1997 - Iridium; Kommission, ABl. 1996 L

Übernahme auch der sachlichen Grundlagen der ancillary restraints-Doktrin in das Gemeinschaftsrecht erfolgt sein[706]. Bei der Prüfung, ob eine Regel aus einem ausländischen Rechtskreis in das Gemeinschaftsrecht übernommen werden kann, muss grundsätzlich deren wettbewerbspolitische, gesetzessystematische und rechtsdogmatische Vereinbarkeit untersucht werden[707]. Die Frage der Übertragbarkeit eines Rechtsgedankens im Rahmen der Rechtsvergleichung darf jedoch nicht nur auf die zu übertragenden Rechtsfiguren schauen, sondern muss zuallererst die Vergleichbarkeit der rechtlichen und rechtstatsächlichen Ausgangslage klären[708]. Vergleichbar ist nämlich nur das, was die gleiche Aufgabe oder Funktion hat[709]. Verhaltensweisen und Vereinbarungen, die wettbewerbsbeschränkenden Charakter haben, werden sowohl im amerikanischen Kartellrecht, anhand des sec. 1 Sherman Act, als auch im europäischen Kartellrecht, aufgrund des Art. 81 Abs. 1 EG, verboten, aufgrund der Annahme der von Kartellen ausgehenden wettbewerbsschädlichen Wirkungen. In beiden Rechtsordnungen ist zentrales Kriterium für das Verbot das Vorliegen einer wettbewerbsbeschränkenden Abrede. Daneben wird in beiden Rechtsordnungen erkannt, dass es Fallkonstellationen gibt, in denen Vereinbarungen zwar grundsätzlich dem jeweiligen Kartellverbot unterfallen, jedoch aufgrund ihrer nicht wettbewerbsschädlichen Auswirkungen ausnahmsweise dem Kartellverbot entgehen sollten. Insofern liegt den Systemen der gleiche Gedanke des Wettbewerbsschutzes zugrunde. Bezüglich der Ausnahme gewisser wettbewerbsbeschränkender Abreden wird aber auch ein wesentlicher Unterschied deutlich, da im europäischen Recht anhand des Art. 81 Abs. 3 EG eine Freistellungsmöglichkeit explizit gesetzlich normiert worden ist, während das amerikanische per se Verbot des sec. 1 Sherman Act solche Freistellungstatbestände nicht kennt, sondern nur „unvernünftige" dem Kartellverbot unterfallen lässt[710]. Dennoch ist auch im europäischen Recht versucht worden, wie bereits erörtert, ungeschriebene Ausnahmen von dem Kartellverbot zu entwickeln. Insofern liegen vergleichbare Rechtssysteme vor.
Anknüpfungspunkt für die Überlegung einer möglicherweise erfolgten Übernahme der ancillary restraints-Doktrin in das europäische Recht stellt die weitgehende Übereinstimmung der sachlichen Voraussetzungen der ancillary restraints-Doktrin mit dem im europäischen Gemeinschaftsrecht im Bereich der FKVO angewandten Konzept der

239/ 57 (69) Rdn. 52, vom 19.9.1996 - Phoenix/ GlobalOne; Kommission, ABl. 1996 L 239/ 23 (41) Rdn. 42, vom 19.9.1996 - Atlas; Kommission, ABl. 1994 L 354/ 75 (85) Rdn. 62, vom 31.12.1994 - International Private Satellite Partners.

705 Mestmäcker/ Schweitzer, Europ. Wettbewerbsrecht, § 7 Rdn. 58; Grabbe, Nebenabreden in der Europ. Fusionskontrolle, S. 40 ff.; Ackermann, Art. 85 Abs. 1 EGV u. rule of reason, S. 23, 24, 190 ff; Reymann, Immanente Schranken des europäischen Kartellverbots, S. 232 ff.; Caspar, Wettbewerbliche Gesamtwürdigung, S. 67, 68, 226 ff.; Fritzsche, ZHR 160 (1996), 31 (43).

706 Von der ancillary restraints-Doktrin als Bestandteil des EG- Rechts ausgehend, Schröter, Fordham Corporate Law Institute 1988, 645 (678); Waelbroeck, Fordham Corporate Law Institute, 1988, 693 (698, 699); Jones/ González- Díaz, The EEC Merger Regulation, 14.1.

707 Fleischer/ Körber, WuW 2001, 6 (16 ff.).

708 Eingehend zur Methodik der Rechtsvergleichung, Zweigert/ Kötz, Rechtsvergleichung, S. 33 ff.

709 Zweigert/ Kötz, Rechtsvergleichung, S. 33.

710 Shenefield/ Stelzer, The Antitrust Laws – A Primer, S. 15- 17.

Nebenabreden dar[711]. Teilweise wird die ancillary restraints-Doktrin sogar als „dogmatisches Gerüst“ notwendiger Wettbewerbsbeschränkungen im Rahmen der FKVO betrachtet[712]. Ebenso wie bei der ancillary restraints-Doktrin müssen Nebenabreden nach Art. 6 Abs. 1 lit. b) UAbs. 2 und Art. 8 Abs. 1 UAbs. 2, Abs. 2 UAbs. 3 FKVO mit einer legitimen Hauptvereinbarung unmittelbar verbunden und für diese funktionsnotwendig im Sinne einer sachlichen, zeitlichen und örtlichen Erforderlichkeit sein[713]. Entwickelt worden sind die Kriterien zur Beurteilung von Nebenabreden, wie sie Eingang in die FKVO gefunden haben[714], bereits vor Inkrafttreten derselben durch die Kommission[715] und den EuGH[716] ohne Erwähnung der ancillary restraints Theorie[717]. Durch Einfügung der Art. 6 und 8 in die FKVO hat der Gemeinschaftsgesetzgeber diese Kriterien in die VO aufgenommen und eine besondere Rechtsgrundlage für die Prüfung von Nebenabreden geschaffen[718]. Insoweit stellt die Prüfung der Nebenabreden innerhalb der Fusionskontrolle auch immer eine Auslegung des Art. 81 EG dar[719], da die FKVO aufgrund der Art. 83 und 308 EG erlassen worden ist[720]. Insofern erfolgte die Entwicklung einer europäischen Nebenabreden- Theorie zunächst unbeeinflusst von der amerikanischen ancillary restraints-Doktrin. Eingang in die Nebenabredenerörterung fand der Begriff der ancillary restraints erst im Zuge der Diskussion hinsichtlich einer Übernahme der Rechtsfigur der rule of reason aus dem US- amerikanischen Antitrustrecht zur Tatbestandseinschränkung des Art. 81 Abs. 1 EG. Bezüglich einer Rezeption der rule of reason in das Gemeinschaftsrecht bestehen jedoch erhebliche Vorbehalte[721]. Da die ancillary restraints-Doktrin nach überwiegender Ansicht als deren Unterfall angesehen wird[722], obwohl sie älter als diese ist[723], werden auch ihr ge-

[711] Mestmäcker/ Schweitzer, Europ. Wettbewerbsrecht, § 7 Rdn. 58; Reymann, Immanente Schranken des europäischen Kartellverbots, S. 232; Terhechte, Ungeschriebene Tatbestandsmerkmale des europäischen Wettbewerbsrechts, S. 214; Fleischer/ Körber, WuW 2001, 6 (9).

[712] Grabbe, Nebenabreden in der Europ. Fusionskontrolle, S. 50.

[713] Grabbe, Nebenabreden in der Europ. Fusionskontrolle, S. 42.

[714] EuGE 2002, 4829 (4855, 4856) Rdn. 85, Rs. T 251/00 – LagardèreCanal+/ Kommission.

[715] Beispielhaft die sehr frühe Entscheidung der Kommission, ABl. 1976 L 254/46, vom 17.9.1976 – Reuter/ BASF; weitere Entscheidungen genannt bei Grabbe, Nebenabreden in der Europ. Fusionskontrolle, S. 38 Fn. 74, 75.

[716] EuGHE 1985, 2545 ff., Rs. 42/84 – RemiaBV u.a./ Kommission.

[717] Fritzsche, ZHR 160 (1996), 31 (43).

[718] EuGE 2002, 4829 (4855, 4856) Rdn. 86, Rs. T 251/00 – LagardèreCanal+/ Kommission.

[719] EuGE 2002, 4829 (4855, 4856) Rdn. 85, Rs. T 251/00 – LagardèreCanal+/ Kommission.

[720] Erwägungsgrund 7 der neuen FKVO, ABl. 2004 L 24/1 (1), vom 29.1.2004.

[721] EuGE 2003, 4653 (4701) Rdn. 106, T 65/98- van den Bergh Foods; EuGE 2001, 2459 (2489) Rdn. 76, Rs. T 112/99 – Métropole télévision; Schröter, in: Schröter/ Jakob/ Mederer, Europ. Wettbewerbsrecht, Art. 81 Abs. 1 EG Rdn. 108; Brinker, in: Schwarze, EU- Kommentar, Art. 81 EG Rdn. 42 ff.; Weiß, in: Callies/ Ruffert, EUV/ EGV, Art. 81 EG Rdn. 110 ff.; Emmerich, in: Dauses, Hdb. EU-Wirtschaftsrecht, H.I § 1 Rdn. 146; van der Esch, WuW 1988, 563 (569, 571)

[722] Kretzer, Immanenztheorien, S. 31; Fuchs, Kartellrechtliche Grenzen der Forschungskooperation, S. 333 ff.

[723] Das Konzept der ancillary restraints hat seinen Ursprung bereits im common law, Mitchel v. Reynolds, 1 P.Wms. 181, 197, 24 Eng.Rep. 347 (352) (K.B.1711); zur rule of reason, Standard Oil of New Jersey v. U.S., 221 U.S.1 (1911).

genüber gesetzessystematische Einwände erhoben[724]. Im Rahmen der ancillary restraints-Doktrin bezieht sich die Verhältnismäßigkeitsprüfung der Nebenabreden auf die zur Zweckerreichung vernünftigerweise erforderliche Beschränkung[725]. Insbesondere an dieser Stelle wird der Zusammenhang mit der rule of reason deutlich, da sich der Begriff der Vernünftigkeit nicht ohne wertende Gesichtspunkte bestimmen lässt und hier eine Einbruchstelle für Abwägungsüberlegungen gegeben ist, auch wenn der zu erreichende Zweck feststeht[726]. Ein wie auch immer geartetes „balancing“[727] wird jedoch im Rahmen des Art. 81 Abs. 1 EG generell abgelehnt[728]. Als Grund für die Ablehnung jeglicher abwägender Erörterungen bereits auf der Ebene des Art. 81 Abs. 1 EG wird auf Art. 81 Abs. 3 EG verwiesen, in dessen Anwendungsbereich eine solche Vorgehensweise eindeutig falle[729]. Eine Abwägung von wettbewerbsfördernlichen mit wettbewerbsbeeinträchtigenden Auswirkungen einer Vereinbarung innerhalb des Absatzes 1 sei nicht mit der Systematik des Art. 81 EG in Einklang zu bringen[730]. Eine mittelbare Einführung der rule of reason durch die Übertragung des Konzepts der ancillary restraints ist nicht gewollt[731], was auch daran deutlich wird, dass durch das EuG ancillary restraints nicht als Unterfall der rule of reason, sondern als aliud zu dieser betrachtet werden[732]. Bei der Behandlung von Nebenabreden wird strikt auf deren Funktionsnotwendigkeit für die Durchführung einer Unternehmenstransaktion abgestellt, ohne dass die von einer Nebenabrede ausgehenden Auswirkungen auf den Markt berücksichtigt würden[733]. Überhaupt soll die Prüfung abstrakt ohne Beachtung der wirtschaftlichen Marktverhältnisse erfolgen[734], obwohl gerade auch von Nebenabreden marktstrukturbeeinträchtigende Wirkungen ausgehen können, die nur anhand der oft

---

[724] Van der Esch, WuW 563 (571).

[725] ABA Antitrust Section, Monograph no. 23, The Rule of Reason (1999), 124: "Ancillary restraints are judged under the rule of reason and are lawful if reasonable necessary to achieve the success of a legitimate joint venture."; Rothery Storage&Van Co. v. Atlas Van Lines, Inc., 792 F.2d 210, 224 (D.C. Cir. 1986): ancillary restraint "must be related to the efficiency sought to be achieved".

[726] Bahntje, WuW 1993, 825 (830); Ulmer, RIW 1985, 517 (520); Terhechte, Ungeschriebene Tatbestandsmerkmale des europäischen Wettbewerbsrechts, S. 235.

[727] ABA Antitrust Section, Monograph no. 23, The Rule of Reason (1999), 124, 125: "Balancing of anticompetitive and procompetitive effects".

[728] Mestmäcker/ Schweitzer, Europ. Wettbewerbsrecht, § 7 Rdn. 57, 62; EuGE 2001, 2459 (2487) Rdn. 72- 77, Rs. T 112/99 – Métropole télévision.

[729] EuGE 2001, 2459 (2488) Rdn. 74, Rs. T 112/99 – Métropole télévision; Manzini, ECLR 2002, 392 (395).

[730] Gegen die Einführung der rule of reason: Schröter, in: Schröter/ Jakob/ Mederer, Europ. Wettbewerbsrecht, Art. 81 Abs. 1 EG Rdn. 108; Brinker, in: Schwarze, EU- Kommentar, Art. 81 EG Rdn. 42 ff.; Weiß, in: Callies/ Ruffert, EUV/ EGV, Art. 81 EG Rdn. 110 ff.; Emmerich, in: Dauses, Hdb. EU-Wirtschaftsrecht, H.I § 1 Rdn. 146; van der Esch, WuW 1988, 563 (569, 571); für eine Einführung der rule of reason: Ackermann, Art. 85 EGV u. rule of reason, S. 153 ff.; Ulmer, RIW 1985, 517 ff.

[731] Ausdrücklich EuGE 2001, 2459 (2487) Rdn. 72- 77, Rs. T 112/99 – Métropole télévision; Reymann, Immanente Schranken des europäischen Kartellverbots, S. 234.

[732] Reymann, Immanente Schranken des europäischen Kartellverbots, S. 234, der darauf hinweist, dass „das EuG [...] in den ancillary restraints kein minus, sondern ein aliud zu der rule of reason [sieht]“.

[733] Mestmäcker/ Schweitzer, Europ. Wettbewerbsrecht, § 7 Rdn. 58.

[734] EuGE 2001, 2459 (2498 ff.) Rdn. 109 ff., Rs. T 112/99 – Métropole télévision.

komplexen wirtschaftlichen Marktverhältnisse beurteilt werden können[735]. Zum Teil wird im europäischen Recht zwischen zwei Gruppen von Nebenabreden unterschieden, zum einen den „echten“ Nebenabreden und zum anderen den sogenannten „commercial risk clauses“, die das Geschäftsrisiko bei Erwerb eines Unternehmens mindern sollen[736]. Erstere sollen nur anhand ihrer Funktionsnotwendigkeit beurteilt werden, wohingegen letztere einer Marktanalyse bedürften[737]. Sollten also beide Gruppen gemeinsam abgehandelt werden, so sei eine Marktanalyse erforderlich[738]. Demgegenüber werden Abreden im US- amerikanischen Recht, die nicht in Haupt- und Nebenabreden unterteilt werden können[739] oder für deren Bewertung eine komplexe Marktanalyse notwendig ist anhand der rule of reason beurteilt, so dass abwägende Faktoren zum Tragen kommen können[740]. Insofern stellt auch die Erfassung von Marktmachtwirkungen, die von Nebenabreden ausgehen, im amerikanischen Recht keine Schwierigkeit dar aufgrund der Einbettung der ancillary restratints- Doktrin in das Konzept der rule of reason[741]. Insofern kann das Konzept der ancillary restraints im US- amerikanischen Recht als umfassender betrachtet werden[742]. Aufgrund der engen Verknüpfung der ancillary restraints-Doktrin mit der rule of reason, deren Übernahme in das europäische Wettbewerbsrecht überwiegend abgelehnt wird, insbesondere von Seiten des EuG, ist davon auszugehen, dass eine vollständige Übernahme der ancillary restraints-Doktrin amerikanischer Ausprägung nicht gewollt ist[743]. Insbesondere werden jegliche Abwägungsaspekte aus systematischen Gründen in den Anwendungsbereich des Art. 81 Abs. 3 EG verwiesen[744]. Darüber hinaus sind die ancillary restraints Teil des US-amerikanischen kartellrechtlichen Gesamtkonzepts und sind mit anderen dort enthaltenen Begriffen verknüpft[745]. So stehen ihnen etwa die sogenannten „naked restraints“, also per se verbotene Wettbewerbsbeschränkungen gegenüber[746], die jedoch im europäischen Kartellrecht von vornherein aufgrund der Möglichkeit des Art. 81 Abs. 3 EG so nicht existieren[747]. Zwar kennt auch das europäische Wettbewerbsrecht „offenkun-

---

735 Mestmäcker/ Schweitzer, Europ. Wettbewerbsrecht, § 7 Rdn. 59; van der Esch, WuW 1988, 563 (571); Grabbe, Nebenabreden in der Europ. Fusionskontrolle, S. 125, 128; ausführlich dazu, siehe oben, 2. Teil III. 2. d)

736 González Díaz, Fordham International Law Journal 1995, 951 (954 ff., 998).

737 González Díaz, Fordham International Law Journal 1995, 951 (957).

738 González Díaz, Fordham International Law Journal 1995, 951 (956, 998).

739 Reymann, Immanente Schranken des europäischen Kartellverbots, S. 234.

740 ABA Antitrust Section, Antitrust Law Developments, vol. I, p. 128.

741 Louis, Virginia Law Review 1980, 879 (882).

742 Kretzer, Immanenztheorien, S. 33.

743 EuGE 2003, 4653 (4701) Rdn. 106, Rs. T 65/98 – van den Bergh Foods; EuGE 2001, 2459 (2489) Rdn. 76, Rs. T 112/99 – Métropole télévision; Schröter, in: Schröter/ Jakob/ Mederer, Europ. Wettbewerbsrecht, Art. 81 Abs. 1 EG Rdn. 108; Brinker, in: Schwarze, EU- Kommentar, Art. 81 EG Rdn. 42 ff.; Weiß, in: Callies/ Ruffert, EUV/ EGV, Art. 81 EG Rdn. 110 ff.; Emmerich, in: Dauses, Hdb. EU-Wirtschaftsrecht, H.I § 1 Rdn. 146; van der Esch, WuW 1988, 563 (569, 571).

744 Manzini, ECLR 2002, 392 (399).

745 Terhechte, Ungeschriebene Tatbestandsmerkmale des europäischen Wettbewerbsrechts, S. 263.

746 Mestmäcker/ Schweitzer, Europ. Wettbewerbsrecht, § 7 Rdn. 35.

747 Manzini, ECLR 2002, 392 (399); Axster, in: FS für Lieberknecht, 1997, S. 233.

dige Wettbewerbsbeschränkungen", insbesondere die in Art. 81 Abs. 1 lit. a)- e) EG genannten Beispielsfälle, wie etwa Preisabsprachen, räumliche Marktaufteilungen oder Erzeugungs- und Lieferquoten, die als regelmäßig nicht freistellungsfähig betrachtet werden[748]. Dennoch enthält insbesondere der Beispielskatalog keine per se Verbote[749], sondern nur gesetzliche Vermutungen für das Vorliegen einer Wettbewerbsbeschränkung, bei denen keine wirtschaftliche Abwägungsanalyse erfolgen muss[750]. Zusätzlich müssen auch alle weiteren Voraussetzungen des Art. 81 Abs. 1 EG erfüllt sein[751]. Einer Übernahme der ancillary restraints-Doktrin in das europäische Gemeinschaftsrecht stehen insofern bereits gewichtige gesetzessystematische Gründe entgegen[752].
Darüber hinaus sind auch wettbewerbspolitische Aspekte anzuführen, aufgrund der Unterschiedlichkeit des europäischen und des amerikanischen Kartellrechtssystems[753]. Auf europäischer Seite besteht primär die Verpflichtung zur Durchsetzung der im EG-Vertrag genannten Ziele. Zu beachten ist im europäischen Wettbewerbsrecht die zentrale Integrationsaufgabe der Schaffung eines Binnenmarkts, der in den USA bereits seit langem besteht, sowie die Aufgabe, gemäß Art. 3 Abs. 1 lit. g) EG ein System zu unterhalten, das den Wettbewerb innerhalb des Binnenmarktes vor Verfälschungen schützt[754]. Darunter fällt auch die Gewährleistung des Zugangs zum Gemeinsamen Markt und zur Erschließung von neuen Märkten[755]. Insofern sind Entscheidungen im Bereich des Art. 81 EG immer auch von gemeinschaftsrechtlichen Wertungen geprägt.
Obwohl also gesetzessystematische und, wenn auch nur in geringerem Maße, wettbewerbspolitische Argumente gegen eine unmittelbare Rezeption der ancillary restraints-Doktrin in das Gemeinschaftsrecht sprechen, so ist der hinter dem Konzept stehende Rechtsgedanke dennoch im europäischen Gemeinschaftsrecht wieder zu finden. Ancillary restraints sind aus dem Anwendungsbereich des sec. 1 Sherman Act herausgenommen worden, da für gewisse Transaktionen bestimmte Beschränkungen der wirtschaftlichen Handlungsfreiheit als wirtschaftlich vernünftig und daher zulässig anzusehen sind[756]. In solchen Fällen werden Nebenabreden von einer Prüfung nach dem Kartellverbot ausgenommen. Ebenso wurde im europäischen Recht erkannt, dass bestimmte Vereinbarungen, insbesondere Wettbewerbsverbote zu Unternehmenstransaktionen, für die Durchführung eines Vertrags wirtschaftlich sinnvoll sind und ohne sie

---

[748] Schröter, in: Schröter/ Jakob/ Mederer, Europ. Wettbewerbsrecht, Art. 81 Abs. 3 EG Rdn. 352.
[749] EuGE 1994, 595 (625) Rdn. 85, Rs. T 17/93 – Matra- Hachette/ Kommission; EuGHE 1985, 2015 (2046), Rs. 243/83 – Binon/ AMP.
[750] Schröter, in: Schröter/ Jakob/ Mederer, Europ. Wettbewerbsrecht, Art. 81 Abs. 1 EG Rdn. 157.
[751] Emmerich, in: Immenga/ Mestmäcker, EG- Wettbewerbsrecht, Bd. 1, Art. 85 Abs. 1 EGV Rdn. 5.
[752] Fleischer/ Körber, WuW 2001, 6 (17), wonach die rule of reason „das bekannteste Beispiel für solche systematisch bedingten Einpassungsschwierigkeiten bildet".
[753] Mestmäcker/ Schweitzer, Europ. Wettbewerbsrecht, § 7 Rdn. 57.
[754] Everling, WuW 1990, 995 (1000); Terhechte, Ungeschriebene Tatbestandsmerkmale des europäischen Wettbewerbsrechts, S. 215.
[755] Mestmäcker/ Schweitzer, Europ. Wettbewerbsrecht, § 7 Rdn. 57, 64.
[756] Judge *Taft* in: U.S. v. Addyston Pipe&Steel Co., 85 F. 271 (6th Cir. 1898), modified and affirmed, 175 U.S. 211 (1899); Korah, EC Competition Law and Practice, S. 148; Fuchs, Kartellrechtliche Grenzen der Forschungskooperation, S. 334.

keine Veräußerung stattfinden kann, so dass diese eigentlich wettbewerbsbeschränkenden Vereinbarungen von einer Prüfung nach den Vorschriften der FKVO bzw. dem Kartellverbot ausgenommen werden und ihnen diesbezüglich eine Privilegierung zuteil wird. Mit dieser Privilegierung verbunden ist auf der anderen Seite, dass von Nebenabreden möglicherweise ausgehende negative Marktwirkungen bei einer nur auf die Funktionsnotwendigkeit abstellenden Prüfung nicht beachtet werden[757].

Auch wenn also der gleiche Rechtsgedanke hinter der Behandlung von Nebenabreden im US- amerikanischen und europäischen Kartellrecht zu erkennen ist und auch die sachlichen Voraussetzungen weitestgehend übereinstimmen, so ist dennoch keine unmittelbare Übernahme der ancillary restraints-Doktrin in das Gemeinschaftsrecht erfolgt. Eine solche wäre auch für das europäische Recht nicht weiterführend. Die ancillary restraints-Doktrin sollte nicht aus ihrem Zusammenhang mit der rule of reason herausgelöst und isoliert in das Gemeinschaftsrecht übertragen werden. Auch wenn sie mittlerweile im US- amerikanischen Antitrustrecht als eigenständig betrachtet wird, so steht sie dennoch im Kontext des amerikanischen Kartellrechtssystems, das maßgeblich von dem „rule of reason- approach" geprägt ist[758]. Untrennbar verbunden ist sie in ihrer Herleitung mit sogenannten „naked restraints" als per se Verboten, die ausnahmslos dem Kartellverbot unterfallen. Darüber hinaus bietet sie Raum für Abwägungen hinsichtlich der „vernünftigen" Gründe bei der Erforderlichkeitsprüfung. Daneben besteht immer noch die Möglichkeit der Argumentation im Rahmen der rule of reason, wenn Vereinbarungen nicht unter die Voraussetzungen der ancillary restraints-Doktrin einzuordnen sind. Insofern liegt ein Konzept vor, dessen Übertragung in das Gemeinschaftsrecht aufgrund der Struktur des Art. 81 EG aus systematischen Erwägungen nicht vorgenommen werden kann. Eine solche Übernahme ist auch nicht notwendig, da die Kriterien zur Entwicklung einer europäischen Nebenabredendoktrin bereits vom EuGH vorgezeichnet[759], anschließend in die FKVO aufgenommen und von dort aus weiterentwickelt worden sind anhand der bisher erfolgten umfangreichen Entscheidungspraxis der Kommission[760]. Zwar sollte einem juristischen Gedankenaustausch zwischen dem europäischen und dem amerikanischen Kartellrecht grundsätzlich positiv gegenüber gestanden werden aufgrund der zunehmenden Herausforderungen, die mit internationalen Unternehmen und deren Fusionen zusammenhängen[761]. Dennoch sollten die bestehenden Gesetzessystematiken beachtet werden. Bezüglich der Behandlung von Nebenabreden tritt dahingehend auch kein unlösbarer Konflikt auf, da hinter beiden Rechtssystemen der gleiche Rechtsgedanke vorzufinden ist, der angepasst an die jeweiligen Gesetzesvorgaben auf unterschiedliche Weise unter Beachtung systematischer und dogmatischer Vorgaben umgesetzt wird. Insofern sollte die europäische Nebenabredendoktrin aus dem europäischen Recht heraus weiter entwickelt werden.

---

[757] Grabbe, Nebenabreden in der Europ. Fusionskontrolle, S. 43.
[758] Terhechte, Ungeschriebene Tatbestandsmerkmale des europäischen Wettbewerbsrechts, S. 263.
[759] EuGHE 1985, 2545, Rs. 42/84 – RemiaBV u.a./ Kommission.
[760] Rosenthal, EuZW 2004, 327 (332), „mehr als 1500 Entscheidungen zu Nebenabreden".
[761] Fleischer/ Körber, WuW 2001, 6 (19).

Folglich sollte auch die Bezeichnung als Nebenabrede benutzt und nicht der Begriff der ancillary restraints verwandt werden[762], da eine Rezeption des dahinter liegenden Konzepts eben nicht gewollt ist. Vielmehr existiert im gesamten europäischen Kartellrecht, wie anhand des folgenden Kapitels herausgearbeitet werden wird, ein eigenständiges aus dem europäischen Recht heraus entwickeltes europäisches Konzept der Nebenabreden, dessen Grundstein von Seiten des EuGH gelegt worden und welches sodann in den Vorschriften der europäischen Fusionskontrolle verankert worden ist. Aus der Fusionskontrolle heraus sollte es auch im Bereich des Art. 81 EG zur Behandlung von Nebenabreden zur Anwendung gebracht werden. Im sich anschließenden Kapitel der Arbeit wird der Inhalt und die Anwendbarkeit des europäischen Konzepts der Nebenabreden innerhalb des Art. 81 EG dargestellt.

2. Das europäische Konzept der Nebenabreden in Art. 81 EG

Im Rahmen der teleologischen Auslegung[763] des Art. 81 Abs. 1 EG sind verschiedene, bereits dargestellte, Auslegungsmöglichkeiten entwickelt worden, um zu einer Einschränkung des Kartellverbotstatbestands zu gelangen. Neben diesen bereits erörterten Auslegungsansätzen ist von Seiten des EuGH, insbesondere aber des EuG und der Kommission in neuerer Zeit auf die Grundsätze verwiesen worden, die bei der Nebenabredenproblematik in der europäischen Fusionskontrolle[764] entwickelt und festgeschrieben worden sind[765]. Für den Bereich der Zusammenschlusskontrolle finden sich dementsprechend in der FKVO niedergelegte besondere Rechtsgrundlagen für die Behandlung von Nebenabreden[766]. Da im Bereich des Art. 81 EG gerade keine expliziten Rechtsgrundlagen für die Behandlung von Nebenabreden existieren, diese vielmehr grundsätzlich ebenso wie andere Kartellabsprachen dem Kartellverbot des Art. 81 Abs. 1 EG unterfallen, kann in dem Rückgriff auf die aus der Fusionskontrolle geläufigen Prüfungen der Versuch gesehen werden, das Konzept der Nebenabreden aus der Zusammenschlusskontrolle als verallgemeinerungsfähiges Prinzip im europäischen Wettbewerbsrecht zu installieren, um Nebenabreden zu privilegieren. Zur Feststellung, inwieweit das Konzept der Nebenabreden aus der FKVO bereits in den Art. 81 EG übertragen worden ist, werden anschließend die einschlägigen Entscheidungen der Ge-

[762] So jedoch Mestmäcker/ Schweitzer, Europ. Wettbewerbsrecht, § 24 Rdn. 90; Löffler, Komm. zur FKVO, Art. 8 FKVO Rdn. 15.
[763] Ausführlich dazu, siehe oben, 2. Teil C. V.
[764] Ausführlich dazu, siehe oben, 2. Teil B. III. 2.
[765] Bezüglich horizontaler Wettbewerbsbeschränkungen: EuGHE 1994, 5641 (5672 ff.), Rs. C 250/92 – Gottrup- Klim; EuGHE 1985, 2545 (2571), Rs. 42/84 – RemiaBV u.a./ Kommission; EuGE 2001, 2459 Rdn. 104 ff., Rs. T 112/99 – Métropole télévision; Kommission, ABl. 1999 L 90/6 (17), vom 2.4.1999 – TPS; Kommission, ABl. 1990 L 209/15 (18 ff.), vom 8.8.1990 – Elopak/ Metal Box- Odin; Kommission, ABl. 1983 L 376/22 (25 ff.), vom 31.12.1983 – Nutricia/ Zuid- Hollandse; Kommission, ABl. 1976 L 254/40 (45 ff.), vom 17.9.1976 – Reuter/ BASF; Kommission, ABl. 2004 C 101/97 (101 ff.), vom 27.4.2004 – Bekanntmachung über Leitlinien zur Anwendung von Art. 81 Abs. 3 EG.
[766] EuGE 2002, 4829 (4856), Rs. T 251/00 – Lagardère Canal+/ Kommission.

meinschaftsorgane im Hinblick auf Rückgriffe auf die Beurteilungsgrundsätze der FKVO und insbesondere die Bekanntmachung der Kommission zu Nebenabreden untersucht[767]. Dabei wird für die einzelnen in Art. 6 Abs. 1 lit. b) UAbs. 2 und Art. 8 Abs. 1 UAbs. 2 FKVO bestimmten Kriterien untersucht, inwiefern sie bereits den Entscheidungen der Gemeinschaftsorgane zugrunde gelegt worden sind.
Im Folgenden wird zunächst eine dogmatische Einordnung des europäischen Konzepts der Nebenabreden als eine teleologische Auslegung des Art. 81 Abs. 1 EG vorgenommen, bevor auf die verfahrens- und materiellrechtlichen Voraussetzungen und deren Behandlung im Rahmen des Art. 81 EG eingegangen wird. Bezüglich der verfahrensrechtlichen Voraussetzungen wird auf die in diesem Bereich bestehenden Unterschiede der Anwendung des Konzepts der Nebenabreden im Bereich des Art. 81 EG im Vergleich zur FKVO hingewiesen. Diese resultieren aus den unterschiedlichen Verfahren der FKVO einerseits und der verfahrensrechtlichen Vorgaben der VO (EG) Nr. 1/2003 für den Art. 81 EG andererseits. Im Anschluss daran wird auf die materiellrechtlichen Kriterien der unmittelbaren Verbundenheit und Notwendigkeit eingegangen. Hierbei werden zunächst die Entscheidungen des EuGH sowie anschließend die Entscheidungen des EuG und der Kommission dargestellt. In einem folgenden Punkt wird das von Seiten des EuG und der Kommission hervorgehobene Erfordernis einer rein abstrakten Prüfung der Nebenabredenkriterien bezüglich seiner Zweckmäßigkeit untersucht, bevor sich eine Stellungnahme zur Übertragung des Konzepts der Nebenabreden in Art. 81 EG anschließt.

a) Teleologische Auslegung und praktische Wirksamkeit des Art. 81 EG

Mangels Vorliegens einer gesetzlichen Regelungslücke handelt es sich bei den verschiedenen Auslegungsvarianten des Art. 81 EG nicht um teleologische Reduktionen, sondern um Varianten einer teleologischen Auslegung des Kartellverbotstatbestands[768]. Zuletzt hat sich das EuG mit den dogmatischen Grundlagen für die Ausnahmen vom Kartellverbot befasst[769]. In seinem Urteil konstatierte es, dass sich die Gemeinschaftsgerichtsbarkeit „wiederholt in Urteilen für eine flexiblere Auslegung des Verbotes in Artikel 85 Absatz 1 EG- Vertrag ausgesprochen“ hat[770]. Das Verbot des Art. 81 Abs. 1 EG solle eben nicht „völlig abstrakt und unterschiedslos“ jede die Handlungsfreiheit beschränkende Vereinbarung erfassen, sondern der „wirtschaftliche und rechtliche Kontext, in dem die betroffenen Unternehmen tätig sind, die Art der Waren und/ oder Dienstleistungen, auf die sich die Vereinbarung bezieht, sowie die tatsächlichen Bedingungen der Funktion und der Struktur des relevanten Marktes“ müssten Berücksichtigung finden[771]. Die Rezeption einer rule of reason wird vom Ge-

[767] Kommission, ABl. 2005 C 56/24, vom 5.3.2005 – Bekanntmachung über Einschränkungen.
[768] Ausführlich dazu, siehe oben, 2. Teil C. V.
[769] EuGE 2001, 2459 (2487 ff.) Rdn. 72 ff., Rs. T 112/99 – Métropole télévision.
[770] EuGE 2001, 2459 (2488) Rdn. 75, Rs. T 112/99 – Métropole télévision.
[771] EuGE 2001, 2459 (2488) Rdn. 76, Rs. T 112/99 – Métropole télévision.

richt darin jedoch nicht gesehen und auch strikt abgelehnt, da abwägende Gesichtspunkte Art. 81 Abs. 3 EG vorbehalten seien[772]. Den Grund für eine teleologische Auslegung sieht das Gericht vielmehr in dem Grundsatz der praktischen Wirksamkeit des Gemeinschaftsrechts, der es gebietet, dass die Mitgliedstaaten keine Maßnahmen verfolgen, die die Wirksamkeit der Wettbewerbsregeln beeinträchtigen, so dass die dem EG- Vertrag zugrunde gelegten Ziele nicht mehr erreicht werden können, im Bereich des Wettbewerbsrechts das Ziel des Schutzes eines unverfälschten Wettbewerbs[773]. Unter Berücksichtigung der Systematik der Vorschrift des Art. 81 EG könne es nicht Sinn und Zweck der Norm entsprechen, wenn alle beschränkenden Vereinbarungen unterschiedslos von Absatz 1 erfasst würden und anschließend nach Absatz 3 freigestellt werden müssten[774]. Insofern stellt das EuG auf die in Art. 3 Abs. 1 lit. g) EG festgeschriebene grundlegende Zielbestimmung des Wettbewerbsschutzes ab, dessen effektive Geltung nicht durch eine zu weite Auslegung des Kartellverbots beeinträchtigt werden soll[775]. Den Grund der praktischen Wirksamkeit führt das EuG zudem zur Ablehnung jeglicher Abwägungsvorgänge in Art. 81 Abs. 1 EG an, da ansonsten Absatz 3 seiner Wirksamkeit beraubt würde[776]. An dieser Argumentation zeigt sich, dass die grundlegenden Ziele des EG- Vertrags im Zuge des Grundsatzes der praktischen Wirksamkeit bei der Auslegung einzelner Normen zur Geltung kommen[777]. Zwar ist das Freistellungsmonopol der Kommission aufgrund der neuen Kartellverfahrensverordnung entfallen und alle Vereinbarungen, die die Voraussetzungen des Art. 81 Abs. 3 EG erfüllen, sind automatisch kraft Gesetzes als erlaubt anzusehen, so dass die Notwendigkeit einer einschränkenden Auslegung des Absatzes 1 abnimmt[778]. Zumindest Argumente der Aushöhlung der Zuständigkeit der Kommission, da Absatz 1 von nationalen Gerichten und Behörden unmittelbar angewandt werden konnte sowie der Nachteiligkeit einer Freistellung, da diese nach der alten VO (EWG) Nr. 17/62 mit Auflagen und Bedingungen versehen werden konnte und zudem befristet erteilt wurde, können nicht mehr zugunsten der Vornahme von Tatbestandseinschränkungen geltend gemacht werden[779]. Dennoch spricht dies nicht für ein generelles Unterlassen einer

[772] EuGE 2001, 2459 (2487, 2488) Rdn. 72, 76, Rs. T 112/99 – Métropole télévision.
[773] Entwickelt vom EuGH, vgl. nur EuGHE 1974, 1337 Rdn. 12, Rs. 41/74 – van Duyn; zum effet utile im Gemeinschaftsrecht, Streinz, in: FS für Everling, 1995, Bd. II, 1491 (1495, 1497); Wegener, in: Callies/ Ruffert, EUV/ EGV, Art. 220 EG Rdn. 14; Müller/ Christensen, Juristische Methodik, Bd. II, S. 270, 271.
[774] EuGE 2001, 2459 (2488) Rdn. 77, Rs. T 112/99 – Métropole télévision; Terhechte, Ungeschriebene Tatbestandsmerkmale des europäischen Wettbewerbsrechts, S. 219.
[775] EuGHE 1974, 223 Rdn. 32, Rs. 6 und 7/73 – Commercial Solvents/ Kommission; Weiß, in: Callies/ Ruffert, EUV/ EGV, Art. 81 EG Rdn. 116.
[776] EuGE 2001, 2459 (2488) Rdn. 74, Rs. T 112/99 – Métropole télévision.
[777] Wegener, in: Callies/ Ruffert, EUV/ EGV, Art. 220 EG Rdn. 14; Müller/ Christensen, Juristische Methodik, Bd. II, S. 270, 271.
[778] Reymann, Immanente Schranken des europäischen Kartellverbots, S. 26, 27, der die „von der Rechtspraxis entwickelten Schranken [...] zumindest partiell in den gesetzlich vorgesehenen Ausnahmebereich des Art. 81 III EG zurückführen" möchte.
[779] Reymann, Immanente Schranken des europäischen Kartellverbots, S. 42, 43.

einschränkenden Auslegung des Kartellverbots. Für den Bereich der Nebenabreden, insbesondere der Wettbewerbsverbote, steht die Funktionsnotwendigkeit dieser Vereinbarungen für eine kartellrechtsneutrale Hauptvereinbarung im Mittelpunkt der Diskussion. Vor solchen Vereinbarungen braucht der Wettbewerb jedoch nicht geschützt zu werden, sondern sie dienen im Gegenteil seiner Entfaltung[780]. Dem in der FKVO entwickelten Konzept der Nebenabreden liegt genau dieser Rechtsgedanke der Privilegierung von Nebenabreden zugrunde, der auch für die Auslegung des Art. 81 Abs. 1 EG herangezogen werden soll[781].
Erfüllen im Bereich der Fusionskontrolle Vereinbarungen die Kriterien der unmittelbaren Verbundenheit und Notwendigkeit für die Durchführung einer Hauptmaßnahme, so partizipieren diese dann als Nebenabreden zu bezeichnenden Vereinbarungen gemäß Art. 6 Abs. 1 lit. b) UAbs. 2 FKVO bzw. Art. 8 Abs. 1 UAbs. 2 FKVO an der Behandlung der Hauptmaßnahme und werden automatisch kraft Gesetzes mit genehmigt[782]. Insofern wurde vom Verordnungsgeber in der Fusionskontrolle ein Konzentrationsprivileg eingeführt[783]. Ebenso sollen im Bereich des Art. 81 EG Nebenabreden mit der Entscheidung über den Hauptgegenstand einer Vereinbarung verbunden werden. Wird durch den Hauptgegenstand der Vereinbarung der Wettbewerb nicht beschränkt, so sollen auch die mit ihm unmittelbar verbundenen und notwendigen Beschränkungen nicht vom Kartellverbot erfasst werden[784]. Verstößt die Hauptvereinbarung hingegen gegen Art. 81 Abs. 1 EG, erfüllt sie aber die Voraussetzungen des Art. 81 Abs. 3 EG, so sollen auch die unmittelbar verbundenen und notwendigen Nebenabreden als mit erlaubt gelten, ohne dass diese nach den Kriterien des Absatzes 3 geprüft würden[785]. Erfüllen die Vereinbarungen jedoch nicht die Kriterien der unmittelbaren Verbundenheit und der objektiven Notwendigkeit oder gehen sie über das erforderliche Maß hinaus, so unterfallen sie Art. 81 Abs. 1 EG, jedoch mit der möglichen Erlaubnis nach Art. 81 Abs. 3 EG bei Erfüllen der Voraussetzungen[786].

b) Unterschiedliche verfahrensrechtliche Vorgaben

Bei der Übertragung des Konzepts der Nebenabreden, so wie es in der FKVO etabliert worden ist, zum Zwecke einer Beschränkung des Tatbestands des Art. 81 Abs. 1 EG

---

[780] Weiß, in: Callies/ Ruffert, EUV/ EGV, Art. 81 EG Rdn. 116.
[781] Kommission, ABl. 2004 C 101/97 (101) Rdn. 29, vom 27.4.2004 – Bekanntmachung der Kommission zu Leitlinien zur Anwendung von Art. 81 Abs. 3 EG; EuGE 2001, 2459 (2501) Rdn. 115 ff., Rs. T 112/99 – Métropole télévision.
[782] Löffler, Komm. zur FKVO, Art. 8 FKVO Rdn. 15; Dittert, in: Schröter/ Jakob/ Mederer, Europ. Wettbewerbsrecht, Art. 8 FKVO Rdn. 61.
[783] Löffler, Komm. zur FKVO, Art. 8 FKVO Rdn. 15; Löffler, in: Langen/ Bunte, Kartellrecht, Bd. 1, Art. 8 FKVO Rdn. 15.
[784] Kommission, ABl. 2004 C 101/97 (101) Rdn. 29, vom 27.4.2004 – Bekanntmachung über Leitlinien zur Anwendung von Art. 81 Abs. 3 EG; EuGHE 1995, 4515 (4522 ff.) Rdn. 12- 14, Rs. C 399/93 – Oude Luttikhuis; EuGE 2001, 2459 (2501) Rdn. 116, Rs. T 112/99 – Métropole télévision.
[785] EuGE 2001, 2459 (2501) Rdn. 116, Rs. T 112/99 – Métropole télévision.
[786] EuGE 2001, 2459 (2500) Rdn. 113, Rs. T 112/99 – Métropole télévision.

sind die unterschiedlichen Verfahren der FKVO und des Art. 81 EG aufgrund der VO (EG) Nr. 1/2003 zu beachten. Nach der neuen FKVO sind dem Zusammenschluss beigefügte Nebenabreden, wenn sie unmittelbar verbunden und notwendig sind, kraft Gesetzes zusammen mit der Genehmigung des Zusammenschlusses erlaubt, ohne dass eine dahin gehende Entscheidung der Kommission ergehen muss[787]. Gemäss Erwägungsgrund 21 der FKVO bleibt den Unternehmen jedoch die Möglichkeit, einen Antrag bei der Kommission auf ausdrückliche Entscheidung über die Nebenabreden zu stellen, wenn neue oder ungelöste Fragen bestehen, die zu ernsthafter Rechtsunsicherheit führen können, was insbesondere dann der Fall ist, wenn die Frage nicht in einer Bekanntmachung oder veröffentlichten Entscheidung der Kommission geregelt ist[788]. Auf diesen Antrag hin „soll" die Kommission über die Nebenabreden ausdrücklich entscheiden, wobei durch die Verwendung des Wortes „soll" der Kommission ein Entschließungsermessen hinsichtlich ihres Tätigwerdens eingeräumt wird[789]. Wird von der Kommission daraufhin eine Entscheidung getroffen, so ist diese konstitutiv[790] und damit für nationale Gerichte und Behörden bindend[791]. Die Kommission wollte in ihrem Vorschlag für eine neue FKVO[792] im Gleichklang mit dem neuen Kartellverfahrensrecht der neuen VO (EG) Nr. 1/2003 keine bindende Entscheidung mehr über Nebenabreden erlassen müssen. Sie konnte sich damit jedoch nicht durchsetzen, wie Erwägungsgrund 21 der neuen FKVO zeigt, in den die Antragsmöglichkeit aufgenommen wurde, die im Zusammenhang mit dem Urteil des EuG in der Sache *Lagardère*[793] eine Kompromisslösung[794] darstellt. Eine solche bindende Entscheidung auf einen Antrag hin ist von den Unternehmen im Rahmen des Art. 81 EG nach der neuen Verordnung (EG) Nr. 1/2003 bezüglich der Beurteilung von Nebenabreden nicht zu erlangen[795]. Im Rahmen des Art. 81 EG wurde bisher ausdrücklich über vereinbarte Nebenabreden entschieden, wenn die entsprechende Hauptvereinbarung bei der Kommission angemeldet worden war, um ein Negativattest nach Art. 2 VO (EWG) Nr. 17 oder eine Einzelfreistellung gemäß Art. 81 Abs. 3 EG in Verbindung mit Art. 4 VO (EWG) Nr. 17/62 zu erlangen. Aufgrund des neuen Systems der Legalausnahme entfällt das Entscheidungsmonopol der Kommission und die Unternehmen müssen selbst die Anwendbarkeit des gesamten Art. 81 EG überprüfen[796]. Insbesondere besteht für die Unternehmen nicht die in der FKVO ausdrücklich vorgesehene Möglichkeit, einen Antrag auf Entscheidung über Nebenabreden bei der Kommission oder einem mitglied-

---

787 Art. 6 Abs. 1 lit. b) UAbs. 2 und Art. 8 Abs. 2 UAbs. 3 FKVO.
788 Erwägungsgrund 21, Kommission, ABl. 2004 L 24/1 (3), vom 29.1.2004 – neue FKVO.
789 Ausführlich dazu, siehe oben, 2. Teil B. III. 1. c) aa).
790 Dittert, WuW 2004, 148 (160).
791 Rosenthal, EuZW 2004, 327 (332); Dittert, WuW 2004, 148 (160).
792 Kommission, ABl. 2003 C 20/4 (18) Rdn. 101 ff., vom 28.1.2003 – Vorschlag für eine neue FKVO.
793 EuGE 2002, 4829 ff., Rs. T 251/00 – Lagardère u. Canal+/ Kommission.
794 Dittert, WuW 2004, 148 (160).
795 Rosenthal, EuZW 2004, 327 (332).
796 Schwarze/ Weitbrecht, Europäisches Kartellverfahrensrecht, § 2 Rdn. 32.

staatlichen Gericht zu stellen im Falle neuer oder ungelöster Fragen, mangels Bestehens dieser Möglichkeit bereits für die Hauptvereinbarung. Dahin gehend ist von den Unternehmen außerhalb der Fusionskontrolle keine bindende Entscheidung über Nebenabreden zu erlangen[797]. Eine Aussage des EuGH zu diesem Bereich unter Geltung der neuen Kartellverfahrensverordnung ist bisher nicht ergangen. Vorgesehen ist in Erwägungsgrund 38 zur VO (EG) Nr. 1/2003 lediglich eine informelle Beratung der Unternehmen in Fällen ernsthafter Rechtsunsicherheit, wenn neue oder ungelöste Fragen in Bezug auf die Anwendung der Art. 81, 82 EG bestehen[798]. Das Verfahren hinsichtlich eines solchen Beratungsschreibens ist von der Kommission in einer Bekanntmachung niedergelegt worden[799]. Ob die Kommission einer Bitte um Beratung durch ein informelles Beratungsschreiben abhilft oder ob sie eine bindende Entscheidung gemäß Art. 10 VO (EG) Nr. 1/2003 erlässt, liegt in ihrem pflichtgemäßen Ermessen[800]. Einem Beratungsschreiben kommt keinerlei bindende Wirkung zu[801], jedoch kann von einer faktischen Wirkung ausgegangen werden[802], vergleichbar mit den faktischen Wirkungen, die den Bekanntmachungen und Leitlinien der Kommission zugesprochen werden[803]. Es besteht jedoch kein Rechtsanspruch der Unternehmen auf eine Bescheidung durch die Kommission. Eine andere Möglichkeit ist in Art. 5 Abs. 2 VO (EG) Nr. 1/2003 geregelt, wonach die nationalen Wettbewerbsbehörden feststellen können, dass für sie kein Anlass zum Einschreiten besteht. Aber auch dieser Entscheidung kommt nur deklaratorische Wirkung zu[804] und es besteht kein Rechtsanspruch der Unternehmen auf ein Tätigwerden. Dahin gehend ist im Rahmen von Art. 81 EG von den Unternehmen keine für nationale Behörden und Gerichte bindende Entscheidung über Nebenabreden zu erlangen[805]. Insofern konnte die Kommission ihr Ziel, sich nicht mehr zu Nebenabreden äußern zu müssen, im Bereich des Art. 81 EG entgegen der Regelung in der FKVO bisher durchsetzen. Orientieren können sich die Unternehmen jedoch an den Entscheidungen, die im Rahmen der FKVO von der Kommission auf einen Antrag hin getroffen werden bzw. an den bereits bestehenden mehr

[797] Rosenthal, EuZW 2004, 148 (160).
[798] Dazu Schwarze/ Weitbrecht, Europäisches Kartellverfahrensrecht, § 6 Rdn. 127 ff.
[799] Kommission, ABl. 2004 C 101/78, vom 27.4.2004 – Bekanntmachung der Kommission über informelle Beratung bei neuartigen Fällen zu den Artikeln 81 und 82 EG, die in Einzelfällen auftreten (Beratungsschreiben).
[800] Schwarze/ Weitbrecht, Europäisches Kartellverfahrensrecht, § 6 Rdn. 128.
[801] Kommission, ABl. 2004 C 101/78 Rdn. 24, vom 27.4.2004 – Bekanntmachung zu Beratungsschreiben.
[802] Schwarze/ Weitbrecht, Europäisches Kartellverfahrensrecht, § 6 Rdn. 134; Kommission, ABl. 2004 C 101/78 Rdn. 25, vom 27.4.2004 – Bekanntmachung zu Beratungsschreiben.
[803] Schwarze/ Weitbrecht, Europäisches Kartellverfahrensrecht, § 2 Rdn. 26 ff.; Schweda, WuW 2004, 1133 ff.
[804] Für die parallelen Entscheidungen der Kommission gemäß Art. 10 VO (EG) Nr. 1/2003 ist dies in Erwägungsgrund 14 vermerkt; Schwarze/ Weitbrecht, Europäisches Kartellverfahrensrecht, § 8 Rdn. 16; Schmidt, BB 2003, 1237 (1242).
[805] Rosenthal, EuZW 2004, 327 (332).

als 1500 Entscheidungen zu Nebenabreden[806] sowie an den auch nach neuem System fortbestehenden Gruppenfreistellungsverordnungen[807]. Bisher wurde der Kommission für die Beurteilung von Nebenabreden ein Beurteilungsspielraum eingeräumt, der zu einer nur beschränkten gerichtlichen Nachprüfung geführt hat, aufgrund der Tatsache, dass es sich bei der Bestimmung des „Charakters einer bestimmten Abrede als Nebenabrede" um „eine Würdigung komplexer wirtschaftlicher Gegebenheiten"[808] handelte und insofern von einer höheren Sachkenntnis der Kommission ausgegangen wurde[809]. Den Unternehmen wird dieser Beurteilungsspielraum bei ihrer Selbsteinschätzung nicht eingeräumt werden[810]. Die Gewährung eines derartigen Einschätzungsspielraums an private Rechtsträger ist weder im nationalen noch im europäischen Verwaltungsrecht vorgesehen, da eine solche Prärogative lediglich einer staatlichen Stelle eingeräumt wird[811]. Hinzuweisen ist in diesem Zusammenhang auf die aufgrund des neuen Systems zunehmende Bedeutung von Rechts- und Tatsachenirrtümern der Unternehmen[812]. Im Vergleich zum Genehmigungssystem bei dem bei einem Beurteilungsfehler lediglich der Antrag abgewiesen worden ist, führt ein Beurteilungsfehler im System der Legalausnahme zur Unzulässigkeit und Nichtigkeit der bereits durchgeführten Vereinbarung ex tunc[813]. Ist ein Unternehmen infolge einer sorgfältigen Prüfung aller Umstände zu der Annahme gelangt, sein Verhalten erfülle nicht den Tatbestand des Art. 81 Abs. 1 EG bzw. entspreche den Voraussetzungen des Art. 81 Abs. 3 EG, so muss der gute Glaube bei der Frage der Fahrlässigkeit oder des Vorsatzes im Rahmen eines Bußgeldverfahrens geschützt werden[814]. Insofern sollte die durch die direkte Anwendung von Art. 81 Abs. 3 EG den Unternehmen zugewiesene „Interpretationslast" durch eine großzügigere Berücksichtigung von Irrtümern bei dieser Beurteilung ausgeglichen werden.

Festzuhalten bleibt, dass die verfahrensrechtliche Anwendung des Konzepts der Nebenabreden in der FKVO einerseits und dem Art. 81 EG andererseits nicht den gleichen Vorgaben unterliegt, bedingt durch die unterschiedlichen Verfahrensvorgaben der FKVO und der VO (EG) Nr. 1/2003. Insbesondere die Möglichkeit, einen Antrag

---

806 Rosenthal, EuZW 2004, 327 (332).

807 Bornkamm, Die Rolle des Zivilrichters bei der Durchsetzung des Kartellrechts, S. 7 ff.; Fuchs, ZWeR 2005, 1 (10); Brunn, EG- Kartellverfahrensverordnung 1/2003 und ihre Auswirkungen auf die GVOen, 2004.

808 EuGE 2001, 2459 (2500) Rdn. 114, Rs. T 112/99 – Métropole télévision; EuGE 2002, 4829 (4859) Rdn. 98, Rs. T 251/00 – Lagardère u. Canal+/ Kommission.

809 EuGHE 1975, 563 (585), Rs. 71/74 – Trubo/ Kommission; Schwarze, Europ. Verwaltungsrecht, Bd. I, S. 283, 284.

810 Schwarze/ Weitbrecht, Europäisches Kartellverfahrensrecht, § 2 Rdn. 21; Fuchs, ZWeR 2005, 1 (21, 22).

811 Fuchs, ZWeR 2005, 1 (21, 22); Schwarze/ Weitbrecht, Europäisches Kartellverfahrensrecht, § 2 Rdn. 21.

812 Dreher/ Thomas, WuW 2004, 8 ff.

813 Deringer, EuR 2001, 306 (312, 313).

814 Dreher/ Thomas, WuW 2004, 8 (18); Fuchs, ZWeR 2005, 1 (22); Paulweber/ Kögel, AG 1999, 500 (510, 511).

auf Entscheidung über die Nebenabreden bei Bestehen neuer oder ungelöster Fragen an die Kommission zu stellen, wie in Erwägungsgrund 21 der FKVO geregelt, existiert im Bereich des Art. 81 EG nicht. Eine solche bindende Entscheidung ist im Anwendungsbereich des Art. 81 EG nicht zu erlangen und die Rechtssicherheit der Unternehmen in diesem Bereich eingeschränkt.

c) Übertragung der materiellrechtlichen Kriterien der unmittelbaren Verbundenheit und Notwendigkeit

Nach Behandlung der verfahrensrechtlichen Grundlagen des Konzepts der Nebenabreden und der Feststellung der unterschiedlichen Vorgehensweise im Rahmen der FKVO und des Art. 81 EG liegt der Schwerpunkt der Prüfung auf der Beurteilung der materiellrechtlichen Kriterien der unmittelbaren Verbundenheit und der Notwendigkeit, die im Zentrum der Nebenabredenprüfung innerhalb der FKVO stehen[815]. Die Voraussetzung der unmittelbaren Verbundenheit dient der Abgrenzung zu Vereinbarungen, die gemäß Art. 3 FKVO zum Kerngeschäft des Zusammenschlusses gehören und daher Bestandteil des Zusammenschlusses selbst sind[816]. Die Notwendigkeit einer Nebenabrede wurde von der Kommission in ihrer Bekanntmachung zu Nebenabreden dahin gehend bestimmt, dass „ohne sie der Zusammenschluss entweder gar nicht oder nur unter ungewissen Voraussetzungen, zu wesentlich höheren Kosten, über einen spürbar längeren Zeitraum oder mit erheblich geringeren Erfolgsaussichten durchgeführt werden könnte“[817]. Untersucht wird im Folgenden, ob in den Entscheidungen des EuGH, des EuG und der Kommission diese Kriterien zugrunde gelegt worden und wie diese gegebenenfalls inhaltlich ausgefüllt worden sind.

aa) Entscheidungen des EuGH

In den Entscheidungen des EuGH finden sich nur schwache Anklänge an die „Nebenabredendoktrin“, wie sie im Bereich der Zusammenschlusskontrolle praktiziert wird. Auf das Kriterium der unmittelbaren Verbundenheit wird in den Entscheidungen nicht näher eingegangen. Eine Abgrenzung zu den Vereinbarungen, die zum Kerngeschäft des Zusammenschlusses gehören, wie im Rahmen des Art. 3 FKVO notwendig, um die Abreden, die gerade die Wesenselemente des Zusammenschlusses darstellen, von den Nebenabreden abzugrenzen, ist im Rahmen des Art. 81 EG auch nicht erforderlich. Zudem nimmt der EuGH keine strenge Unterscheidung zwischen Haupt- und Nebenabreden im Sinne eines Über- /Unterordnungsverhältnisses vor, sondern differen-

---

[815] Ausführlich dazu, siehe oben, 2. Teil B. III. 2.
[816] Daoût, in: G/ T/ E, Kommentar zum EU- / EG- Vertrag, Bd. 2/II, Art. 8 Abs. 2 FKVO Rdn. 48; Immenga, in: Immenga/ Mestmäcker, EG- Wettbewerbsrecht, Bd. 1, FKVO- Nebenabreden Rdn. 11; ausführlich dazu, siehe oben, 2. Teil B. III. 2. b)
[817] Kommission, ABl. 2005 C 56/24 (26) Rdn. 13, vom 5.3.2005 – Bekanntmachung über Einschränkungen; ausführlich dazu, siehe oben, 2. Teil B. III. 2. c)

ziert lediglich zwischen dem Vertrag an sich und den in diesem Rahmen zusätzlich vereinbarten Abreden, die unter anderem in Wettbewerbsverboten bestehen können[818]. Auffallend ist, dass vom EuGH die Wettbewerbsförderlichkeit der jeweiligen Hauptvereinbarung, wovon die positive Beurteilung der Wettbewerbsverbote abhängig gemacht worden ist, „wonach die im Rahmen eines Kaufvertrags über ein Unternehmen vereinbarten Wettbewerbsverbote [...] grundsätzlich die Gewähr dafür (bieten), dass eine effektive Unternehmensübertragung möglich ist“[819], besonders hervorgehoben worden ist. Zum Teil ist sogar explizit auf die wettbewerbsförderliche Wirkung des Wettbewerbsverbots an sich abgestellt worden, wonach „das Verbot einer doppelten Mitgliedschaft (in zwei Bezugsgenossenschaften) [...] nicht notwendigerweise eine Beschränkung des Wettbewerbs i.S. des Art. 85 Abs. 1 EWGV dar[stellt] und [sich] sogar positiv auf den Wettbewerb auswirken [kann]“[820] bzw. dass ohne Wettbewerbsverbote keine Unternehmensübertragung stattfände und diese daher „zu einer Vermehrung der auf dem betreffenden Markt tätigen Unternehmen und damit zu einer Verstärkung des Wettbewerbs bei[tragen]“[821].
Diesen Formulierungen kann man entnehmen, dass sich nach Ansicht des EuGH die Bedeutung von Wettbewerbsverboten nicht streng in der Funktionsnotwendigkeit für die Hauptvereinbarung erschöpft, sondern sie tatsächlich darüber hinaus gehende wettbewerbsförderliche Wirkungen haben können[822]. Die Argumentation des EuGH ist daher auch im Sinne der Wettbewerbseröffnungstheorie gedeutet worden[823]. Nach Inkrafttreten der FKVO ist jedoch keine einschlägige Entscheidung des EuGH zu Nebenabreden mehr ergangen, in der das Argument der Wettbewerbsförderlichkeit hätte weiter vertieft werden können[824]. Gefordert wurde in den Entscheidungen des EuGH darüber hinaus, dass das Wettbewerbsverbot erforderlich für die Hauptvereinbarung sei, in dem Sinne, dass es in seinem zeitlichen und sachlichen Umfang auf diesen

---

818 Caspar, Wettbewerbliche Gesamtwürdigung, S. 154, 227, die von Gesamt- und Teilabreden spricht.

819 EuGHE 1985, 2545 (2571), Rs. 42/84 – RemiaBV u.a./ Kommission; dazu Caspar, Wettbewerbliche Gesamtwürdigung, S. 144; González Díaz, Fordham International Law Journal 1995, 951 (966); EuGHE 1994, 5641 (5687) Rdn. 32, Rs. C 250/92 – Gottrup- Klim; dazu Caspar, Wettbewerbliche Gesamtwürdigung, S. 149.

820 EuGHE 1994, 5641 (5687) Rdn. 32, Rs. C 250/92 – Gottrup- Klim.

821 EuGHE 1985, 2545 (2571) Rdn. 19, Rs. 42/84 – RemiaBV u.a./ Kommission; kritisch dazu, Ackermann, Art. 85 Abs. 1 EGV u. rule of reason, S. 191.

822 EuGHE 1985, 2545 (2571) Rdn. 19, Rs. 42/84 – RemiaBV u.a./ Kommission: „...[die] vereinbarten Wettbewerbsverbote bieten somit grundsätzlich die Gewähr dafür, dass eine effektive Unternehmensübertragung möglich ist. Sie tragen dadurch zu einer Vermehrung der auf dem betreffenden Markt tätigen Unternehmen und damit zu einer Verstärkung des Wettbewerbs bei.“; EuGHE 1994, 5641 (5687) Rdn. 34, Rs. C 250/92 – Gottrup- Klim: „Das Verbot einer doppelten Mitgliedschaft [in zwei Genossenschaften] stellt also nicht notwendigerweise eine Beschränkung des Wettbewerbs i.S. des Art. 85 Abs. 1 EGV dar und kann sich sogar positiv auf den Wettbewerb auswirken.“

823 Stockenhuber, in: Grabitz/ Hilf, EGV, Art. 81 EG Rdn. 150; Terhechte, Ungeschriebene Tatbestandsmerkmale des europäischen Wettbewerbsrechts, S. 231.

824 Grabbe, Nebenabreden in der Europ. Fusionskontrolle, S. 39, 40, der von einer „singulär“ gebliebenen Argumentation spricht; kritisch auch, Ackermann, Art. 85 Abs. 1 EGV u. rule of reason, S. 191, 192.

Zweck zu begrenzen sei[825]. Durch Formulierungen wie „ob...nicht unverhältnismäßig" und „ob...nicht unangemessen" bei der Prüfung der Erforderlichkeit anderer neben dem Wettbewerbsverbot erlassener Satzungsänderungen wie beispielsweise der bei einem Satzungsverstoß vorgesehenen Sanktionen sowie der verkürzten Mitgliedschaftsdauer wird deutlich, dass keine reine Erforderlichkeitsprüfung beschränkt auf die Frage einer weniger belastenden Alternative stattfindet, sondern eine etwas umfassendere Verhältnismäßigkeitsprüfung vom EuGH vorgenommen wurde[826].

bb) Entscheidungen des EuG und der Kommission

Die Entscheidungen der Kommission und des EuG haben die vom EuGH in seinen Urteilen gemachten Ansätze zur Entwicklung einer europäischen Nebenabredendoktrin nicht hinsichtlich aller genannten Aspekte fortentwickelt[827]. Dies trifft insbesondere auf die Erwägungen betreffend die Wettbewerbsförderlichkeit der Hauptvereinbarung beziehungsweise der Wettbewerbsverbote zu, wohingegen die Aussagen zur Erforderlichkeit hinsichtlich des zeitlichen, sachlichen und örtlichen Umfangs einer Nebenabrede übernommen und fortgeführt wurden. Auch wird von der Kommission und dem EuG zwischen Haupt- und Nebenabreden unterschieden, wobei von Seiten des EuGH eher zwischen der Gesamtvereinbarung und daneben ergangenen Abreden unterschieden worden ist. Nach Ansicht des EuG und insbesondere der Kommission[828] wird unter einer Nebenabrede im gesamten Bereich des europäischen Kartellrechts eine mit der Durchführung einer Hauptmaßnahme unmittelbar verbundene und für sie notwendige Einschränkung verstanden[829]. Unmittelbar verbunden sind solche Abreden, die eine dem Hauptgegenstand untergeordnete Bedeutung haben und mit ihm un-

[825] EuGHE 1985, 2545 (2571) Rdn. 20, Rs. 42/84 – RemiaBV u.a./ Kommission; EuGHE 1994, 5641 (5687) Rdn. 35, Rs. C 250/92 – Gottrup- Klim.

[826] EuGHE 1994, 5641 (5687, 5688), Rs. C 250/92 – Gottrup- Klim; so Caspar, Wettbewerbliche Gesamtwürdigung, S. 150.

[827] Caspar, Wettbewerbliche Gesamtwürdigung, S. 224 ff.

[828] Die Kommission spricht von der Anwendung „des Konzepts der Nebenabreden", Kommission, ABl. 2004 C 101/97 (101), vom 27.4.2004 – Bekanntmachung der Kommission über Leitlinien zur Anwendung von Art. 81 Abs. 3 EG.

[829] Kommission, ABl. 2004 C 101/97 (101), vom 27.4.2004 – Bekanntmachung der Kommission über Leitlinien zur Anwendung von Art. 81 Abs. 3 EG; EuGE 2001, 2459 (2497) Rdn. 104, Rs. T 112/99 – Métropole télévision mit Verweis auf die Bekanntmachung der Kommission über Nebenabreden, ABl. 1990 C 203/5, vom 14.8.1990; Emmerich, in: Immenga/ Mestmäcker, EG- Wettbewerbsrecht, Bd. 1, Art. 85 Abs. 1 EGV Rdn. 279; Gleiss/ Hirsch, Komm. zum EG- Kartellrecht, Art. 85 Abs. 1 EGV Rdn. 618; Caspar, Wettbewerbliche Gesamtwürdigung, S. 18, 19, jedoch nur hinsichtlich des Begriffes der „Erforderlichkeit" und der dahinter stehenden Verhältnismäßigkeitsprüfung; abgelehnt wird die Unterscheidung zwischen Haupt- und Nebenabreden (S. 20) zugunsten einer Unterscheidung von Einzel- und Gesamtvereinbarungen; Reymann, Immanente Schranken des europäischen Kartellverbots, S. 233.

trennbar verbunden sind[830]. Notwendig sind sie dann, wenn eine objektive Notwendigkeit für die Durchführung der Hauptmaßnahme vorliegt und sie im „rechten Verhältnis“ dazu stehen[831]. Verwiesen wird insofern auf die Bekanntmachung über Nebenabreden[832], nach der zum einen die Transaktion ohne die Abrede „entweder gar nicht oder nur unter ungewissen Voraussetzungen, zu wesentlich höheren Kosten, über einen spürbar längeren Zeitraum oder mit erheblich geringeren Erfolgsaussichten durchgeführt werden könnte“ und zum zweiten die Abrede erforderlich für die Zielerreichung ist[833]. Auf der „zweiten Stufe“ wird insofern die Verhältnismäßigkeit einer Nebenabrede geprüft hinsichtlich ihres zeitlichen, sachlichen und räumlichen Umfangs für die Durchführung der Transaktion[834]. An dieser Stelle sind die Argumente des Erfordernisses eines „potentiellen Wettbewerbsverhältnisses“ als einschränkende Auslegungsvariante des Kartellverbots wieder zu finden, da von der objektiven Notwendigkeit einer Nebenabrede nur bei Bestehen eines zumindest potentiellen Wettbewerbsverhältnisses auszugehen ist. Zu unterscheiden ist etwa zwischen einem Unternehmensverkauf zum Zwecke der Stilllegung oder des Abkaufs von Wettbewerb[835]. Daneben darf das Wettbewerbsverbot bei Bestehen potentiellen Wettbewerbs diesen nicht völlig zerstören, sondern ist dahin gehend einzuschränken.

Obwohl auf die „erheblich geringeren Erfolgsaussichten“ abgestellt werden soll, ist damit jedoch nach Ansicht des EuG nicht der „geschäftliche Erfolg“ einer Transaktion gemeint[836]. Entscheidend sein soll lediglich, ob eine Nebenabrede für den Vorgang der schlichten Durchführung der Hauptvereinbarung an sich nötig sei. So ist vom EuG etwa eine Ausschließlichkeitsklausel, die bei der Neugründung eines Unternehmens zum Zwecke der Entwicklung und Ausstrahlung von für ein französischsprachiges Publikum bestimmten Pay-TV-Programmen und -Diensten (TPS) vereinbart worden ist, als nicht notwendig für den Vorgang der Gründung dieses neuen Unternehmens angesehen worden[837]. Der Inhalt der Ausschließlichkeitsklausel sah vor, dass die Vollprogramme, die bisher von den an der Neugründung beteiligten Unternehmen ausgestrahlt worden waren, nunmehr alleine von dem neu gegründeten Unternehmen gesen-

---

[830] Kommission, ABl. 1990 C 203/5 (6) Rdn. II 4., vom 14.8.1990 – alte Bekanntmachung über Nebenabreden; Kommission, ABl. 2004 C 101/97 (101), vom 27.4.2004 – Bekanntmachung über Leitlinien zur Anwendung von Art. 81 Abs. 3 EG; ausführlich dazu, siehe oben, 2. Teil B. III. 2. b)

[831] Kommission, ABl. 2004 C 101/97 (101), vom 27.4.2004 – Bekanntmachung der Kommission über Leitlinien zur Anwendung von Art. 81 Abs. 3 EG, wo vorausgesetzt wird, ob eine bestimmte Beschränkung „erforderlich“ und „angemessen“ ist; EuGE 2001, 2459 (2498) Rdn. 106, Rs. T 112/99 – Métropole télévision.

[832] Verwiesen wird noch auf die alte Bekanntmachung über Nebenabreden, ABl. 1990 C 203/5, vom 14.8.1990; aktuelle Bekanntmachung der Kommission, ABl. 2005 C 56/24, vom 5.3.2005.

[833] Kommission, ABl. 2005 C 56/24 (26) Rdn. 13, vom 5.3.2005 – Bekanntmachung über Einschränkungen; ausführlich dazu, siehe oben, 2. Teil B. III. 2. c)

[834] Ausführlich dazu, siehe oben, 2. Teil B. III. 2. c)

[835] Ausführlich dazu, siehe oben, 2. Teil C. V. 1. b)

[836] EuGE 2001, 2459 (2498) Rdn. 109, Rs. T 112/99 – Métropole télévision; González Díaz, Fordham International Law Journal 1995, 951 (966).

[837] EuGE 2001, 2459 (2501 ff.) Rdn. 118 ff., Rs. T 112/99 – Métropole télévision.

det werden sollten. Die Unternehmen sahen in dieser Vorgehensweise die einzige Möglichkeit, sich auf dem Pay-TV- Markt in Frankreich erfolgreich zu etablieren, da ein marktbeherrschendes Unternehmen im Bereich der Ausstrahlung französischer und amerikanischer Kinofilme auf dem Markt war und insofern die ausschließliche Ausstrahlung der Vollprogramme durch TPS die einzige Möglichkeit darstellte, in Konkurrenz zu dem marktbeherrschenden Unternehmen zu treten und so ein Überleben des neu gegründeten Unternehmens zu ermöglichen[838]. Gerade die Berücksichtigung dieses Aspekts wurde vom EuG abgelehnt, da es für die Prüfung der Notwendigkeit einer Klausel eben nicht auf die erfolgreiche Marktetablierung ankomme, da die Wettbewerbssituation nicht Prüfungsinhalt sei, sondern derartige Erwägungen nur im Rahmen des Art. 81 Abs. 3 EG vorzunehmen seien[839]. Insofern wird von der Kommission hinsichtlich des Aspekts der erfolgreichen Marktetablierung im Sinne der Markterschließungstheorie auf eine Berücksichtigung innerhalb des Art. 81 Abs. 3 EG verwiesen. Zu prüfen sei nur, „ob die Beschränkung im besonderen Rahmen der Hauptmaßnahme für die Verwirklichung dieser Maßnahme notwendig ist“[840]. Bei der anschließenden Prüfung, ob die Nebenabrede auch im „rechten Verhältnis“ zu der Hauptmaßnahme steht, prüfte das EuG die beantragte Laufzeit der Ausschließlichkeitsklausel von 10 Jahren und erachtete diese als zu lang, da eine „Etablierung [von TPS] auf dem Markt schon früher erfolgen muss“. Insbesondere werde der Wettbewerbsnachteil von TPS zunehmend geringer werden und es sei im Gegenteil zu befürchten, dass die Stellung von TPS auf dem Markt des Pay-TV sich derart verstärken werde, dass TPS zukünftig eine marktbeherrschende oder zumindest marktführende Stellung erhalten werde[841]. Darüber hinaus werde durch die Ausschließlichkeitsklausel Wettbewerbern der Zugang zu den Vollprogrammen versperrt, die jedoch ein hohes Marktpotential beinhalteten, da sie stark nachgefragt würden[842]. Auch hinsichtlich der Spartenklausel, wonach die an TPS beteiligten Gesellschafter für 10 Jahre zuerst TPS ihre Programme anbieten müssten, befand das EuG, dass sie über das für die Gründung von TPS notwendige Maß hinausginge aufgrund der starken kommerziellen Nutzung der Spartenkanäle. Das Vorbringen, die Spartenklausel sei für das Fortbestehen von TPS unerlässlich, da aufgrund der Ausschließlichkeitspolitik des marktbeherrschenden Unternehmens die Spartenkanäle der Gesellschafter die einzigen seien, zu denen TPS Zugang habe, ließ das EuG dahinstehen, da es auf der Wettbewerbssituation aufbaue und diese gerade keine Berücksichtigung finde[843].

An dem geschilderten Vorgehen des EuG wird deutlich, dass bei der Prüfung der objektiven Notwendigkeit einer Nebenabrede die Wettbewerbssituation keine Rolle spielt, bei der sich anschließenden Prüfung der zeitlichen, sachlichen und örtlichen

[838] Klägerinnenvortrag, EuGE 2001, 2459 (2495) Rdn. 96, Rs. T 112/99 – Métropole télévision.
[839] EuGE 2001, 2459 (2502) Rdn. 121, Rs. T 112/99 – Métropole télévision.
[840] EuGE 2001, 2459 (2462), Rs. T 112/99 – Métropole télévision.
[841] EuGE 2001, 2459 (2503) Rdn. 124, Rs. T 112/99 – Métropole télévision.
[842] EuGE 2001, 2459 (2503) Rdn. 125, Rs. T 112/99 – Métropole télévision.
[843] EuGE 2001, 2459 (2505) Rdn. 132, 133, Rs. T 112/99 – Métropole télévision.

Erforderlichkeit jedoch durchaus die Marktsituation betrachtet wird, um den zulässigen Umfang der Nebenabrede bestimmen zu können.
Nicht so konsequent fielen die Aussagen der Kommission im gleichen, der Gerichtssache vorausgehenden Verfahren aus[844]. Dort befand die Kommission hinsichtlich der mit vereinbarten Wettbewerbsklausel, nach der die Gründungsgesellschafter sich nicht an Gesellschaften beteiligen durften, die das gleiche Betätigungsfeld hatten wie das zu gründende Unternehmen, solange sie Anteile an TPS besaßen, dass gerade diese Klausel notwendig sei, um TPS „den Einstieg in den Pay-TV- Markt überhaupt erst zu ermöglichen“ und insofern die Klausel „in der wichtigen Phase des Anlaufens der Plattform als Nebenabrede gewertet werden [kann], denn es ergibt sich hieraus insofern eine wettbewerbsfördernde Wirkung, als einem neuen Teilnehmer in dieser Zeit der Einstieg in den französischen Pay-TV- Markt ermöglicht wird.“[845] Darüber hinaus berücksichtigte die Kommission, dass es sich um ein „Risikogeschäft“ handelte, da auf dem Markt unter anderem bereits ein lang etablierter Konkurrent vorhanden sei, wodurch der Zugang zum Markt erschwert werde und der Investitionsbedarf sehr hoch sei[846]. Bei der Bestimmung der zulässigen zeitlichen Dauer berücksichtigte die Kommission den „Zeitpunkt des Erreichens der Rentabilitätsgrenze“ sowie „die Betriebsergebnisse in den ersten 18 Monaten“ und bestimmte als Startphase die ersten drei Jahre, in denen Art. 81 Abs. 1 EG auf die Wettbewerbsklausel nicht anzuwenden sei[847].
Die Argumentation der Kommission hinsichtlich der wettbewerbsförderlichen Wirkung des Wettbewerbsverbots im Hinblick auf einen neuen Marktteilnehmer erinnert stark an die Aussagen des EuGH in der Entscheidung *Remia*, wonach Wettbewerbsverbote eine erfolgreiche Unternehmensübertragung erst ermöglichen und insofern „zu einer Vermehrung der auf dem betreffenden Markt tätigen Unternehmen und damit zu einer Verstärkung des Wettbewerbs bei(tragen).“[848] Auffallend an der Entscheidung ist, dass die Kommission zunächst auf den Zweck der Unternehmensgründung, nämlich die Durchdringung des Pay-TV- Markts in Frankreich eingeht und feststellt, dass ein Zugang aufgrund des vorhandenen Marktführers nur verbunden mit hohen Kosten und Unwägbarkeiten möglich ist. Aufgrund dieser schwierigen Marktumstände scheint die Kommission davon auszugehen, dass der Zutritt eines neuen Konkurrenten als besonders begrüßenswert anzusehen ist. Da der Marktzutritt aber nur in Verbindung mit der vereinbarten Wettbewerbsverbotsklausel durchgeführt wird, ist mit dieser mittelbar eine wettbewerbsförderliche Wirkung verbunden. Dieser Argumentation liegt die Auffassung zugrunde, dass die Durchdringung des Pay-TV- Marktes grundsätzlich als positiv zu bewerten ist, da einem neuen Marktteilnehmer der Markteinstieg ermöglicht wird und somit das bereits auf dem Markt befindliche marktbeherrschende Unternehmen Konkurrenz bekommt. An dieser Stelle der Argumentation wird der Zusammen-

[844] Kommission, ABl. 1999 L 90/6, vom 2.4.1999 – TPS.
[845] Kommission, ABl. 1999 L 90/6 (17) Rdn. 98, 99, vom 2.4.1999 – TPS.
[846] Kommission, ABl. 1999 L 90/6 (17) Rdn. 98, vom 2.4.1999 – TPS.
[847] Kommission, ABl. 1999 L 90/6 (17) Rdn. 99, vom 2.4.1999 – TPS.
[848] EuGHE 1985, 2545 (2571) Rdn. 19, Rs. 42/84 – RemiaBV u.a./ Kommission.

hang mit den gedanklichen Grundlagen der Markterschließungsdoktrin besonders deutlich[849]. Hinsichtlich des erforderlichen Umfangs des Wettbewerbsverbots stellt die Kommission auf das Erreichen der Rentabilitätsgrenze ab bis zu deren Erreichen die Klausel als zulässig angesehen wird. Die Kommission stellt somit die Wettbewerbsförderlichkeit des Rechtsgeschäfts in den Mittelpunkt ihrer Prüfung, für dessen Erreichen das Wettbewerbsverbot im dazu erforderlichen Umfang als zulässig zu betrachten ist[850]. Bezüglich der Spartenklausel konstatiert die Kommission lediglich, dass durch sie das Angebot an Spartenprogrammen und Bildschirmdiensten beschnitten wird und daher Art. 81 Abs. 1 EG Anwendung findet[851]. Auch die Ausschließlichkeitsklausel stelle einen Verstoß gegen Art. 81 Abs. 1 EG dar, da den Konkurrenten von TPS der Zugang zu lukrativen Programmen durch sie verwehrt werde[852]. Die Aussagen der Kommission bezüglich der beiden letztgenannten Klauseln sind nur sehr knapp und lassen keine Anwendung der Begriffe der unmittelbaren Verbundenheit und Notwendigkeit erkennen.
Lässt die Kommissionsentscheidung noch sehr starke Ähnlichkeiten mit der Argumentationsweise des EuGH in der Sache *Remia* erkennen, so ist der Entscheidung des EuG, die der Kommissionsentscheidung folgte und auch den jüngsten Aussagen der Kommission in ihren Leitlinien zur Anwendung von Art. 81 Abs. 3 EG eine Fortsetzung dieser Argumentationslinie nicht mehr zu entnehmen. Die Kommission hat sich in den Leitlinien der Auffassung des EuG angeschlossen, entgegen ihren früheren Aussagen, die eher für eine Anlehnung an die *Remia* Entscheidung gesprochen haben. Im Mittelpunkt der Prüfung steht somit die von Seiten des EuG hervorgehobene Funktionsnotwendigkeit einer Nebenabrede, die anhand einer rein abstrakten Prüfung erfolgt. Im Anschluss wird die Abstraktheit des Prüfungsvorgehens näher erörtert.

d) Abstraktheit der Prüfung

Hervorgehoben worden ist insbesondere von Seiten des EuG[853], dass die Bestimmung der Notwendigkeit einer Vereinbarung für die Durchführung einer Unternehmenstransaktion aufgrund einer rein abstrakten Prüfung zu erfolgen habe. Bezüglich der inhaltlichen Ausfüllung dieser Prüfung stellt das EuG und auch die Kommission zum einen darauf ab, dass keine Abwägung wettbewerbsförderlicher und wettbewerbsbeeinträchtigender Aspekte bei der Bestimmung der Notwendigkeit vorgenommen werden dürfe, da eine Abwägung insbesondere aus systematischen Gründen dem Art. 81

[849] Ausführlich dazu, siehe oben, 2. Teil C. V. 1. c).
[850] Entsprechend der von Caspar, Wettbewerbliche Gesamtwürdigung, S. 11 ff. favorisierte Vorgehensweise.
[851] Kommission, ABl. 1999 L 90/6 (18) Rdn. 101, vom 2.4.1999 – TPS.
[852] Kommission, ABl. 1999 L 90/6 (18) Rdn. 107, vom 2.4.1999 – TPS.
[853] EuGE 2001, 2459 (2498 ff.) Rdn. 107 ff., Rs. T 112/99 – Métropole télévision; Manzini, ECLR 2002, 392 (398), der feststellt, dass "the concept of objective necessity of the restriction is doubtlessly among the most significant statements of the Court."

Abs. 3 vorbehalten sei[854]. Wenn schon für die Hauptvereinbarung keine Abwägung im Sinne einer „rule of reason" als zulässig angesehen werde[855], müsse dies erst recht für mit der Hauptvereinbarung verbundene Nebenabreden gelten[856]. Eine Abwägung von wettbewerbsfördernden mit wettbewerbswidrigen Auswirkungen einer Vereinbarung sei, entgegen den dahin gehend mehrdeutigen Aussagen des EuGH[857], ausdrücklich dem Anwendungsbereich des Art. 81 Abs. 3 EG zugeordnet und von dem „Konzept der Nebenabreden" ausgenommen[858]. Erforderlich sei diese Vorgehensweise aus Gründen der praktischen Wirksamkeit des Art. 81 Abs. 3 EG sowie der Folgerichtigkeit[859]. Zum anderen beziehe sich die Abstraktheit der Prüfung darauf, dass die Wettbewerbssituation bei der Prüfung der Nebenabreden nicht berücksichtigt werden dürfe[860]. Vom EuG wird hervorgehoben, Gegenstand der Prüfung sei insbesondere nicht die Unerlässlichkeit des Verbots für „den geschäftlichen Erfolg der Hauptmaßnahme", sondern nur die Frage, ob das Wettbewerbsverbot „für die Verwirklichung der Maßnahme" notwendig sei und diese ohne die Nebenabrede nicht durchgeführt werden könne[861]. Verwiesen wird vom EuG in diesem Zusammenhang auf die Entscheidung *Remia* des EuGH, bei der dieser feststellte, dass, „wenn der Verkäufer und der Käufer nach der Unternehmensübertragung weiterhin miteinander in Wettbewerb stehen würden, [...] die Unternehmensübertragung nicht realisiert werden (könne)."[862] So sei es beispielsweise unerheblich, ob eine Ausschließlichkeitsklausel notwendig sei, um dem Unternehmen eine dauerhafte Etablierung auf dem relevanten Markt zu ermöglichen[863]. Ebenso unerheblich sei es, ob eine Klausel für das Fortbestehen eines Unternehmens unerlässlich sei, da auch diese Beurteilung einen Rückgriff auf die Wettbewerbssituation erfordere[864]. Nach den Aussagen des EuG ist die konkrete Marktsituation für die Nebenabredenprüfung unerheblich, da allein auf die Notwendigkeit der Nebenabrede für die Durchführung des Unternehmenskaufvertrags abzustellen ist. Dahin gehend bedeutet das Abstellen auf eine abstrakte Prüfung nichts anderes als die Reduzierung der Nebenabreden auf ihre reine Funktionsnotwendigkeit, insofern über-

---

[854] EuGE 2001, 2459 (2498) Rdn. 107, Rs. T 112/99 – Métropole télévision; Kommission, ABl. 2004 C 101/97 (101) Rdn. 30, vom 27.4.2004 – Bekanntmachung der Kommission zu Leitlinien zur Anwendung von Art. 81 Abs. 3 EG.

[855] So ausdrücklich aus jüngster Zeit, EuG, Urteil vom 23.10.2003, Rs. T 65/98, (noch nicht in amtlicher Sammlung veröffentlicht), ABl. 1998 C 234/1, vom 25.7.1998 – van den Bergh Foods; auch EuGE 2001, 2459 (2487 ff.) Rdn. 72 ff., Rs. T 112/99 – Métropole télévision.

[856] EuGE 2001, 2459 (2498) Rdn. 108, Rs. T 112/99 – Métropole télévision.

[857] EuGHE 1985, 2545 (2571) Rdn. 19, Rs. 42/84 – RemiaBV u.a./ Kommission; EuGHE 1994, 5641 (5687) Rdn. 34, Rs. C 250/92 – Gottrup- Klim.

[858] EuGE 2001, 2459 (2498) Rdn. 107, Rs. T 112/99 – Métropole télévision; Kommission, ABl. 2004 C 101/97 (101) Rdn. 30, vom 27.4.2004 – Bekanntmachung über Leitlinien zur Anwendung von Art. 81 Abs. 3 EG.

[859] EuGE 2001, 2459 (2498) Rdn. 108, Rs. T 112/99 – Métropole télévision.

[860] EuGE 2001, 2459 (2502) Rdn. 120, 121, 132, Rs. T 112/99 – Métropole télévision.

[861] EuGE 2001, 2459 (2498) Rdn. 109, Rs. T 112/99 – Métropole télévision.

[862] EuGHE 1985, 2545 (2571) Rdn. 19, Rs. 42/84 – RemiaBV u.a./ Kommission.

[863] EuGE 2001, 2459 (2502) Rdn. 120, Rs. T 112/99 – Métropole télévision.

[864] EuGE 2001, 2459 (2505) Rdn. 132, Rs. T 112/99 – Métropole télévision.

einstimmend mit der Vorgehensweise in der FKVO. Auch dort wird eine umfassende Analyse der Marktsituation abgelehnt, da anhand des Kriteriums der Erforderlichkeit die Nebenabreden auf das zulässige sachliche, zeitliche und räumliche Maß eingegrenzt und insofern von ihnen ausgehende negative Marktstrukturwirkungen beseitigt werden können[865]. Von Seiten der Kommission sind daher noch während des Genehmigungsverfahrens des Zusammenschlusses Nebenabreden aufgrund ihrer wettbewerbsbeeinträchtigenden Wirkung reduziert worden, um überhaupt als zulässig angesehen werden zu können[866].
Stärker noch als von der Kommission in der FKVO ist also von Seiten des EuG für die Anwendung des Konzepts der Nebenabreden im Bereich des Art. 81 Abs. 1 EG strikt auf die Funktionsnotwendigkeit abgestellt worden[867].

e) Stellungnahme zur Übertragung des Konzepts der Nebenabreden in Art. 81 EG

Wie die Untersuchung einschlägiger Entscheidungen des EuGH, des EuG und der Kommission gezeigt hat, weist die Einschränkung des Art. 81 Abs. 1 EG anhand des Konzepts der Nebenabreden im Rahmen einer einschränkenden Auslegung des Art. 81 Abs. 1 EG noch nicht die Geschlossenheit auf, die bei der Behandlung von Nebenabreden nach der FKVO gegeben ist oder wie sie etwa dem amerikanischen Konzept der ancillary restraints zugrunde liegt. Grund dafür ist zum einen die bisher zum Teil uneinheitliche Anwendung der in der FKVO entwickelten Kriterien von Seiten der Kommission und des EuG und zum anderen die Tatsache, dass sich die europäischen Gerichte im Rahmen des Art. 81 EG noch nicht so häufig mit Nebenabreden beschäftigen mussten, so dass eine gefestigte Rechtsprechung bisher fehlt. Insbesondere von Seiten des EuGH existiert keine neuere Entscheidung, die sich dezidiert mit dem Problem der Nebenabreden und der dahin gehenden einschränkenden Auslegung des Art. 81 Abs. 1 EG beschäftigt und Aufschluss darüber geben könnte, ob das Abstellen auf die Wettbewerbsförderlichkeit der Gesamtvereinbarung beziehungsweise sogar des Wettbewerbsverbots und die anschließende Prüfung der Erforderlichkeit der Teilabrede für die wettbewerbsförderliche Gesamtabrede insbesondere in der Entscheidung *Remia*[868] ein fortzuentwickelnder Ansatzpunkt gewesen[869] oder mittlerweile anhand der Entscheidung *Métropole télévision*[870] des EuG überholt ist, welches ein Abstellen auf wettbewerbsförderliche Aspekte ablehnt und von einer abstrakten Nebenabredenprüfung ausgeht, die ebenso wie die FKVO auf die Funktionsnotwendigkeit von Ne-

[865] Ausführlich dazu, siehe oben, 2. Teil B. III. 2. d) cc)
[866] Kommission, Sache Nr. IV/M 102 - TNT/Canada Post, DBP Postdienst, La Poste, PTT Post and Sweden Post= WuW 1992, 320 ff.
[867] Mestmäcker/ Schweitzer, Europ. Wettbewerbsrecht, § 7 Rdn. 58.
[868] EuGHE 1985, 2545 ff., Rs. 42/84 – RemiaBV u.a./ Kommission; daneben EuGHE 1994, 5641 ff., Rs. C 250/92 – Gottrup- Klim.
[869] Darauf als wettbewerbliche Gesamtwürdigung abstellend, Caspar, Wettbewerbliche Gesamtwürdigung, S. 170 ff., 226 ff.
[870] EuGE 2001, 2459 ff., Rs. T 112/99 – Métropole télévision.

benabreden für die Durchführung der Transaktion abstellt. Die jüngsten Äußerungen der Kommission in ihrer neuen Bekanntmachung über Leitlinien zur Auslegung des Art. 81 Abs. 3 EG zielen ebenfalls in diese vom EuG vorgegebene Richtung[871]. In der genannten Entscheidung liefert das EuG jedoch erstmals eine tragfähige dogmatische Begründung für die einschränkende Auslegung des Art. 81 Abs. 1 EG, wonach der Grundsatz der praktischen Wirksamkeit diese Auslegung gebiete, da Ziel der Wettbewerbsregeln der Schutz des unverfälschten Wettbewerbs sei und es daher unter Berücksichtigung der Systematik der Vorschrift des Art. 81 EG nicht Sinn und Zweck der Norm entspreche, wenn alle beschränkenden Vereinbarungen unterschiedslos von Absatz 1 erfasst würden und anschließend nach Absatz 3 als freigestellt zu behandeln seien[872].

Die Übertragung des Konzepts der Nebenabreden in Art. 81 EG ist anhand der einzelnen Nebenabredenkriterien untersucht worden. Hinsichtlich des Kriteriums der unmittelbaren Verbundenheit finden sich in den Entscheidungen der Gemeinschaftsorgane nur sehr knappe Angaben. Während der EuGH in seinen Entscheidungen nicht zwischen Haupt- und Nebenabreden unterscheidet[873], wird vom EuG und der Kommission eine Trennung zwischen Hauptmaßnahme und Nebenabrede vorgenommen, wie sie im Bereich der Fusionskontrolle vorgesehen ist[874]. Dabei entfällt im Rahmen des Art. 81 EG die Abgrenzung zu den Vereinbarungen, die zu dem Kerngeschäft oder den Wesenselementen des Zusammenschlusses selbst gemäß Art. 3 FKVO gehören, da grundsätzlich alle Vereinbarungen gleich behandelt werden und auf ihre Zulässigkeit nach Art. 81 EG zu überprüfen sind. Relevant bleibt jedoch die Abgrenzung zu Vereinbarungen, die in keinem direkten Zusammenhang mit der Hauptmaßnahme stehen[875]. Für solche Maßnahmen ist kein Grund ersichtlich, diese von einer Überprüfung nach Art. 81 Abs. 1 EG auszunehmen, wenn sie für die Durchführung der Hauptmaßnahme keine direkte Rolle spielen, sondern nur anlässlich der Maßnahme getroffen worden sind, da unter Art. 81 Abs. 1 EG grundsätzlich alle Vereinbarungen gleich behandelt werden und die privilegierte Behandlung eben nur unmittelbar verbundenen Abreden zu einer kartellrechtsneutralen Hauptmaßnahme zuteil werden soll.

Bezüglich der Prüfung des Kriteriums der Notwendigkeit besteht erhebliche Übereinstimmung zwischen den Aussagen des EuGH und den Entscheidungen des EuG und der Kommission bezüglich der Voraussetzung der Erforderlichkeit. Das Merkmal der Notwendigkeit wird von der Kommission in ihren Entscheidungen unter der FKVO

---

[871] Kommission, ABl. 2004 C 101/97 (101) Rdn. 28 ff., vom 27.4.2004 – Bekanntmachung der Kommission über Leitlinien zur Anwendung von Art. 81 Abs. 3 EG.

[872] EuGE 2001, 2459 (2487 ff.) Rdn. 72 ff., Rs. T 112/99 – Métropole télévision; Terhechte, Ungeschriebene Tatbestandsmerkmale des europäischen Wettbewerbsrechts, S. 218, 219; ausführlich dazu, siehe oben, 2. Teil C. V. 2. a).

[873] EuGHE 1985, 2545 (2571), Rs. 42/84 – RemiaBV u.a./ Kommission; EuGHE 1994, 5641 (5672 ff.), Rs. C 250/92 – Gottrup- Klim.

[874] EuGE 2001, 2459 (2497) Rdn.104 ff., Rs. T 112/99 – Métropole télévision; Caspar, Wettbewerbliche Gesamtwürdigung, S. 154, 225.

[875] EuGE 2001, 2459 (2509) Rdn. 147, Rs. T 112/99 – Métropole télévision.

und auch im Rahmen des Art. 81 EG zweistufig geprüft. Zunächst wird nach der objektiven Notwendigkeit der Nebenabrede für die Durchführung der Hauptmaßnahme gefragt, bevor in einem zweiten Schritt geprüft wird, ob sie auch im Sinne der Verhältnismäßigkeit sachlich, zeitlich und räumlich erforderlich ist. Von der objektiven Notwendigkeit einer Nebenabrede wird in der FKVO dann ausgegangen, wenn „ohne sie der Zusammenschluss entweder gar nicht oder nur unter ungewissen Voraussetzungen, zu wesentlich höheren Kosten, über einen spürbar längeren Zeitraum oder mit erheblich geringeren Erfolgsaussichten" durchgeführt werden könnte[876]. Wird hingegen die Durchführung des Zusammenschlusses nur unerheblich erschwert, so ist die Notwendigkeit der Vereinbarungen abzulehnen[877]. Ebenso ist es nicht ausreichend, dass eine Vereinbarung nur förderlich für den Zusammenschluss ist[878]. Von einer Nebenabrede wird eben nur dann gesprochen, wenn ohne sie der Zusammenschluss gar nicht erst stattfinden würde[879]. In der FKVO wird insofern auf die Funktionsnotwendigkeit der Nebenabrede für den Zusammenschluss abgestellt[880]. Im Bereich des Art. 81 EG ist vom EuG ausdrücklich betont worden, dass die Notwendigkeit einer Nebenabrede für die Hauptmaßnahme ausschließlich aufgrund einer abstrakten Prüfung zu erfolgen habe, ohne jegliche Berücksichtigung der Marktsituation[881]. Abzustellen sei nur darauf, ob die Nebenabrede für die Verwirklichung der Hauptmaßnahme notwendig sei und nicht, ob auf dem relevanten Markt auch ein geschäftlicher Erfolg der Transaktion eintrete, da sich die Funktion einer Nebenabrede in der Chancenerhöhung und Risikominimierung der Durchführung der Hauptmaßnahme erschöpfe[882]. Durch die Begriffe der Funktionsnotwendigkeit einerseits und der abstrakten Prüfung andererseits soll ausgedrückt werden, dass sich die Aufgabe und die Berechtigung von Nebenabreden in der Ermöglichung der Durchführung eines kartellrechtsneutralen Austauschvertrags erschöpfen und sie keine darüber hinausgehende Funktion enthalten und daher auch nicht darüber hinaus gehen dürfen, da sie ansonsten ihr Privileg verlieren würden.

Erst bei der zweiten Stufe, der Prüfung des sachlich, zeitlich und räumlich zulässigen Umfangs der Nebenabrede findet die Wettbewerbssituation Berücksichtigung, da ohne sie keine Bestimmung des konkret zulässigen Umfangs im Einzelfall möglich ist[883]. Geprüft wird, ob eine Nebenabrede in ihrem Umfang nicht über das erforderliche Maß

---

876 Kommission, ABl. 2005 C 56/24 Rdn. 13, vom 5.3.2005 – Bekanntmachung über Einschränkungen.

877 Auf den Aspekt der „Geringfügigkeitsschwelle" weist Lückenbach, Nebenabreden nach europäischem Fusionskontrollrecht, S. 51 hin.

878 Lückenbach, Nebenabreden nach europäischem Fusionskontrollrecht, S. 51, mit Hinweis auf die Rechtsprechung zu Art. 81 Abs. 3 lit. a EG, EuGHE 1966, 322 (397), verb. Rs. 56 und 58/64 - Grundig/ Consten.

879 Goyder, EC Competition Law, S. 124.

880 Ausführlich dazu, siehe oben, 2. Teil B. III. 2. c)

881 EuGE 2001, 2459 (2498) Rdn. 109, Rs. T 112/99 – Métropole télévision; Manzini, ECLR 2002, 392 (398).

882 EuGE 2001, 2459 (2498) Rdn. 109, Rs. T 112/99 – Métropole télévision.

883 Ausführlich dazu, siehe oben, 2. Teil B. III. 2. c)

hinausgeht und die Unternehmen sich für die den Wettbewerb objektiv am wenigsten einschränkende Lösung entschieden haben, sprich für das mildeste Mittel zur Erreichung des Zwecks[884]. Auf dieser zweiten Ebene ist von der Kommission in der FKVO eine Verhältnismäßigkeitsprüfung eingeführt worden, bezüglich des Kriteriums der Erforderlichkeit im Sinne eines milderen Mittels[885]. Die Beurteilung, ob andere genauso wirksame, aber weniger wettbewerbsbeschränkende Vereinbarungen möglich sind, kann durch einen Vergleich der Wettbewerbssituation mit vereinbarter Nebenabrede und derjenigen ohne festgestellt werden. Im Anschluss daran kann geprüft werden, ob andere Vereinbarungen möglich sind, die den Wettbewerb weniger stark einschränken. Nach der Bekanntmachung der Kommission über Nebenabreden sind dabei „Alternativen, mit denen sich das legitime Ziel genau so wirksam erreichen lässt", zu überprüfen[886] Das Kriterium der Erforderlichkeit ist jedoch objektiv zu bestimmen und nicht abhängig von den Ansichten der Parteien[887]. Dennoch muss hier, zumindest überschlägig, die Marktsituation betrachtet werden, um die erforderlichen Ausmaße einer Nebenabrede beurteilen zu können. Berücksichtigung finden marktbezogene und produktbezogene Gründe, die rechtlichen und tatsächlichen Rahmenbedingungen hinsichtlich etwa der finanziellen Ausstattung oder der notwendigen Investitionen, darüber hinaus auch unternehmensspezifische Umstände wie etwa der erforderliche Zeitraum für eine Marktetablierung. Von Seiten der Kommission ist in ihren Entscheidungen nicht immer ausdrücklich zwischen den beiden Prüfungsstufen der Notwendigkeit getrennt worden, so dass auf marktbezogene oder unternehmensspezifische Umstände auch bereits zu Beginn der Notwendigkeitsprüfung abgestellt worden ist[888]. Auch ist von ihr eine erwünschte Marktdurchdringung als wettbewerbsförderlich betrachtet worden und insofern auch das für die Durchführung der Hauptvereinbarung abgeschlossene Wettbewerbsverbot[889]. Parallel verläuft die Argumentation des EuGH, der auf die wettbewerbsförderliche Wirkung eines Wettbewerbsverbots aufgrund des Marktzutritts eines neuen Konkurrenten abgestellt hat[890]. Den Ausführungen des EuGH in der Entscheidung *„Remia"* und auch den früheren Entscheidungen der Kommission sind insofern Anlehnungen an die Markterschließungsdoktrin beziehungsweise Wettbewerbseröffnungstheorie zu entnehmen, wohingegen die Entschei-

[884] Kommission, ABl. 2005 C 56/24 (26) Rdn. 13, vom 5.3.2005 - Bekanntmachung der Kommission über Einschränkungen.
[885] Ausdrücklich erwähnt wurde der Verhältnismäßigkeitsgrundsatz noch in der alten Bekanntmachung von 1990, ABl. C 203/5 (6) Rdn. II6., vom 14.8.1990; EuGE 2001, 2459 (2498) Rdn. 106, T- 112/99 - Métropole télévision; Daoût, in: G/ T/ E, Kommentar zum EU- / EG- Vertrag, Bd. 2/II, Art. 8 Abs. 2 FKVO Rdn. 51; Wagemann, in: Wiedemann, Hdb. des Kartellrechts, § 16 Rdn. 129; Dittert, in: Schröter/ Jakob/ Mederer, Europ. Wettbewerbsrecht, Art. 8 FKVO Rdn. 70.
[886] Kommission, ABl. 2005 C 56/24 (26) Rdn. 13, vom 5.3.2005 - Bekanntmachung über Einschränkungen.
[887] Kommission, ABl. 2005 C 56/24 (26) Rdn. 11, vom 5.3.2005 – Bekanntmachung über Einschränkungen.
[888] Kommission, ABl. 1999 L 90/6 (17) Rdn. 98, 99, vom 2.4.1999 – TPS.
[889] Kommission, ABl. 1999 L 90/6 (17) Rdn. 99, vom 2.4.1999 – TPS.
[890] EuGHE 1985, 2545 (2571) Rdn. 19, Rs. 42/84 – RemiaBV u.a./ Kommission.

dung des EuG und auch die Leitlinien der Kommission das Kriterium der rein abstrakten Prüfung der Notwendigkeit in den Vordergrund stellen, da die konkrete Marktsituation zumindest im Rahmen der ersten Prüfungsstufe der Notwendigkeit nicht berücksichtigt werden soll. Durch das Abstellen auf die Funktionsnotwendigkeit werden aber mit einer notwendigen Nebenabrede möglicherweise verbundene negative Marktauswirkungen, bei ihr handelt es sich ja grundsätzlich um eine Wettbewerbsbeschränkung, die lediglich privilegiert wird, nicht berücksichtigt und in Kauf genommen[891]. Insofern wird durch die zweite Prüfungsebene der Notwendigkeit im Rahmen der sachlichen, zeitlichen und räumlichen Erforderlichkeit der Umfang der Nebenabrede auf ein angemessenes Maß gebracht, so dass negative Marktmachtwirkungen an dieser Stelle beseitigt werden können. Sollten dennoch Marktmachtwirkungen festgestellt werden, die geeignet sind, den Handel zwischen Mitgliedstaaten zu beeinträchtigen und eine Wettbewerbsbeschränkung bezwecken oder bewirken und die innerhalb des Kriteriums der Erforderlichkeit nicht vollständig minimiert werden können, so sollte diesen Verhaltensabreden das Privileg der Nebenabredenbehandlung entzogen und sie dem Art. 81 Abs. 1 EG unterstellt werden. Der Gedanke eines Vorteilsentzugs findet sich in Art. 29 VO (EG) Nr. 1/2003, wonach der Vorteil einer Gruppenfreistellung entzogen werden kann, wenn mit der Vereinbarung Wirkungen einhergehen, die nicht mit Art. 81 Abs. 3 EG zu vereinbaren sind[892]. Da es sich bei der Beurteilung von Vereinbarungen anhand der Nebenabreden-Bekanntmachung der Kommission nicht um die Anwendung einer Gruppenfreistellungsverordnung handelt, kann lediglich auf den in Art. 29 VO (EG) Nr. 1/2003 verankerten Rechtsgedanken zurückgegriffen werden. Wird einer Vereinbarung somit das Nebenabredenprivileg entzogen, so unterfällt sie grundsätzlich dem Art. 81 Abs. 1 EG, jedoch mit der Möglichkeit im Rahmen des Art. 81 Abs. 3 EG als erlaubt zu gelten, wenn seine Voraussetzungen erfüllt sind. Darüber hinaus sind von Nebenabreden, die Art. 81 Abs. 1 EG nicht unterfallen beziehungsweise von Abreden, die als nach Art. 81 Abs. 3 EG erlaubt anzusehen sind, ausgehende Marktmachtwirkungen, die zu einer marktbeherrschenden Stellung führen, bei deren missbräuchlichem Ausnutzen immer noch anhand des Art. 82 EG zu erfassen, der neben Art. 81 EG aufgrund Idealkonkurrenz anwendbar bleibt[893]. Selbst für Vereinbarungen, die gemäß Art. 81 Abs. 3 EG als erlaubt anzusehen sind, gilt weiterhin, das Verbot des Art. 82 EG zu beachten[894].

Berücksichtigt man, dass es sich bei der Anwendung des Konzepts der Nebenabreden um eine teleologische Auslegung des Art. 81 Abs. 1 EG im Gefüge der Systematik des Art. 81 EG handelt, so muss man zwingend die mit der neuen Kartellverordnung verbundenen Veränderungen beachten. Aufgrund der Umwandlung des Art. 81 EG in ei-

---

[891] Grabbe, Nebenabreden in der Europ. Fusionskontrolle, S. 43.

[892] De Bronett, Komm. zum europ. Kartellverfahrensrecht, S. 220 ff.; Fuchs, ZWeR 2005, 1 (27 ff.).

[893] Schröter, in: Schröter/ Jakob/ Mederer, Europ. Wettbewerbsrecht, Art. 82 EG Rdn. 37; Dirksen, in: Langen/ Bunte, Kartellrecht, Bd. 1, Art. 86 EGV Rdn. 201.

[894] Schröter, in: Schröter/ Jakob/ Mederer, Europ. Wettbewerbsrecht, Art. 82 EG Rdn. 41; Dirksen, in: Langen/ Bunte, Kartellrecht, Bd. 1, Art. 86 EGV Rdn. 202.

ne Legalausnahme wird nunmehr auch Absatz 3 unmittelbar angewandt und die Zulässigkeit von Vereinbarungen nach Art. 81 EG von den Unternehmen im Wege einer Gesamtbetrachtung der Vorschrift geprüft. Damit einher geht ein genereller Bedeutungsverlust der Notwendigkeit einer einschränkenden Auslegung des Kartellverbots innerhalb des Absatzes 1 der Vorschrift aufgrund der Möglichkeit des Absatzes 3. Dennoch besteht auch weiterhin ein Bedürfnis, funktionsnotwendige Nebenabreden aus Gründen der praktischen Wirksamkeit bereits aus dem Kartellverbot auszunehmen, da der Wettbewerb vor solchen Vereinbarungen nicht geschützt zu werden braucht, sondern sie im Gegenteil seiner Entfaltung dienen[895]. Da aber die Einschränkung des Kartellverbots zukünftig restriktiv gehandhabt werden sollte, spricht dies dafür, die Funktionsnotwendigkeit in den Mittelpunkt zu stellen und im Rahmen einer abstrakten Prüfung, wie vom EuG vorgenommen, die Notwendigkeit einer Vereinbarung zu prüfen. Zwar muss zur Erfassung des zulässigen Umfangs einer Nebenabrede die Marktsituation berücksichtigt werden, jedoch sollte dies nur in dem dazu erforderlichen Umfang erfolgen. Umfassende abwägende Gesichtspunkte sowie eine eingehende Marktanalyse sollten der Prüfung nach Art. 81 Abs. 3 EG vorbehalten bleiben. Insofern liegt mit dem Konzept der Nebenabreden eine umgrenzte und strukturierte Auslegungsmöglichkeit des Art. 81 Abs. 1 EG vor, die auch dem gestiegenen Bedürfnis der Unternehmen nach Rechtssicherheit aufgrund der neuen Kartellverfahrensverordnung Rechnung trägt, da den Unternehmen insbesondere im Bereich des Art. 81 EG nicht die Möglichkeit gegeben ist, einen Antrag auf Beurteilung der Nebenabreden zu stellen, und sie die Zulässigkeit von Nebenabreden a priori selbst einzuschätzen haben. Aufgrund des Konzepts der Nebenabreden wird ihnen jedoch mit der Bekanntmachung der Kommission ein Leitfaden an die Hand gegeben, der ihnen eine Einschätzung von Nebenabreden erlaubt[896].

3. Prüfung nach Art. 81 Abs. 3 EG

Erfüllen Verhaltensabsprachen nicht die Kriterien der unmittelbaren Verbundenheit und Notwendigkeit, so können sie nicht als Nebenabreden qualifiziert werden und unterfallen daher grundsätzlich dem Kartellverbot des Art. 81 Abs. 1 EG. Genügen sie jedoch den Voraussetzungen des Art. 81 Abs. 3 EG, so gelten sie als erlaubt. Kann eine Vereinbarung nicht als Nebenabrede eingestuft werden, da sie nicht objektiv notwendig oder nicht erforderlich ist, ist sie jedoch mit der Hauptmaßnahme unmittelbar verbunden, so wird sie im Rahmen des Art. 81 Abs. 3 EG unter Berücksichtigung des wirtschaftlichen und rechtlichen Kontextes der Hauptmaßnahme untersucht[897]. Insofern kann eine Vereinbarung, auch wenn sie die Nebenabredenkriterien nicht erfüllt,

---

[895] Weiß, in: Callies/ Ruffert, EUV/ EGV, Art. 81 EG Rdn. 116.
[896] Kommission, ABl. 2005 C 56/24 (24) Rdn. 4, vom 5.3.2005 – Bekanntmachung über Einschränkungen.
[897] EuGE 2001, 2459 (2510) Rdn. 149, Rs. T 112/99 – Métropole télévision.

noch als zulässig betrachtet werden. Sie entgeht lediglich der Nebenabreden zukommenden Privilegierung, da sie alle Kriterien des Art. 81 Abs. 3 EG erfüllen muss.
Art. 81 Abs. 3 EG enthält vier materiellrechtliche Kriterien, die kumulativ zu erfüllen sind[898]. Danach sind solche Vereinbarungen von dem Kartellverbot ausgenommen, die zur Verbesserung der Warenerzeugung oder –verteilung oder zur Förderung des technischen oder wirtschaftlichen Fortschritts beitragen unter angemessener Beteiligung der Verbraucher an dem entstehenden Gewinn, ohne dass den beteiligten Unternehmen Beschränkungen auferlegt werden, die für die Verwirklichung dieser Ziele unerlässlich sind. Zudem darf durch die Absprache nicht die Möglichkeit eröffnet werden, für einen wesentlichen Teil der betreffenden Waren den Wettbewerb auszuschalten.

a) Beitrag zur Verbesserung der Warenerzeugung oder –verteilung oder zur Förderung des technischen oder wirtschaftlichen Fortschritts

aa) Wettbewerbsförderliche Vereinbarungen

Wie das erste Kriterium des Art. 81 Abs. 3 EG erkennen lässt, sollen Kartelle mit gesamtwirtschaftlich positiven Auswirkungen aus dem Kartellverbot ausgenommen werden[899]. Um als erlaubt zu gelten, muss die Vereinbarung zur Verwirklichung der in Abs. 3 genannten Ziele ursächlich beitragen. Ausdrücklich erfasst werden Wettbewerbsbeschränkungen bei der Produktion und beim Absatz von Waren sowie bei der Erbringung von Dienstleistungen und die Zusammenarbeit von Unternehmen im Bereich der Forschung und Entwicklung oder der geschäftlichen Verwertung von gewerblichen Schutzrechten und technischem Know-how[900]. Der Begriff der verbesserten Warenerzeugung oder –verteilung erfasst dabei auch eine Vermehrung von Marktalternativen[901] im Hinblick etwa auf die Erhöhung der Zahl von angebotenen Erzeugnissen, sprich einer Verbreiterung des Angebots als auch der Zahl der Anbieter, die aufgrund möglicher Markteinstiege neu auf dem Markt auftreten[902]. Dahin gehend hat das EuG in dem Fall *Métropole télévision* die Ausschließlichkeitsklausel und die Spartenkanalklausel, deren Eigenschaften als Nebenabreden es zuvor abgelehnt hatte, unter das erste Tatbestandsmerkmal des Art. 81 Abs. 3 EG subsumiert, da diese Vereinbarungen „einem neuen Betreiber den Markteinstieg ermöglichen, wodurch sich das An-

---

[898] Schröter, in: von der Groeben/ Schwarze, Kommentar zum EU- /EG- Vertrag, Bd. 2, Art. 81 Abs. 3 EG Rdn. 304; Kommission, ABl. 2004 C 101/97, vom 27.4.2004 – Bekanntmachung der Kommission über Leitlinien zur Anwendung von Art. 81 Abs. 3 EG; Vorschlag zur Vorgehensweise der Unternehmen bei der selbst vorzunehmenden Prüfung des Art. 81 Abs. 3 EG, Schwintowski/ Klaue, WuW 2005, 370 (372 ff.).
[899] Kommission, ABl. 2004 C 101/97 (102) Rdn. 32, 33, vom 27.4.2004 – Bekanntmachung der Kommission über Leitlinien zur Anwendung von Art. 81 Abs. 3 EG; Koch, in: Grabitz/ Hilf, EGV, Art. 85 EGV a.F. Rdn. 181; Schröter, in: G/ T/ E, Kommentar zum EU-/ EG- Vertrag, Bd. 2/I, Art. 85 Abs. 3 EGV a.F. Rdn. 297.
[900] Schröter, in: Schröter/ Jakob/ Mederer, Europ. Wettbewerbsrecht, Art. 81 Abs. 3 EG Rdn. 342.
[901] Gleiss/ Hirsch, Komm. zum EG- Kartellrecht, Art. 85 Abs. 3 EGV Rdn. 1881.
[902] EuGE 2001, 2459 (2508) Rdn. 143, Rs. T 112/99 – Métropole télévision.

gebot an Pay-TV- Diensten für den französischen Fernsehzuschauer erhöht“[903]. Darüber hinaus ist als Verbesserung beziehungsweise Förderung des Fortschritts auch der Erhalt von Arbeitsplätzen zu Zeiten einer ungünstigen Konjunktur angesehen worden, was auch bei dem Verkauf von Unternehmensteilen einschlägig sein kann, wenn Arbeitsplätze nur durch den Verkauf erhalten bleiben können[904]. Insofern ist die Auslegung der unbestimmten Rechtsbegriffe in Art. 81 Abs. 3 EG bisher nicht auf rein ökonomische Erwägungen eingegrenzt worden. In der neuen Bekanntmachung zur Auslegung des Art. 81 Abs. 3 EG hat sich die Kommission jedoch zu einem engen Auslegungsansatz ausgesprochen, der insbesondere auf die Konsumentenwohlfahrt und die ökonomische Effizienz abstellt, wohl im Hinblick auf die zukünftige Beurteilung des Art. 81 Abs. 3 EG durch die Unternehmen selbst sowie die nationalen Gerichte, die im Gegensatz zu Behörden keine politischen Abwägungen vornehmen können[905]. Die Einschränkung der Kommission ist jedoch zu eng. Angemessen erscheint eine Beschränkung auf wettbewerbsrechtliche Gesichtspunkte, die auch durch Art. 1 VO (EG) Nr. 1/2003 vorgegeben ist[906].

Die Vorteile müssen spürbar und objektiv sein und die gleichzeitig eintretenden negativen Beeinträchtigungen überwiegen, so dass im Rahmen dieses ersten Merkmals eine „wirtschaftliche Bilanz“ im Sinne einer Prognose über die zukünftige Entwicklung des Marktes aufgestellt wird und im Anschluss daran die Situation mit wettbewerbsbeschränkender Vereinbarung mit derjenigen ohne eine solche verglichen wird[907]. Überwiegen letztlich die objektiven Vorteile, so ist das Kartell regelmäßig auch als verbraucherfreundlich einzustufen[908].

bb) Neutralität von Unternehmensveräußerungsverträgen

Da Vereinbarungen, die mit der Hauptmaßnahme in direktem Zusammenhang stehen, im Rahmen des Art. 81 Abs. 3 EG unter Berücksichtigung der Hauptmaßnahme beurteilt werden[909], taucht hinsichtlich der Behandlung von Unternehmensveräußerungsverträgen die Frage auf, ob diese überhaupt als generell vorteilhaft im Sinne von Art. 81 Abs. 3 EG angesehen werden können, oder ob diese nicht vielmehr als wettbewerbsneutral einzustufen sind[910]. Gerade die Kartellrechtsneutralität dieser Austausch-

903 EuGE 2001, 2459 (2508) Rdn. 143, Rs. T 112/99 – Métropole télévision.
904 EuGHE 1977, 1875 (1915), Rs. 26/76 – Metro I; EuGHE 1985, 2545 (2577) Rdn. 42, Rs. 42/84 – RemiaBV u.a./ Kommission.
905 Kommission, ABl. 2004 C 101/97 (107) Rdn. 48 ff., vom 27.4.2004 – Bekanntmachung der Kommission über Leitlinien zur Anwendung von Art. 81 Abs. 3 EG; Schwarze/ Weitbrecht, Europäisches Kartellverfahrensrecht, § 2 Rdn. 18- 20.
906 Schwarze/ Weitbrecht, Europäisches Kartellverfahrensrecht, § 2 Rdn. 28.
907 Schröter, in: Schröter/ Jakob/ Mederer, Europ. Wettbewerbsrecht, Art. 81 Abs. 3 EG Rdn. 343.
908 Schröter, in: von der Groeben/ Schwarze, Kommentar zum EU- /EG- Vertrag, Bd. 2, Art. 81 Abs. 3 EG Rdn. 318.
909 EuGE 2001, 2459 (2509) Rdn. 147, Rs. T 112/99 – Métropole télévision.
910 Caspar, Wettbewerbliche Gesamtwürdigung, S. 22 ff.; a.A. Lammel, AcP 189 (1989), 244 (282).

verträge ist als Begründung für die Ausnahme von mit einem solchen Vertrag unmittelbar verbundenen und für diesen notwendigen Wettbewerbsverboten aus dem Kartellverbot angegeben worden[911]. Nicht eindeutig geklärt ist, was unter der Neutralität eines Unternehmenskaufvertrags zu verstehen ist. Bei wettbewerblicher Betrachtungsweise kann sich die Neutralität nur auf die Nichtbeeinträchtigung des Wettbewerbs, insbesondere der Marktverhältnisse beziehen, wenn über den Wechsel des Unternehmensinhabers hinaus keine Veränderungen der Marktverhältnisse erfolgen[912]. Teilweise wird jedoch auch von einer generellen Wettbewerbsförderlichkeit von Unternehmensveräußerungsverträgen ausgegangen[913]. Derartige Verträge sind jedoch nicht als per se wettbewerbsförderlich zu betrachten. Um eine mögliche positive Auswirkung eines Unternehmensveräußerungsvertrags auf den Wettbewerb feststellen zu können, muss auf die speziellen Vertragsmodalitäten im Einzelfall abgestellt werden. So muss unterschieden werden zwischen einem vollständigen Unternehmensverkauf, dem nur teilweisen Verkauf sowie dem Verkauf und anschließender Stilllegung beziehungsweise dem Abkauf von Wettbewerb[914]. Für die Bestimmung der Vorteilhaftigkeit im Sinne des Art. 81 Abs. 3 EG darf nur auf die objektiven Vorteile und die wirtschaftliche Bedeutung von Effizienzgewinnen abgestellt werden. Der subjektive Standpunkt der beteiligten Parteien ist nicht maßgeblich[915].
Die Veräußerung von Unternehmensteilen kann insofern als wettbewerbsvorteilhaft betrachtet werden als etwa durch den Verkauf beiden Unternehmen ein geschäftliches Überleben möglich ist oder Synergieeffekte entstehen, was ohne Transaktion nicht der Fall gewesen wäre. Hinsichtlich der Veräußerung des vollständigen Unternehmens kommt es zwar zunächst nur zu einer Geschäftsverlagerung vom Verkäufer, der durch ein Wettbewerbsverbot an einer weiteren Tätigkeit gehindert ist, zum Käufer[916]. Nach Ablauf des zeitlich befristeten Wettbewerbsverbots ist dem Verkäufer jedoch häufig ein Wiedereinstieg möglich, was auch gerade durch die Notwendigkeit einer zeitweisen Wettbewerbsverbotsvereinbarung ausgedrückt wird. Als wettbewerbsneutral wäre allenfalls der Fall zu bezeichnen, in dem der Veräußerer keine Tätigkeit, auch nach Ablauf des Wettbewerbsverbots, mehr aufnimmt und insofern keine Unternehmensvermehrung stattfindet, sondern nur der status quo verbunden mit einem Wechsel der Eigentumsverhältnisse gesichert wird, so dass die Marktverhältnisse nicht beeinträch-

[911] Schröter, in: G/ T/ E, Kommentar zum EU-/ EG- Vertrag, Bd. 2/ I, Art. 85 Abs. 1 EGV Rdn. 84; Weiß, in: Callies/ Ruffert, EUV/ EGV, Art. 81 EG Rdn. 116; Stockenhuber, in: Grabitz/ Hilf, EGV, Art. 81 EG Rdn. 150.
[912] So überzeugend Lammel, AcP 189 (1989), 244 (282).
[913] Von der Vorteilhaftigkeit eines Unternehmensveräußerungsvertrags ohne weitere Begründung ausgehend, EuGHE 1985, 2545 (2571) Rdn. 19, Rs. 42/84 – RemiaBV u.a./ Kommission; Reymann, Immanente Schranken des europäischen Kartellverbots, S. 323.
[914] Lammel, AcP 189 (1989), 244 (281); auf den Einzelfall abstellend auch Stockenhuber, in: Grabitz/ Hilf, EGV, Art. 81 EG Rdn. 150.
[915] Kommission, ABl. 2004 C 101/97 (107) Rdn. 49, 50, vom 27.4.2004 – Bekanntmachung der Kommission über Leitlinien zur Anwendung von Art. 81 Abs. 3 EG.
[916] Stockenhuber, in: Grabitz/ Hilf, EGV, Art. 81 EG Rdn. 150.

tigt werden[917]. Eine Wettbewerbsverschlechterung ist in dem Fall denkbar, in dem ein Unternehmen veräußert wird, um es anschließend still zu legen und so weder der Veräußerer noch der Erwerber mit dem Unternehmen weiter am Markt tätig bleibt. In den übrigen Konstellationen ist der Unternehmensveräußerungsvertrag vorwiegend durch Wettbewerbsvorteilhaftigkeit geprägt[918], so dass innerhalb des Abwägungsprozesses des Art. 81 Abs. 3 EG hinsichtlich vereinbarter Abreden die Vorteilhaftigkeit der Hauptmaßnahme durchschlagen kann, da im Rahmen des Art. 81 Abs. 3 EG die als solche nicht anerkannte Nebenabrede gemeinsam mit der Hauptmaßnahme geprüft wird[919].

b) Verbraucherbeteiligung

Die Verbraucher müssen an dem Gewinn angemessen beteiligt werden in dem Sinne, dass der einer Vereinbarung entspringende Vorteil den Nachteil, der mit der Wettbewerbsbeschränkung verbunden ist, für sie überwiegt[920]. Unter den Begriff des Gewinns fallen nicht nur finanzielle Vorteile, sondern auch solche anderer Art wie etwa ein erweitertes Angebot[921], Qualität der Waren oder auch die Schaffung von Arbeitsplätzen[922]. Als Verbraucher gelten dabei nicht nur die Endabnehmer, sondern auch mittelbare Abnehmer wie etwa Zwischenhändler oder Hersteller von Zwischenerzeugnissen[923].

So beurteilte das EuG in dem Verfahren *Métropole télévision* die dort vereinbarte Ausschließlichkeits- und Spartenklausel in ihren Auswirkungen als günstig für die Verbraucher, da es zu einer Erweiterung des Angebots und zur Entwicklung neuer Dienste unter Einsatz einer neuen Technologie komme sowie zu einem harten Konkurrenzkampf zwischen dem neu gegründeten Gemeinschaftsunternehmen und seinen Konkurrenten[924].

Auch durch den Verkauf eines Unternehmens oder Teilen davon sind im jeweiligen Einzelfall Gewinne für die Verbraucher denkbar. So ist eine Erweiterung des Angebots beziehungsweise die Verbesserung der Qualität der Waren durch die Unternehmensumstrukturierung möglich. Auch kann es zu dem Erhalt von Arbeitsplätzen kommen sowie zu einem härteren oder effektiveren Konkurrenzkampf, der positive Impulse für

---

[917] Lammel, AcP 189 (1989), 244 (282).

[918] Reymann, Immanente Schranken des europäischen Kartellverbots, S. 324.

[919] EuGE 2001, 2459 (2510) Rdn. 149, Rs. T 112/99 – Métropole télévision.

[920] Kommission, ABl. 2004 C 101/97 Rdn. 83 ff., vom 27.4.2004 – Bekanntmachung der Kommission über Leitlinien zur Anwendung von Art. 81 Abs. 3 EG; Schröter, in: Schröter/ Jakob/ Mederer, Europ. Wettbewerbsrecht, Art. 81 Abs. 3 EG Rdn. 354; Bunte, in: Langen/ Bunte, Kartellrecht, Bd. 1, Art. 85 EGV Rdn. 137.

[921] Schröter, in: Schröter/ Jakob/ Mederer, Europ. Wettbewerbsrecht, Art. 81 Abs. 3 EG Rdn. 353 Fn. 1514 mit Verweis auf zahlreiche Kommissionsentscheidungen.

[922] Kommission, ABl. 1993 L 20/14 (19), vom 28.1.1993 - Ford/ Volkswagen.

[923] Bunte, in: Langen/ Bunte, Kartellrecht, Bd. 1, Art. 85 EGV Rdn. 137.

[924] EuGE 2001, 2459 (2508) Rdn. 144, Rs. T 112/99 – Métropole télévision.

die Verbraucher haben kann, insbesondere bezüglich der von den Unternehmen verfolgten Preispolitik. Diese Folgen treten jedoch erst verspätet ein, aufgrund der Vereinbarung eines Wettbewerbsverbots, so dass insoweit das Verbot hinsichtlich seines sachlichen, zeitlichen und örtlichen Umfangs im jeweiligen Einzelfall bezüglich der Wettbewerbssituation zu begrenzen ist[925]. Die nur teilweise Unternehmensübertragung geht für den Abnehmer grundsätzlich mit einer, nach Ablauf des Wettbewerbsverbots, verbundenen Angebotsverdopplung einher, wohingegen eine Stilllegung des erworbenen Unternehmens, bei vereinbartem Wettbewerbsverbot, zu einer Eliminierung des Angebots führt, da der Erwerber aufgrund der Stilllegung nicht mehr am Wettbewerbsgeschehen teilnimmt, der Veräußerer aufgrund des Wettbewerbsverbots. Wird das Unternehmen vollständig veräußert, so ist der Nachfrager nach Ablauf des Wettbewerbsverbots mit einem aktuellen und einem potentiellen Anbieter konfrontiert. Im Falle der Unternehmensstilllegung bedarf die bloße Vereinbarung des Wettbewerbsverbots beziehungsweise sein erlaubter Umfang einer eingehenderen Prüfung hinsichtlich der Beteiligung der Verbraucher an der Wettbewerbsförderlichkeit. Auch wenn die Wettbewerbsförderlichkeit für die beteiligten Vertragsparteien vorliegt, ist damit nicht automatisch auch die Außenwirkung des Verhaltens mit Vorteilen für die Verbraucher verbunden[926].

c) Unerlässlichkeit

Das Merkmal der Unerlässlichkeit beinhaltet den Grundsatz der Verhältnismäßigkeit[927], wonach sich die Wettbewerbsbeschränkungen in ihrem Gegenstand, Inhalt und ihren Auswirkungen im Rahmen dessen halten müssen, was zur Zielerreichung als unbedingt erforderlich zu betrachten ist[928]. Insofern findet auch im Rahmen des Art. 81 Abs. 3 lit. a) EG eine Beschränkung der zulässigen Vereinbarungen auf das unerlässlich notwendige statt, vergleichbar der geforderten Funktionsnotwendigkeit von Nebenabreden bei Art. 81 Abs. 1 EG. Anders als dort wird bei Art. 81 Abs. 3 EG jedoch der wirtschaftliche und rechtliche Kontext der Hauptmaßnahme und der damit in unmittelbarem Zusammenhang stehenden Vereinbarungen, sprich die Marktsituation untersucht, so dass etwa die erfolgreiche Marktetablierung oder das Erreichen der Rentabilitätsgrenze berücksichtigt werden können, was bei der Nebenabredenuntersuchung in Art. 81 Abs. 1 EG abgelehnt wird[929]. Aus diesem Grunde bereitet auch die Berücksichtigung von Marktmachtwirkungen im Rahmen des Art. 81 Abs. 3 EG keine Prob-

---

925 Lammel, AcP 189 (1989), 244 (283).
926 Lammel, AcP 189 (1989), 244 (282- 285).
927 Schröter, in: von der Groeben/ Schwarze, Kommentar zum EU- /EG- Vertrag, Bd. 2, Art. 81 Abs. 3 EG Rdn. 304; Sauter, in: Immenga/ Mestmäcker, EG- Wettbewerbsrecht, Bd. 1, Art. 85 Abs. 3 EGV Rdn. 1; ausführlich zum Begriff der Unerlässlichkeit, siehe oben, 2. Teil B. III. 2. c) bb)
928 Kommission, ABl. 2004 C 101/97 Rdn. 73 ff., vom 27.4.2004 – Bekanntmachung der Kommission über Leitlinien zur Anwendung von Art. 81 Abs. 3 EG; Schröter, in: Schröter/ Jakob/ Mederer, Europ. Wettbewerbsrecht, Bd. 1, Art. 81 Abs. 3 EG Rdn. 355.
929 EuGE 2001, 2459 (2508, 2509) Rdn. 145, Rs. T 112/99 – Métropole télévision.

leme. Sollten Vereinbarungen eine marktbeherrschende Stellung hervorrufen oder verstärken, so können sie als nicht unerlässlich betrachtet werden. Zwar erscheint es naheliegend, dass einige Vereinbarungen, die innerhalb der Nebenabredenprüfung die Grenzen des sachlich, zeitlich und räumlich Erforderlichen überschritten haben, auch als nicht unerlässlich im Rahmen von Art. 81 Abs. 3 EG anzusehen sind[930]. Zu beachten ist jedoch, dass die Prüfung nach Art. 81 Abs. 3 EG umfassender ist, da auch die Marktsituation untersucht wird und die Vereinbarungen etwa für eine erfolgreiche Marktetablierung unerlässlich sein können, wohingegen sie für die strikte Durchführung der Unternehmenstransaktion als nicht funktionsnotwendig anzusehen waren. Das bloße Ziel der Optimierung der Erfolgsaussichten eines Unternehmens wird jedoch auch den in Art. 81 Abs. 3 EG genannten Ansprüchen nicht genügen[931].

d) Wettbewerbsausschaltung

Eine Vereinbarung kann nicht als erlaubt nach Art. 81 Abs. 3 lit. b) EG angesehen werden, wenn sie zu einer Ausschaltung des Wettbewerbs für einen wesentlichen Teil der betreffenden Waren führt. Hierbei wird insbesondere untersucht, welche Marktstellung die Unternehmen auf dem relevanten Markt einnehmen und wie sich die Marktverhältnisse durch die Absprache verändern[932]. Insbesondere an dieser Stelle kann festgestellt werden, ob eine Vereinbarung zu der Entstehung oder Verstärkung einer marktbeherrschenden Stellung führt, so dass insbesondere in diesem Fall das Eingreifen von Art. 81 Abs. 3 EG zu verneinen ist[933]. Die Rechtfertigung eines Wettbewerbsverbots ist bei Erreichen einer möglichen Monopolstellung wohl nicht mehr möglich[934].

V. Zwischenergebnis zur Behandlung von Wettbewerbsverboten nach Art. 81 EG

Wettbewerbsverbote in Unternehmensveräußerungsverträgen gehören zu den Vereinbarungen, die der Ermöglichung und Absicherung eines Austauschvertrags dienen und insofern zur Wettbewerbsbelebung beitragen[935]. Grundsätzlich erfasst der Wortlaut des Art. 81 Abs. 1 EG jedoch alle wettbewerbsbeschränkenden Vereinbarungen, ohne dass er Spielraum für die Ausnahme bestimmter Vereinbarungen aus dem generellen Verbot des Absatzes 1 ließe. Daher hat man neben der restriktiven Auslegung von Tatbestandsmerkmalen eine Auslegung der Norm hinsichtlich etwaiger Tatbestandsrestrikti-

---

[930] Gleiss/ Hirsch, Komm. zum EG- Kartellrecht, Art. 85 (1) EGV Rdn. 618; Kommission, ABl. 1983 L 376/22 (28) Rdn. 40, vom 31.12.1983 – Nutricia.

[931] Kommission, ABl. 1983 L 376/22 (28) Rdn. 40, vom 31.12.1983 – Nutricia.

[932] Schröter, in: Schröter/ Jakob/ Mederer, Europ. Wettbewerbsrecht, Art. 81 Abs. 3 EG Rdn. 366.

[933] Schröter, in: Schröter/ Jakob/ Mederer, Europ. Wettbewerbsrecht, Art. 81 Abs. 3 EG Rdn. 366; Bunte, in: Langen/ Bunte, Kartellrecht, Art. 85 EGV Rdn. 143.

[934] Lammel, AcP 189 (1989), 244 (280).

[935] Wegener, in: Callies/ Ruffert, EUV/ EGV, Art. 220 EG Rdn.

onen durch systematische und teleologische Erwägungen erfolgen lassen, wobei immer auf die gemeinschaftsrechtsspezifischen Besonderheiten geachtet werden muss, insbesondere auf die in Art. 2 EG verankerte allgemeine Integrationsaufgabe[936]. Als Ausgangspunkt einer teleologisch- systematischen Auslegung ist vorwiegend das Tatbestandsmerkmal der „Verhinderung, Einschränkung oder Verfälschung des Wettbewerbs“ in Art. 81 Abs. 1 EG, sprich die Wettbewerbsbeschränkung gewählt worden[937], wobei von dem in Art. 3 Abs. 1 lit. g) EG verankerten Ziel des Wettbewerbsschutzes auszugehen ist[938]. Hinsichtlich des Begriffs der Wettbewerbsbeschränkung ist der Wortlaut der Vorschrift zu weit gefasst. Zwar liegt dem Begriff der Wettbewerbsbeschränkung ebenso wie der Vorschrift insgesamt das Schutzgut Wettbewerb zugrunde, jedoch wird der offene Rechtsbegriff des Wettbewerbs aufgrund der Schwierigkeiten seiner Umschreibung negativ festgestellt, indem wettbewerbsbeschränkende Verhaltensweisen und Zustände beschrieben werden[939].
Die im Rahmen der teleologischen Auslegung vorgebrachten Konzepte der Markterschließungsdoktrin beziehungsweise der Wettbewerbseröffnungstheorie stützen sich auf Argumente, die in Art. 81 Abs. 3 EG zu verorten sind[940]. Die der Markterschließungsdoktrin zugrunde liegende Auffassung der Ausnahme solcher Vereinbarungen aus dem Kartellverbot, die der Erschließung neuer Märkte oder der Einführung neuer Produkte dienen, unterfällt dem Kriterium des Beitrags zur Verbesserung der Warenerzeugung oder –verteilung oder der Förderung des technischen oder wirtschaftlichen Fortschritts[941]. Insbesondere bei der hier vorzunehmenden Abwägung der Vor- und Nachteile einer Vereinbarung ist der Aspekt der Markterschließung als wettbewerbsförderlich systematisch korrekt in die Prüfung einzustellen[942]. Dort ist anerkannt, dass eine neue Markterschließung sogar sehr weitreichende Wettbewerbsbeschränkungen rechtfertigen kann[943]. Für eine Verortung der Markterschließungsdoktrin in den Art. 81 Abs. 3 EG spricht des Weiteren, dass zur Bestimmung der Erforderlichkeit der Markteröffnung der konkrete Marktkontext, also die genauen Marktverhältnisse, insbesondere die Marktstruktur zu prüfen sind und dies insbesondere für die Voraussetzungen des

---

[936] Fritzsche, ZHR 160 (1996), 31 (52); ausführlich dazu, siehe oben, 2. Teil C. III. V. 2. a)
[937] Reymann, Immanente Schranken des europäischen Kartellverbots, S. 37; anders, Caspar, Wettbewerbliche Gesamtwürdigung, S. 24, die eine Verkürzung des Tatbestands des Art. 81 Abs. 1 EG lediglich als eine Auslegung betrachtet, mangels Vorliegens einer Gesetzeslücke, da Art. 81 Abs. 1 EG alle Beschränkungen erfasst.
[938] Terhechte, Ungeschriebene Tatbestandsmerkmale des europäischen Wettbewerbsrechts, 2003, S. 78, der den Vorrang der teleologischen Auslegung im Bereich des Wettbewerbsrechts hervorhebt.
[939] Sogenannte „Theorie der Wettbewerbsbeschränkung“: Möschel, Recht der Wettbewerbsbeschränkungen, 1983, S. 59.
[940] Roth/ Ackermann, in: FK, Art. 81 Abs. 1 EG – Grundfragen, Rdn. 168 ff., 172.
[941] Schröter, in: Schröter/ Jakob/ Mederer, Europ. Wettbewerbsrecht, Art. 81 Abs. 3 EG Rdn. 346; Bunte, in: Langen/ Bunte, Kartellrecht, Bd. 1, Art. 85 EGV Rdn. 134.
[942] Gleiss/ Hirsch, Komm. zum EG- Kartellrecht, Art. 85 Abs. 1 EGV Rdn. 261.
[943] Schröter, in: von der Groeben/ Schwarze, Kommentar zum EU-/ EG- Vertrag, Bd. 2, Art. 81 Abs. 3 EG Rdn. 310.

Absatzes 3 zu geschehen hat[944]. Darüber hinaus sollten jegliche Abwägungsvorgänge dem Art. 81 Abs. 3 EG vorbehalten sein aufgrund der eindeutigen Struktur der Vorschrift sowie aus Gründen der Rechtsklarheit und Rechtssicherheit für die Unternehmen[945]. Dies insbesondere aufgrund der neuen Kartellverfahrensverordnung (EG) Nr. 1/2003, wonach insbesondere verfahrensrechtliche Argumente für eine Beibehaltung der immanenten Tatbestandseinschränkungen entfallen[946]. Die bisher unterschiedliche Zuständigkeit für das Kartellverbot des Absatzes 1 und das Freistellungsmonopol der Kommission für Absatz 3 ist mit Inkrafttreten der neuen Verordnung weggefallen, da nunmehr der gesamte Art. 81 EG auch von nationalen Behörden und Gerichten unmittelbar anzuwenden ist aufgrund der Umgestaltung zu einem Legalausnahmesystem[947]. Gerade diese neue dezentralisierte Anwendung des kompletten Art. 81 EG erfordert eine deutliche Kontur der Vorschrift, damit diese auch weiterhin ihre praktische Wirksamkeit behalten kann[948]. Hinzu kommt, dass die Unternehmen nunmehr selbst vorab zu bestimmen haben, ob ihre Vereinbarungen dem Absatz 1 unterfallen oder womöglich nach Absatz 3 als erlaubt anzusehen sind, was zu einer Gesamtbetrachtung des Art. 81 EG führt[949]. Insofern sollten die nur schwer greifbaren Ansätze zu tatbestandsimmanenten Einschränkungen zugunsten der gesetzlich vorgesehenen Ausnahmevorschrift des Art. 81 Abs. 3 EG eingeschränkt werden mit der damit verbundenen höheren Rechtssicherheit für die beteiligten Unternehmen[950]. Dies insbesondere vor dem Hintergrund, dass die gedanklichen Ansätze der Markterschließungs- beziehungsweise Wettbewerbseröffnungstheorie in der Ausfüllung der Tatbestandsmerkmale des Art. 81 Abs. 3 EG wieder zu finden sind.

Zustimmung verdient hingegen die Übertragung des Konzepts der Nebenabreden aus der FKVO als eine teleologische Auslegung des Art. 81 Abs. 1 EG[951]. Obwohl der hinter der Nebenabredendoktrin europäischer Prägung stehende Rechtsgedanke sich ebenso als Grundlage der aus dem amerikanischen Rechtskreis stammenden ancillary restraints-Doktrin darstellt, ist die europäische Nebenabredendoktrin als eigenständiges Konzept zu verstehen. Gegen eine Übernahme der ancillary restraints-Doktrin sprechen gesetzessystematische und wettbewerbspolitische Aspekte[952]. Zum einen steht die ancillary restraints Lehre in engem Zusammenhang mit der rule of reason, deren Übertragung die Struktur des Art. 81 EG entgegensteht[953]. Des Weiteren sind ancillary restraints mit anderen Begriffen des amerikanischen Wettbewerbsrechts wie

944 Roth/ Ackermann, in: FK, Art. 81 Abs. 1 EG – Grundfragen, Rdn. 172.
945 EuGE 2001, 2459 (2488) Rdn. 74, Rs. T 112/ 99 – Métropole télévision.
946 Reymann, Immanente Schranken des europäischen Kartellverbots, S. 27.
947 Erwägungsgrund 4 zur neuen VO (EG) Nr. 1/2003, ABl. 2003 L 1/1 (1), vom 4.1.2003.
948 Terhechte, Ungeschriebene Tatbestandsmerkmale des europäischen Wettbewerbsrechts, S. 235; Reymann, Immanente Schranken des europäischen Kartellverbots, S. 27.
949 Lampert/ Niejahr/ Kübler/ Weidenbach, EG- KartellVO, Art. 1 Rdn. 9 ff.
950 Ausführlich dazu, Reymann, Immanente Schranken des europäischen Kartellverbots, 2004.
951 Ausführlich dazu, siehe oben, 2. Teil C. V. 2.
952 Ausführlich dazu, siehe oben, 2. Teil C. V. 1. d) bb)
953 EuGE 2001, 2459 (2487) Rdn. 72 ff., Rs. T 112/99 – Métropole télévision.

etwa den naked restraints eng verbunden und sollten daher nicht isoliert übertragen werden. Zum anderen befinden sich im Mittelpunkt des europäischen Wettbewerbsrechts die im EG- Vertrag verankerten Ziele, insbesondere die zentrale Aufgabe der Schaffung und Erhaltung eines Binnenmarkts[954], der jedoch in den USA bereits seit langer Zeit besteht. Festzuhalten bleibt, dass der hinter beiden Systemen stehende Rechtsgedanke identisch ist, die einzelnen Konzepte jedoch aus gesetzessystematischen und wettbewerbspolitischen Gründen eigenständig sind. Zwar können gegenseitig Impulse von beiden Konzepten ausgehen aufgrund der sich stetig fortentwickelnden internationalen Verzahnung von Systemen bedingt durch die Globalisierung der Wirtschaft[955], jedoch ist damit nicht zwingend eine Übernahme des amerikanischen Konzepts verbunden.

Die Entwicklung eines europäischen Konzepts der Nebenabreden wurde angestoßen durch die Aussagen des EuGH in seiner Entscheidung *Remia*[956] und festgeschrieben in der später entwickelten FKVO[957]. Von dort aus ist es fortentwickelt[958] und wieder auf den Bereich des Art. 81 EG ausgedehnt worden[959]. Dabei wird im Rahmen des Art. 81 Abs. 1 EG streng auf die Funktionsnotwendigkeit von Nebenabreden für die Durchführung der Hauptmaßnahme abgestellt und eine Beurteilung der Marktsituation unterlassen[960]. Insofern werden abwägende Gesichtspunkte aus der Prüfung im Rahmen des Art. 81 Abs. 1 EG herausgehalten[961]. Aus diesem Grunde fügt sich das Konzept der Nebenabreden problemlos in die Systematik des Art. 81 EG ein, da zunächst nach Art. 81 Abs. 1 EG Vereinbarungen nur nach den Nebenabredenkriterien der unmittelbaren Verbundenheit und Funktionsnotwendigkeit untersucht werden, bevor bei Nichterfüllen der Voraussetzungen eine Prüfung nach Art. 81 Abs. 3 EG vorgenommen wird mit der dort vorgesehenen Berücksichtigung der Marktsituation und der dort vorzunehmenden wettbewerblichen Bilanz. Zu beachten ist, dass die Unternehmen sich bei der vorzunehmenden Gesamtbetrachtung des Art. 81 EG mit zwei Begriffen der Notwendigkeit beschäftigen müssen, bei Art. 81 Abs. 1 EG mit der Funktionsnotwendigkeit und bei Art. 81 Abs. 3 EG mit der Unerlässlichkeit einer Vereinbarung. Zwar ist zur Ausfüllung des Kriteriums der Notwendigkeit auf den Begriff der Unerlässlichkeit in Art. 81 Abs. 3 lit. a) EG abgestellt worden, insbesondere bezüglich der vergleichbaren Struktur der Nebenabredenbekanntmachung mit der Vertikal-GVO und der Orientierung an den zu dem Merkmal der Unerlässlichkeit ergangenen Entscheidungen, jedoch

---

[954] Die „Errichtung eines Gemeinsamen Marktes" ist in Art. 2 EG als Aufgabe der Gemeinschaft aufgestellt.

[955] Fleischer/ Körber, WuW 2001, 6 (19).

[956] EuGHE 1985, 2545, Rs. 42/84 – RemiaBV u.a./ Kommission.

[957] Art. 6 und 8 FKVO.

[958] In mittlerweile mehr als 1500 Entscheidungen der Kommission zu Nebenabreden, Rosenthal, EuZW 2004, 327 (332).

[959] Ausdrücklich in EuGE 2001, 2459, Rs. T 112/99 – Métropole télévision.

[960] EuGE 2001, 2459 (2498) Rdn. 107, 109, Rs. T 112/99 – Métropole télévision.

[961] Kommission, ABl. 2004 C 101/97 (101) Rdn. 29, 30, vom 27.4.2004 – Bekanntmachung der Kommission zu Leitlinien zur Anwendung von Art. 81 Abs. 3 EG.

ist ein wesentlicher Unterschied zwischen den Begriffen in ihrem jeweiligen Zusammenhang festgestellt worden, da zur Bestimmung der Unerlässlichkeit im Sinne des Art. 81 Abs. 3 EG auch immer eine Angemessenheitsprüfung zu den mit der Vereinbarung einhergehenden positiven Auswirkungen stattfindet, die jedoch für die Notwendigkeitsbestimmung von Nebenabreden gerade abgelehnt wird. Bezüglich der Erforderlichkeit einer Nebenabrede finden vielmehr die Gedanken des Vorliegens eines potentiellen Wettbewerbsverhältnisses Anwendung. Der sachlich, zeitlich und örtlich erforderliche Umfang eines Wettbewerbsverbots wird jeweils im Hinblick auf das Bestehen aktuellen oder potentiellen Wettbewerbs auf dem jeweiligen Markt bestimmt. So wird der räumliche Geltungsbereich „auf das Gebiet beschränk(t), in dem der Veräußerer die betreffenden Waren oder Dienstleistungen bereits vor der Unternehmensübertragung angeboten hat, da der Erwerber in Gebieten, in denen der Veräußerer zuvor nicht präsent war, nicht geschützt zu werden braucht“[962]. Ebenso „müssen sich die Wettbewerbsverbote auf die Waren (...) und Dienstleistungen beschränken, die den Geschäftsgegenstand des übertragenen Unternehmens bilden“. Demgegenüber wird „der Schutz des Erwerbers vor dem Wettbewerb des Veräußerers in Produkt- oder Dienstleistungsmärkten, in denen das zu übertragende Unternehmen vor der Übertragung noch nicht tätig war, (...) als unnötig erachtet“[963]. Die Möglichkeit potentiellen Wettbewerbs liegt daher den Bestimmungen des zulässigen Umfangs eines Wettbewerbsverbots zugrunde und unterscheidet sich je nach Sachlage, ob ein vollständiger oder teilweiser Verkauf, der Abkauf von Wettbewerb oder eine Stilllegung des Unternehmens erfolgt[964].

Kann eine Vereinbarung an der Privilegierung als Nebenabrede zu einer Unternehmenstransaktion nicht partizipieren, so unterfällt sie dann wie jede andere Vereinbarung auch dem Art. 81 Abs. 1 EG mit der Möglichkeit der Erlaubnis nach Art. 81 Abs. 3 EG. Erst bei dem Begriff der Unerlässlichkeit wird eine umfassende Marktanalyse vorgenommen, da hier eine wettbewerbliche Bilanz der Vor- und Nachteile einer Vereinbarung getroffen wird.

Auch die Berücksichtigung der von Nebenabreden möglicherweise ausgehenden Marktmachtwirkungen stellt im Rahmen des Art. 81 EG kein Problem dar, da Marktmachtwirkungen zum einen bereits im Rahmen der sachlichen, zeitlichen und räumlichen Erforderlichkeit berücksichtigt werden und bei zu großen von ihnen ausgehenden Marktmachtwirkungen die Erforderlichkeit abgelehnt werden kann. Ist dies der Fall, so kann im Anschluss nach Art. 81 Abs. 3 EG geprüft werden, ob nicht trotz marktbeeinträchtigender Wirkung positive Aspekte der Vereinbarung überwiegen.

Insofern stellt das Konzept der Nebenabreden eine klar umrissene Vorgehensweise zur Behandlung von Nebenabreden im Bereich des Art. 81 EG dar, welche insbesondere

[962] Kommission, ABl. 2005 C 56/24 (27) Rdn. 22, vom 5.3.2005 – Bekanntmachung über Einschränkungen.

[963] Kommission, ABl. 2005 C 56/24 (28) Rdn. 23, vom 5.3.2005 – Bekanntmachung über Einschränkungen.

[964] Ausführlich dazu, siehe oben, 2. Teil C. V. 1. b)

unter Beachtung der nach der neuen Kartellverfahrensverordnung notwendigen Selbsteinschätzung der Unternehmen gegenüber den anderen tatbestandsimmanenten Einschränkungen des Kartellverbots als vorzugswürdig erscheint.

D. Ergebnis von Teil 2: Behandlung von Wettbewerbsverboten im europäischen Recht

Wie die vorangegangene Bearbeitung gezeigt hat, können Wettbewerbsverbote zu Unternehmensveräußerungen im gesamten europäischen Kartellrecht anhand des in der europäischen Fusionskontrollverordnung verankerten Konzepts der Nebenabreden behandelt werden.

Grundsätzlich unterfallen Unternehmenskaufverträge mit vereinbarten Wettbewerbsverboten den Vorschriften der FKVO, mit der Folge, dass die zusätzlich vereinbarten wettbewerbsbeschränkenden Vereinbarungen anhand der Art. 6 Abs. 1 lit. b) UAbs. 2 und Art. 8 Abs. 1 UAbs. 2, Abs. 2 UAbs. 3 FKVO bei Erfüllen der Kriterien an der Genehmigung des Zusammenschlusses durch die Kommission partizipieren. Dabei erfolgt nach von der Kommission geändertem Verfahren keine ausdrückliche Entscheidung mehr über Nebenabreden, sondern die anmeldenden Unternehmen müssen im Wege der Selbsteinschätzung bestimmen, ob die zusätzlichen Abreden den Nebenabredenkriterien genügen. Nur bei neuen oder ungelösten Fragen, die zu ernsthafter Rechtsunsicherheit führen, haben die Unternehmen die Möglichkeit, einen Antrag an die Kommission auf Entscheidung über die Nebenabreden zu stellen[965]. Zuständig sind bei Streitigkeiten über die Zulässigkeit von Nebenabreden neuerdings die mitgliedstaatlichen Gerichte[966]. Die materielle Zulässigkeit der Nebenabreden richtet sich nach den Kriterien der unmittelbaren Verbundenheit und der Notwendigkeit, deren Auslegungskriterien in der Bekanntmachung der Kommission zu Einschränkungen niedergelegt sind[967]. Im Zentrum der Prüfung steht die Funktionsnotwendigkeit der Nebenabreden für die Durchführung eines Zusammenschlusses sowie die Begrenzung des sachlichen, zeitlichen und räumlichen Umfangs auf das Erforderliche im Sinne der mildesten Alternative[968]. Herausgearbeitet wurde, dass die Zulässigkeit funktionsnotwendiger Nebenabreden Grenzen unterliegt, die dann überschritten werden, wenn negative Marktstrukturwirkungen mit den Nebenabreden verbunden sind, in dem Sinne, dass sie zu einer erheblichen Behinderung des Wettbewerbs, insbesondere der Begründung oder Verstärkung einer marktbeherrschenden Stellung beitragen. Zur Einhaltung dieser Grenzen dient zum einen das Merkmal der Erforderlichkeit, das jedoch nicht immer ausreichend ist, da trotz Reduzierung der Nebenabrede negative Auswirkungen bestehen bleiben können. Ist dies der Fall, so kann von Seiten der Kommission der Zusam-

---

[965] Erwägungsgrund 21 zur FKVO, ABl. 2004 L 24/1 (3), vom 29.1.2004.

[966] Kommission, ABl. 2005 C 56/24 (24) Rdn. 2, vom 5.3.2005 – Bekanntmachung über Einschränkungen.

[967] Kommission, ABl. 2005 C 56/24, vom 5.3.2005 – Bekanntmachung über Einschränkungen.

[968] Kommission, ABl. 2005 C 56/24 (26) Rdn. 13, vom 5.3.2005 – Bekanntmachung über Einschränkungen.

menschluss nach Art. 2 Abs. 3 FKVO untersagt werden, denn grundsätzlich ist es unerheblich, ob aufgrund des Zusammenschlusses an sich oder verbundener Nebenabreden die negative Marktstrukturwirkung hervorgerufen wird[969]. Besteht hingegen nur Streit über die Zulässigkeit von Nebenabreden und ist ein Verfahren vor einem nationalen Gericht anhängig, so kann es nur die Nebenabreden für unzulässig erklären, was es jedoch regelmäßig dann nicht aussprechen wird, wenn die in der Verordnung niedergelegten Kriterien erfüllt sind. Dahin gehend ist, vergleichbar der Regelung in Art. 29 VO (EG) Nr. 1/2003, vorgeschlagen worden, den nationalen Gerichten auch im Bereich der Nebenabreden eine solche Möglichkeit zu eröffnen, um einer Vereinbarung das Nebenabredenprivileg entziehen zu können[970]. Abschließend ist auf die Möglichkeit der Einstellung von Nebenabreden in die Prüfung nach Art. 2 Abs. 1 lit. a) FKVO hingewiesen worden zwecks Berücksichtigung von ihnen ausgehender positiver Wirkungen.

Gelangt man neben der FKVO dennoch zu einer Anwendung des Art. 81 EG, sei es weil die Schwellenwerte des Art. 1 FKVO nicht überschritten worden sind[971], sei es weil kein Zusammenschlusstatbestand nach Art. 3 FKVO vorliegt, so findet auch hier das Konzept der Nebenabreden als eine Form der teleologischen Auslegung des Art. 81 Abs. 1 EG Anwendung. Wie die Analyse der anderen zwecks einer tatbestandsimmanenten Einschränkung von Art. 81 Abs. 1 EG vorgebrachten Ansätze der kartellrechtlichen Literatur ergeben hat, sind diese teilweise, so die Wettbewerbseröffnungs- und Markterschließungsdoktrin, systematisch korrekt in Art. 81 Abs. 3 EG einzustellen beziehungsweise finden sich im Konzept der Nebenabreden wieder, so etwa das Erfordernis des Vorliegens eines potentiellen Wettbewerbsverhältnisses. Hinsichtlich einer Rezeption der ancillary restraints-Doktrin aus dem US- amerikanischen Kartellrecht wurde festgestellt, dass ihr gesetzessystematische und wettbewerbspolitische Gründe entgegenstehen, so dass es sich bei dem Konzept der Nebenabreden um eine eigenständige, aus dem europäischen Recht heraus entwickelte Auslegungsvariante handelt. Bei der Untersuchung der verfahrens- und materiellrechtlichen Voraussetzungen des Konzepts in Art. 81 EG wurde herausgearbeitet, dass in verfahrensrechtlicher Hinsicht die Möglichkeit einer Antragstellung auf Entscheidung über die Zulässigkeit von Nebenabreden im Bereich des Art. 81 EG nicht gegeben ist, mit der diesbezüglichen Folge eingeschränkter Rechtssicherheit der Unternehmen, die eine Entscheidung abwarten müssen, um Klarheit über die Zulässigkeit der Nebenabreden zu erhalten. Bei Betrachtung der materiellrechtlichen Kriterien wurde festgestellt, dass gerade bei der Anwendung des Konzepts im Bereich des Art. 81 EG das Erfordernis einer rein abstrakten Prüfung von Seiten des EuG in den Mittelpunkt der Prüfung gerückt wor-

[969] Dittert, in: Schröter/ Jakob/ Mederer, Europ. Wettbewerbsrecht, Art. 8 FKVO Rdn. 66.

[970] Ausführlich dazu, siehe oben, 2. Teil B. III. 2. d) cc).

[971] Es ist umstritten, ob der Ausschluss der VO (EG) Nr. 1/2003 sowohl für gemeinschaftsweite als auch nicht gemeinschaftsweite Zusammenschlüsse gilt, ausführlich zum Streitstand, siehe oben, 2. Teil C. II. 2.

den ist, konzentriert auf die Funktionsnotwendigkeit der Nebenabreden[972]. Überschreitet eine Nebenabrede im Bereich des Art. 81 EG die für ihre Zulässigkeit bestehenden Grenzen, da mit ihr trotz Erfüllens der Nebenabredenkriterien eine Wettbewerbsbeschränkung einhergeht, so unterfällt sie grundsätzlich dem Kartellverbot. Daneben besteht jedoch die Möglichkeit, bei Erfüllen der Voraussetzungen als nach Art. 81 Abs. 3 EG erlaubt zu gelten, da in seinem Anwendungsbereich die wettbewerbsfördernden Aspekte den wettbewerbsbeeinträchtigenden im Sinne einer wirtschaftlichen Bilanz gegenüber gestellt werden und so die negativen Auswirkungen anhand der positiven überwogen werden können.
Zusammenfassend bleibt festzuhalten, dass Nebenabreden unabhängig von den auf den Unternehmensveräußerungsvertrag anzuwendenden materiellrechtlichen Vorschriften, FKVO einerseits, Art. 81 EG andererseits, immer anhand des Konzepts der Nebenabreden beurteilt werden können, mit der damit einhergehenden gestiegenen Rechtssicherheit für Unternehmen.

Dritter Teil: Das europäische Konzept der Nebenabreden im deutschen Recht

Der folgende Teil der Arbeit befasst sich mit der Analyse der Übertragung des europäischen Konzepts der Nebenabreden in das deutsche Kartellrecht.
Wie bereits zu Beginn der Arbeit einleitend dargestellt, können wettbewerbsbeschränkende zusätzliche Vereinbarungen zu Unternehmenstransaktionen nicht nur den europäischen Vorschriften unterfallen, sondern auch den nationalen Vorschriften der Zusammenschlusskontrolle und des Kartellverbots. Im deutschen Kartellrecht besteht die Besonderheit, dass Nebenabreden nicht wie in der europäischen Fusionskontrollverordnung explizit in den Regelungen zur Zusammenschlusskontrolle erfasst werden, sondern sie als grundsätzlich wettbewerbsbeschränkende Vereinbarungen dem Kartellverbot des § 1 GWB unterfallen. Dahin gehend wird in dem folgenden Teil der Arbeit untersucht, inwiefern die Behandlung von Nebenabreden anhand des europäischen Konzepts der Nebenabreden, vergleichbar der Untersuchung zu Art. 81 EG, auch im deutschen Kartellrecht bei der Vorschrift des § 1 GWB vorzunehmen ist.
Bevor auf die Übertragung im Einzelnen eingegangen wird, werden die Probleme des Anwendungsbereichs des deutschen Kartellrechts gegenüber der europäischen FKVO und dem Art. 81 EG erörtert. Diese resultieren insbesondere aus dem erweiterten Vorrang des europäischen Kartellrechts gemäß Art. 3 Abs. 2 VO (EG) Nr. 1/2003, wodurch der Geltungsbereich des nationalen Kartellrechts erheblich reduziert wird. Daran anschließend wird kurz auf die Erfassung von Unternehmenszusammenschlüssen anhand der §§ 35 ff. GWB eingegangen, bevor die Behandlung von Wettbewerbsverboten gemäß § 1 GWB dargestellt wird. Dabei wird zunächst die Vorgehensweise der Rechtsprechung zur Einschränkung des Tatbestands des § 1 GWB bis zur 7. GWB-Novelle dargestellt, bevor auf die von Seiten der kartellrechtlichen Literatur vorge-

[972] In der Entscheidung EuGE 2001, 2459 ff., Rs. T 112/99 – Métropole télévision.

brachte Möglichkeit anhand der Immanenztheorie zu einer Einschränkung zu gelangen, eingegangen wird. Des Weiteren wird eine mögliche Übertragung der rule of reason beziehungsweise der ancillary restraints-Doktrin als Einschränkungsmethode angesprochen. Schließlich wird auf die mit der 7. GWB-Novelle einhergehenden Änderungen hinsichtlich einer Einschränkung des § 1 GWB eingegangen, bevor abschließend die Übertragung des Konzepts der Nebenabreden anhand des § 23 GWB erarbeitet wird. Sodann wird die neben dem Verstoß gegen § 1 GWB auch mögliche Sittenwidrigkeit von Wettbewerbsverboten nach § 138 BGB erörtert.
Vorab jedoch werden die einschlägigen Rechtsgrundlagen im deutschen Recht überblicksartig dargestellt, bevor auf ihr Verhältnis zueinander im Rahmen der Erörterung des Anwendungsbereichs ausführlich eingegangen wird.

A. Rechtsgrundlagen

Wie bereits erwähnt, sind Nebenabreden im Gegensatz zur europäischen Fusionskontrollverordnung im deutschen Fusionskontrollrecht der §§ 35 ff. GWB nicht explizit geregelt und entgehen insofern einer Privilegierung[973]. Dies ist zum einen historisch zu begründen, aufgrund der fehlenden Behandlung von Nebenabreden zu Zusammenschlüssen von Seiten des Bundeskartellamts, da anders als nach der europäischen FKVO gemäß § 39 GWB bei der Anmeldung eines Zusammenschlusses nicht zwingend die Verträge mit einzureichen sind, aus denen jedoch erst das Vorhandensein zusätzlicher Vereinbarungen hervorgeht[974]. Anzugeben bei der Anmeldung sind nach § 39 Abs. 3 GWB nur die Form des Zusammenschlusses, die beteiligten Unternehmen, deren Firma und Sitz, die Art des Geschäftsbetriebs sowie die Umsatzerlöse und Marktanteile. Da in der deutschen Zusammenschlusskontrolle zudem kein Konzentrationsprivileg besteht, ist eine Anmeldung der Nebenabreden auch nicht mit Genehmigungsvorteilen verbunden. Darüber hinaus findet eine Begründung und Bekanntmachung der Untersagung oder Freistellung eines Zusammenschlussvorhabens nur im förmlichen Hauptprüfungsverfahren nach § 40 Abs. 2 Satz 1 GWB und § 43 Satz 1 Nr. 2 GWB statt, wohingegen im formlosen Vorprüfverfahren nach § 40 Abs. 1 GWB nur eine formlose Verwaltungsmitteilung ohne Bekanntmachung ergeht[975]. Eine kritische Diskussion kann sich jedoch nur entwickeln, wenn Entscheidungen öffentlich werden[976]. Werden jedoch die Zusammenschlussverträge mit eingereicht und erlangt das Bundeskartellamt Kenntnis von den dort vereinbarten zusätzlichen Vereinbarungen, so prüft es diese anhand des § 1 GWB, unabhängig von dem Zusammenschluss, was sich

[973] Schroeder, Nebenabreden in der Fusionskontrolle, S. 122.
[974] Eine Arbeitshilfe für die Anmeldung bietet das Merkblatt des Bundeskartellamtes zur deutschen Fusionskontrolle, abzurufen unter: http://www.bundeskartellamt.de/merkblatt.htm. Darin wird vom Bundeskartellamt vorgeschlagen, dass bei Zusammenschlüssen, die auf Verträgen beruhen, es zweckmäßig sei, beglaubigte Abschriften oder Ablichtungen der Verträge einzureichen. Eine Verpflichtung zur Einreichung der Verträge besteht aber nicht.
[975] Mestmäcker/ Veelken, in: Immenga/ Mestmäcker, GWB, § 40 GWB Rdn. 12 ff.
[976] Mestmäcker/ Veelken, in: Immenga/ Mestmäcker, GWB, § 40 GWB Rdn. 23.

schon alleine aus den zeitlichen Grenzen der gemäß § 40 Abs. 1 Satz 1 GWB vorgesehenen Prüfungsfrist von einem Monat für den angemeldeten Zusammenschluss ergibt. Daneben existieren jedoch zahlreiche gerichtliche Entscheidungen, in denen über die Wirksamkeit von Nebenabreden gestritten wurde. Diese beziehen sich auf eine Prüfung der Nebenabreden anhand des § 1 GWB und des § 138 BGB. Die Entwicklung der Rechtsprechung zu Wettbewerbsverboten ist geprägt von der bisher im deutschen Kartellrecht vorgenommenen Unterscheidung zwischen horizontalen und vertikalen Wettbewerbsbeschränkungen, die zunächst an dem früheren Tatbestandsmerkmal des „gemeinsamen Zwecks" ansetzte und auf das Vorhandensein gleichgerichteter Interessen abstellte sowie auf die in neueren Urteilen anzutreffende Formulierung, ob eine Wettbewerbsbeschränkung „zur Erreichung des kartellrechtsneutralen Hauptzwecks des Vertrags sachlich geboten sei"[977]. Die Literatur entwickelte eigene Ideen zur Ausnahme bestimmter Wettbewerbsbeschränkungen aus dem Tatbestand des § 1 GWB, insbesondere die unter dem Schlagwort der Immanenztheorie bekannte Auslegungsmethode[978]. Inwiefern die Rechtsprechungslinie und die Immanenztheorie auch unter dem neuen System der 7. GWB-Novelle weiterhin gültig bleiben aufgrund der Auflösung der Unterscheidung zwischen Horizontal- und Vertikalvereinbarungen muss in diesem Zusammenhang untersucht werden[979].

Daneben ergibt sich auf zivilrechtlicher Ebene eine Pflicht des Verkäufers zur vollständigen Übertragung der Unternehmenswerte bereits konkludent aus § 242 BGB als ungeschriebene Nebenpflicht aus Treu und Glauben[980]. Dennoch sollte aus Gründen der Rechtssicherheit ein Wettbewerbsverbot zusätzlich ausdrücklich vereinbart werden. Seine Grenze findet ein solches Verbot neben § 1 GWB in § 138 BGB[981]. Danach ist ein Wettbewerbsverbot nichtig, wenn es zu einer unangemessenen Beschränkung der wirtschaftlichen Handlungsfreiheit des Verpflichteten führt, die als sittenwidrig zu bezeichnen ist[982].

Festzuhalten bleibt, dass im Bereich des deutschen Kartellrechts Nebenabreden, die mit einem Zusammenschlussvorhaben verbunden sind, grundsätzlich zum einen dem Kartellverbot des § 1 GWB und zum anderen dem daneben anwendbaren § 138 BGB als einer rein zivilrechtlichen Schranke ihrer Zulässigkeit unterfallen[983]. Zu beachten

---

[977] Eine Übersicht zur Entwicklung der Rechtsprechung darstellend, Bahr, GRUR 2001, 1111 ff.

[978] Zurück gehend auf Steindorff, BB 1977, 569 (570); K.Schmidt, Kartellverbot, S. 79 ff.; Belke, ZHR 143 (1979), 74 (90); Immenga, in: Immenga/ Mestmäcker, GWB, 2. Aufl., § 1 GWB Rdn. 164 ff., 370 ff.; Ivens, DB 1988, 215 ff.; Köhler, ZHR 148 (1984), 487 (491).

[979] Bahr, WuW 2004, 259 ff.

[980] Picot, in: Picot, Unternehmenskauf und Restrukturierung, S. 181 Rdn. 122; Baumbach/ Hopt, HGB, Einleitung vor § 1 HGB Rdn. 45; Heinrichs, in: Palandt, BGB, § 242 BGB Rdn. 29; BGHZ 16, 71 (77) bezüglich eines Tauschvertrags.

[981] Picot, in: Picot, Unternehmenskauf und Restrukturierung, S. 181 Rdn. 123.

[982] Renner, DB 2002, 1143 (1143); Picot, in: Picot, Unternehmenskauf und Restrukturierung, S. 181 Rdn. 123.

[983] Sack, in: Staudinger, BGB, § 138 BGB Rdn. 169.

sind dabei die mit den Normen verfolgten unterschiedlichen Schutzzwecke[984]. Im Zentrum der Prüfung des § 1 GWB steht der Schutz der Wettbewerbsfreiheit vor Beschränkungen, wohingegen der § 138 BGB auf den Schutz der Vertragsfreiheit beziehungsweise der Privatautonomie vor sittenwidrigen Einschränkungen abzielt, indem der freien Ausübung der Vertragsfreiheit sittlich- rechtliche Schranken gesetzt werden, die insbesondere durch betroffene Grundrechte konkretisiert werden[985]. Bevor jedoch die Behandlung von Wettbewerbsverboten anhand der beiden genannten Normen untersucht wird, ist zu klären, inwiefern es überhaupt noch zu einer Anwendung des nationalen Rechts kommen kann aufgrund des Art. 21 Abs. 3 FKVO sowie dem in Art. 3 Abs. 2 VO (EG) Nr. 1/2003 niedergelegten erweiterten Vorrang des Art. 81 EG gegenüber den nationalen Vorschriften.

B. Anwendungsbereich des mitgliedstaatlichen Wettbewerbsrechts

Durch das Inkrafttreten der europäischen Fusionskontrollverordnung[986] haben die einzelnen Mitgliedstaaten erhebliche Kompetenzen im Bereich der Verfolgung von Zusammenschlüssen auf die Gemeinschaftsebene abgegeben. Dies insbesondere durch die Einführung des one stop shop als Ausschließlichkeitsprinzip, wonach die Kommission die alleinige Zuständigkeit für Zusammenschlussverfahren hat, die in den Anwendungsbereich der FKVO fallen[987]. Doppelverfahren sollen dadurch weitgehend vermieden werden[988]. Die nationale Fusionskontrolle ist dadurch in ganz erheblichem Umfang eingeschränkt worden. Obwohl also der Anwendungsbereich der europäischen Fusionskontrolle in Art. 21 Abs. 3 FKVO ausdrücklich definiert worden ist, wirft das Verhältnis der europäischen zur deutschen Fusionskontrolle immer wieder Fragen auf, ebenso wie die Beziehung der deutschen Fusionskontrolle zu den Art. 81, 82 EG. Schließlich ist innerhalb des deutschen Wettbewerbsrechts zwischen dem Kartellverbot des § 1 GWB und den Vorschriften der §§ 35 ff. GWB abzugrenzen.

I. Verhältnis der nationalen Fusionskontrollvorschriften zur FKVO

In § 35 Abs. 3 GWB ist der gegenüber Art. 21 Abs. 3 FKVO nur klarstellende Hinweis enthalten, dass die Vorschriften des GWB keine Anwendung finden, soweit die Kom-

---

[984] BGH, Urteil vom 19.10.1993, NJW 1994, 384 (386) – ausscheidender Gesellschafter; Sack, in: Staudinger, BGB, § 138 BGB Rdn. 169.

[985] BGH, Urteil vom 19.10.1993, NJW 1994, 384 (386) ausscheidender Gesellschafter; Hefermehl, in: Soergel, BGB, § 138 BGB Rdn. 1; Sack, in: Staudinger, BGB, § 138 BGB Rdn. 169; Lammel, AcP 189 (1989), 244 (267); Traub, WRP 1994, 714 (714).

[986] In Kraft getreten am 1.1.1990 nach 16- jähriger Diskussion, Löffler, Komm. zur FKVO, Vorbemerkungen Rdn. 9.

[987] Löffler, Komm. zur FKVO, Art. 21 FKVO Rdn. 4.

[988] Löffler, Komm. zur FKVO, Art. 21 FKVO Rdn. 4; Immenga, in: Immenga/ Mestmäcker, EG-Wettbewerbsrecht, Bd. 1, Art. 21 FKVO Rdn. 1, 2.

mission nach der FKVO zuständig ist[989]. Gemäss Art. 21 Abs. 3 FKVO wenden die Mitgliedstaaten ihr innerstaatliches Wettbewerbsrecht nicht auf Zusammenschlüsse von gemeinschaftsweiter Bedeutung an[990]. Die gemeinschaftsweite Bedeutung ergibt sich anhand der in Art. 1 FKVO genannten Umsatzschwellen, wobei Art. 1 Abs. 2 letzter Absatz FKVO von besonderem Interesse ist, da eine gemeinschaftsweite Bedeutung trotz Überschreiten der Umsatzschwellen dann nicht vorliegt, wenn alle beteiligten Unternehmen jeweils mehr als zwei Drittel ihres gemeinschaftsweiten Gesamtumsatzes in ein und demselben Mitgliedstaat erzielen, es sich also um nationale Großunternehmen handelt[991]. Zu bedenken ist jedoch, dass Großunternehmen zunehmend internationale Aktivitäten entfaltet haben und daher regelmäßig mehr als ein Drittel ihres europäischen Umsatzes in anderen Mitgliedsländern erzielen[992]. Der Begriff des Zusammenschlusses ist in Art. 3 FKVO geregelt[993]. Bei Art. 21 Abs. 3 FKVO ergibt sich die Frage, ob der Begriff des „innerstaatlichen Wettbewerbsrechts" nach Art. 21 Abs. 3 EG sowohl die mitgliedstaatlichen Vorschriften über die Fusionskontrolle (§§ 35 ff. GWB) als auch das Kartellverbot des § 1 GWB umfasst. Relevant wird diese Frage insbesondere für Nebenabreden, da diese als wettbewerbsbeschränkende Verhaltensvereinbarungen regelmäßig unter das Kartellverbot des § 1 GWB fallen[994]. Die Frage der Reichweite des Begriffs „innerstaatliches Wettbewerbsrecht" ist umstritten[995]. Für eine Erstreckung auf die nationale Fusionskontrolle und das Kartellverbot spricht der Wortlaut und der vom Rat vorgesehene Vorrang gemeinschaftsweiter Strukturkontrolle gegenüber der nationalen Verhaltenskontrolle, der auch in der ausschließlichen Zuständigkeit der Kommission in Art. 21 Abs. 2 FKVO deutlich wird[996]. Wäre das Kartellverbot des § 1 GWB weiterhin anwendbar, so könnten die mit einem gemeinschaftsweiten Zusammenschluss mit genehmigten Nebenabreden aufgrund ih-

---

[989] Schütz, in: Gem.Ktr., Zusammenschlusskontrolle, Einführung Rdn. 44; Mestmäcker/ Veelken, in: Immenga/ Mestmäcker, GWB, § 35 GWB Rdn. 39; Quack, in: FK, Kurzdarstellung § 35 GWB n.F. Rdn. 6.

[990] Ob dies auch für nicht gemeinschaftsweite Zusammenschlüsse gilt, die die Schwellenwerte in Art. 1 FKVO nicht überschreiten, ist umstritten. Zum Streitstand siehe ausführlich oben, 2. Teil C. II. 2.; ablehnend Basedow, EuZW 2003, 44 (49); Löffler, Komm. zur FKVO, Art. 1 FKVO Rdn. 14; Röhling, Europ. Fusionskontrolle und Subsidiaritätsprinzip, S. 30, deren Ansicht auch der vorliegenden Bearbeitung zugrunde gelegt wird.

[991] Immenga, in: Immenga/ Mestmäcker, EG- Wettbewerbsrecht, Bd. 1, Art. 1 FKVO Rdn. 9- 11.

[992] Löffler, Komm. zur FKVO, Art. 1 FKVO Rdn. 27.

[993] Ausführlich dazu, siehe oben, 2. Teil B. II. 1. a).

[994] Zimmer, in: Immenga/ Mestmäcker, GWB, § 1 GWB Rdn. 18; Schütz, in: Gem.Ktr., Zusammenschlusskontrolle, Einführung Rdn. 66.

[995] Für einen Ausschluss auch des § 1 GWB: Mestmäcker/ Veelken, in: Immenga/ Mestmäcker, GWB, § 35 GWB Rdn. 39; Schütz, in: Gem.Ktr., Zusammenschlusskontrolle, Einführung Rdn. 44; Wagemann, in: Wiedemann, Hdb. des Kartellrechts, § 15 Rdn. 4; Quack, in: FK, Kurzdarstellung § 35 GWB n.F. Rdn. 6; Bechtold, GWB, § 35 GWB Rdn. 19; a.A.: Koch, in: Grabitz/ Hilf, EGV, Altbd. 1, nach Art. 86 EGV Rdn. 45; K.Schmidt, BB 1990, 719 (735).

[996] Erwägungsgrund 6 und 18 der FKVO, ABl. 2004 L 24/1 (1, 3), vom 29.1.2004; Immenga, in: Immenga/ Mestmäcker, EG- Wettbewerbsrecht, Bd. 1, Art. 21 FKVO Rdn. 5; Wagemann, in: Wiedemann, Hdb. des Kartellrechts, § 15 Rdn. 4.

rer Rechtsnatur als Verhaltensabsprachen anschließend als gegen das nationale Kartellverbot verstoßend angesehen werden, was eindeutig nicht im Sinne des one stop shop Prinzips läge[997]. Gegen eine weitere Anwendbarkeit des § 1 GWB spricht auch, dass der europäische Gesetzgeber nicht an die Unterscheidung zwischen Marktstruktur- und Marktverhaltenskontrolle gebunden ist, sondern beide in einem Regelungswerk zusammenführen kann[998]. Zwar enthält Art. 3 FKVO nur einen sehr engen Zusammenschlussbegriff, der nur den tatsächlichen „Kern" des Zusammenschlusses erfasst[999]. Damit das one stop shop- Prinzip jedoch zu praktischer Wirksamkeit gelangen kann, ist davon auszugehen, dass die übrigen Vorschriften der FKVO einen weiten Zusammenschlussbegriff, der auch Nebenabreden erfasst, enthalten, so dass auch diese unter die Sperrwirkung des Art. 21 Abs. 3 FKVO fallen[1000]. Der Begriff des Zusammenschlusses in Art. 21 Abs. 3 FKVO erfasst somit auch Nebenabreden und wahrt insofern das in der FKVO vorgesehene one stop shop- Prinzip auch im Verhältnis von Zusammenschluss und Nebenabrede[1001]. Durch das Konzept der Nebenabreden sollen gerade zwei getrennte Prüfverfahren im Sinne einer Doppelkontrolle vermieden werden aufgrund der engen wirtschaftlichen Verbundenheit und enormen Wichtigkeit von Nebenabreden für die Durchführung eines Zusammenschlusses[1002]. Liegt also ein Zusammenschluss mit gemeinschaftsweiter Bedeutung vor, so wird das mitgliedstaatliche Fusionskontrollrecht nicht mehr angewandt, weder auf den Zusammenschluss an sich noch auf die mit ihm verbundenen Nebenabreden.

II. Verhältnis der nationalen Fusionskontrollvorschriften zu Art. 81, 82 EG

Gelangt die europäische Fusionskontrolle nicht zur Anwendung, so sind Fallkonstellationen denkbar, bei denen zwar das nationale Fusionskontrollrecht anwendbar ist, darüber hinaus jedoch auch der Anwendungsbereich der Art. 81, 82 EG eröffnet ist, da durch die FKVO als Sekundärrecht die Anwendung des Primärrechts nicht ausgeschlossen werden kann und darüber hinaus die Art. 81, 82 EG grundsätzlich im Einzelfall auf Zusammenschlüsse angewandt werden können[1003]. Im Folgenden werden mögliche Fallkonstellationen dargestellt, bei denen sowohl der Anwendungsbereich der nationalen Fusionskontrolle als auch der des Art. 81 EG eröffnet ist.

---

[997] Wagemann, in: Wiedemann, Hdb. des Kartellrechts, § 15 Rdn. 4, 5; a.A. Lampert, Die Anwendbarkeit der EG- Fusionskontroll- Verordnung, 1995, S. 107, 108; Schmidt, BB 1990, 721 (723).

[998] Immenga, in: Immenga/ Mestmäcker, EG- Wettbewerbsrecht, Bd. 1, Art. 21 FKVO Rdn. 5.

[999] Dazu ausführlich, siehe oben, 2. Teil B. II. 1. a).

[1000] Schroeder, Nebenabreden in der Fusionskontrolle, S. 96; Bellamy&Child, Common Market Law of Competition, Rdn. 6- 082, Fn. 91.

[1001] Langeheine, in: G/ T/ E, Kommentar zum EU- / EG- Vertrag, Bd. 2/II, Art. 21 FKVO Rdn. 2; Löffler, Komm. zur FKVO, Art. 21 Rdn. 4.

[1002] Schroeder, Nebenabreden in der Fusionskontrolle, S. 96.

[1003] Ausführlich dazu, siehe oben, 2. Teil C. III. 1.

1. Mögliche Fallkonstellationen

Werden die Umsatzschwellen des Art. 1 FKVO nicht erreicht oder liegt kein Zusammenschluss im Sinne von Art. 3 FKVO vor, so können die Vorschriften der nationalen Fusionskontrolle zur Anwendung gelangen[1004]. Zwar liegt in den meisten Fällen, in denen der Zusammenschlussbegriff der FKVO nicht erfüllt ist, auch kein Zusammenschluss im Sinne des § 37 GWB vor, jedoch ist auch der gegenteilige Fall denkbar, da der Zusammenschlussbegriff der FKVO enger ist als der des GWB, nach dem etwa auch Minderheitsbeteiligungen mit einer Anteilshöhe von 25 % an dem Kapital oder dem Stimmrecht des anderen Unternehmens nach § 37 Abs. 1 Nr. 3 lit. b) GWB als Zusammenschluss aufgefasst werden können[1005]. Zwar werden Minderheitsbeteiligungen teilweise auch im Rahmen des Art. 3 FKVO als Kontrollerwerb erfasst, jedoch nur dann, wenn zu der Minderheitsbeteiligung zusätzliche vertragliche Vereinbarungen getroffen werden oder sonstige besondere Umstände hinzutreten, wie etwa der Erwerb faktischer Kontrolle[1006]. Fälle faktischer Kontrolle liegen etwa vor, wenn der Rest der Kapitalanteile auf eine Vielzahl von Kleinaktionären aufgesplittet ist und dem Minderheitsaktionär insofern eine Kontrollmöglichkeit zufällt[1007]. Abgestellt wird jeweils auf die Verhältnisse in der Hauptversammlung[1008]. Echte Minderheitsbeteiligungen hingegen, bei denen kein Vetorecht besteht, begründen keine Kontrollrechte und werden daher nicht als Zusammenschlusstatbestand im Sinne des Art. 3 FKVO erfasst[1009]. Eindeutig zuzuordnen ist der Fall, dass lediglich ein Zusammenschluss im Sinne des § 37 GWB vorliegt, der nicht die Umsatzschwellen des Art. 1 FKVO überschreitet und der auch keine zwischenstaatliche Wirkung hat, so dass ausschließlich die nationale Fusionskontrolle zur Anwendung gelangt[1010]. Schwierigkeiten wirft demgegenüber zum einen der Fall auf, der einen Zusammenschluss im Sinne des § 37 GWB darstellt und der zudem noch zwischenstaatliche Wirkung hat, sowie der Fall, dass ein Zusammenschluss nach Art. 3 FKVO vorliegt, der zwar keine gemeinschaftsweite, jedoch zwischenstaatliche Wirkung hat[1011]. Begünstigt werden diese Konstellationen durch

[1004] Löffler, Komm. zur FKVO, Art. 21 FKVO Rdn. 5.

[1005] Langeheine, in: G/ T/ E, Kommentar zum EU-/ EG- Vertrag, Bd. 2/II, Art. 21 FKVO Rdn. 3; Rösler, in: FK, Art. 22 FKVO Rdn. 17.

[1006] Löffler, Komm. zur FKVO, Art. 3 FKVO Rdn. 10; siehe auch bereits oben, 2. Teil B. II. 1. a).

[1007] Kommission, vom 14.4.1992, WuW 1992, 500 – Banesto/ Totta: Großaktionär hielt 46,5 % der Anteile bei ansonsten 40.000 Kleinaktionären; weitere Beispiele bei, Löffler, Komm. zur FKVO, Art. 3 FKVO Rdn. 10.

[1008] Wiedemann, in: Wiedemann, Hdb. des Kartellrechts, § 15 Rdn. 42.

[1009] Löffler, Komm. zur FKVO, Art. 3 FKVO Rdn. 24; Wiedemann, in: Wiedemann, Hdb. des Kartellrechts, § 15 Rdn. 43.

[1010] Schwarze/ Weitbrecht, Kartellverfahrensrecht, § 3 Rdn. 9: „Wenn der Binnenmarkt gar nicht betroffen ist, macht das EG- Recht keine Vorgaben."

[1011] Emmerich, in: Immenga/ Mestmäcker, EG- Wettbewerbsrecht, Bd. 1, Art. 85 Abs. 1 EGV Rdn. 362; Fritzsche, WuW 2003, 1153 (1156, 1157); Dreher, WuW 2002, 828 (831, 833); die zweite Fallkonstellation lag dem Sondergutachten der Monopolkommission zu dem Zusammenschlussvorhaben die regelmäßig sehr weite Interpretation der Zwischenstaatlichkeitsklausel[1012]. Hinsichtlich der genannten zweiten Fallkonstellation wirkt sich der bezüglich des Art. 1 FKVO bestehende Meinungsstreit über dessen Anwendungsbereich aus[1013]. Geht man richtigerweise davon aus, dass Art. 1 FKVO den Anwendungsbereich für die gesamte Verordnung definiert und folglich Art. 21 Abs. 1 FKVO auch nur für Zusammenschlüsse nach Art. 3 FKVO mit gemeinschaftsweiter Bedeutung die Anwendung der VO (EG) Nr. 1/2003 ausschließt, so bleibt diese für alle Zusammenschlussfälle nach Art. 3 FKVO ohne gemeinschaftsweite Bedeutung, jedoch mit zwischenstaatlicher Wirkung anwendbar[1014]. Dies gilt unstreitig für die erstgenannte Fallkonstellation, wenn etwa ein Zusammenschluss im Sinne einer Minderheitsbeteiligung in Höhe von 25 % ohne besondere vertragliche Zusatzvereinbarung oder faktische Kontrollmöglichkeit nach § 37 Abs. 1 Nr. 3 lit. b) GWB vorliegt, der keine gemeinschaftsweite Bedeutung, aber zwischenstaatliche Auswirkungen hat, da in einem solchen Fall der Anwendungsbereich der FKVO gar nicht berührt wird und folglich der Ausschluss der VO (EG) Nr. 1/2003 nach Art. 21 Abs. 1 FKVO nicht eingreifen kann[1015]. Für diesen Fall stellt sich nämlich auch für die Befürworter eines Ausschlusses der VO (EG) Nr. 1/2003 für gemeinschaftsweite und nicht gemeinschaftsweite Zusammenschlüsse die Frage des Verhältnisses der §§ 35 ff. GWB zu Art. 81 EG. Dies führt nach der hier zugrunde gelegten Auffassung zu dem Ergebnis, dass auf einen Zusammenschlussfall im Sinne des Art. 3 FKVO und/ oder § 37 GWB, der die Zwischenstaatlichkeitsklausel erfüllt, jedoch keine gemeinschaftsweite Bedeutung hat, vorliegt und die Unternehmen gemäß Art. 1 Abs. 2 letzter Abschnitt FKVO zwei Drittel ihres Gesamtumsatzes in einem Mitgliedstaat erzielen, neben den nationalen Fusionskontrollvorschriften der §§ 35 ff. GWB auch Art. 81 EG anwendbar ist[1016]. Denkbar ist diese Konstellation etwa in dem praktischen Fall, dass ein Zusammenschluss von zwei nur national operierenden Großunternehmen, die eine europaweite Expansion beschließen, vorliegt. Die in diesem Fall aufgezeigte Anwendbarkeit des Art. 81 EG setzt jedoch voraus, dass die Rechtsprechung des EuGH, wonach die Art. 81, 82 EG auch auf Zusammenschlüsse

---

E.ON AG – Gelsenberg AG und E.ON AG – Bergemann AG zugrunde, abrufbar unter: http://www.monopolkommission.de/sg_34/text_s34.pdf.

1012 Rittner, Wettbewerbs- und Kartellrecht, § 7 Rdn. 88 ff.; Stockenhuber, in: Grabitz/ Hilf, EGV/ EUV, Art. 81 EG Rdn. 207; Rehbinder, in: Immenga/ Mestmäcker, EG- Wettbewerbsrecht, Bd. 1, Einleitung zu Art. 85 Abs. 1 EGV Rdn. 8 ff.; Monopolkommission, Sondergutachten zu dem Zusammenschlussvorhaben E.ON AG – Gelsenberg AG und E.ON AG – Bergemann AG, zu finden unter http://www.monopolkommission.de/sg_34/text_s34.pdf; Kommission, ABl. 2004 C 101/81, vom 27.4.2004 – Bekanntmachung zu Leitlinien über den Begriff der Beeinträchtigung des zwischenstaatlichen Handels in den Art. 81 und 82 EG; dazu, Lampert/ Niejahr/ Kübler/ Weidenbach, EG- Kartell-VO, Art. 3 VO Rdn. 88 ff.

1013 Ausführlich dazu, siehe oben, 2. Teil C. II. 2.

1014 Basedow, EuZW 2003, 44 (49); Löffler, in: Langen/ Bunte, Komm. zum Kartellrecht, Art. 22 FKVO Rdn. 5; a.A. etwa Dreher, WuW 2002, 828 (832- 836); ausführlich zum Meinungsstreit, siehe oben, 2. Teil C. II. 4.

1015 Rösler, in: FK, Art. 22 FKVO Rdn. 17.

1016 Fritzsche, WuW 2003, 1153 (1156, 1157); Basedow, EuZW 2003, 44 (45).

angewandt werden können, wie er es in zwei Urteilen vor Inkrafttreten der FKVO festgestellt hat[1017], auch nach längst erfolgtem Inkrafttreten fortgilt, was in der Literatur uneinheitlich beantwortet wird[1018], wozu jedoch bislang keine neue Entscheidung des EuGH ergangen ist[1019]. Einvernehmen besteht lediglich dahin gehend, dass durch die FKVO als Sekundärrecht nicht das Primärrecht der Art. 81, 82 EG ausgeschlossen werden kann und folglich in Art. 21 Abs. 1 FKVO der Weg des Ausschlusses der VO (EG) Nr. 1/2003 gewählt worden ist[1020]. Da das Problem für alle Zusammenschlussvorgänge nach nationalem Recht, die zwischenstaatliche Wirkungen haben, auftritt, handelt es sich nicht um eine „wenig bedeutende Spezialfrage“[1021], sondern um ein „Massenphänomen“[1022], wenn man von einer fortbestehenden Anwendung der Art. 81, 82 EG auf Zusammenschlüsse ausgeht. Eine Antwort auf die hier aufgeworfene Problematik der parallelen Anwendbarkeit der nationalen Zusammenschlussvorschriften und des Art. 81 EG bietet der neue Art. 3 Abs. 3 VO (EG) Nr. 1/2003.

2. Art. 3 Abs. 3 VO (EG) Nr. 1/2003 – Ausnahmen der parallelen Anwendung und des Vorrangs von EG- Recht

Hinsichtlich des Verhältnisses von Gemeinschaftsrecht zu nationalem Wettbewerbsrecht bestimmt Art. 3 VO (EG) Nr. 1/2003, dass die nationalen Behörden und Gerichte nunmehr in allen Fällen von gemeinschaftsweiter Bedeutung grundsätzlich immer auch Art. 81 EG bei Vorliegen der Voraussetzungen parallel anzuwenden haben[1023]. In Art. 3 Abs. 1 VO (EG) Nr. 1/2003 ist die Pflicht zur parallelen Anwendung von EG-Kartellrecht und nationalem Kartellrecht statuiert sowie in Art. 3 Abs. 2 VO (EG) Nr. 1/2003 der generelle Vorrang des Gemeinschaftskartellrechts[1024]. Mit dieser Neuorientierung verbunden ist ein weitergehender Vorrang des Gemeinschaftsrechts als er bisher nach der modifizierten Zwei- Schranken- Theorie[1025] angenommen worden ist[1026].

[1017] EuGHE 1987, 4487, verb. Rs. 142 und 156/84 – Philip Morris, bezüglich der Prüfung des Erwerbs einer Minderheitsbeteiligung gemäß Art. 81 EG; EuGHE 1973, 215, Rs. 6/72 – Continental Can, bezüglich der Prüfung des Erwerbs der Kontrolle an einem Wettbewerber gemäß Art. 82 EG.

[1018] Gegen eine Fortgeltung: Dreher, WuW 2002, 828 (832); K.Schmidt, BB 1990, 719 (721); Schütz, in: Gem.Ktr., Art. 3 VO (EG) Nr. 1/2003 Rdn. 25 a.E.; für eine weitere Fortgeltung insbesondere: Monopolkommission, Sondergutachten Zusammenschlussvorhaben E.ON AG – Gelsenberg AG und E.ON AG – Bergemann AG, zu finden unter http://www.monopolkommission.de/sg_34/text_s34.pdf; Basedow, EuZW 2003, 44 (44); ausführlich dazu, siehe oben, 2. Teil C. III. 1. b)

[1019] Schütz, in: Gem.Ktr., Art. 3 VO (EG) Nr. 1/2003 Rdn. 23; Röhling, ZIP 1990, 1179 (1185).

[1020] Immenga, in: Immenga/ Mestmäcker, EG- Wettbewerbsrecht, Bd. 1, Abschn. F zur FKVO Rdn. 4; Emmerich, in: Immenga/ Mestmäcker, EG- Wettbewerbsrecht, Bd. 1, Art. 85 Abs. 1 EGV Rdn. 354; Basedow, EuZW 2003, 44 (46); Möschel, BB 2002, 2077 (2085); Fritzsche, WuW 2003, 1153 (1155).

[1021] Dreher, WuW 2002, 828 (831).

[1022] Dreher, WuW 2002, 828 (831).

[1023] Schwarze/ Weitbrecht, Europäisches Kartellverfahrensrecht, § 3 Rdn. 7 ff.; Lampert/ Niejahr/ Kübler/ Weidenbach, EG- KartellVO, Art. 3 VO Rdn. 83 ff.

[1024] Lampert/ Niejahr/ Kübler/ Weidenbach, EG- KartellVO, Art. 3 VO Rdn. 114.

[1025] Dazu siehe Rehbinder, in: Immenga/ Mestmäcker, EG- Wettbewerbsrecht, Band 1, Einleitung F Rdn. 17 ff.; Röhling, GRUR 2003, 1019 (1022).

Für einen Zusammenschluss nach § 37 GWB, der keine gemeinschaftsweite Bedeutung, aber zwischenstaatliche Auswirkungen besitzt, bedeutet dies, dass neben den Vorschriften des GWB grundsätzlich auch die Art. 81, 82 EG angewandt werden, wenn deren Tatbestandsvoraussetzungen erfüllt sind, was insbesondere bei Minderheitsbeteiligungen an einem anderen Unternehmen der Fall ist[1027], und zwar aufgrund der durch die neue VO (EG) Nr. 1/2003 erfolgten Dezentralisierung durch nationale Behörden und Gerichte[1028].

Besondere Beachtung verdient in diesem Zusammenhang jedoch Art. 3 Abs. 3 VO (EG) Nr. 1/2003, der hinsichtlich der nationalen Fusionskontrolle eine Ausnahmeregelung gegenüber den Absätzen 1 und 2 enthält[1029]. Gemäß Art. 3 Abs. 3 VO (EG) Nr. 1/2003, der Eingang in § 22 Abs. 4 GWB gefunden hat, besteht ausnahmsweise keine Verpflichtung zur parallelen Anwendung des europäischen Rechts beziehungsweise keine Bindung an die Vorrangregelung des Art. 3 Abs. 2 VO (EG) Nr. 1/2003 beziehungsweise des § 22 Abs. 2 GWB, wenn das Bundeskartellamt oder ein Rechtsmittelgericht die Vorschriften der deutschen Zusammenschlusskontrolle anwendet[1030]. Dieser Regelung liegt die Tatsache zugrunde, dass die Anwendungsbereiche der nationalen und der europäischen Fusionskontrolle auch weiterhin voneinander getrennt werden sollen und die verschiedenen einzelstaatlichen Regelungen nebeneinander gelten[1031]. Die Ausnahme der nationalen Stellen von einer Pflicht zur Anwendung der Art. 81, 82 EG auf Zusammenschlussvorhaben beseitigt jedoch nicht das Recht, die europäischen Vorschriften auf geeignete Sachverhalte anwenden zu können[1032]. Dennoch ist an dieser Stelle zu beachten, dass nach Art. 81 EG insbesondere eine Verhaltenskontrolle durchgeführt werden soll, wohingegen die nationalen Vorschriften der Fusionskontrolle eine ex- ante Strukturkontrolle ermöglichen sollen, da Zusammenschlüsse im Vorfeld überprüft werden sollen aufgrund der Schwierigkeit ihrer nachträglichen Entflechtung[1033]. Das bisher gegen eine parallele Anwendung des Art. 81

1026 Rehbinder, FS für Immenga, 2004, S. 305.

1027 Emmerich, in: Immenga/ Mestmäcker, EG- Wettbewerbsrecht, Bd. 1, Art. 85 Abs. 1 EGV Rdn. 365, 372; Staebe, EWS 2003, 249 (250).

1028 Art. 1 VO (EG) Nr. 1/2003, dazu Schwarze/ Weitbrecht, Europ. Kartellverfahrensrecht, § 2; Fritzsche, WuW 2003, 1153 (1165); die aufgrund von Art. 35 VO (EG) Nr. 1/2003 notwendige Bestimmung der Zuständigkeit der nationalen Wettbewerbsbehörden ist in Deutschland, wie schon bisher, gemäß § 50 Abs. 1 GWB zugunsten des Bundeskartellamts festgelegt, sowie neuerdings auch der obersten Landesbehörden. Daneben können nach Art. 6 VO (EG) Nr. 1/2003 die europäischen Kartellrechtsvorschriften auch von den einzelstaatlichen Gerichten angewendet werden, wobei gemäß § 87 GWB in Deutschland die Landgerichte für kartellrechtliche Streitigkeiten zuständig sind, sowie gemäß den §§ 91 und 94 GWB die Oberlandesgerichte und der BGH als Rechtsmittelinstanzen.

1029 Rehbinder, in: FS für Immenga, 2004, 303 (316); Stillfried/ Stockenhuber, ÖZW 2003, 45 (54).

1030 Schütz, in: Gem.Ktr., Art. 3 VO (EG) Nr. 1/2003 Rdn. 22; Regierungsentwurf zur 7. GWB-Novelle, BT-Drucks. 15/3640, S. 44, 47; Lampert/ Niejahr/ Kübler/ Weidenbach, EG- KartellVO, Art. 3 VO Rdn. 114 ff.; kritisch, Staebe, EWS 2003, 249 (253).

1031 Schütz, in: Gem.Ktr., Art. 3 VO (EG) Nr. 1/2003 Rdn. 22.

1032 Lampert/ Niejahr/ Kübler/ Weidenbach, EG- KartellVO, Art. 3 VO Rdn. 115; Stillfried/ Stockenhuber, ÖZW 2003, 45 (54).

1033 Weitbrecht/ Karenfort, Europäisches Wettbewerbsrecht in Fällen, S. 239.

EG vorgebrachte Kompetenzargument[1034] ist mit Einführung der neuen VO (EG) Nr. 1/2003 entfallen, da der Kommission nicht mehr die ausschließliche Zuständigkeit für Art. 81 Abs. 3 EG zusteht, sondern der gesamte Art. 81 EG unmittelbar von nationalen Behörden und Gerichten angewendet werden kann[1035]. Im Gegensatz zur europäischen Ebene, wo das Ziel der Einführung einer Fusionskontrolle die Schaffung von Rechtssicherheit für die beteiligten Unternehmen war und eine Doppelkontrolle nach Einführung der FKVO unbedingt vermieden werden sollte[1036], ist im GWB kein Konzentrationsprivileg eingeführt worden, welches eine Doppelkontrolle verhindert. Im deutschen Wettbewerbsrecht sind die §§ 35 ff. GWB und das Kartellverbot des § 1 GWB grundsätzlich nebeneinander anwendbar[1037]. Sie erfassen lediglich unterschiedliche Sachverhalte und beinhalten verschiedene Tatbestandsvoraussetzungen[1038]. Im Einzelfall entscheidet die zuständige Behörde, nach welchen Vorschriften sie vorgeht. Aufgrund der wörtlichen Anpassung des § 1 GWB an Art. 81 EG im Zuge der 7. GWB-Novelle besteht insofern keine andere Situation bei der Frage der Anwendung von Art. 81 EG oder den nationalen Fusionskontrollvorschriften auf einen Zusammenschluss von Seiten des Bundeskartellamtes als es bei der Frage der Fall ist, ob § 1 GWB oder die §§ 35 ff. GWB zur Anwendung gelangen sollen. Wird also § 1 GWB auf einen Zusammenschlussfall angewandt, so ist dem erweiterten Vorrang des Gemeinschaftsrechts in vollem Umfang genüge getan worden, da § 1 GWB mit Art. 81 EG vollständig harmonisiert worden ist und insofern gleiche Ergebnisse erzielt werden[1039]. Hinsichtlich einer potentiellen Anwendung des Art. 82 EG auf Zusammenschlusssachverhalte handelt es sich zwar nicht um eine einseitige Handlung von Unternehmen im Sinne von Art. 3 Abs. 2 S. 2 VO (EG) Nr. 1/2003, dennoch gilt auch hier Art. 3 Abs. 3 VO (EG) Nr. 1/2003, so dass eine Ausnahme von der Vorrangregelung und der parallelen Anwendbarkeit gegeben ist, mit der Folge, dass die nationalen Fusionskontrollvorschriften unabhängig vom Eingreifen des Art. 82 EG angewendet werden können.

Da aufgrund von Art. 3 Abs. 3 VO (EG) Nr. 1/2003 keine Pflicht zur vorrangigen und alleinigen Anwendung von Art. 81, 82 EG auf Zusammenschlusssachverhalte besteht, wird die deutsche Fusionskontrolle insofern auch nicht ihrer tatsächlichen Grundlage beraubt[1040]. Im Gegenteil sind Fälle denkbar, in denen das strengere deutsche Fusionskontrollrecht zu der Untersagung eines Zusammenschlusses führt, der aufgrund seiner zwischenstaatlichen Auswirkung auch unter Art. 81 EG fällt und danach auch als zulässig zu beurteilen wäre, ebenso wie er nach § 1 GWB nicht verboten wäre. Insoweit

---

[1034] Dreher, WuW 2002, 828 (831).

[1035] Fritzsche, WuW 2003, 1153 (1165).

[1036] Dreher, WuW 2002, 828 (833); Erwägungsgrund 6 zur FKVO, ABl. 2004 L 24/1 (1), vom 29.1.2004; Löffler, in: Langen/ Bunte, Kartellrecht, Art. 22 FKVO Rdn. 2; Fritzsche, WuW 2003, 1153 (1154).

[1037] BGHZ 96, 69 (77) – Mischwerke- Beschluss.

[1038] Hootz, in: Gem.Ktr., § 1 GWB Rdn. 10.

[1039] Schröter, in: von der Groeben/ Schwarze, Kommentar zum EU-/ EG- Vertrag, Bd. 2, Vorbem. zu den Art. 81 bis 85 EG Rdn. 121.

[1040] So aber Dreher, WuW 2002, 828 (831).

würde sich das strengere nationale Recht durchsetzen und es käme zu abweichenden Ergebnissen in verschiedenen Mitgliedstaaten, was jedoch akzeptiert wird, da die einzelnen mitgliedstaatlichen Fusionskontrollgesetze bisher nicht anhand der europäischen FKVO harmonisiert worden sind[1041]. Der erweiterte Vorrang des Gemeinschaftsrechts, der durch die neue Kartellverfahrensverordnung zum Zwecke der weitgehenden Rechtsvereinheitlichung eingeführt worden ist, kann sich im Bereich der nationalen Fusionskontrollvorschriften daher bisher nicht durchsetzen. In der Begründung zur 7. GWB-Novelle wird daher auch explizit festgestellt, dass „für eine Anpassung der materiellen Regelungen der Zusammenschlusskontrolle insgesamt [...] derzeit keine Notwendigkeit (bestehe)“[1042]. Über eine mögliche „Weiterentwicklung des deutschen Rechts“ aufgrund der neuen FKVO (EG) Nr. 139/2004 könne „erst zu einem späteren Zeitpunkt entschieden werden“[1043]. Zwar handelt es sich bei der FKVO um unmittelbar anwendbares Gemeinschaftsrecht, jedoch besteht der Ausschließlichkeitsanspruch der FKVO nur für gemeinschaftsweite Zusammenschlüsse[1044]. Eine Anpassungspflicht der nationalen Fusionskontrollvorschriften aus Art. 10 EG im Sinne des Gemeinschaftstreuegrundsatzes[1045] besteht insofern für Zusammenschlussverhalte, die keine gemeinschaftsweite Bedeutung haben, anders als bei der richtlinienkonformen Auslegung, bei der eine Umsetzungspflicht gegeben ist, grundsätzlich nicht, da dieser Bereich nicht durch die Verordnung determiniert ist[1046]. Eine gemeinschaftsrechtskonforme Auslegung der nationalen Fusionskontrollvorschriften anhand der FKVO ist allenfalls in Kollisionsfällen zur Ausfüllung von Interpretationsspielräumen anzunehmen[1047], wobei Uneinigkeit hinsichtlich der Einordnung der gemeinschaftsrechtskonformen Auslegung unter die nationalen Auslegungsmethoden besteht[1048]. Ein solcher Kollisionsfall tritt jedoch regelmäßig nicht auf, da anhand des Kriteriums der gemeinschaftsweiten Bedeutung der Anwendungsbereich der FKVO genau zu bestimmen ist und für die verbleibenden Fälle von nicht gemeinschaftsweiter Bedeutung die aus-

---

[1041] Lampert/ Niejahr/ Kübler/ Weidenbach, EG- KartellVO, Art. 3 VO Rdn. 116; Zuleeg, EuR 1990, 123 (132); ob dies im Zuge einer 8. GWB- Novelle geschehen wird, ist noch nicht offiziell verkündet worden, aber möglich und diskussionswürdig.

[1042] Regierungsentwurf zur 7 GWB- Novelle, BT-Drucks. 15/3640, S. 22; so schon bisher: BGH, Beschluss vom 24.10.1995, WuW/E BGH 3026 (3034) – Backofenmarkt; Schütz, in: Gem.Ktr., Einführung Zusammenschlusskontrolle Rdn. 48.

[1043] Regierungsentwurf zur 7. GWB-Novelle, BT-Drucks. 15/3640, S. 22.

[1044] Paschke, in: FK, Vorbem. §§ 23- 24c GWB a.F. Rdn. 106.

[1045] Begriff in der Literatur: so etwa, von Bogdandy, in: Grabitz/ Hilf, EGV, Art. 10 EGV Rdn. 6; Zuleeg, in: G/ T/ E, Kommentar zum EU-/ EG- Vertrag, Bd. 1, Art. 5 EGV a.F. Rdn. 1; der EuGH spricht von einer Pflicht zur „loyalen Zusammenarbeit“, EuGHE 1983, 255 (287), Rs. 230/81 – Luxemburg/ Parlament; EuGHE 1986, 89 (105), Rs. 52/84 – Kommission/ Belgien.

[1046] Paschke, in: FK, Vorbem. §§ 23- 24c GWB a.F. Rdn. 106; Westermann, Einwirkungen der europäischen auf die deutsche Fusionskontrolle, S. 70, 71.

[1047] Zuleeg, EuR 1990, 123 (134); Benisch, in: FS für Rittner, 1991, 17 (32); Paschke, in: FK, Vorbem. §§ 23- 24c GWB a.F. Rdn. 106; Kögel, Angleichung der deutschen an die europäische Fusionskontrolle, S. 338 ff.

[1048] Ehricke, RabelsZ 59 (1995), 598 (623, 632), der im Ergebnis einen Vorrang der gemeinschaftsrechtskonformen Auslegung im nationalen Recht vor den nationalen Auslegungsmethoden annimmt.

schließliche Kompetenz der nationalen Behörden gegeben ist[1049]. Daher bleibt grundsätzlich im Bereich der Anwendung der nationalen Fusionskontrollvorschriften kein Raum für eine gemeinschaftsrechtskonforme Auslegung anhand der FKVO.
Eine gemeinschaftsrechtskonforme Auslegung der nationalen Fusionskontrollvorschriften der §§ 35 ff. GWB könnte jedoch anhand der Art. 81 ff. EG als geltendem Primärrecht gegeben sein. Unklar ist insofern die Formulierung in Art. 3 Abs. 3 VO (EG) Nr. 1/2003 am Anfang, wonach die Absätze 1 und 2, sprich die parallele Anwendung und der erweiterte Vorrang des EG- Rechts, nicht angewendet werden, „unbeschadet der allgemeinen Grundsätze und sonstigen Vorschriften des Gemeinschaftsrechts“[1050]. Zu den allgemeinen Grundsätzen des Gemeinschaftsrechts zählt aber gerade der Vorrang des Gemeinschaftsrechts und die damit verbundene gemeinschaftsrechtskonforme Auslegung im Sinne von Art. 10 EG[1051]. Durch die gemeinschaftsrechtskonforme Auslegung sollen nationale Rechtsvorschriften an dem Sinn und Zweck des EG- Rechts im Sinne einer abstrakt- generellen Überprüfung ausgerichtet werden[1052]. Im Bereich des Wettbewerbsrechts sind die Mitgliedstaaten über Art. 10 Abs. 2 EG[1053] daher gehalten, keine Maßnahmen zu treffen, die die Durchsetzung der in Art. 3 lit. g) EG und Art. 81 ff. EG enthaltenen Ziele verhindern könnten[1054]. Parallel dazu sind auch die mitgliedstaatlichen Behörden und Gerichte gehalten, keine dem effet utile zuwiderlaufenden Entscheidungen zu erlassen und die gemeinschaftsrechtlichen Zielvorgaben bei der Anwendung des nationalen Rechts zu beachten[1055]. Die Anwendung der nationalen Fusionskontrollvorschriften der §§ 35 ff. GWB darf daher nicht dem Ziel des Schutzes unverfälschten Wettbewerbs vor Wettbewerbsbeeinträchtigungen zuwiderlaufen oder deren praktische Wirksamkeit ausschalten[1056]. Die Mitgliedstaaten dürfen ein den Art. 81 ff. EG zuwiderlaufendes Verhalten von Unternehmen weder vorschreiben, erleichtern noch in seinen Auswirkungen verstärken[1057]. Die Fusionskontrolle im GWB ist ebenso wie auf europäischer Ebene als Strukturkontrolle ausgestaltet, deren Zweck es ist, solche Unternehmenskonzentrationen zu verhindern,

---

[1049] Westermann, Einwirkungen der europäischen auf die deutsche Fusionskontrolle, S. 71.
[1050] Rehbinder, in: FS für Immenga, 2004, 303 (317): „Dieser Hinweis gibt Rätsel auf.“
[1051] Kahl, in: Callies/ Ruffert, EUV/ EGV, Art. 10 EG Rdn. 45; Zuleeg, in: G/ T/ E, Kommentar zum EU-/ EG- Vertrag, Bd. 1, Art. 5 EGV a.F. Rdn. 6; Müller/ Christensen, Juristische Methodik, Bd. II, S. 119; Ehricke, RabelsZ 59 (1995), 598 (630); ausführlich zur praktischen Wirksamkeit im Sinne der Art. 81 ff. EG: Westermann, Einwirkungen der europäischen auf die deutsche Fusionskontrolle, S. 63 ff.
[1052] Müller/ Christensen, Juristische Methodik, Bd. II, S. 131, 137; Ehricke, RabelsZ 59 (1995), 598 (603).
[1053] Die Art. 3 lit. g) und 81 ff. EG richten sich unmittelbar nur an die Unternehmen; Zuleeg, EuR 1990, 123 (133).
[1054] Schröter, in: von der Groeben/ Schwarze, Kommentar zum EU-/ EG- Vertrag, Bd. 2, Vorbem. zu den Art. 81 bis 85 EG Rdn. 117; Kahl, in: Callies/ Ruffert, EUV/ EGV, Art. 10 EG Rdn. 49.
[1055] Ehricke, RabelsZ 59 (1995), 598 (625, 626).
[1056] Kahl, in: Callies/ Ruffert, EUV/ EGV, Art. 10 EG Rdn. 49.
[1057] EuGHE 1986, 1425 (1471), verb. Rs. 209 bis 213/84 – Asjes; EuGHE 1987, 3801 (3829), Rs. 311/85 – Reisevermittler; EuGHE 1988, 4769 (4791), Rs. 267/86 – van Eycke/ ASPA; EuGHE 1993, 5751 (5751), Rs. C 2/91 – Meng; EuGHE 1993, 5801 (5802), Rs. C 185/91 – Reiff.

die die strukturellen Wettbewerbsbedingungen zulasten eines funktionsfähigen Wettbewerbs verändern[1058]. Im Mittelpunkt beider Regelungskomplexe steht der Schutz des unverfälschten Wettbewerbs[1059]. Die Ausgestaltung der materiellen Regelungen der Zusammenschlusskontrolle ist jedoch zum Teil unterschiedlich, so dass die deutsche Fusionskontrolle grundsätzlich früher eingreift, etwa im Falle einer Minderheitsbeteiligung[1060]. In der Regel fällt die Beurteilung nach der deutschen Fusionskontrolle strenger aus[1061]. Aufgrund der bisher nicht erfolgten Harmonisierung der nationalen Fusionskontrollvorschriften mit der europäischen Fusionskontrolle bedeutet die strengere Vorgehensweise der deutschen Fusionskontrolle dennoch keinen Verstoß gegen die europäischen Vorschriften[1062]. Bei Anwendung der Vorschriften der deutschen Fusionskontrolle wird dem in Art. 3 lit. g) und Art. 81 ff. EG verankerten Ziel des Wettbewerbsschutzes genüge getan[1063], da zum einen die §§ 35 ff. GWB an eben diesem Ziel ausgerichtet sind und sie durch Zusammenschlüsse mögliche Wettbewerbsbeeinträchtigungen sogar noch früher aufgreifen und zum anderen bei Anwendung der einzelnen nationalen Normen im Konfliktfall, wenn ihre Rechtsfolgen nicht mit dem Gemeinschaftsrecht zu vereinbaren sind, die gemeinschaftsrechtlichen Wertungen im Wege der dann den nationalen Auslegungsmethoden vorgehenden gemeinschaftsrechtskonformen Auslegung berücksichtigt werden können[1064]. Aufgeworfen wurde zudem die Frage, ob nicht durch den Verweis auf die allgemeinen Grundsätze des EG-Vertrags über Art. 10 Abs. 2 EG die daraus abgeleitete modifizierte Zwei- Schranken-Theorie herangezogen werden sollte, mit dem Ergebnis, dass der Systemwechsel auch in der dadurch wieder hervorgerufenen allgemeinen Vorrangregel durchgeführt werden müsse, so dass eine Untersagung nach nationalem Recht nicht bei Vorliegen der Voraussetzungen des Art. 81 Abs. 3 EG erfolgen dürfe[1065]. Dies wird im Ergebnis jedoch verneint, da zum einen Art. 3 Abs. 3 VO (EG) Nr. 1/2003 gerade die Absätze 1 und 2 für unanwendbar erklärt und zum anderen die eigentliche Bedeutung des Absatzes 3 in der Gewährung der vollen Anwendbarkeit der nationalen Zusammenschlussvorschriften liegt[1066].

Ausnahmsweise wird das nationale Fusionskontrollrecht auf Zusammenschlüsse von gemeinschaftsweiter Bedeutung angewandt, wenn nach Art. 9 FKVO aufgrund einer

---

[1058] Schütz, in: Gem.Ktr., Einführung Zusammenschlusskontrolle Rdn. 11 und § 36 GWB Rdn. 5; Mestmäcker, in: Immenga/ Mestmäcker, GWB, Vor § 35 GWB Rdn. 26 ff; Kögel, Angleichung der deutschen an die europäische Fusionskontrolle, S. 40.

[1059] Kögel, Angleichung der deutschen an die europäische Fusionskontrolle, S. 38; Schütz, in: Gem.Ktr., § 36 GWB Rdn. 5.

[1060] Kögel, Angleichung der deutschen an die europäische Fusionskontrolle, S. 75, 76.

[1061] Paschke, in: FK, Vorbem. §§ 23- 24c GWB a.F. Rdn. 102: „(...) der deutschen Zusammenschlusskontrolle, die als die schärfste der Welt überhaupt gilt, (...)".

[1062] BGH, Beschluss vom 24.10.1995, WuW/E BGH 3026 (3034) – Backofenmarkt; BGH, Beschluss vom 8.12.1998, WuW/E DE- R 243 f. – Pirmasenser Zeitung.

[1063] Westermann, Einwirkungen der europäischen auf die deutsche Fusionskontrolle, S. 62.

[1064] Ehricke, RabelsZ 59 (1995), 598 (631, 632).

[1065] Rehbinder, in: FS für Immenga, 2004, 303 (317).

[1066] Rehbinder, in: FS für Immenga, 2004, 303 (317).

Mitteilung des betreffenden Mitgliedstaats ein Fall von Seiten der Kommission an die nationale Behörde verwiesen wird, was insbesondere dann geschieht, wenn ein Zusammenschluss zwar gemeinschaftsweite Bedeutung besitzt, jedoch wettbewerbsbeeinträchtigende Wirkungen nur auf lokaler Ebene eintreten[1067].

3. Zwischenergebnis zum Verhältnis der nationalen Fusionskontrollvorschriften zu Art. 81, 82 EG

Festzuhalten bleibt, dass grundsätzlich aufgrund des Art. 3 Abs. 3 VO (EG) Nr. 1/2003 keine Verpflichtung zur Anwendung des Art. 81 EG besteht, wenn nationales Fusionskontrollrecht angewendet wird. Aufgrund des identischen Regelungsgehalts des neuen § 1 GWB mit Art. 81 Abs. 1 EG und der parallelen Anwendbarkeit der §§ 35 ff. GWB und § 1 GWB mangels Vorliegens eines Konzentrationsprivilegs im deutschen Kartellrecht, besteht hinsichtlich der Anwendung von Art. 81 Abs. 1 EG auf einen Zusammenschlusssachverhalt die gleiche Abgrenzungsfrage wie hinsichtlich der Anwendung des § 1 GWB gegenüber den §§ 35 ff. GWB. Da die einzelnen mitgliedstaatlichen Fusionskontrollregelungen bisher nicht harmonisiert worden sind und insbesondere das deutsche Fusionskontrollrecht auch nicht dem in Art. 3 Abs. 1 lit. g) EG verankerten Ziel des Wettbewerbsschutzes vor Verfälschungen zuwiderläuft, sind die zum Teil strengeren Regelungen des deutschen Fusionskontrollrechts gegenüber Art. 81 EG hinzunehmen.

III. Verhältnis der §§ 35 ff. GWB zu § 1 GWB

Wie bereits oben erwähnt, sind im deutschen Recht die Vorschriften der Fusionskontrolle neben dem Kartellverbot anwendbar[1068]. Sie stellen kein „lex specialis" dar, das die Vorschrift des Kartellverbots verdrängen würde[1069]. Die §§ 35 ff. GWB erfassen lediglich besondere Arten der Wettbewerbsbeschränkung[1070]. Häufig fehlte es in Zusammenschlussfällen an dem bis zur 7. GWB-Novelle noch erforderlichen Tatbestandsmerkmal des Wettbewerbsverhältnisses zwischen den Unternehmen, da im Fall der Vermögens- oder auch der Kontrollübernahme eines Konkurrenzunternehmens das Wettbewerbsverhältnis durch den Zusammenschluss beendet wird[1071]. Das Merkmal des Wettbewerbsverhältnisses ist jedoch durch die 7. GWB-Novelle weggefallen, so

---

[1067] Mestmäcker/ Schweitzer, Europ. Wettbewerbsrecht, § 23 Rdn. 56.
[1068] BGH vom 1.10.1985, WuW/E BGH 2169 – Mischwerke; Zimmer, in: Immenga/ Mestmäcker, GWB, § 1 GWB Rdn. 17; Bunte, in: Langen/ Bunte, Kartellrecht, Bd. 1, § 1 GWB Rdn. 108; Bechtold, GWB, § 1 GWB Rdn. 41; Schütz, in: Gem.Ktr., Einführung Zusammenschlusskontrolle, S. 30; Kögel, Angleichung der deutschen an die europäische Fusionskontrolle, S. 96.
[1069] Huber, in: FK, Kurzdarstellung § 1 n.F. Rdn. 39; Bechtold, WuW 1977, 460 (469).
[1070] BGH NJW 1998, 2825 – „Carpartner"; Zimmer, in: Immenga/ Mestmäcker, GWB, § 1 GWB Rdn. 17, 404.
[1071] Huber, in: FK, Kurzdarstellung § 1 n.F. Rdn. 39.

dass nunmehr grundsätzlich die Anwendung des § 1 GWB auf Zusammenschlüsse nicht mehr an dem Wegfall des Konkurrenzverhältnisses gerade durch den Zusammenschluss scheitert.

IV. Nebenabreden zwischen § 1 GWB und §§ 35 ff. GWB

§ 1 GWB bleibt insbesondere dann neben der Fusionskontrolle anwendbar, wenn es sich um „begleitende Vereinbarungen" handelt, was typischerweise bei Wettbewerbsverboten im Zuge von Unternehmensveräußerungen der Fall ist, da es sich bei ihnen um Verhaltensabsprachen handelt, die nur anlässlich eines Zusammenschlusses vereinbart worden sind[1072]. Für diese Nebenabreden erübrigt sich die Unterscheidung zwischen einer Prüfung nach Art. 81 EG und der nationalen Fusionskontrolle, da für sie keine speziellen Vorschriften in der deutschen Fusionskontrolle enthalten sind und sie daher als zusätzlich vereinbarte Verhaltensabsprachen grundsätzlich einer Prüfung nach § 1 GWB unterliegen[1073], der jedoch in der 7. GWB-Novelle in seinem Wortlaut Art. 81 Abs. 1 EG angepasst worden ist und materiell mit diesem nunmehr identisch ist[1074]. Insofern kommt es zu einer zweigliedrigen Kontrolle zum einen des Zusammenschlusses nach den Vorschriften der Fusionskontrolle gemäß den §§ 35 ff. GWB und zum anderen der Nebenabreden nach § 1 GWB. Auch wenn ein Zusammenschluss freigestellt wird, fällt das Wettbewerbsverbot nicht unter die Genehmigung[1075], da selbst nach einer Freigabe im Fusionsverfahren § 1 GWB auf den Zusammenschluss an sich anwendbar bleibt[1076]. Die gleiche Sachlage bestand auch im europäischen Recht, so dass man sich dort in der FKVO für das Konzentrationsprivileg entschieden hat, wonach Nebenabreden nach Art. 6 Abs. 1 lit. b) UAbs. 2 und Art. 8 Abs. 2 UAbs. 3 FKVO von der Genehmigung des Zusammenschlusses mit erfasst werden und insofern keine gesonderte Entscheidung mehr über sie nach Art. 81 EG ergehen kann, da Art. 21 Abs. 1 FKVO die Anwendung der VO (EG) Nr. 1/2003 ausschließt[1077]. Obwohl es sich bei Nebenabreden also um Verhaltensabsprachen handelt, werden diese im Rahmen der Strukturkontrolle der FKVO mit abgehandelt, sofern die dafür rechtfertigenden Kriterien erfüllt sind[1078]. Sind die Voraussetzungen für die Mitabhandlung in der Fusionskontrolle nicht gegeben beziehungsweise haben die Nebenabreden überschießenden Charakter, so unterfallen sie einer Prüfung nach Art. 81 EG. Das in der

[1072] BKartA, WuW/ E BKartA 1835 – Alfa Laval; Zimmer, in: Immenga/ Mestmäcker, GWB, § 1 GWB Rdn. 18; Huber, in: FK, Kurzdarstellung § 1 GWB n.F. Rdn. 90; Kögel, Angleichung der deutschen an die europäische Fusionskontrolle, S. 91

[1073] Schütz, in: Gem.Ktr., Einführung Zusammenschlusskontrolle Rdn. 82.

[1074] Regierungsentwurf zur 7. GWB-Novelle, BT-Drucks. 15/3640, S. 44.

[1075] BKartA, WuW/ E BKartA 1835 – Alfa Laval.

[1076] Schütz, in: Gem.Ktr., Einführung Zusammenschlusskontrolle Rdn. 68.

[1077] Löffler, Komm. zur FKVO, Art. 8 FKVO Rdn. 15; Mestmäcker/ Schweitzer, Europ. Wettbewerbsrecht, § 24 Rdn. 90.

[1078] Erwägungsgrund 21 zur FKVO, ABl. 2004 L 24/1, vom 29.1.2004; Mestmäcker/ Schweitzer, Europ. Wettbewerbsrecht, § 24 Rdn. 95.

europäischen Fusionskontrolle verankerte Prinzip des one stop shop existiert in der deutschen Fusionskontrolle nicht, obwohl auch hier ein Spannungsverhältnis zwischen den Vorschriften der §§ 35 ff. GWB und dem § 1 GWB besteht, hervorgerufen durch die fristgebundene Fusionskontrolle und dem nicht an Fristen gebundenen allgemeinen Kartellrecht[1079]. Eine ausdrückliche Privilegierung von Nebenabreden ist in die deutsche Fusionskontrolle dennoch nicht aufgenommen worden. Die Entscheidungspraxis der Gerichte beschränkt sich auf die Beurteilung von Nebenabreden am Maßstab des § 1 GWB, auch wenn der Zusammenschluss im übrigen anhand der §§ 35 ff. GWB behandelt wird[1080]. Insofern kann es zu der für Unternehmen aus Gründen der Rechtssicherheit misslichen Situation kommen, dass das Zusammenschlussvorhaben innerhalb der relativ kurzen Frist der Fusionskontrolle freigestellt wird, ohne dass die Verhaltensabsprache davon erfasst wird und das Verbot des § 1 GWB unbefristet eingreifen kann.

V. Zwischenergebnis zum Anwendungsbereich des mitgliedstaatlichen Wettbewerbsrechts

Bevor im Anschluss zunächst kurz die Erfassung von Unternehmensverkäufen durch die Vorschriften der nationalen Zusammenschlusskontrolle sowie schwerpunktmäßig die verschiedenen Einschränkungsmöglichkeiten des § 1 GWB unter Einschluss der Übertragung des Konzepts der Nebenabreden erörtert werden, sind die gefundenen Ergebnisse zum Anwendungsbereich des nationalen Wettbewerbsrechts zusammenzufassen.

Festzuhalten bleibt, dass der Anwendungsbereich der nationalen Zusammenschlusskontrolle aufgrund des Erlasses der europäischen Fusionskontrollverordnung erheblich eingeschränkt worden ist bezüglich der Zusammenschlüsse an sich als auch der verbundenen Nebenabreden, da gemäß Art. 21 Abs. 3 FKVO die Kommission für Zusammenschlüsse, die unter die FKVO fallen, ausschließlich zuständig ist. Der Begriff des „innerstaatlichen Wettbewerbsrechts“ in Art. 21 Abs. 3 FKVO umfasst dabei sowohl die mitgliedstaatlichen Vorschriften über die Fusionskontrolle als auch das Kartellverbot des § 1 GWB[1081]. Die nationale Fusionskontrolle gelangt jedoch dann zur Anwendung, wenn entweder die Umsatzschwellenwerte des Art. 1 FKVO nicht erreicht werden oder schon kein Zusammenschlusstatbestand im Sinne des Art. 3 FKVO vorliegt, so etwa bei Minderheitsbeteiligungen mit einer Anteilshöhe von 25 %, die jedoch als Zusammenschluss gemäß § 37 Abs. 1 Nr. 3 lit. b) GWB erfasst werden. Haben die genannten Zusammenschlüsse jedoch zwischenstaatliche Wirkung, so fin-

[1079] Löffler, Komm. zur FKVO, Art. 8 FKVO Rdn. 15.

[1080] Schroeder, Nebenabreden in der Fusionskontrolle, S. 123.

[1081] Mestmäcker/ Veelken, in: Immenga/ Mestmäcker, GWB, § 35 GWB Rdn. 39; Wagemann, in: Wiedemann, Hdb. des Kartellrechts, § 15 Rdn. 4; Quack, in: FK, Kurzdarstellung § 35 GWB n.F. Rdn. 6; Bechtold, GWB, § 35 GWB Rdn. 19; Schütz, in: Gem.Ktr., Zusammenschlusskontrolle, Einführung Rdn. 44.

det neben den nationalen Zusammenschlussvorschriften auch der Art. 81 EG Anwendung, da auch die Art. 81, 82 EG grundsätzlich auf Zusammenschlüsse angewendet werden können[1082]. Aufgrund der nunmehr möglichen unmittelbaren Anwendbarkeit der Art. 81, 82 EG durch nationale Gerichte und Behörden, können die nationalen Zusammenschlussvorschriften neben den Art. 81, 82 EG angewandt werden. Wie jedoch Art. 3 Abs. 3 VO (EG) Nr. 1/2003, der das Verhältnis der nationalen Zusammenschlusskontrolle zu den Art. 81, 82 EG regeln soll, zu entnehmen ist, besteht für die nationale Fusionskontrolle eine Ausnahme gegenüber dem in Art. 3 Abs. 2 VO (EG) Nr. 1/2003 geregelten erweiterten Vorrang des Gemeinschaftsrechts[1083]. Wie auch in § 22 Abs. 4 GWB festgelegt, besteht ausnahmsweise keine Verpflichtung zur parallelen Anwendung des europäischen Rechts wie in § 22 Abs. 2 GWB geregelt, wenn das Bundeskartellamt oder ein Rechtsmittelgericht die Vorschriften der deutschen Zusammenschlusskontrolle anwendet[1084]. Dennoch bleibt die Möglichkeit der Anwendung des Art. 81 EG bestehen[1085]. Da der Regelungsgehalt des § 1 GWB aufgrund der 7. GWB-Novelle vollständig an dem des Art. 81 EG angepasst worden ist, besteht insofern keine andere Situation als bei der Entscheidung, ob die Vorschriften der nationalen Zusammenschlusskontrolle oder die Vorschrift des § 1 GWB angewendet wird. Dieser Entscheidungsspielraum entsteht, da im deutschen Recht kein Konzentrationsprivileg besteht, so dass der § 1 GWB grundsätzlich immer neben den Vorschriften der Zusammenschlusskontrolle anwendbar bleibt[1086]. Die zuständige nationale Behörde entscheidet im Einzelfall, nach welchen Vorschriften sie zweckmäßigerweise vorgeht. Insofern wird sie auf Zusammenschlusssachverhalte die sachnäheren Vorschriften der §§ 35 ff. GWB anwenden und auf Kartellvereinbarungen den § 1 GWB. Wird insofern zwar nicht der Art. 81 EG aufgrund der Ausnahmeregel des Art. 3 Abs. 3 VO (EG) Nr. 1/2003 angewandt, jedoch der § 1 GWB, so ist dem erweiterten Vorrang des Gemeinschaftsrechts hinsichtlich der Kartellabrede dennoch Genüge getan. Wird jedoch nach den zum Teil strengeren Regeln der nationalen Zusammenschlusskontrolle vorgegangen, so sind die damit verbundenen unterschiedlichen Ergebnisse gegenüber einer möglichen Anwendung des Art. 81 EG hinzunehmen, da das deutsche Fusionskontrollrecht nicht dem in Art. 3 Abs. 1 lit. g) EG verankerten Ziel des Wettbewerbsschutzes vor Verfälschungen zuwiderläuft und die mitgliedstaatlichen Fusionskontrollregelungen bisher eben nicht harmonisiert worden sind[1087]. Gelangen die Vorschriften der §§

[1082] Festgestellt für die Zeit vor Inkrafttreten der FKVO, EuGHE 1987, 4487, verb. Rs. 142 und 156/84 – Philip Morris; EuGHE 1973, 215, Rs. 6/72 – Continental Can; siehe zum Meinungsstreit bezüglich der Fortgeltung der Rspr. auch nach Inkrafttreten der FKVO, ausführlich dazu, siehe oben, 2. Teil C. III. 1. b).

[1083] Rehbinder, in: FS für Immenga, 2004, 303 (316); Stillfried/ Stockenhuber, ÖZW 2003, 45 (54).

[1084] Regierungsentwurf zur 7. GWB-Novelle, BT-Drucks. 15/3640, S. 44, 47; Lampert/ Niejahr/ Kübler/ Weidenbach, EG- KartellVO, Art. 3 VO Rdn. 114 ff.

[1085] Stillfried/ Stockenhuber, ÖZW 2003, 45 (54); Lampert/ Niejahr/ Kübler/ Weidenbach, EG- KartellVO, Art. 3 VO Rdn. 115.

[1086] BGHZ 96, 69 (77) – Mischwerke- Beschluss.

[1087] Regierungsentwurf zur 7. GWB-Novelle, BT-Drucks. 15/3640, S. 22.

1, 35 ff. GWB zur Anwendung, so kommt es bezüglich eines Unternehmensveräußerungsvertrags mit verbundenen Wettbewerbsverboten regelmäßig zu einer doppelten Kontrolle des Kaufvertrags anhand der Vorschriften der §§ 35 ff. GWB sowie des Wettbewerbsverbots anhand des § 1 GWB, mangels Vorliegens eines Konzentrationsprivilegs im deutschen Recht.

C. Erfassung von Unternehmensverkäufen

Da Nebenabreden nicht isoliert vereinbart werden, sondern immer in Verbindung mit der durchzuführenden Unternehmenstransaktion, werden im Anschluss die Aufgreifkriterien der deutschen Fusionskontrolle für den Zusammenschluss an sich in der für die Untersuchung gebotenen Kürze dargestellt. Erörtert wird nur der alleinige Kontrollerwerb in Gestalt einer vollständigen oder anteiligen Unternehmensveräußerung bzw. eines Unternehmenserwerbs, da die Problematik der Gemeinschaftsunternehmen in der vorliegenden Arbeit aus Gründen des Umfangs ausgeklammert wird.

I. Aufgreifkriterien

Der Geltungsbereich der Zusammenschlusskontrolle ist eröffnet, wenn es sich um einen Zusammenschluss von Unternehmen im Sinne des § 37 GWB handelt, der die in § 35 Abs. 1 GWB genannten Schwellenwerte überschreitet.

1. Zusammenschlussbegriff, § 37 GWB

Der deutsche Zusammenschlusstatbestand des § 37 GWB enthält im Gegensatz zum generalklauselartigen Begriff in Art. 3 FKVO einzelne Zusammenschlusstatbestände[1088]. So erfasst § 37 Abs. 1 Nr. 1 GWB den Vermögenserwerb, bei dem entweder das gesamte Vermögen oder ein wesentlicher Teil desselben, der geeignet ist, die Stellung des Erwerbers auf dem Markt zu verändern[1089], erworben wird[1090]. Dies kann geschehen durch Verschmelzung oder Umwandlung sowie durch andere Formen etwa durch einen Kaufvertrag[1091]. Als weitere Form des Zusammenschlusses ist aus dem europäischen Recht der Kontrollerwerb gemäß § 37 Abs. 1 Nr. 2 GWB in die deutsche Fusionskontrolle übernommen worden, wonach die Kontrolle unmittelbar oder mittelbar sein und sich auf die Gesamtheit oder Teile eines oder mehrerer Unternehmen beziehen kann[1092]. Ebenso erfasst wird der Anteilserwerb nach § 37 Abs. 1 Nr. 3 GWB,

---

[1088] Mestmäcker/ Veelken, in: Immenga/ Mestmäcker, GWB, § 37 GWB Rdn. 1; Bechtold, GWB, § 37 GWB Rdn. 1; Bunte, Kartellrecht, S. 254.
[1089] So BGH vom 13.3.1979, WuW/ E BGH 1570 ff. (1573) - Kettenstichnähmaschinen; BGH vom 7.7.1992, WuW/ E BGH 2783 ff. (2786) – Warenzeichenerwerb; umstritten, siehe zum Streitstand: Mestmäcker/ Veelken, in: Immenga/ Mestmäcker, GWB, § 37 GWB Rdn. 17, 18.
[1090] Mestmäcker/ Veelken, in: Immenga/ Mestmäcker, GWB, § 37 GWB Rdn. 6.
[1091] Bunte, Kartellrecht, S. 255.
[1092] Mestmäcker/ Veelken, in: Immenga/ Mestmäcker, GWB, § 37 GWB Rdn. 2.

wenn die Anteile allein oder zusammen mit sonstigen dem Unternehmen gehörenden Anteilen 25% oder 50% des Kapitals oder der Stimmrechte betreffen[1093]. Insofern werden abweichend vom europäischen Recht auch Minderheitsbeteiligungen ab einer Höhe von 25% erfasst, da auch diese mit einem besonderen gesellschaftsrechtlichen Einfluss verbunden sein können[1094]. Durch die Fallgruppe des wettbewerblich erheblichen Einflusses in § 37 Abs. 1 Nr. 4 GWB sollen schließlich die Fälle erfasst werden, bei denen eine Beteiligung unter 25% liegt, jedoch zusätzliche Abreden getroffen werden, so dass es zu engen gesellschaftsrechtlichen Unternehmensverbindungen kommt und damit einhergehend ein Autonomieverlust der beteiligten Unternehmen eintritt[1095]. Eine Einschränkung erfährt die Zusammenschlusskontrolle durch § 37 Abs. 2 GWB, wonach ein erneuter Zusammenschluss nur dann wieder der Fusionskontrolle unterliegt, wenn er zu einer wesentlichen Verstärkung der bestehenden Unternehmensbindung führt, wie etwa bei der Aufstockung einer Beteiligung von 25% auf 50%[1096].

2. Schwellenwerte, § 35 GWB

Ebenso wie auf europäischer Ebene müssen auch im nationalen Fusionskontrollrecht bestimmte Umsatzschwellen überschritten werden, damit ein Zusammenschlussvorhaben überhaupt von den Vorschriften der §§ 35 ff. GWB erfasst wird. Die Vorschriften gelten erst dann, wenn gemäß § 35 Abs. 1 GWB die beteiligten Unternehmen insgesamt weltweit Umsatzerlöse von mehr als 500 Mio. Euro erreichen und mindestens ein beteiligtes Unternehmen im Inland Umsätze von mehr als 25 Mio. Euro erreicht[1097].

II. Eingreifkriterien

Erfüllt ein Vorhaben die Anwendungsvoraussetzungen der §§ 35 und 37 GWB, so ist der Zusammenschluss vor seinem Vollzug gemäß § 39 GWB beim Bundeskartellamt anzumelden. Erst dann erfolgt die eigentliche materielle Prüfung gemäß § 36 GWB dahin gehend, ob von dem Zusammenschluss zu erwarten ist, dass er eine marktbeherrschende Stellung begründet oder verstärkt[1098]. Diese Beurteilung ist anhand einer Prognose vorzunehmen, bei der die Wirkungen, die von veränderten Unternehmens- und Marktstrukturen auf den Wettbewerb ausgehen, betrachtet werden[1099]. Ebenso zu berücksichtigen sind jedoch von den beteiligten Unternehmen nachgewiesene Verbes-

---

[1093] Bechtold, GWB, § 37 GWB Rdn. 1.
[1094] Bechtold, GWB, § 37 GWB Rdn. 1, 15ff.
[1095] BGH vom 21.11.2000, WuW/ E DE- R 607 – Minderheitsbeteiligung im Zeitschriftenhandel.
[1096] Bechtold, GWB, § 37 GWB Rdn. 39 ff., wonach die Vorschrift Ausfluss eines allgemeinen Rechtsgedankens ist, nach dem konzerninterne Umstrukturierungen nicht der Fusionskontrolle unterfallen sollen.
[1097] Bechtold, GWB, § 35 GWB Rdn. 1; Bunte, Kartellrecht, S. 248 ff.
[1098] Schütz, in: Gem.Ktr., § 36 GWB Rdn. 123 ff.; Mestmäcker/ Veelken, in: Immenga/ Mestmäcker, GWB, § 36 GWB Rdn. 119 ff.
[1099] Mestmäcker/ Veelken, in: Immenga/ Mestmäcker, GWB, § 36 GWB Rdn. 120.

serungen der Wettbewerbsbedingungen, die die Nachteile der Wettbewerbsbeschränkung überwiegen. Auch diese Beurteilung ist wieder anhand einer Prognose vorzunehmen[1100]. Zu beachten ist, dass die Wettbewerbsverbesserungen zumeist nicht auf dem Markt entstehen, auf dem die Begründung oder Verstärkung der marktbeherrschenden Stellung eintritt, so dass für die Prüfung der Untersagungsvoraussetzungen eine Gesamtbetrachtung aller betroffenen Märkte vorzunehmen ist[1101].
Wird der Zusammenschluss vom Bundeskartellamt freigegeben, so bedeutet dies mangels Konzentrationsprivilegs jedoch nicht, dass er auch gemäß § 1 GWB wirksam ist. Sind neben Vereinbarungen, die zu dem eigentlichen Fusionstatbestand gehören, weitere Abreden enthalten, insbesondere Nebenabreden, so kommt eine Prüfung nach § 1 GWB in Betracht. Insofern wird ein wirtschaftlich gesehen einheitlicher Lebenssachverhalt unter zwei verschiedenen Normen geprüft[1102]. In der Praxis hält sich das Bundeskartellamt daher in fusionskontrollrechtlichen Freigaben die Prüfung nach § 1 GWB vor[1103]. Eine Mitprüfung der dem § 1 GWB unterfallenden Vereinbarungen im Rahmen der Zusammenschlussprüfung erfolgt aufgrund der anderen Verfahrensvorschriften und kurzen Fristen in der Fusionskontrolle nicht[1104]. Mit einem Zusammenschluss verbundene Nebenabreden werden grundsätzlich anhand der Vorschrift des Kartellverbots des § 1 GWB überprüft.

D. Die Behandlung von Wettbewerbsverboten nach § 1 GWB

Wie bereits zuvor im Rahmen des Art. 81 EG erörtert, stellt ein Unternehmenskaufvertrag grundsätzlich keine Wettbewerbsbeeinträchtigung oder –verfälschung dar[1105], im Gegensatz zu den regelmäßig zusätzlich vereinbarten Wettbewerbsverboten[1106]. Parallel zu den Erwägungen im Bereich des Art. 81 EG ist auch im deutschen Wettbewerbsrecht erkannt worden, dass die Erfassung jeder begrifflichen Wettbewerbsbeschränkung durch das Verbot des § 1 GWB nicht der ratio des GWB entspricht und daher bestimmte Fallgestaltungen vom Kartellverbot auszunehmen sind[1107]. Daher ist versucht worden, durch Tatbestandseinschränkungen bestimmte Wettbewerbsbeschrän-

---

[1100] Mestmäcker/ Veelken, in: Immenga/ Mestmäcker, GWB, § 36 GWB Rdn. 287.
[1101] Mestmäcker/ Veelken, in: Immenga/ Mestmäcker, GWB, § 36 GWB Rdn. 296.
[1102] Schütz, in: Gem.Ktr., Einführung Zusammenschlusskontrolle Rdn. 66.
[1103] Schütz, in: Gem.Ktr., Einführung Zusammenschlusskontrolle Rdn. 68.
[1104] Schütz, in: Gem.Ktr., Einführung Zusammenschlusskontrolle Rdn. 68.
[1105] Der Abschluss eines zivilrechtlichen Vertrages ist daher generell als zumindest wettbewerbsneutral, wenn nicht sogar wettbewerbsförderlich zu qualifizieren; Schröter, in: von der Groeben/ Schwarze, Kommentar zum EU- /EG- Vertrag, Bd. 2, Art. 81 Abs. 1 EG Rdn. 86; Roth/ Ackermann, in: FK, Art. 81 Abs. 1 EG – Grundfragen, Rdn. 257; Helm, in: FS für Hefermehl, 1972, 299 (301); zur „Wettbewerbsneutralität" von Austauschverträgen, Caspar, Wettbewerbliche Gesamtwürdigung, S. 22, 23; ausführlich dazu, siehe oben, 2. Teil C. V. 3. a) bb).
[1106] Helm, in: FS für Hefermehl, 1972, 299 (301).
[1107] Zimmer, in: Immenga/ Mestmäcker, GWB, § 1 GWB Rdn. 271; Huber, in: FK, Kurzdarstellung § 1 n.F. GWB Rdn. 70.

kungen dem weiten Kartellverbot des § 1 GWB zu entziehen. Insbesondere sollen begleitende wettbewerbsbeschränkende Abreden, die nur der Durchführung eines kartellrechtlich neutralen Vertrags dienen, ausgenommen werden[1108]. Sowohl von Seiten der Rechtsprechung als auch der Literatur sind auf verschiedenen Wegen Einschränkungsmöglichkeiten erarbeitet worden. Von der Literatur ist dazu die sogenannte Immanenztheorie entwickelt worden[1109], während von der Rechtsprechung insbesondere anhand der Auslegung der früheren Tatbestandsmerkmale „zu einem gemeinsamen Zweck", „zwischen miteinander im Wettbewerb stehender Unternehmen" sowie schließlich der Theorie von den „anzuerkennenden Interessen" eine Eingrenzung des Kartellverbots herbeigeführt worden ist[1110]. Auf Seiten der Rechtsprechung war der Versuch einer Eingrenzung des Kartellverbots eng verbunden mit der Problematik der Abgrenzung horizontaler und vertikaler Vereinbarungen, nach der erstere dem Verbot des § 1 GWB unterfielen, hingegen die Vertikalvereinbarungen insbesondere nur anhand der Missbrauchsaufsicht des § 16 GWB a.F. (6. GWB- Novelle) zu prüfen waren[1111]. Begründet wurde die unterschiedliche Behandlung mit der regelmäßig geringeren wettbewerbspolitischen Schädlichkeit vertikaler Wettbewerbsbeschränkungen[1112]. Mit der Anpassung des § 1 GWB an Art. 81 EG aufgrund der 7. GWB-Novelle wird die Unterscheidung zwischen Horizontal- und Vertikalvereinbarungen auch im deutschen Recht obsolet werden, da sämtliche Vereinbarungen vom Kartellverbot erfasst werden[1113].

Im Folgenden wird zunächst die Vorgehensweise des BGH anhand der Auslegung der Tatbestandsmerkmale des § 1 GWB vor der 7. GWB-Novelle in ihrem sachlichen Anwendungsbereich und ihrer systematischen Verortung dargestellt. Ebenso wird die von der Literatur entwickelte Immanenztheorie in ihrer zivil- und wettbewerbsrechtlichen Ausprägung erörtert. Außerdem wird eine mögliche Übertragung der gedanklichen Ansätze der rule of reason und ancillary restraints-Doktrin aus dem amerikanischen Kartellrecht untersucht. Schließlich wird der aufgrund der 7. GWB-Novelle eingetretene Systemwandel im deutschen Wettbewerbsrecht hin zu einem System der Legalausnahme dargestellt. In diesem Zusammenhang wird die Frage aufgeworfen, ob nicht aufgrund des neuen § 2 GWB, der die Freistellungsvoraussetzungen des Art. 81 Abs. 3 EG enthält, die Notwendigkeit zu einer einschränkenden Auslegung des Tatbestands des § 1 GWB entfallen ist. Verbunden damit ist die Überprüfung, ob die syste-

---

[1108] Huber, in: FK, Kurzdarstellung § 1 n.F. GWB Rdn. 70.

[1109] Grundlegend zur Immanenztheorie, Steindorff, BB 1977, 569 (570); K.Schmidt, Kartellverbot, S. 79 ff.; Belke, ZHR 143 (1979), 74 (90); auch, Immenga, in: Immenga/ Mestmäcker, GWB, 2. Aufl. 1981, § 1 GWB Rdn. 164, 350 ff.; Emmerich, Kartellrecht, 4. Aufl. 1982, S. 53 ff.; Ivens, DB 1988, 215 ff.; Köhler, ZHR 148 (1984), 487 (491); eingehend zu Immanenztheorien, Kretzer, Immanenztheorien, 1992.

[1110] Huber, in: FK, Kurzdarstellung § 1 GWB n.F. Rdn. 12 ff.

[1111] Huber, in: FK, Kurzdarstellung § 1 GWB n.F. Rdn. 33; Bahr, GRUR 2001, 1111 (1112); Regierungsentwurf zur 7. GWB-Novelle, BT-Drucks. 15/3640, S. 23, 24.

[1112] Regierungsentwurf zur 7. GWB-Novelle, BT-Drucks. 15/3640, S. 23, 24.

[1113] Regierungsentwurf zur 7. GWB-Novelle, BT-Drucks. 15/3640, S. 23.

matische Einordnung der von der Literatur und der Rechtsprechung bisher vorgenommenen Einschränkungsansätze nach der GWB- Novelle so wie bisher fortbestehen bleiben kann. Im Zentrum der Erörterungen steht in einem anschließenden Kapitel die Frage, ob durch die aufgrund der Novelle erfolgte Übereinstimmung der Regelungsbereiche des Art. 81 Abs. 1 EG und des § 1 GWB die Nebenabreden-Bekanntmachung der Kommission, auf die auch im Rahmen des Art. 81 Abs. 1 EG abgestellt worden ist, ebenso für § 1 GWB angewendet werden kann. Anknüpfungspunkt für diesen Gedanken ist der neue § 23 GWB, der den Grundsatz der europafreundlichen Anwendung enthält, wonach im Rahmen der Grundsätze des europäischen Kartellrechts auch die von der Kommission veröffentlichten Leitlinien und Bekanntmachungen Beachtung finden können[1114]. Daneben werden die materiellen Kriterien der Nebenabreden-Bekanntmachung sowie die vom BGH entwickelten Voraussetzungen seiner Auslegungsformel und die von Seiten der Literatur verfolgte Immanenztheorie hinsichtlich ihrer sachlichen Grundlagen und ihrer jeweiligen Reichweite gegenüber gestellt, bevor die Ausführungen in einem Ergebnis zur Übertragung des europäischen Konzepts der Nebenabreden zusammengefasst werden. Abschließend erfolgt eine Stellungnahme zur Vorgehensweise der Einschränkung des § 1 GWB.

I. Vorgehensweise der Rechtsprechung bis zur 7. GWB-Novelle

Das Vorgehen der Rechtsprechung zur Eingrenzung des Kartellverbotstatbestands knüpfte zunächst an der Auslegung bestimmter Tatbestandsmerkmale an und versuchte daher, bereits innerhalb des Tatbestands zu einer Einschränkung zu gelangen, da eine außertatbestandliche teleologische Reduktion als unzweckmäßig betrachtet wurde, wonach sämtliche Wettbewerbsbeschränkungen zunächst in den Verbotstatbestand gefallen wären und anschließend hätten von diesem wieder ausgenommen werden müssen[1115]. Die Auslegung knüpfte zunächst an dem Tatbestandsmerkmal des „gemeinsamen Zwecks“ an[1116]. Im Vordergrund stand dabei die Herausnahme von vertikalen Vereinbarungen aus dem Kartellverbot. Mit der Einfügung des Merkmals der „miteinander in Wettbewerb stehenden Unternehmen“ entfiel die Anknüpfungsmöglichkeit. Noch vor der 6. GWB- Novelle entwickelte der BGH die Auslegungsformel des „anzuerkennenden Interesses“ und der „sachlichen Gebotenheit“. Die aktuelle Fassung des § 1 GWB beinhaltet keines der genannten Tatbestandsmerkmale mehr aufgrund der erfolgten Angleichung an Art. 81 Abs. 1 EG. Mit der Änderung der Tatbestandsmerkmale des § 1 GWB hat sich auch der sachliche Inhalt der Tatbestandseinschränkungen verändert, ebenso wie auch die systematische Verortung der Vorgehensweise.

[1114] De Crozals/ Hartog, EWS 2004, 533 (538); kritisch, Dreher, WuW 2005, 251.
[1115] BGH, Urteil vom 14.1.1997, WuW/ E 3121 (3125) – Bedside- Testkarten; Bornkamm, in: FS für Geiß, 2000, 539 (547); Schäfer, in: FS für Ulmer, 2003, 991 (996).
[1116] Immenga, in: Immenga/ Mestmäcker, GWB, 2. Aufl., § 1 GWB Rdn. 164.

1. Sachlicher Anwendungsbereich der Einschränkungen

a) Tatbestandsmerkmale des „gemeinsamen Zwecks“ und der „miteinander im Wettbewerb stehenden Unternehmen“

Zunächst ging die Rechtsprechung von dem in § 1 GWB a.F. (5. GWB- Novelle) enthaltenen Tatbestandsmerkmal des „gemeinsamen Zwecks“ aus, das im Sinne der vormals herrschenden Ansicht vom Kartellrecht als Organisationsrecht[1117] dahin gehend ausgelegt wurde, dass für § 1 GWB ein Gesellschaftsverhältnis oder zumindest ein gesellschaftsähnliches Verhältnis zu verlangen war[1118]. Das Merkmal des „gemeinsamen Zwecks“ diente hauptsächlich der Abgrenzung der Horizontal- von den Vertikalvereinbarungen aufgrund der höheren Wettbewerbsschädlichkeit ersterer[1119]. Da auch von Seiten der Rechtsprechung die Problematik der mangelnden Erfassung von Austauschverträgen erkannt wurde, bestimmte auch hier die funktionale Interpretation, wie sie von der Literatur bereits zuvor vorgenommen worden war[1120], zunehmend die Betrachtungsweise, so dass der „gemeinsame Zweck“ eigenständig unter Berücksichtigung der Zielsetzungen des GWB bestimmt wurde[1121]. Insofern sollten dann auch Austauschverträge unter das Kartellverbot fallen können, wenn die Parteien mit der Vereinbarung „gleichgerichtete Interessen“ verfolgten und folglich ein „gemeinsamer Zweck“ anzunehmen war[1122]. Kritik erhielt dieser Ansatz von Seiten der Literatur, da bei der Ermittlung der „gleichgerichteten Interessen“ zu sehr auf die Motive der Parteien zu achten sei und keine objektive Betrachtungsweise vorliege[1123]. Eine Wende erfuhr die Rechtsprechung des BGH mit drei Urteilen aus dem Jahr 1997, mit denen das Gericht die Formel der „gleichgerichteten Interessen“ aufgab und statt dessen einen „gemeinsamen Zweck“ dann annahm, wenn „für die Wettbewerbsbeschränkung bei wertender Betrachtungsweise im Hinblick auf die Freiheit des Wettbewerbs ein

---

[1117] Baur, JZ 1978, 586 (587); K.Schmidt, Kartellverbot, S. 17 ff.

[1118] BGH Z 31, 105 – Glasglühkörper; BGH Z 37, 197 – Spar; BGH, Urteil vom 20.5.1966, WuW/ E BGH 810 (814) – Zimcofot; Bechtold, GWB, § 1 GWB Rdn. 20; ausführlich zur Entwicklung der Rechtsprechung, Niederleithinger, in: FS für Benisch, 1989, 277 ff.

[1119] Zimmer, in: Immenga/ Mestmäcker, GWB, § 1 GWB Rdn. 165; Hootz, in: Gem.Ktr., § 1 GWB Rdn. 61; Bechtold, GWB, § 1 GWB Rdn. 5; Niederleithinger, in: FS für Benisch, 1989, 277 (284); Bunte, WuW 1997, 857 (857); Schäfer, in: FS für Ulmer, 2003, 991 (991).

[1120] Bornkamm, in: FS für Geiß, 2000, 539 (547).

[1121] Erstmalig in BGH Z 68, 6 – Fertigbeton; seitdem ständige Rechtsprechung, vgl. nur BGH, Urteil vom 6.3.1979, WuW/ E BGH 1597 (1599) – Erbauseinandersetzung; BGH, Urteil vom 13.3.1979, WuW/ E BGH 1600 (1601) – Frischbeton; BGH, Urteil vom 3.11.1981, WuW/ E BGH 1898 (1900) – Holzpaneele; dazu Bunte, in: Langen/ Bunte, Kartellrecht, Bd. 1, § 1 GWB Rdn. 46.

[1122] BGH Z 68, 6 – Fertigbeton; BGH, Urteil vom6.3.1979, WuW/ E BGH 1597 (1598) – Erbauseinandersetzung; BGH, Urteil vom 13.3.1979, WuW/ E BGH 1600 (1601) – Frischbeton; BGH, Urteil vom 3.11.1981, WuW/ E BGH 1898 (1899) – Holzpaneele; Bechtold, GWB, § 1 GWB Rdn. 20.

[1123] Belke, ZHR 143 (1979), 74 (79 ff.); K.Schmidt, BB 1979, 1173 ff.; K.Schmidt, ZHR 149 (1985), 1 (19 f.); Steindorff, BB 1977, 569 (570); Ulmer, NJW 1982, 1975 ff.

anzuerkennendes Interesse nicht bestehe"[1124]. Anhand dieser Formel sollte das Merkmal des „gemeinsamen Zwecks" negativ bestimmt werden aufgrund einer Gesamtabwägung, wie der Begriff des „anzuerkennenden Interesses" verdeutlicht[1125]. Eingehend auf Wettbewerbsbeschränkungen in Austauschverträgen stellte der BGH fest, dass diese regelmäßig dem Leistungsaustausch dienten und ein „gemeinsamer Zweck" dann zu verneinen sei, wenn sie „zur Erreichung des kartellrechtsneutralen Hauptzwecks des Vertrags sachlich geboten" seien[1126]. Von der Voraussetzung der „gleichgerichteten Interessen" nahm der BGH Abstand, da die jeweilige Interessenverbindung nicht unbedingt in einem inneren Zusammenhang mit der objektiven Wettbewerbsbeeinträchtigung des gemeinsamen Verhaltens stehe[1127].
Durch die 6. GWB- Novelle entfiel das Tatbestandsmerkmal des „gemeinsamen Zwecks" zugunsten der Formulierung „zwischen miteinander im Wettbewerb stehender Unternehmen", das als „sprachlich treffendere Formulierung" angesehen wurde und eine eindeutigere Unterscheidung zwischen horizontalen und vertikalen Wettbewerbsbeschränkungen ermöglichen sollte[1128]. Trotz des aufgrund der Gesetzesänderung für eine einschränkende Auslegung nunmehr fehlenden Anknüpfungsmerkmals des „gemeinsamen Zwecks" ist von einer weiteren Gültigkeit der in den 1997 ergangenen Urteilen gefundenen Formel des anzuerkennenden Interesses auszugehen, zumal der BGH in einem Urteil aus dem Jahr 1998 diese Formel unabhängig von dem Merkmal des „gemeinsamen Zwecks" angewendet[1129] und auch in einem Beschluss aus dem Jahr 2003 ausdrücklich die Fortgeltung der Abgrenzungsformel angenommen hat[1130]. Für eine Fortgeltung spricht die durch die Neuformulierung erreichte Erweiterung des Tatbestands des § 1 GWB, der alle horizontalen Vereinbarungen erfasst, ohne dass im Tatbestand selbst eine Einschränkung oder Ausnahme explizit enthalten wäre,

---

[1124] BGH, Urteil vom 14.1.1997, WuW/ E BGH 3115 (3117) – Druckgussteile = NJW 1997, 2324; BGH, Urteil vom 14.1.1997, WuW/ E BGH 3121 (3125) – Bedside- Testkarten; BGH, Urteil vom 6.5.1997, WuW/ E BGH 3137 (3138) – Sole = BB 1997, 2391; BGH, Urteil vom 12.5.1998, WuW/ E DE- R 131 (133) – Eintritt in Gebäudereinigungsvertrag = NJW RR 1998, 1508.
[1125] Zimmer, in: Immenga/ Mestmäcker, GWB, § 1 GWB Rdn. 171.
[1126] BGH, Urteil vom 14.1.1997, WuW/ E BGH 3115 (3117) – Druckgussteile = NJW 1997, 2324; BGH, Urteil vom 14.1.1997, WuW/ E BGH 3121 (3125) – Bedside- Testkarten; BGH, Urteil vom 6.5.1997, WuW/ E BGH 3137 (3138) – Sole = BB 1997, 2391; BGH, Urteil vom 12.5.1998, WuW/ E DE- R 131 (133) – Eintritt in Gebäudereinigungsvertrag = NJW RR 1998, 1508.
[1127] BGH, Urteil vom 14.1.1997, WuW/ E BGH 3115 (3117) – Druckgussteile = NJW 1997, 2324; BGH, Urteil vom 14.1.1997, WuW/ E BGH 3121 (3125) – Bedside- Testkarten; Bunte, WuW 1997, 857 (859); Luttermann, in: FS für Sandrock, 2000, 631 (648).
[1128] Begründung zum Regierungsentwurf der 6. GWB- Novelle, BT- Dr. 13/9720, S. 31; Hootz, in: Gem.Ktr., § 1 GWB Rdn. 60; kritisch: Zimmer, in: Immenga/ Mestmäcker, GWB, § 1 GWB Rdn. 164; Bechtold, NJW 1998, 2769 (2770); Bunte, WuW 1997, 857 (862 f.); Bechtold, GWB, § 1 GWB Rdn. 19.
[1129] BGH, Urteil vom 12.5.1998, WuW/ E DE- R 131 (133) – Eintritt in Gebäudereinigungsvertrag = NJW RR 1998, 1508; K.Schmidt, in: FS für Sandrock, 2000, 833 (843, 844); Bechtold/ Buntscheck, NJW 2003, 2866 (2867), die von einer „gefestigten Rechtsprechung" ausgehen.
[1130] BGH, Beschluss vom 18.2.2003, WuW/ E DE- R 1119 (1123) – Verbundnetz II; Bornkamm, FS für Geiß, 2000, 539 (551); Karl/ Reichelt, in: Gloy/ Loschelder, Hdb. Wettbewerbsrecht, § 36 Rdn. 14.

obwohl der Gesetzgeber die Ansatzpunkte der Literatur und die Vorgehensweise der Rechtsprechung, insbesondere in den neueren Urteilen, kannte[1131]. Durch die Formulierung der „miteinander im Wettbewerb stehenden Unternehmen“ ist die Bezugnahme von § 1 GWB auf horizontale Vereinbarungen deutlicher geworden, wonach sich die Beteiligten einer Vereinbarung als tatsächliche oder potentielle Wettbewerber gegenüber stehen müssen und durch die Vereinbarung den Wettbewerb unter sich regeln[1132]. Insofern fallen Wettbewerbsverbote, die anlässlich eines Unternehmenskaufvertrags zwischen Wettbewerbern getroffen worden sind grundsätzlich unter § 1 GWB[1133], außer es liegt ein anerkennenswertes Interesse für ihre Vereinbarung vor. Davon ausgenommen sind zu weitgehende, überschießende Teile dieser Vereinbarungen[1134].

b) Bestimmung des „anzuerkennenden Interesses“ und der „sachlichen Gebotenheit“

Zusammenfassend lassen sich die Aussagen des BGH auf die Formel bringen, dass „sachlich nicht gebotene, über die Sicherung eines -kartellrechtsneutralen- Leistungsaustauschs hinausgehende Beschränkungen in ihrem „überschießenden“ Umfang nach § 1 GWB zu beurteilen sind“[1135]. Um die sachliche Gebotenheit bestimmen zu können, wird vom BGH darauf abgestellt, ob ein anzuerkennendes Interesse im Hinblick auf die Freiheit des Wettbewerbs besteht[1136]. Maßgeblich ist dabei der Zweck der jeweiligen Abrede, der in der Sicherung des kartellrechtsneutralen Leistungsaustauschs liegen muss und nicht darüber hinaus gehen darf[1137]. An dieser Stelle wird deutlich, dass die Vorgehensweise des BGH aufgrund des Abstellens auf den Zweck des Vertrags immer noch zivilrechtlich geprägt ist[1138]. Schwierigkeiten bereitet die Ausfüllung der abstrakten Formel mit konkreten Wertungen[1139], insbesondere die Frage, welche Interessen überhaupt berücksichtigungsfähig, sprich anerkennenswert und wie sie zu gewichten sind[1140]. In den 1997 ergangenen Urteilen hat der BGH eine jeweils dreigliedrige Prüfung vorgenommen. Zunächst stellt er den kartellrechtsneutralen Hauptzweck des Vertrags heraus, der in der Sicherung des Leistungsaustauschs liegen muss als ein „auch

[1131] Bunte, WuW 1997, 857 (863); Schmitz, WuW 2002, 6 (13); Bahr, WuW 2004, 259 (263).
[1132] Zimmer, in: Immenga/ Mestmäcker, GWB, § 1 GWB Rdn. 176, 177; Bunte, WuW 1997, 857 (858, 860).
[1133] Hootz, in: Gem.Ktr., § 1 GWB Rdn. 68.
[1134] Bunte, WuW 1997, 857 (860, 861).
[1135] So zusammengefasst von Bechtold, NJW 1997, 1959 (1961); auch K.Schmidt, AG 1998, 551 (557); Bechtold, GWB, § 1 GWB Rdn. 21.
[1136] Bechtold, GWB, § 1 GWB Rdn. 21.
[1137] BGH, Urteil vom 14.1.1997, WuW/ E 3115 (3118) – Druckgussteile.
[1138] Kritisch Lammel, AcP 189 (1989), 244 (275).
[1139] K.Schmidt, AG 1998, 551 (557), der feststellt, dass „von besonderer Klarheit (...) bei dieser Rechtsprechung zu § 1 GWB kaum gesprochen werden [könne]“; Bechtold, GWB, § 1 GWB Rdn. 21 „theoretisch schwer einzuordnende Formel“.
[1140] Schäfer, in: FS für Ulmer, 2003, 991 (994), der fragt, „ob nur positive Effekte auf den Wettbewerb oder auch sonstige Interessen „anerkennenswert“ sein können.“

im Interesse des Wettbewerbs liegendes schutzwürdiges Ziel"[1141]. Abzustellen ist hier auf den im konkreten Fall vorliegenden Austauschvertrag. Bei einem Unternehmensveräußerungsvertrag stellt die Sicherung des Leistungsaustauschs die Konsolidierung des Erwerbs auf Seiten des Unternehmenskäufers dar, die sich zudem bereits ohne explizite Vereinbarung als Nebenpflicht aus § 242 BGB zur Erfüllung des Kaufvertrags ergibt[1142]. Dieses Interesse kann auch auf Veräußererseite gegeben sein, wenn nur Teile des Unternehmens veräußert werden und der Verkäufer auch nach Vertragsdurchführung weiterhin mit den verbliebenen Unternehmensteilen auf dem Markt tätig bleiben und seinerseits einen Entzug der bei ihm verbliebenen Unternehmenswerte verhindern möchte. Nach der Feststellung des kartellrechtsneutralen Hauptzwecks des Vertrags untersucht der BGH, ob die wettbewerbsbeschränkenden Abreden für das Erreichen desselben sachlich geboten sind. Betont wurde vom BGH, dass eine „wertende Betrachtungsweise" bei der Bestimmung des anzuerkennenden Interesses vorzunehmen sei[1143]. Es müsse eine „Gesamtwürdigung des Vertrags unter Berücksichtigung der mit dem Vertrag verfolgten wirtschaftlichen Ziele, der Umstände, die zum Vertragsschluss geführt haben, und der Entwicklung der Beziehungen zwischen den Parteien" vorgenommen werden[1144]. Wieder ausgehend vom funktionalen Ansatz seien jedoch immer nur objektive Kriterien heranzuziehen, da eben nicht, wie noch bei der Ermittlung der gleichgerichteten Interessen, auf subjektive Vorstellungen abzustellen sei[1145]. Zu betrachten sei insbesondere die wirtschaftliche Notwendigkeit für die Vereinbarung der einzelnen Klausel[1146]. Als wirtschaftlich notwendig wurde die Vereinbarung von wettbewerbsbeschränkenden Klauseln angesehen, wenn eine Vertragspartei erheblichen finanziellen Aufwand für die Vertragsdurchführung betrieben hat[1147], insbesondere erhebliche Investitionen getätigt[1148] oder hohe wirtschaftliche Risiken übernommen hat und daher durch ein Wettbewerbsverbot die Rentabilität der Investitionen gesichert werden sollte[1149]. Abzustellen sei jeweils auf die Aufgaben- und Risikoverteilung zwischen den Vertragsparteien[1150]. Maßgeblich könne auch eine erfolgreiche Einführung eines Produkts auf dem relevanten Markt sein, da durch das Hinzutreten eines weiteren Anbieters eine verbesserte Wettbewerbslage geschaffen werde, die oh-

---

[1141] BGH, Urteil vom 14.1.1997, WuW/ E 3121 (3126) – Bedside- Testkarten.
[1142] BGH, Urteil vom 6.5.1997, WuW/ E 3137 (3139) – Sole.
[1143] BGH, Urteil vom 14.1.1997, WuW/ E 3115 (3118) – Druckgussteile; BGH, Urteil vom 14.1.1997, WuW/ E 3121 (3125) – Bedside- Testkarten; BGH, Urteil vom 6.5.1997, WuW/ E 3137 (3138) – Sole; BGH, Urteil vom 12.5.1998, GRUR 1998, 777 (779) – Subunternehmervertrag.
[1144] BGH, Urteil vom 14.1.1997, WuW/ E 3115 (3118) – Druckgussteile.
[1145] BGH, Urteil vom 14.1.1997, WuW/ E 3121 (3125) – Bedside- Testkarten.
[1146] BGH, Urteil vom 14.1.1997, WuW/ E 3115 (3118) – Druckgussteile; Bahr, GRUR 2001, 1111 (1114).
[1147] BGH, Urteil vom 14.1.1997, WuW/ E 3115 (3118) – Druckgussteile.
[1148] BGH, Urteil vom 14.1.1997, WuW/ E 3121 (3125) – Bedside- Testkarten.
[1149] BGH, Urteil vom 14.1.1997, WuW/ E 3115 (3118) – Druckgussteile; BGH, Urteil vom 14.1.1997, WuW/ E 3121 (3125) – Bedside- Testkarten.
[1150] BGH, Urteil vom 12.5.1998, GRUR 1998, 777 (779) – Subunternehmervertrag.

ne eine Nebenabrede, in diesem Fall gegenseitige Ausschließlichkeitsbindungen, nicht zu erreichen gewesen wäre[1151].
Wird die sachliche Gebotenheit grundsätzlich bejaht, prüft der BGH abschließend, ob die wettbewerbsbeschränkenden Klauseln in ihrem Umfang als angemessen zu betrachten sind hinsichtlich ihrer zeitlichen, sachlichen und räumlichen Grenzen[1152].

c) Funktionsnotwendige und fördernde Wettbewerbsbeschränkungen

In einer neueren zu diesem Problemkreis ergangenen Entscheidung bestätigt der BGH die gefundene Abgrenzungsformel, richtet sie jedoch dahin gehend aus, dass zum einen für das Austauschverhältnis „funktionsnotwendige Wettbewerbsbeschränkungen" erfasst werden, darüber hinaus jedoch auch solche „beschränkenden Abreden, mit denen ein berechtigtes und mit der Zielrichtung des Gesetzes nicht in Konflikt stehendes Interesse verfolgt wird"[1153]. Als funktionsnotwendige Wettbewerbsbeschränkungen werden solche Beschränkungen angesehen, ohne die der mit dem Vertrag bezweckte Erfolg nicht eintreten kann, was etwa für Wettbewerbsverbote in Unternehmensveräußerungsverträgen angenommen wird[1154]. Im Zentrum der Prüfung steht die Funktion der Nebenabrede für die Durchführung des kartellrechtsneutralen Hauptvertrags. Die Funktion der Nebenabrede wird allein innerhalb des Vertragsgefüges bestimmt. Daher sind die Auswirkungen auf die Marktverhältnisse nicht maßgeblich, so dass es sich um eine rein vertragsimmanente Prüfung handelt[1155]. Als daneben noch erwähnte beschränkende Abreden, die nicht funktionsnotwendig sind, werden solche betrachtet, die das Austauschverhältnis in sonstiger Weise fördern[1156]. Wie der Begriff der Förderung impliziert, müssen für seine Feststellung auch die Auswirkungen der Abrede auf die Marktverhältnisse berücksichtigt werden[1157]. In dieser zweiten Kategorie stellt der BGH mithin auf die Zielrichtung des Gesetzes und insofern auf den telos der Norm ab, nach dem die Wettbewerbsfreiheit zu schützen ist[1158]. Ein anzuerkennendes Interesse liege demnach auch für solche Klauseln vor, „mit denen ein berechtigtes und mit der Zielrichtung des Gesetzes nicht in Konflikt stehendes Interesse verfolgt wird"[1159]. Berücksichtigt werden könne hier das Wettbewerbsverhältnis der Parteien sowie „wie stark wettbewerbsbeschränkend die in Rede stehende Vereinbarung" wirke und ob

---

[1151] BGH, Urteil vom 14.1.1997, WuW/ E 3121 (3125) – Bedside- Testkarten.
[1152] BGH, Urteil vom 14.1.1997, WuW/ E 3115 (3119) – Druckgussteile; BGH, Urteil vom 6.5.1997, WuW/ E 3137 (3138) – Sole.
[1153] BGH, Beschluss vom 18.2.2003, WuW/ E DE- R 1119 (1123) – Verbundnetz II; dazu Bunte, WRP 2003, 1418 (1419); Bahr, WuW 2004, 259 (261, 262).
[1154] Bunte, WRP 2003, 1418 (1419); Bahr, WuW 2004, 259 (262).
[1155] Bahr, WuW 2004, 259 (262).
[1156] BGH, Beschluss vom 18.2.2003, WuW/ E DE- R 1119 (1123); Bunte, WRP 2003, 1418 (1420); Bahr, WuW 2004, 259 (262).
[1157] Bahr, WuW 2004, 259 (262).
[1158] BGH, Beschluss vom 18.2.2003, WuW/ E DE- R 1119 (1123).
[1159] BGH, Beschluss vom 18.2.2003, WuW/ E DE- R 1119 (1123).

etwa mit einer Klausel „ein Vertriebskonzept gefördert werden soll, das auf längere Sicht eher zu einer Belebung als zu einer Beeinträchtigung des Wettbewerbs führe"[1160]. Bei Abreden der zweiten Kategorie sollen sowohl die Wettbewerbssituation als auch die Auswirkungen auf den Markt berücksichtigt werden sowie die mit einer Abrede möglicherweise verbundene Wettbewerbsförderung[1161]. Hier setzen sich also die Gedanken des wettbewerblichen Ansatzes der Rechtsprechung fort.

2. Systematische Verortung der Einschränkungen

Die dogmatisch korrekte Einordnung der von der BGH- Rechtsprechung vorgenommenen Einschränkung des § 1 GWB wirft Schwierigkeiten auf, da sie sich parallel zur Veränderung des Tatbestands des § 1 GWB mitverändert hat, ohne dass der BGH diese Anpassungen erläutert hat[1162]. Die bis zur 6. GWB- Novelle noch mögliche innertatbestandliche einschränkende Auslegung ist mit der Streichung des „gemeinsamen Zwecks" entfallen, da das neue Tatbestandsmerkmal der „miteinander im Wettbewerb stehenden Unternehmen" dazu nicht geeignet ist[1163], denn das Wettbewerbsverhältnis der Parteien zueinander ist nicht von dem Vorliegen eines „anerkennenswerten Interesses" der Wettbewerbsbeschränkung abhängig[1164]. Daher hat der BGH die Formel der „anzuerkennenden Interessen" neuerdings nicht mehr an einem bestimmten Tatbestandsmerkmal festgemacht[1165], aber dennoch inhaltlich an ihr festgehalten[1166]. Zur systematischen Einordnung seiner Formel hat sich der BGH bisher nicht geäußert[1167]. Da er eine außertatbestandliche Reduktion bisher immer als unzweckmäßig charakterisiert hat[1168], könnte in der Vorgehensweise eine Form der Auslegung zu sehen sein, wenn deren Voraussetzungen erfüllt sind.

1160 BGH, Beschluss vom 18.2.2003, WuW/ E DE- R 1119 (1123).

1161 Bahr, WuW 2004, 259 (262).

1162 Bunte, WuW 1997, 857 (863); Schäfer, in: FS für Ulmer, 2003, 991 (1004); Bahr, GRUR 2001, 1111 ff.

1163 Schäfer, in: FS für Ulmer, 2003, 991 (1005); Bornkamm, in: FS für Geiß, 2000, 539 (555); Huber, in: FK, Kurzdarstellung § 1 GWB n.F. Rdn. 16; K.Schmidt, ZHR 149 (1985), 1 (11).

1164 Bornkamm, in: FS für Geiß, 2000, 539 (555).

1165 Bereits in dem Urteil vom 12.5.1998, GRUR 1998, 777 ff. – Subunternehmervertrag hat der BGH nicht mehr an das Merkmal des „gemeinsamen Zwecks" angeknüpft; dazu K.Schmidt, AG 1998, 551 (558); zuletzt BGH, Beschluss vom 18.2.2003, WuW/ E DE- R 1119 (1123) – Verbundnetz II; dazu Bunte, WRP 2003, 1418 (1419); auf der Linie des BGH auch OLG Stuttgart, Urteil vom 24.10.2002, WuW/ E DE- R 1048 – Mitarbeiterschutzklausel.

1166 „diese Abgrenzungsformel, die nach altem Recht zur näheren Bestimmung des Merkmals „zu einem gemeinsamen Zweck" dienen konnte, [...] durch die Neufassung des Gesetzes ihre Bedeutung nicht verloren (hat)"BGH, Beschluss vom 18.2.2003, WuW/ E DE- R 1119 (1123) – Verbundnetz II; Bunte, WRP 2003, 1418 (1419).

1167 Bunte, WRP 2003, 1418 (1419); Bahr, WuW 2004, 259 (262) Fn. 22; K.Schmidt, AG 1998, 551 (559).

1168 BGH, Urteil vom 14.1.1997, WuW/ E 3121 (3125) – Bedside- Testkarten; Bornkamm, in: FS für Geiß, 2000, 539 (547); Schäfer, in: FS für Ulmer, 2003, 991 (996).

Der Gegenstand einer vorzunehmenden Auslegung ist der jeweils zugrunde liegende Gesetzestext, in dem der objektivierte Wille des Gesetzgebers niedergelegt worden ist und der anhand des Wortlauts und des Sinnzusammenhangs der Vorschrift erschlossen werden soll[1169]. Die zur Auslegung verwendeten Kriterien können im Wortsinn der Norm, dem Bedeutungszusammenhang des Gesetzes, der Regelungsabsicht des historischen Gesetzgebers und den objektiv- teleologischen Gründen liegen[1170]. Bei der von ihm vorgenommenen Auslegung zu § 1 GWB hat der BGH betont, es handele sich um eine funktionale Auslegung, die sich an der Zielsetzung des GWB orientiere und die „eigenständig unter Berücksichtigung der auf die Freiheit des Wettbewerbs gerichteten Zielsetzung des Gesetzes" vorzunehmen sei[1171]. Insofern sei bereits „im Rahmen des Tatbestandes, auf die durch den Inhalt des Vertrages begründete Wettbewerbsbeschränkung und ihre Wirkung auf dem relevanten Markt abzustellen"[1172]. Der BGH stellt damit bei seiner Auslegung auf die ratio legis des GWB ab, die darin besteht, die Wettbewerbsfreiheit und damit den Bestand des Wettbewerbs vor wettbewerbsbeschränkenden Maßnahmen zu schützen[1173]. Dieses Schutzes bedarf der Wettbewerb jedoch dann nicht, wenn es sich um im Rahmen der Privatautonomie geschlossene Austauschverträge handelt, zu deren ordnungsgemäßer Durchführung Wettbewerbsverbote vereinbart worden sind. Eine uferlose Anwendung des § 1 GWB stellte zudem eine nicht zu rechtfertigende Einschränkung der Privatautonomie dar, derer ein funktionierender Wettbewerb jedoch bedarf und die als gesonderter Regelungskomplex ebenso des Schutzes bedarf wie die Wettbewerbsfreiheit[1174]. Die Vorgehensweise des BGH ist somit als eine teleologische Auslegung des § 1 GWB zu charakterisieren, da er auf den Sinn und Zweck der Norm des § 1 GWB sowie die ratio legis des GWB im Ganzen abstellt und seine Auslegung daher an objektiven Zwecken des Rechts ausrichtet[1175].

Festzuhalten bleibt, dass der BGH anhand einer teleologischen Auslegung danach fragt, ob ein „anerkennenswertes Interesse" für eine Beschränkung vorliege. Anzunehmen ist ein solches Interesse für „funktionsnotwendige Wettbewerbsbeschränkungen", die der Durchführung eines Vertrags dienen, wie beispielsweise Wettbewerbs-

---

[1169] Larenz, Methodenlehre, S. 313; Hootz, in: Gem.Ktr., Einleitung § 1 GWB, Rdn. 3; Bunte, in: Langen/ Bunte, Kartellrecht, Bd. 1, Einführung zum GWB, Rdn. 31.

[1170] Larenz, Methodenlehre, S. 320 ff.; Bunte, in: Langen/ Bunte, Kartellrecht, Bd. 1, Einführung zum GWB, Rdn. 31.

[1171] BGH, Urteil vom 14.10.1976, WuW/ E BGH 1458 (1461) – Fertigbeton; BGH, Urteil vom 14.1.1997, WuW/ E BGH 3121 (3125) – Bedside- Testkarten; BGH, Urteil vom 6.5.1997, WuW/ E BGH 3137 (3138) – Sole; BGH, Urteil vom 14.1.1997, WuW/ E BGH 3115 (3118) – Druckgussteile.

[1172] BGH, Urteil vom 14.1.1997, WuW/ E BGH 3115 (3118) – Druckgussteile.

[1173] Bunte, in: Langen/ Bunte, Kartellrecht, Bd. 1, Einführung zum GWB Rdn. 9.

[1174] Zimmer, in: Immenga/ Mestmäcker, GWB, § 1 GWB Rdn. 269.

[1175] Zur teleologischen Auslegung, siehe, Larenz, Methodenlehre, S. 333 ff.; Bunte, in: Langen/ Bunte, Kartellrecht, Bd. 1, Einführung zum GWB, Rdn. 31; dies fordernd bereits, Steindorff, BB 1977, 569 (569).

verbote zu Unternehmensveräußerungsverträgen[1176]. Daneben müssen sich die Wettbewerbsverbote jedoch im Rahmen des Erforderlichen halten bezüglich ihres sachlichen, zeitlichen und räumlichen Ausmaßes.

II. Vorgehensweise der Literatur

1. Immanenztheorie

Auch in der Literatur gab es bereits früh Bestrebungen, Wettbewerbsbeschränkungen aus dem Kartellverbot des § 1 GWB auszunehmen, indem sie als bestimmten Rechtsinstituten immanent angesehen wurden[1177]. Mit Hilfe der Immanenztheorie sollen funktionsnotwendige Wettbewerbsbeschränkungen im Rahmen von Austausch- und Gesellschaftsverträgen als kartellrechtlich nicht verboten gelten[1178]. Die Entwicklung der Immanenztheorie war zunächst zivilrechtlich geprägt, da die Sicherung des kartellrechtsneutralen Hauptzwecks durch dem Vertrag bereits immanente Nebenpflichten[1179], die nicht notwendigerweise ausdrücklich vereinbart zu sein brauchten, in den Mittelpunkt der Prüfung gerückt worden ist[1180]. An dieser Feststellung wurde jedoch zu Recht kritisiert, dass sie von einem nicht begründbaren Vorrang des Zivilrechts vor dem Kartellrecht ausgehe, da sie als Grenze für die Zulässigkeit zum einen auf die Kartellrechtsneutralität des Hauptvertrags abstellte und zum anderen auf das sachlich, zeitlich und örtlich erforderliche Maß für diesen Zweck[1181]. In neuerer Zeit ist daher auf einen mehr wettbewerblich orientierten Ansatz der Immanenztheorie hingearbeitet worden, der im Gegensatz zum eher zivilistisch geprägten Ansatz stärker auf die Außenwirkungen einer Vereinbarung auf den Markt abzustellt und die Wettbewerbsbeschränkung in den Vordergrund zu stellen versucht anstelle des Zwecks der Hauptvereinbarung[1182].

[1176] BGH, Beschluss vom 18.2.2003, WuW/ E DE- R 1119 (1123) – Verbundnetz II; Bunte, WRP 2003, 1418 (1419); Bahr, WuW 2004, 259 (262).

[1177] Zimmer, in: Immenga/ Mestmäcker, GWB, § 1 GWB Rdn. 269; ausführlich zur Problematik von Immanenztheorien im Kartellrecht, Kretzer, Immanenztheorien im Kartellrecht, 1992, der zu dem Fazit gelangt, dass Immanenztheorien im Kartellrecht keine „autonome Doktrin" darstellen, sondern eine Form der teleologischen Reduktion, S. 207 ff.

[1178] Grundlegend Steindorff, BB 1977, 569 ff.

[1179] So etwa der aus § 242 BGB zu entnehmenden Pflicht des Veräußerers eines Unternehmens, dem Erwerber gegenüber für eine gewisse Zeit keinen Wettbewerb zu betreiben; RGZ 117, 176 (179); RGZ 163, 311 (313); BGHZ 16, 71 (75 ff.); Heinrichs, in: Palandt, BGB, § 138 BGB Rdn. 109; Wolf, in: Soergel, BGB, § 157 BGB Rdn. 199.

[1180] In diesem Zusammenhang wurde das Schlagwort geprägt: „Was zivilrechtlich geboten ist, kann nicht kartellrechtlich verboten sein"; K.Schmidt, Kartellverbot, S. 81.

[1181] K.Schmidt, ZHR 149 (1985), 1 (11); Zimmer, in: Immenga/ Mestmäcker, GWB, § 1 GWB Rdn. 273; Ackermann, Art. 85 Abs. 1 EGV u. rule of reason, S. 235.

[1182] Bahr, GRUR 2001, 1111 (1112).

a) Sachlicher Anwendungsbereich der Immanenztheorie

Die klassische Ansicht der Rechtsprechung, wonach Merkmal eines jeden Kartellvertrags ein Gesellschaftsvertrag oder wenigstens ein gesellschaftsähnliches Rechtsverhältnis sein müsse, führte dazu, dass Austauschverträge grundsätzlich nicht unter § 1 GWB fielen[1183]. Daher ist von der Literatur bei der Immanenztheorie darauf abgestellt worden, ob aktueller oder potentieller Wettbewerb einseitig oder wechselseitig zwischen den Parteien beschränkt werde, so dass auch Austauschverträge erfasst wurden[1184]. Gefordert wurde, dass die Interpretation von Wettbewerbsverboten und anderen wettbewerbsbeschränkenden Klauseln ausgehend von der „Wettbewerbsfreiheit als des objektiven Gesetzeszwecks" erfolgen müsse[1185]. Diese seien gegenüber dem Kartellverbot dann gerechtfertigt, wenn sie zu dem Zweck eines „nach der Rechtsordnung erwünschten oder gebilligten Vertrags objektiv notwendig" seien, beschränkt auf ein „objektiv nachprüfbares Mindestmaß" in gegenständlicher, örtlicher und zeitlicher Hinsicht[1186]. Gegenüber der Auslegung des Merkmals des „gemeinsamen Zwecks" sei die Vorgehensweise der Immanenztheorie vorzugswürdig, da mit ihrer Hilfe auf objektive Kriterien abgestellt werden könne, wohingegen bei der Würdigung des „gemeinsamen Zwecks" im Hinblick auf § 705 BGB der Parteiwillen maßgeblich und die Gefahr einer Umgehung durch die Parteien größer sei[1187]. Die bereits erwähnte zunehmend wettbewerbliche Herangehensweise stellt darauf ab, ob durch wettbewerbsbeschränkende Abreden überhaupt erst die wettbewerbsfördernde Hauptvereinbarung möglich ist[1188]. Dazu sei in jedem Einzelfall zu betrachten, ob eine Vereinbarung isoliert gesehen zwar wettbewerbsbeschränkend sei und damit dem Kartellverbot des § 1 GWB unterfalle, jedoch aufgrund ihrer Verbundenheit mit der Hauptvereinbarung eine wettbewerbsfördernde Wirkung erhalte und daher das Eingreifen des Kartellverbots

---

1183 Bahr, GRUR 2001, 1111 (1112); K.Schmidt, ZHR 149 (1985), 1 (5); Zimmer, in: Immenga/ Mestmäcker, GWB, § 1 GWB Rdn. 165, 166; Kretzer, Immanenztheorien im Kartellrecht, S. 57.

1184 K.Schmidt, BB 1979, 1173 (1174); K.Schmidt, ZHR 149 (1985), 1 (5 ff.); K.Schmidt, AG 1998, 551 (553); Immenga, in: Immenga/ Mestmäcker, GWB, 2. Aufl., § 1 GWB Rdn. 170; Belke, ZHR 143 (1979), 74 (81 ff.); Bahr, GRUR 2001, 1111 (1112); der Ansatz der Literatur wurde daher auch als „funktionaler Ansatz"[1184] bezeichnet[1184]; Zimmer, in: Immenga/ Mestmäcker, GWB, § 1 GWB Rdn. 167; Kretzer, Immanenztheorien im Kartellrecht, S. 59 ff.; Michalski, BB 1991, 1875 (1877, 1878); der Begriff „funktional" beschreibt ebenso wie der Begriff „objektiv teleologisch" die Bezugnahme auf die objektiven Zwecke eines Gesetzes; Ackermann, Art. 85 Abs. 1 EGV u. rule of reason, S. 54; Larenz, Methodenlehre, S. 333.

1185 Steindorff, BB 1977, 569 (569, 571); K.Schmidt, BB 1979, 1173 (1173).

1186 Steindorff, BB 1977, 569 (571); K.Schmidt, BB 1979, 1173 (1173, 1174).

1187 Steindorff, BB 1977, 569 (570, 571) mit Verweis auf die Entscheidung „Schnittblumentransport", WuW/ E BGH 1353 (1355), der ein Austauschvertrag mit einer Kundenschutzklausel zugrunde lag, jedoch gleichlaufende Interessen im Sinne eines gemeinsamen Zwecks verneint wurden, um zu einer Nichtanwendung des § 1 GWB zu gelangen; K.Schmidt, BB 1979, 1173 (1174); Zimmer, in: Immenga/ Mestmäcker, GWB, § 1 GWB Rdn. 168; Bahr, GRUR 2001, 1111 (1112).

1188 Zimmer, in: Immenga/ Mestmäcker, GWB, § 1 GWB Rdn. 274; kritisch zum zivilistischen Ansatz der Immanenztheorie, Lammel, AcP 189 (1989), 244 (275, 285).

nicht sachgemäß erscheine[1189]. Insbesondere bei Austauschverträgen, speziell bei Unternehmensveräußerungsverträgen, kommt es vor, dass der Vertrag ohne ein Wettbewerbsverbot gar nicht zum Abschluss kommt und somit das Wettbewerbsverbot gerade eine Wettbewerbsförderung darstellt[1190]. Festzuhalten bliebt, dass im Gegensatz zum eher zivilistischen Ansatz der Immanenztheorie die wettbewerbliche Sichtweise stärker auf die Außenwirkungen einer Vereinbarung auf den Markt abstellt und die Wettbewerbsbeschränkung im Vordergrund sieht, anstelle des kartellrechtsneutralen Zwecks der Hauptvereinbarung.

b) Systematische Verortung

Im Gegensatz zur Vorgehensweise des BGH[1191] ist die Immanenztheorie als eine ungeschriebene außertatbestandliche Restriktion vorgenommen worden, was mit der Ablehnung der Verortung der Wertungen in das ehemalige Tatbestandsmerkmal des „gemeinsamen Zwecks" zu erklären ist[1192]. Unabhängig von dem konkreten Tatbestandsmerkmal sollte eine generelle Lösung für alle Arten von Verträgen ermöglicht werden[1193]. Zwar stellte sich der zivilistische Ansatz der Immanenztheorie noch als eine teleologische Auslegung des Merkmals des „gemeinsamen Zwecks" dar, die sich an der „Wettbewerbsfreiheit als des objektiven Gesetzeszwecks" orientierte, da eine reine Wortlautauslegung des § 1 GWB gerade nicht zu einem zweifelsfreien Ergebnis führte[1194]. Mit Entfallen dieses Tatbestandsmerkmals ist jedoch auch für die Immanenztheorie der Anknüpfungspunkt für eine Auslegung, die im Gegensatz zur teleologischen Reduktion an einem auszulegenden Tatbestandsmerkmal anknüpft[1195], entfallen[1196].
Die wettbewerbliche Ausprägung der Immanenztheorie wird daher als eine teleologische Reduktion des § 1 GWB angesehen, da es aufgrund der ratio des GWB, das den Schutz der Wettbewerbsfreiheit gewährleisten soll[1197], als sachgemäß betrachtet wird, solche Vereinbarungen aus dem Verbot auszunehmen, die insgesamt nicht als wettbe-

1189 Steindorff, in: FS für Benisch, 1989, 255 (265); Köhler, WuW 1999, 445 (450 f.); Zimmer, in: Immenga/ Mestmäcker, GWB, § 1 GWB Rdn. 274.

1190 Insofern liegt eine vergleichbare Interpretation vor wie in der Entscheidung des EuGHE 1985, 2545 (2571), Rs. 42/84 - RemiaBV u.a./ Kommission.

1191 Der BGH bevorzugte ausdrücklich eine innertatbestandliche Auslegung, anknüpfend an bestimmte Tatbestandsmerkmale; ausführlich dazu, siehe oben, 3. Teil D. I. 2.

1192 K.Schmidt, ZHR 149 (1985), 1 (12); K.Schmidt, AG 1998, 551 (558, 559).

1193 Zimmer, in: Immenga/ Mestmäcker, GWB, § 1 GWB Rdn. 272.

1194 Steindorff, BB 1977, 569 (569, 571); K.Schmidt, BB 1979, 1173 (1173); zu den Voraussetzungen einer teleologischen Auslegung, siehe Larenz, Methodenlehre, S. 333 ff.

1195 Larenz, Methodenlehre, S. 391; Pawlowski, Methodenlehre für Juristen, S. 221 Rdn. 501.

1196 Bornkamm, in: FS für Geiß, 2000, 539 (547, 555); K.Schmidt, AG 1998, 551 (553); Kretzer, Immanenztheorien, S. 8 ff.; Schäfer, in: FS für Ulmer, 2003, 991 (1005); Zimmer, in: Immenga/ Mestmäcker, GWB, § 1 GWB Rdn. 164.

1197 Bunte, in: Langen/ Bunte, Kartellrecht, Bd. 1, Einführung zum GWB Rdn. 9.

werbsschädlich zu betrachten sind[1198]. Für eine teleologische Reduktion wird eine gesetzliche Regelung gefordert, die entgegen ihrem Wortlaut aufgrund des objektiven Zwecks des Gesetzes einer Einschränkung bedarf, die keine Anknüpfung im Gesetzeswortlaut enthält, und insofern durch eine einschränkende Auslegung nicht zu erreichen ist, jedoch durch die Hinzufügung einer Einschränkung gewonnen werden kann[1199]. Die zu weit gefasste Norm soll auf den ihr nach dem Regelungszweck oder Sinnzusammenhang des Gesetzes zukommenden Anwendungsbereich „reduziert" werden[1200]. Insofern wird durch die teleologische Reduktion eine Verkürzung des Wortlauts jenseits der Wortlautgrenze vorgenommen. Sie begründet sich aus dem Gerechtigkeitspostulat, wonach „Ungleiches ungleich zu behandeln ist"[1201]. Als Methode der Rechtsfortbildung bietet sie eine Möglichkeit zur Auflösung des Spannungsfelds zwischen der Bindung des Richters an den Gesetzeswortlaut und dem hinter dem Gesetz stehenden Sinn und Zweck der Regelung. Voraussetzung für die Möglichkeit einer teleologischen Reduktion ist ein reduktionserforderndes telos sowie eine zu schließende Gesetzeslücke[1202]. Der zweiten Voraussetzung, der Feststellung einer Regelungslücke, könnte jedoch die Existenz der bisherigen §§ 2- 8 GWB a. F. entgegengestanden haben, da in ihnen Ausnahmen vom Kartellverbot enthalten waren und insofern eine Gesetzeslücke ausgeschlossen gewesen sein konnte[1203]. Dies wäre insbesondere dann der Fall, wenn genau diese unvollständige Normierung der Regelungsabsicht des Gesetzgebers entsprochen hätte, diesbezüglich also ein gesetzgeberischer Plan vorgelegen hat[1204]. Der Gesetzgeber der 6. GWB- Novelle hat sich noch bewusst gegen eine Legalausnahme, wie in der 7. GWB-Novelle vorgesehen[1205], und für die Beibehaltung eines kasuistisch ausgestalteten Systems entschieden, wonach die Ausnahmemöglichkeiten abschließend geregelt werden sollten[1206]. Hinzugefügt wurde jedoch auch § 7 GWB, der als Auffangtatbestand weitere ungeschriebene Ausnahmen ermöglichen sollte, aber als Ausnahmevorschrift restriktiv ausgelegt worden ist[1207].

[1198] Ackermann, Art. 85 Abs. 1 EGV u. rule of reason, S. 235; Schäfer, in: FS für Ulmer, 2003, 991 (1006); im Ergebnis auch Kretzer, Immanenztheorien, S. 10 ff., 20.

[1199] Larenz, Methodenlehre, S. 391.

[1200] Larenz, Methodenlehre, S. 391.

[1201] Larenz, Methodenlehre, S. 392; Pawlowski, Methodenlehre für Juristen, S. 205 Rdn. 453.

[1202] Larenz, Methodenlehre, S. 366 ff.; Pawlowski, Methodenlehre für Juristen, S. 206 Rdn. 455, S. 208 Rdn. 461 ff.

[1203] Die §§ 2- 8 GWB a.F. (6. GWB- Novelle) sind im Regierungsentwurf zur 7. GWB-Novelle weggefallen, mit Ausnahme der Regelung für Mittelstandskartelle (§ 3 GWB n.F.) aufgrund der Einführung eines Generalklauselprinzips (§ 2 GWB n.F.); ausführlich zur 7. GWB-Novelle, siehe unten, 3. Teil D. III.

[1204] Larenz, Methodenlehre, S. 373.

[1205] Regierungsentwurf zur 7. GWB-Novelle, BT-Drucks. 15/3640, S. 24.

[1206] Immenga, in: Immenga/ Mestmäcker, GWB, Vor § 2 Abs. 1 GWB Rdn. 3; Bunte, DB 1998, 1748 (1750); Lange, in: Lange, Hdb. zum deutschen und europäischen Kartellrecht, § 1 Rdn. 144.

[1207] Bechtold, GWB, § 7 GWB Rdn. 1; Immenga, in: Immenga/ Mestmäcker, § 7 GWB Rdn. 1 ff.; Lange, in: Lange, Hdb. zum deutschen und europäischen Kartellrecht, § 1 Rdn. 208; allgemein zur engen Auslegung von Ausnahmevorschriften, Larenz, Methodenlehre, S. 355; Bunte, DB 1998, 1748 (1750).

Für die wirtschaftlich wichtige und hier im Mittelpunkt stehenden Wettbewerbsverbote in Unternehmensveräußerungsverträgen, die als horizontale Vereinbarungen grundsätzlich dem Verbot des § 1 GWB unterfallen, existierte keine explizit aufgeführte Ausnahmemöglichkeit und auch eine Anwendung des § 7 GWB ist für sie nicht vorgenommen worden[1208]. Dennoch war anerkannt, dass diese Vereinbarungen nicht dem Kartellverbot unterfallen sollten[1209]. Insofern konnte eine „planwidrige Unvollständigkeit"[1210] des Gesetzes angenommen werden, so dass die Existenz der Ausnahmevorschriften der §§ 2- 8 GWB a.F. (6. GWB- Novelle) der Vornahme einer teleologischen Reduktion des § 1 GWB nicht entgegengestanden hat[1211]. Insofern wird die Immanenztheorie, insbesondere in ihrer wettbewerblichen Ausprägung, mehrheitlich als außertatbestandliche teleologische Reduktion des § 1 GWB, die am Sinn und Zweck der Vorschrift anknüpft, betrachtet[1212].
Ob und in welcher Form die Immanenztheorie auch noch nach Inkrafttreten der 7. GWB-Novelle Gültigkeit behält beziehungsweise als Einschränkungsmöglichkeit des Kartellverbots für Wettbewerbsverbote notwendig ist, wird im Folgenden, ebenso wie für die Einschränkungsformel des BGH, untersucht werden. Zuvor wird jedoch noch der von einzelnen Autoren vertretene Vorschlag, die amerikanischen Rechtsfiguren der rule of reason beziehungsweise der ancillary restraints-Doktrin als Einschränkungsmöglichkeiten des Kartellverbots in das deutsche Kartellrecht zu übertragen, erörtert.

2. Übertragung der rule of reason und ancillary restraints Doktrin

Neben der Handhabung der Immanenztheorie zur Einschränkung des Kartellverbots des § 1 GWB hat es immer wieder Ansätze von einzelnen Autoren gegeben, das Konzept der rule of reason beziehungsweise der ancillary restraints auch im deutschen Kartellrecht für die Beschränkung des Kartellverbotstatbestands nutzbar zu machen[1213]. Im Folgenden werden zunächst mögliche Anknüpfungspunkte für eine Übertragung der Rechtsfiguren aufgezeigt, bevor auf die gegen eine Übernahme sprechenden Gründe eingegangen wird. Insbesondere die Harmonisierung des deutschen mit

---

1208 Zimmer, in: Immenga/ Mestmäcker, GWB, § 1 GWB Rdn. 268, 269; Bunte, DB 1998, 1748 (1750).
1209 K.Schmidt, ZHR 149 (1985), 1 (10, 11); Steindorff, in: FS für Benisch, 1989, 255 (265); Zimmer, in: Immenga/ Mestmäcker, GWB, § 1 GWB Rdn. 271.
1210 Larenz, Methodenlehre, S. 373.
1211 K.Schmidt, ZHR 149 (1985), 1 (10, 11).
1212 K.Schmidt, AG 1998, 551 (553); K.Schmidt, ZHR 149 (1985), 1 (10, 11); Steindorff, in: FS für Benisch, 1989, 255 (264 ff.); Zimmer, in: Immenga/ Mestmäcker, GWB, § 1 Rdn. 164; Kretzer, Immanenztheorien, S. 8 ff.; Bornkamm, in: FS für Geiß, 2000, 539 (547); Ackermann, Art. 85 Abs. 1 EGV u. rule of reason, S. 235; Schroeder, Nebenabreden in der Fusionskontrolle, S. 125; Bunte, WuW 1997, 857 (864); Schäfer, in: FS für Ulmer, 2003, 991 (1006); a.A. Caspar, Wettbewerbliche Gesamtwürdigung, S. 83, 84, wonach die Immanenztheorie „ein Instrument der Konkretisierung und Präzisierung des Tatbestandsmerkmals „Verhinderung, Einschränkung oder Verfälschung des Wettbewerbs" in § 1 GWB" sei.
1213 So etwa Steindorff, CMLR 1984, 639 ff.

dem europäischen Kartellrecht aufgrund der 7. GWB-Novelle spricht gegen eine Übernahme der amerikanischen Rechtsfiguren, deren Rezeption bereits im Rahmen des Art. 81 EG aus gesetzessystematischen und wettbewerbspolitischen Gründen abgelehnt worden ist[1214].

a) Anknüpfungspunkte

Kritisch und von der Mehrzahl der Autoren ablehnend diskutiert wurde in diesem Zusammenhang von einzelnen Autoren, ob nicht von dem Abstellen der Rechtsprechung auf ein „anzuerkennendes Interesse" beziehungsweise dem Ansatz der Immanenztheorie auf eine Einführung der rule of reason Doktrin in das deutsche Kartellrecht geschlossen werden könne[1215]. Als Anknüpfungspunkt für die Einführung einer rule of reason wird die von der Rechtsprechung vorgebrachte Formel des „anzuerkennenden Interesses" gesehen, wonach der Begriff der „Anerkennung" nur durch wertende Erwägungen inhaltlich zu füllen sei[1216], beziehungsweise die von der Immanenztheorie aufgeworfene Frage, ob eine Nebenabrede im Gefüge der Gesamtvereinbarung eine wettbewerbsfördernde Wirkung habe[1217]. Ebenso wie im Bereich des Art. 81 EG insbesondere auf die zwar ältere, aber dennoch als Unterfall der rule of reason zu betrachtende ancillary restraints-Doktrin abgestellt wird, liegt deren Heranziehung als besondere Ausprägung der rule of reason auch im deutschen Kartellrecht nahe[1218]. Danach sind wettbewerbsbeschränkende Vereinbarungen als erlaubt anzusehen, solange sie einem legitimen Hauptzweck dienen und nicht über das vernünftigerweise dafür notwendige Maß hinausgehen[1219]. Gegenüber zu stellen sind zum einen die Wettbewerbsnachteile sowie der verfolgte wettbewerbsförderliche Zweck, der in einem vorübergehenden Schutz der einen Vertragspartei vor dem Wettbewerb der anderen bestehen muss, um die zur Zweckerreichung vernünftigerweise erforderlichen Wettbewerbsbeschränkungen ermitteln zu können, wobei auch weniger einschränkende Alternativen zu berücksichtigen sind[1220]. Erreicht man kein eindeutiges Ergebnis, so ist als letzte Stufe eine Gewichtung und Abwägung der wettbewerbsfördernden und wettbewerbs-

---

[1214] Ausführlich dazu, siehe oben, 2. Teil C. V. 1. d) bb).

[1215] Bunte, WuW 1997, 857 (864); K.Schmidt, AG 1998, 551 (557); Bornkamm, in: FS für Geiß, 2000, 539 (545, 546); Schäfer, in: FS für Ulmer, 2003, 991 (1005); Schmitz, WuW 2002, 6 ff.; Kretzer, Immanenztheorien, S. 5.

[1216] Schmitz, WuW 2002, 6 (12).

[1217] Schmitz, WuW 2002, 6 (7).

[1218] K.Schmidt, Kartellverbot, S. 80, bezüglich der gedanklichen Nähe der Immanenztheorie zur ancillary restraints-Doktrin.

[1219] U.S. v. Addyston Pipe & Steel Co., 85 F.271 (283) (6th Cir. 1898), modified and affirmed, 175 U.S. 211 (1899); ABA Antitrust Section, Antitrust Law Developments, vol. I, P. 128; Kretzer, Immanenztheorien, S. 31; Ackermann, Art. 85 Abs. 1 EGV u. rule of reason, S. 14, 15; ausführlich zur ancillary restraints-Doktrin im Rahmen des Art. 81 EG, siehe oben, 2. Teil C. V. 1. d).

[1220] U.S. v. Addyston Pipe & Steel Co., 85 F.271, 282 (6th Cir. 1898); Ackermann, Art. 85 Abs. 1 EGV u. rule of reason, S. 23; Caspar, Wettbewerbliche Gesamtwürdigung, S. 67.

beschränkenden Aspekte vorzunehmen im Sinne der rule of reason[1221]. In den neueren Urteilen des BGH, die auf das „anerkennenswerte Interesse" abstellen, welches gegeben sein soll, wenn eine beschränkende Abrede für die Erreichung des kartellrechtsneutralen Hauptzweckes sachlich geboten ist, wird ersichtlich auch auf wertende Aspekte abgestellt, die sich an dem Sinn und Zweck der Norm orientieren sollen[1222]. Wann jedoch ein solches Interesse vorliegt beziehungsweise das Kriterium der „sachlichen Gebotenheit" erfüllt ist, wird vom BGH nicht weiter erläutert[1223]. Hingewiesen wird aber auf eine „Gesamtwürdigung des Vertrages unter Berücksichtigung der mit dem Vertrag verfolgten wirtschaftlichen Ziele, der Umstände, die zum Vertragsschluss geführt haben und der Entwicklung der Beziehungen zwischen den Parteien"[1224]. Aus dem Blickwinkel des wettbewerblichen Ansatzpunktes der Immanenztheorie ist zu betrachten, ob im Einzelfall eine zusätzlich vereinbarte wettbewerbsbeschränkende Nebenvereinbarung im Rahmen der Gesamtvereinbarung wettbewerbsfördernde Wirkung habe, insofern also erst die Nebenabrede die wettbewerbsförderliche Hauptvereinbarung ermögliche und dem Vertragsverhältnis daher immanent sei[1225]. Beiden Ansätzen liegt demnach ein wertender Vorgang zugrunde, aufgrund dessen ermittelt werden soll, ob eine grundsätzlich wettbewerbsbeschränkende Abrede ausnahmsweise nicht dem Kartellverbot des § 1 GWB unterfallen soll. Diese wertenden Vorgehensweisen böten grundsätzlich ein Einfallstor für die gedanklichen Ansätze der ancillary restraints- und rule of reason-Doktrin.

b) Ablehnung der Übertragung der rule of reason und ancillary restraints-Doktrin in das deutsche Kartellrecht

Parallel zur Argumentation im Bereich des europäischen Kartellrechts ist jedoch auch für das deutsche Kartellrecht eine Übernahme der rule of reason und der damit verbundenen ancillary restraints-Doktrin abzulehnen. Ebenso wie auf europäischer Ebene hat auch in der deutschen Kartellrechtswissenschaft eine eigenständige Entwicklung der Tatbestandsausnahmen des § 1 GWB aus dem deutschen Recht heraus stattgefunden[1226]. Zwar wurde die deutsche Rechtsprechung während der Besatzungszeit nach dem Ende des zweiten Weltkriegs bis zum Inkrafttreten des GWB am 1.1.1958 durch anglo- amerikanische Rechtsinstitute beeinflusst aufgrund der unmittelbaren Anwen-

---

[1221] Areeda/ Hovenkamp, Antitrust Law vol. VII, § 1502, p. 371 f.

[1222] BGH, Urteil vom 14.1.1997, WuW/ E 3121 (3125) – Bedside- Testkarten; Schmitz, WuW 2002, 6 (11).

[1223] K.Schmidt, AG 1998, 551 (557), der konstatiert, dass „von besonderer Klarheit [...] bei dieser Rechtsprechung zu § 1 GWB kaum gesprochen werden (könne)"; auch Schäfer, in: FS für Ulmer, 2003, 991 (994).

[1224] BGH, Urteil vom 14.1.1997, WuW/ E 3121 (3125) – Bedside- Testkarten; Bechtold/ Buntscheck, NJW 2003, 2866 (2867); Schmitz, WuW 2002, 6 (12).

[1225] Köhler, WuW 1999, 445 (450 f.); Zimmer, in: Immenga/ Mestmäcker, GWB, § 1 GWB Rdn. 274.

[1226] Siehe zur Entwicklung der Kartelle vor Erlass des GWB: Bunte, in: Langen/ Bunte, Kartellrecht, Bd. 1, Einführung zum GWB Rdn. 1 ff.

dung der Dekartellierungsgesetze der Militärregierungen[1227], so dass die Rechtsprechung des BGH zu dieser Zeit eine rule of reason beziehungsweise die Ausprägung der ancillary restraints-Doktrin gekannt hat[1228], da die Dekartellierungsbestimmungen entsprechend den amerikanischen Antitrust- Vorschriften ausgelegt wurden[1229]. Das erste GWB demgegenüber lehnte sich an die Kartellverordnung von 1923 an und richtete den Begriff des Kartells bis zur 6. GWB- Novelle im Jahr 1999 an gesellschaftsrechtlichen Kriterien aus[1230], bis das Kriterium des „gemeinsamen Zwecks" entfiel und von Seiten der Rechtsprechung und der Literatur neue Wege der Tatbestandseinschränkung entwickelt wurden[1231]. Auch wenn die Urteile des BGH aus dem Jahr 1997 mit der dort angewandten Formel des „anerkennenswerten Interesses" durchaus auf abwägende Gesichtspunkte abstellen, ist jedoch von Seiten der Rechtsprechung, auch in späteren Entscheidungen, nicht auf die rule of reason- oder ancillary restraints-Doktrin abgestellt worden[1232].

Gewichtige Gründe gegen eine Rezeption der Rechtsfigur der ancillary restraints bestehen schließlich, ebenso wie auf europäischer Ebene, aufgrund der Gesetzessystematik, da eine Gesamtabwägung bereits vor Eingreifen des Tatbestandes des § 1 GWB im deutschen Kartellrecht nicht vorgesehen ist[1233]. Auch dem deutschen Kartellrecht lag bis zur 7. GWB-Novelle ein Regel- Ausnahme- Prinzip zugrunde, wonach grundsätzlich Kartellvereinbarungen nach § 1 GWB verboten waren, wenn nicht eine der Freistellungsregelungen der §§ 2- 8 GWB einschlägig war oder einer der Ausnahmebereiche der §§ 28- 31 GWB vorlag[1234]. Durch die 7. GWB-Novelle ist das deutsche Kartellrecht dem europäischen aufgrund des in Art. 3 Abs. 2 VO (EG) Nr. 1/2003 geregelten erweiterten Geltungsvorrangs angepasst worden. Dabei hat sich der deutsche Gesetzgeber für eine parallele Anwendung der Vorschriften des GWB neben dem zwingend anzuwendenden europäischen Wettbewerbsrecht entschieden, wobei § 1 GWB nunmehr den gleichen Regelungsgehalt wie Art. 81 Abs. 1 EG aufweist[1235]. Die Freistellungsvoraussetzungen des Art. 81 Abs. 3 EG sind in § 2 GWB aufgenommen worden[1236]. Ebenso wie auf europäischer Ebene ist das bisherige System der Administra-

---

[1227] Bunte, in: Langen/ Bunte, Kartellrecht, Bd. 1, Einführung zum GWB Rdn. 5; Kretzer, Immanenztheorien, S. 5; Schmitz, WuW 2002, 6 (7).

[1228] BGH Z 3, 193 (197); BGH Z 5, 71 (73 ff.); BGH Z 5, 126 (129, 130).

[1229] Ausführlich zum Dekartellierungsrecht: Bunte, in: Langen/ Bunte, Kartellrecht, Bd. 1, Einführung zum GWB Rdn. 5, 6.

[1230] Zimmer, in: Immenga/ Mestmäcker, GWB, § 1 GWB Rdn. 1, 2.

[1231] Ausführlich dazu, siehe oben, 3. Teil D. I. 1. a), b).

[1232] BGH Z 137, 297 (305 ff.)- Europapokalheimspiele; K.Schmidt, AG 1998, 551 (557), der betont, dass „die Nicht- Geltung der rule of reason zu den Glaubenssätzen der deutschen Kartellrechtsdoktrin (gehöre)"; Schäfer, in: FS für Ulmer, 2003, 991 (1005); Bunte, WuW 1997, 857 (864); Zimmer, in: Immenga/ Mestmäcker, GWB, § 1 GWB Rdn. 195; Bornkamm, in: FS für Geiß, 2000, 539 (545, 546).

[1233] Bunte, WuW 1997, 857 (864); Zimmer, in: Immenga/ Mestmäcker, GWB, § 1 GWB Rdn. 195; Schmitz, WuW 2002, 6 (13).

[1234] Bunte, WuW 1997, 857 (864);

[1235] Regierungsentwurf zur 7. GWB-Novelle, BT-Drucks. 15/3640, S. 22.

[1236] Regierungsentwurf zur 7. GWB-Novelle, BT-Drucks. 15/3640, S. 24, 25.

tivfreistellung aufgehoben worden zugunsten eines Systems der Legalausnahme[1237]. Insofern ist die deutsche Gesetzessystematik der europäischen vollständig angeglichen worden, so dass sich eine unterschiedliche Behandlung verbietet. Ebenso wie im europäischen Recht sind umfassende abwägende Gesichtspunkte, insbesondere die Abwägung wettbewerbsbeeinträchtigender und wettbewerbsfördernder Aspekte einer Vereinbarung im Rahmen der Prüfung des neuen § 2 GWB zu berücksichtigen[1238]. Daher sprechen im Ergebnis, ebenso wie im europäischen Recht, gesetzessystematische Gründe gegen eine Übertragung der rule of reason- beziehungsweise der ancillary restraints-Doktrin. Wie im Laufe der Bearbeitung aber noch zu zeigen sein wird, ist ein Rückgriff auf diese amerikanischen Rechtsinstitute auch nicht erforderlich, da auch im deutschen Recht Wettbewerbsverbote zu Unternehmensveräußerungen anhand des europäischen Konzepts der Nebenabreden umfassend behandelt werden können. Bevor darauf jedoch im Einzelnen eingegangen wird, werden die Auswirkungen der 7. GWB-Novelle auf die bisher dargestellten Einschränkungsansätze der Rechtsprechung und der Literatur erörtert, insbesondere bezüglich der Frage, ob nach der Einführung des Prinzips der Legalausnahme und des neuen § 2 Abs. 1 GWB, der die Freistellungsvoraussetzungen des Art. 81 Abs. 3 EG übernimmt, überhaupt noch eine Notwendigkeit für eine Tatbestandseinschränkung vorliegt.

III. 7. GWB-Novelle

Mit dem siebten Gesetz zur Änderung des Gesetzes gegen Wettbewerbsbeschränkungen (7. GWB-Novelle) ist das deutsche Kartellrecht der neuen Kartellverordnung des Rates (EG) Nr. 1/2003 angepasst worden, insbesondere hinsichtlich der Einführung eines Systems der Legalausnahme anstelle des bisherigen im deutschen Recht geltenden Regel- Ausnahme- Prinzips[1239]. Im Anschluss wird zunächst das neue System der Legalausnahme kurz dargestellt, bevor auf die damit verbundene Frage des überhaupt noch fortbestehenden Bedürfnisses für eine Tatbestandseinschränkung eingegangen wird. Diesbezüglich werden auch die bereits dargelegten systematischen Einordnungen der Immanenztheorie und die von Seiten der Rechtsprechung bisher angewandte Abgrenzungsformel des „anerkennenswerten Interesses“ auf eine mögliche andere Bewertung aufgrund der erfolgten Novelle hin untersucht.

[1237] Regierungsentwurf zur 7. GWB-Novelle, BT-Drucks. 15/3640, S. 29.

[1238] Ausführlich dazu, siehe oben, 3. Teil D. III. 1.

[1239] Die Bundesregierung hatte am 4.3.2003 Eckpunkte für eine Novelle veröffentlicht. Am 26.5.2004 einigte sich die Bundesregierung auf einen Gesetztesentwurf. Der Bundesrat lehnte insbesondere die Änderungen der Pressefusionskontrolle ab. Nach Anrufung des Vermittlungsausschusses am 29.4.2005, nahmen der Bundestag am 16.6.2005 und der Bundesrat am 17.6.2005 das abgeänderte Gesetz an; siehe zur 7. GWB-Novelle, Hartog/ Noack, WRP 2005, 1 ff.

1. Systemwandel hin zu einer Legalausnahme

Die zuvor dargestellten Einschränkungsansätze der Rechtsprechung gingen noch alle von der Unterscheidung horizontaler und vertikaler Vereinbarungen und einem generellen Kartellverbot mit kasuistisch ausgestalteten Freistellungsmöglichkeiten aus. Insbesondere die vom BGH in seinen Urteilen aus dem Jahr 1997 aufgestellte Formel der „sachlich gebotenen" Abreden für die „Erreichung des kartellrechtsneutralen Hauptzwecks des Vertrages", die als erlaubt gelten, wenn für sie ein „anzuerkennendes Interesse" besteht, ist noch von der Problematik der Unterscheidung zwischen horizontalen und vertikalen Abreden geprägt[1240]. Auch die zuletzt vom BGH aufgestellte Differenzierung zwischen zwei Kategorien von Wettbewerbsbeschränkungen ist noch verknüpft mit dieser Unterscheidung, da die Abgrenzungsformel „immer dann heranzuziehen (sei), wenn eine – wettbewerbsbeschränkende Abreden enthaltende – Vereinbarung zur Überprüfung steht, bei der es sich sowohl um eine Vertikalvereinbarung – also um einen Vertrag, der den Leistungsaustausch zum Gegenstand hat – als auch um einen Vertrag handelt, der zwischen miteinander im Wettbewerb stehenden Unternehmen geschlossen worden ist"[1241]. Gerade diese bisher das deutsche Kartellrecht prägende Unterscheidung zwischen horizontalen und vertikalen Vereinbarungen ist jedoch aufgrund der Angleichung der Vorschriften des deutschen Kartellrechts an das europäische Recht in § 1 GWB mit der Streichung der Wörter „miteinander im Wettbewerb stehender" Unternehmen entfallen[1242].
Der neue § 1 GWB erfasst nunmehr unmittelbar sowohl Horizontal- als auch Vertikalvereinbarungen und hat damit den gleichen Regelungsgehalt wie Art. 81 Abs. 1 EG[1243]. Daneben sind anstelle des bisherigen kasuistisch ausgestalteten Systems von Freistellungstatbeständen in dem neuen § 2 GWB die Tatbestandsvoraussetzungen des Art. 81 Abs. 3 EG übernommen worden[1244], womit auch auf nationaler Ebene ein System der Legalausnahme eingeführt worden ist, in dem es grundsätzlich keiner Administrativentscheidungen mehr bedarf[1245].

[1240] BGH, Urteil vom 14.1.1997, WuW/ E BGH 3115 (3118) – Druckgussteile; BGH, Urteil vom 14.1.1997, WuW/ E BGH 3121 (3125) – Bedside- Testkarten; BGH, Urteil vom 6.5.1997, WuW/ E BGH 3137 (3138) – Sole.

[1241] BGH, Beschluss vom 18.2.2003, WuW/ E DE- R 1119 (1123) – Verbundnetz II; Bunte, WRP 2003, 1418 (1419); Bahr, WuW 2004, 259 (261).

[1242] Regierungsentwurf zur 7. GWB-Novelle, BT-Drucks. 15/3640, S. 23- 25.

[1243] Regierungsentwurf zur 7. GWB-Novelle, BT-Drucks. 15/3640, S. 23.

[1244] Regierungsentwurf zur 7. GWB-Novelle, BT-Drucks. 15/3640, S. 24, 25; Bechtold, DB 2004, 235 (237).

[1245] Regierungsentwurf zur 7. GWB-Novelle, BT-Drucks. 15/3640, S. 28, 29.

2. Fortbestehendes Bedürfnis für eine Tatbestandseinschränkung

Der ursprüngliche Ausgangspunkt der Abgrenzungsformel des BGH wie auch der noch zivilrechtlich ausgerichteten Immanenztheorie[1246], bezüglich der Unterscheidung zwischen vertikalen und horizontalen Vereinbarungen ist mit der 7. GWB-Novelle entfallen. Soweit sich die gedanklichen Ansätze darauf bezogen haben, sind sie gegenstandslos geworden, da „mit der Neufassung des § 1 [...] vertikale Wettbewerbsbeschränkungen auch dann grundsätzlich vom Verbot wettbewerbsbeschränkender Vereinbarungen erfasst sein (können), wenn für sie ein anzuerkennendes Interesse zu bejahen ist"[1247]. Die Formel des BGH erschöpft sich jedoch nicht in der Abgrenzungsfrage, sondern hat auch zu einer Einschränkung des zu weiten Tatbestands des Kartellverbots in § 1 GWB geführt[1248]. Ebenso ist auch der wettbewerbliche Ansatz der Immanenztheorie über die Abgrenzungsfrage hinausgegangen und hat nach der wettbewerbsfördernden Wirkung der Nebenabrede im Gefüge der Gesamtvereinbarung gefragt[1249]. Zu einer Einschränkung kamen beide Ansätze etwa bei Austauschverträgen zwischen Wettbewerbern, bei Abschluss eines Unternehmensveräußerungsvertrags mit einem Wettbewerbsverbot oder bei Vorliegen eines gesellschaftsrechtlichen Wettbewerbsverbots[1250]. Bei diesen Konstellationen handelt es nicht um die Herausnahme von vertikalen Vereinbarungen, die im Zuge von Horizontalvereinbarungen getätigt worden sind, aus dem Kartellverbot des § 1 GWB, sondern der Nichterfassung von ebenfalls horizontalen Abreden, die im Gesamtgefüge des Vertrags als nicht wettbewerbsschädlich zu betrachten waren[1251]. Noch zu dem Merkmal des „gemeinsamen Zwecks" stellte der BGH fest, dass „eine an der Zielsetzung des Gesetzes orientierte funktionale Auslegung [es] erfordert und ermöglicht, schon im Rahmen des Tatbestands auf die durch den Inhalt des Vertrags begründete Wettbewerbsbeschränkung und ihre Wirkung auf den relevanten Markt abzustellen"[1252]. Es solle eben nicht „eine Vielzahl von wettbewerbsbeschränkenden Vereinbarungen in Austauschverträgen tatbestandlich von § 1 GWB erfasst [werden], die zur Vermeidung wirtschaftlich verfehlter Ergebnisse im Wege der Tatbestandsrestriktion vom Kartellverbot wieder ausge-

---

[1246] Beide Ansätze waren verbunden mit der Auslegung des Tatbestandsmerkmals des „gemeinsamen Zwecks", ausführlich dazu, siehe oben, 3. Teil D. I., II.

[1247] Regierungsentwurf zur 7. GWB-Novelle, BT-Drucks. 15/3640, S. 24, 25.

[1248] K.Schmidt, ZHR 149 (1985), 1 (11); Bahr, WuW 2004, 259 (262); ausführlich dazu, siehe oben, 3. Teil D. I. 2.

[1249] Steindorff, in: FS für Benisch, 1989, 255 (265); Köhler, WuW 1999, 445 (450 ff.); Zimmer, in: Immenga/ Mestmäcker, GWB, § 1 GWB Rdn. 274.

[1250] Zimmer, in: Immenga/ Mestmäcker, GWB, § 1 GWB Rdn. 271.

[1251] Zimmer, in: Immenga/ Mestmäcker, GWB, § 1 GWB Rdn. 291.

[1252] BGH, Urteil vom 6.5.1997, WuW/ E BGH 3137 (3138) – Sole; BGH, Urteil vom 14.1.1997, WuW/ E BGH 3115 (3118) – Druckgussteile; Wiedemann, in: Wiedemann, Hdb. des Kartellrechts, § 3 Rdn. 14.

nommen werden müsste(n)"[1253]. Die Notwendigkeit einer einschränkenden Auslegung des Kartellverbots wird insofern mit dem telos der Norm begründet, da es das Ziel des GWB sei, die Wettbewerbsfreiheit und damit den Bestand des Wettbewerbs zu gewährleisten, indem der Wettbewerb vor wettbewerbsbeschränkenden Maßnahmen geschützt werde[1254]. Der Wettbewerb bedürfe jedoch keines Schutzes vor solchen Vereinbarungen, die im Rahmen von Austauschverträgen als Nebenabreden getroffen werden und aufgrund deren Existenz es erst zur Durchführung des Vertrages komme und die insofern im Zusammenhang mit einer Hauptvereinbarung der Wettbewerbsfreiheit nicht zuwider liefen[1255]. Ein funktionierender Wettbewerb benötige den Abschluss von Verträgen im Rahmen der ebenfalls geschützten Privatautonomie[1256]. Eine uferlose Anwendung des § 1 GWB stelle eine nicht zu rechtfertigende Einschränkung der Privatautonomie dar, derer ein funktionierender Wettbewerb jedoch bedürfe und die als gesonderter Regelungskomplex ebenso des Schutzes bedürfe wie die Wettbewerbsfreiheit[1257]. Die vom BGH und von Seiten der Literatur vorgenommene Einschränkung des Tatbestands des § 1 GWB behält insofern auch nach Wegfall der Unterscheidung von horizontalen und vertikalen Vereinbarungen ihre Bedeutung[1258]. Sie erlangt sogar zusätzliche Bedeutung, da mit der Gleichbehandlung von Horizontal- und Vertikalvereinbarungen eine Erweiterung des Tatbestands des § 1 GWB verbunden ist[1259]. Wenn auch weiterhin eine Notwendigkeit der Tatbestandsrestriktion des § 1 GWB festzustellen ist, so ändert sich jedoch die systematische Grundlage der Tatbestandseinschränkung aufgrund der Existenz des neuen § 2 GWB, der die Freistellungsmöglichkeit des Art. 81 Abs. 3 EG im Sinne einer Legalausnahme beinhaltet. Die Einordnung der Einschränkung als teleologische Reduktion, wie noch vor der 7. GWB-Novelle von Seiten der Literatur angenommen[1260], begegnete schon zuvor Bedenken hinsichtlich des Bestehens einer Regelungslücke aufgrund der §§ 2-8 GWB a.F. (6. GWB-Novelle)[1261] und ist auch von Seiten des BGH nie explizit so benannt worden[1262]. Nach der Einführung des § 2 GWB ist sie jedoch methodisch definitiv nicht mehr möglich. Zwar kann auch weiterhin ein reduktionserforderndes telos der

---

[1253] BGH, Urteil vom 6.5.1997, WuW/ E BGH 3137 (3138) – Sole; BGH, Urteil vom 14.1.1997, WuW/ E BGH 3115 (3118) – Druckgussteile.

[1254] Bunte, in: Langen/ Bunte, Kartellrecht, Bd. 1, Einführung zum GWB Rdn. 9.

[1255] So bereits Steindorff, BB 1977, 569 (571); Huber, in: FK, Kurzdarstellung § 1 GWB n.F. Rdn. 17; Schäfer, in: FS für Ulmer, 2003, 991 (1006); Rittner, Wettbewerbs- und Kartellrecht, § 8 Rdn. 1.

[1256] Zimmer, in: Immenga/ Mestmäcker, GWB, § 1 GWB Rdn. 269.

[1257] Zimmer, in: Immenga/ Mestmäcker, GWB, § 1 GWB Rdn. 9.

[1258] Bahr, WuW 2004, 259 (263).

[1259] Bahr, WuW 2004, 259 (263).

[1260] Bunte, WRP 2003, 1418 (1419); K.Schmidt, AG 1998, 551 (559); Bornkamm, in: FS für Geiß, 2000, 539 (555); Schäfer, in: FS für Ulmer, 2003, 991 (1006).

[1261] Ausführlich dazu, siehe oben, 3. Teil D. II. 1. b).

[1262] Der BGH selbst hat explizit nicht von einer teleologischen Reduktion gesprochen, jedoch die Fortgeltung der Abgrenzungsformel auch nach Wegfall des Merkmals des „gemeinsamen Zwecks" konstatiert, ohne sie an einem anderen Tatbestandsmerkmal anzuknüpfen, BGH, Beschluss vom 18.2.2003, WuW/ E DE- R 1119 (1123) – Verbundnetz II; ausführlich dazu, siehe oben, 3. Teil D. I. 1. c).

Norm, wie oben erläutert, angenommen werden, jedoch ist die zu schließende Regelungslücke entfallen[1263]. Der Ausnahmetatbestand ist dabei nicht wie in Art. 81 EG als eigener Absatz innerhalb des § 1 GWB eingefügt worden, sondern als Anschlussparagraph, jedoch ändert dies nichts an der grundsätzlich erfolgten Lückenschließung. Dabei unterscheidet sich die jetzt gewählte Anpassung an die europäische Regelung in Form eines Generalklauselprinzips von dem bisherigen kasuistisch ausgestalteten System von Freistellungstatbeständen dahin gehend, dass bei Erfüllen der Voraussetzungen grundsätzlich alle Vereinbarungen dem Kartellverbot entgehen können, ohne dass dies bereits im Voraus auf bestimmte Vereinbarungsformen beschränkt wäre. Insofern ist die Annahme einer Regelungslücke, wie noch im Rahmen der Immanenztheorie, aufgrund der bisherigen kasuistischen Regelung von Freistellungsmöglichkeiten geschehen, nach der Einführung des § 2 GWB als Generalklausel für die Ausnahme von Vereinbarungen[1264], nicht mehr möglich. Methodisch betrachtet ist nach der Neufassung des § 1 GWB erst recht das in ihm enthaltene Kartellverbot nur mehr anhand einer teleologischen Auslegung einzuschränken, wie bereits für die Vorgehensweise der Rechtsprechung angenommen worden ist[1265]. Folglich können sich auch die Vertreter der Immanenztheorie nicht mehr auf eine teleologische Reduktion als Grundlage ihres Ansatzes der Tatbestandseinschränkung berufen.
Damit beanspruchen die zuvor dargestellten Einschränkungsansätze, die Immanenztheorie auf Seiten der Literatur sowie die vom BGH entwickelte Formel des „anzuerkennenden Interesses“, auch weiterhin Gültigkeit, da für bestimmte Wettbewerbsbeschränkungen eine Ausnahme vom Kartellverbot des § 1 GWB als sachgerecht betrachtet wird[1266]. Für die in der vorliegenden Bearbeitung zu untersuchenden Wettbewerbsverbote zu Unternehmensveräußerungsverträgen bietet sich jedoch ein anderes Konzept der Behandlung an, das im Folgenden dargestellt wird.

IV. Das europäische Konzept der Nebenabreden in § 1 GWB

Trotz der angenommenen Fortgeltung der Auslegungsformel des BGH und der von der Literatur bevorzugten wettbewerblichen Immanenztheorie zur Tatbestandseinschränkung des § 1 GWB könnte noch eine andere Vorgehensweise zur Ausnahme von bestimmten Vereinbarungen aus dem Kartellverbot nach der Systemänderung im deutschen Recht und dem damit verbundenen weitgehenden Parallellauf zwischen deutschem und europäischem Kartellrecht Geltung beanspruchen[1267]. Da Nebenabreden im deutschen Wettbewerbsrecht explizit nicht geregelt worden sind und nur aufgrund richterlicher Rechtsfortbildung vom Kartellverbot ausgenommen werden, könnte auf

[1263] Vergleiche dazu die parallele Diskussion im europäischen Recht im Rahmen des Art. 81 EG, ausführlich dazu, siehe oben, 2. Teil C. V., V. 2. a).
[1264] Regierungsentwurf zur 7. GWB-Novelle, BT-Drucks. 15/3640, S. 24, 25.
[1265] Ausführlich dazu, siehe oben, 3. Teil D. I. 2.
[1266] Zimmer, in: Immenga/ Mestmäcker, GWB, § 1 GWB Rdn. 269, 271.
[1267] Regierungsentwurf zur 7. GWB-Novelle, BT-Drucks. 15/3640, S. 22.

die in der Nebenabreden-Bekanntmachung niedergelegte Kommissionspraxis zurückgegriffen werden, nach der im Bereich der europäischen Fusionskontrolle und auch des Art. 81 EG Vereinbarungen dem Kartellverbot entgehen[1268]. Die Grundidee des Konzepts der Nebenabreden, wie es gesetzlich explizit in der FKVO verankert worden ist, nachdem gedankliche Ansätze bereits zuvor von Seiten des EuGH entwickelt worden sind[1269], liegt in dem Ziel der Privilegierung von an sich wettbewerbsbeschränkenden Vereinbarungen, die als Nebenabreden anzusehen sind. Bei Erfüllen der Voraussetzungen der Art. 6 Abs. 1 lit. b) UAbs. 2 oder Art. 8 Abs. 1 UAbs. 2, Abs. 2 UAbs. 3 FKVO findet keine gesonderte Prüfung der Nebenabreden anhand des Art. 2 Abs. 2 FKVO mehr statt, sondern die Abreden partizipieren an der Genehmigung des Zusammenschlusses[1270]. Es ist versucht worden, diese Idee auch im Rahmen des Art. 81 Abs. 1 EG umzusetzen[1271], indem die zur Ausfüllung der in der FKVO verankerten Begriffe für die Prüfung von Nebenabreden erlassene Nebenabreden-Bekanntmachung der Kommission auch für die Beurteilung von Vereinbarungen nach Art. 81 Abs. 1 EG angewendet wird[1272]. Auch hier findet bei Erfüllen der Nebenabreden- Voraussetzungen keine gesonderte Prüfung dieser Abreden mehr statt, sondern sie profitieren von der Beurteilung der Hauptvereinbarung, wenn diese entweder schon keinen Verstoß gegen Art. 81 Abs. 1 EG darstellt oder die Voraussetzungen des Art. 81 Abs. 3 EG erfüllt sind und die Vereinbarung als zulässig betrachtet wird[1273]. Insbesondere von Seiten des EuG ist die Bekanntmachung der Kommission zur Beurteilung von Nebenabreden innerhalb des Art. 81 Abs. 1 EG aufgegriffen und spezifiziert worden unter Hervorhebung des rein abstrakten Charakters der Nebenabredenprüfung, die keinen Abwägungsvorgang und kein Abstellen auf die Marktverhältnisse erlaube, um Art. 81 Abs. 3 EG nicht seiner praktischen Wirksamkeit zu berauben[1274]. Einen Anknüpfungspunkt für die Anwendung der Nebenabreden-Bekanntmachung auch im Bereich des § 1 GWB hat der ursprünglich im Regierungsentwurf vorgesehene neue § 23 GWB geboten, der den Grundsatz der europafreundlichen Anwendung enthielt, wonach die Grundsätze des europäischen Wettbewerbsrechts bei der Anwendung der §§ 1- 4 und 19 GWB maßgeblich zugrunde gelegt werden sollten[1275]. Berücksichtigt werden sollte dabei auch die gefestigte Verwaltungspraxis der Kommission, die sich in ihren Bekanntmachungen und Leitlinien wiederfindet[1276]. Obwohl der vorgesehene neue § 23

[1268] Ausführlich dazu, siehe oben, 2. Teil B. und C. V. 2.
[1269] EuGHE 1985, 2545, Rs. 42/84 – RemiaBV u.a./ Kommission.
[1270] Löffler, Komm. zur FKVO, Art. 8 FKVO Rdn. 15.
[1271] Ausführlich dazu, siehe oben, 2. Teil C. V. 2.
[1272] De Crozals/ Hartog, EWS 2004, 533 (538); Karl/ Reichelt, in: Gloy/ Loschelder, Hdb. Wettbewerbsrecht, § 36 Rdn. 37; Gleiss/ Hirsch, Komm. zum EG- Kartellrecht, Bd. 1, Art. 85 (1) EGV Rdn. 603; ausführlich dazu, siehe oben, 2. Teil C. V. 2. e).
[1273] EuGE 2001, 2459 (2501) Rdn. 116, Rs. T 112/99 – Métropole télévision.
[1274] EuGE 2001, 2459 (2498) Rdn. 108, Rs. T 112/ 99 – Métropole télévision; ausführlich dazu, siehe oben, 2. Teil C. V. 2. d).
[1275] De Crozals/ Hartog, EWS 2004, 533 (538).
[1276] Regierungsentwurf zur 7. GWB-Novelle, BT-Drucks. 15/3640, S. 47.

GWB schließlich den Erwägungen des Vermittlungsausschusses zum Opfer gefallen und in der verabschiedeten siebten GWB-Novelle nicht mehr enthalten ist, wird dennoch die Möglichkeit der Übertragung des europäischen Konzepts der Nebenabreden in das deutsche Wettbewerbsrecht bejaht, aus Gründen der Rechtsharmonisierung und Einheit des Wettbewerbsrechts sowie des Gleichbehandlungsgrundsatzes und der Rechtssicherheit der Unternehmen.
Die folgende Darstellung untersucht zunächst, ob § 23 GWB eine Möglichkeit zur Übertragung des Konzepts der Nebenabreden geboten hätte beziehungsweise ob er sogar eine Pflicht zur Anwendung der Nebenabreden-Bekanntmachung der Kommission beinhaltet hat. In einem folgenden Punkt wird herausgearbeitet, dass das Konzept der Nebenabreden und die gedanklichen Ansätze zur Einschränkung des Tatbestands des § 1 GWB als auch des Art. 81 EG auf übereinstimmenden Grundsätzen aufbauen, die eine Übernahme des Nebenabredenkonzepts ermöglichen. Im Anschluss werden die Einschränkungsansätze des § 1 GWB von Seiten des BGH und der kartellrechtlichen Literatur mit den gedanklichen Grundlagen des Konzepts der Nebenabreden verglichen, um Übereinstimmungen und Unterschiede festzustellen. Abschließend werden in einer Stellungnahme die gefundenen Ergebnisse zusammengetragen und bewertet.

1. Grundsatz der europafreundlichen Auslegung, § 23 GWB

Unter den Grundsatz der europafreundlichen Auslegung sollten nach Ansicht des deutschen Gesetzgebers auch Bekanntmachungen und Leitlinien der Kommission fallen[1277], so etwa die Bekanntmachung über Leitlinien zur Anwendung von Art. 81 Abs. 3 EG, in der unter Abschnitt 2.2.3. auf das Konzept der Nebenabreden in der FKVO verwiesen wird, dessen Grundsätze sodann bei der Anwendung des § 1 GWB zu berücksichtigen gewesen wären[1278]. Möglich gewesen wäre insofern sogar das Bestehen einer Pflicht der Mitgliedstaaten, die Leitlinien und Bekanntmachungen der Kommission anzuwenden, die von einigen Stimmen in der Literatur anhand des Art. 10 EG aus Gründen der Kohärenz der Gemeinschaftsrechtsanwendung grundsätzlich angenommen wird[1279]. Bei der Übertragung des Konzepts der Nebenabreden wären dann auch im deutschen Recht Vereinbarungen, die die Nebenabreden- Voraussetzungen erfüllten, von einer Prüfung nach § 1 GWB entbunden und zwar sowohl solche Vereinbarungen, die im Zusammenhang mit einem Zusammenschlussvorhaben vereinbart worden sind als auch solche, die zu einer Kartellvereinbarung gehören.

[1277] Regierungsentwurf zur 7. GWB-Novelle, BT-Drucks. 15/3640, S. 22, 23

[1278] Kommission, ABl. 2004 C 101/97, vom 27.4.2004 – Bekanntmachung der Kommission über Leitlinien zur Anwendung von Art. 81 Abs. 3 EG.

[1279] Schweda, WuW 2004, 1133 (1140); hinsichtlich der Anpassung der §§ 36 ff. GWB an das europäische Recht über § 23 GWB auch, Säcker, WuW 2004, 1038 (1039); kritisch zu § 23 GWB, Dreher, WuW 2005, 251.

a) Pflicht zur Anwendung der Nebenabreden-Bekanntmachung der Kommission

Durch den Grundsatz der europafreundlichen Anwendung sollte für Vereinbarungen ohne zwischenstaatliche Auswirkungen ebenfalls „die weitestgehende Übernahme des europäischen Rechts vorgeschrieben" sein, um eine Ungleichbehandlung kleiner und mittlerer Unternehmen gegenüber großen Unternehmen zu vermeiden, da unterhalb der Schwelle der Zwischenstaatlichkeit der erweiterte Vorrang des europäischen Wettbewerbsrechts nicht gilt und der nationale Gesetzgeber in diesem Bereich volle Gestaltungsfreiheit genießt[1280]. Allerdings sollte aufgrund des § 23 GWB keine unmittelbare normative Bindung an die Entscheidungspraxis der europäischen Institutionen bestehen[1281]. Der § 23 GWB forderte lediglich eine Orientierung an der Auslegung der Grundsätze des europäischen Wettbewerbsrechts, wonach „neben dem Wortlaut der gesetzlichen Regelungen auch die ständige Spruchpraxis des Europäischen Gerichts erster Instanz und des Europäischen Gerichtshofs in Luxemburg ebenso wie die gefestigte Verwaltungspraxis der Kommission, die sich auch in ihren Bekanntmachungen und Leitlinien wiederfindet, zu berücksichtigen" sein sollten[1282]. Vorgesehen war also auch eine Erfassung von Bekanntmachungen und Leitlinien der Kommission, die ihrer Rechtsnatur nach Akte sui generis sind, da sie nicht in der Aufzählung der Rechtsakte in Art. 249 EG erfasst werden und für die überwiegend keine rechtliche Verbindlichkeit angenommen wird, weder als Präjudiz für das EuG noch den EuGH noch für nationale Stellen, da sie nicht die Qualität formeller Rechtsnormen haben und keiner Kontrolle von Seiten des Parlaments und des Rats unterliegen[1283]. Angenommen wird lediglich eine Selbstbindung der Kommission[1284] sowie eine von den Bekanntmachungen und Mitteilungen ausgehende faktische Bindungswirkung, da ihnen bei der Auslegung der Begriffe des Wettbewerbsrechts eine große praktische Bedeutung zufällt[1285]. Eine unmittelbare Bindung der nationalen Gerichte und Behörden an die Nebenabreden-Bekanntmachung der Kommission ist daher abzulehnen. Eine faktische Bindungswirkung ist demgegenüber zu bejahen, da sich die nationalen Stellen bei der Beurteilung von Nebenabreden an der Bekanntmachung aus Gründen der Vereinfachung orientieren werden zumindest bezüglich der dort genannten konkret zulässigen Reich-

---

1280 Regierungsentwurf zur 7. GWB-Novelle, BT-Drucks. 15/3640, S. 22, 23; Pampel, EuZW 2005, 11 (13); Bechtold, DB 2004, 235 (237).

1281 Regierungsentwurf zur 7. GWB-Novelle, BT-Drucks. 15/3640, S. 47.

1282 Regierungsentwurf zur 7. GWB-Novelle, S. 47.

1283 Bunte, in: Langen/ Bunte, Kartellrecht, Bd. 1, Einführung zum EG- Kartellrecht Rdn. 14, 15; Kulka, in: FK, Art. 81 Abs. 1, 3 EG, Fallgruppen II.1. Rdn. 21; Pampel, EuZW 2005, 11 (13); Schwarze/ Weitbrecht, Europäisches Kartellverfahrensrecht, § 2 Rdn. 26; a.A. Schweda, WuW 2004, 1133 (1135); Geiger, EuZW 2000, 325 ff.; Weitbrecht, EuZW 2003, 70 ff.; Dreher, WuW 2005, 251.

1284 EuGE 2003, 1288 (1335) Rdn. 143, Rs. T 114/02 – BaByliss; Kulka, in: FK, Art. 81 Abs. 1, 3 EG, Fallgruppen II.1. Rdn. 21; Bunte, in: Langen/ Bunte, Kartellrecht, Bd. 1, Einführung zum EG- Kartellrecht Rdn. 15; Emmerich, AG 2004, 629 (641).

1285 Kulka, in: FK, Art. 81 Abs. 1, 3 EG, Fallgruppen II.1. Rdn. 21; Schwarze/ Weitbrecht, Europäisches Kartellverfahrensrecht, § 2 Rdn. 26.

weite der Abreden in zeitlicher Hinsicht. Wie im Folgenden zu zeigen sein wird, stimmen die Grundsätze des Konzepts der Nebenabreden mit den im deutschen Kartellrecht vorhandenen Einschränkungsansätzen in großen Teilen überein.

b) Übereinstimmende Grundsätze des Konzepts der Nebenabreden und der im deutschen Recht vorhandenen Einschränkungsansätze

Wie bereits zuvor erörtert, ist zwar anhand der Neuregelungen der 7. GWB-Novelle die Abgrenzungsfunktion der Formel des BGH von dem „anerkennenswerten Interesse" entfallen, jedoch behält sie auch weiterhin eine Funktion für die Herausnahme bestimmter Vereinbarungen aus dem Kartellverbot, bei denen ein Verbot als nicht sachgerecht betrachtet wird und die insofern gegenüber der Anwendung des § 1 GWB privilegiert werden sollen[1286]. Mangels Konzentrationsprivileg im deutschen Recht werden Nebenabreden anhand des § 1 GWB beurteilt[1287], so dass sich die Entscheidungspraxis der Gerichte auf die Beurteilung von Vereinbarungen anhand des § 1 GWB beschränkt hat[1288]. Der Auslegungsformel des BGH liegt zwar auch der Gedanke der Privilegierung bestimmter Vereinbarungen gegenüber dem Kartellverbot zugrunde, jedoch kein speziell für Nebenabreden geltendes Konzentrationsprivileg im Bereich der deutschen Zusammenschlusskontrolle. Die Versuche, zu einer Einschränkung des Kartellverbotstatbestands zu gelangen, verlaufen im europäischen und deutschen Recht parallel, wenn auch anhand verschiedener gedanklicher Ansatzpunkte. Die Notwendigkeit der Ausnahme von Wettbewerbsverboten zu Unternehmensveräußerungsverträgen wird sowohl im europäischen als auch im deutschen Kartellrecht erkannt. Sowohl von Seiten des BGH als auch der Literatur im Rahmen der von ihr verfolgten Immanenztheorie wird auf die Funktionsnotwendigkeit der Verbote für die erfolgreiche Durchführung des Kaufvertrags abgestellt[1289]. Wie bereits erörtert, wird das Konzept der Nebenabreden, das ebenfalls in seiner Kernaussage auf die Funktionsnotwendigkeit der Nebenabreden für die Durchführung des Zusammenschlusses hinweist, auch für die Bewertung von Vereinbarungen unter Art. 81 Abs. 1 EG als eine Form der teleologischen Auslegung des Kartellverbots angewendet. Vereinbarungen, die den Voraussetzungen der unmittelbaren Verbundenheit und Notwendigkeit entsprechen, nehmen an der Bewertung der Hauptvereinbarung teil, die entweder schon nicht die Voraussetzungen des Kartellverbots erfüllt oder den Kriterien des Art. 81 Abs. 3 EG gerecht wird und als erlaubt gilt. Insofern werden auch hier Nebenabreden privilegiert, die zwar nicht mit einem Zusammenschluss verbunden sind, aber mit einer Hauptver-

---

[1286] Bahr, WuW 2004, 259 (263).
[1287] Schütz, in: Gem.Ktr., Einführung Zusammenschlusskontrolle Rdn. 68, 82.
[1288] Schroeder, Nebenabreden in der Fusionskontrolle, S. 123.
[1289] BGH, Beschluss vom 18.2.2003, WuW/ E DE- R 1119 (1123); Bahr, WuW 2004, 259 (263); Zimmer, in: Immenga/ Mestmäcker, GWB, § 1 GWB Rdn. 272; Lammel, AcP 189 (1989), 244 (274); Bornkamm, in: FS für Geiß, 2000, 539 (551), der statt des Begriffs „sachlich geboten" den Begriff „funktional notwendig" vorschlägt.

einbarung[1290]. Insbesondere der in der 7. GWB-Novelle installierte Gleichlauf des Regelungsgehalts der §§ 1 und 2 GWB mit Art. 81 EG legt eine Anwendung des Konzepts der Nebenabreden auch im Bereich des deutschen Kartellrechts nahe. Zwar gehen vom europäischen Recht abweichende gesetzliche Regelungen im GWB der Auslegungsregel des § 23 GWB vor[1291]. Wie jedoch festgestellt wurde, sind Nebenabreden im GWB gerade nicht explizit geregelt, sondern nur anhand der Rechtsfortbildung behandelt worden. Zwar haben sich auch im deutschen Recht bestimmte Fallgruppen herausgebildet, für die grundsätzlich Ausnahmen von dem Kartellverbot angenommen werden[1292]. Dazu zählen etwa Wettbewerbsverbote in Unternehmensveräußerungsverträgen sowie gesellschaftsrechtliche Wettbewerbsverbote und bestimmte Arten von Ausschließlichkeitsbindungen[1293]. Aufgrund der Fallgruppenbildung ist also auch im deutschen Recht eine Selektierung erfolgt, so dass nicht für jede Vereinbarung eine Ausnahme vom Kartellverbot geprüft worden ist. Andererseits ist jedoch im deutschen Recht nicht abstrakt bestimmt worden, wann wettbewerbsbeschränkende Vereinbarungen als Nebenabreden zu qualifizieren sind, was jedoch in der FKVO durch die Kriterien der unmittelbaren Verbundenheit und der Notwendigkeit geschehen ist[1294]. Insofern böte eine Anwendung der Nebenabreden-Bekanntmachung auch im deutschen Wettbewerbsrecht den Unternehmen ein höheres Maß an Rechtssicherheit, da sie in Form der Bekanntmachung der Kommission zumindest einen „Leitfaden" vorliegen hätten, an dem sie die Gestaltung ihrer Nebenabreden ausrichten könnten[1295]. Des Weiteren führte die Anwendung des Konzepts der Nebenabreden auch tatsächlich zu einer Gleichbehandlung von großen Unternehmen, die die Grenze der Zwischenstaatlichkeitsklausel überschreiten und kleinen, regional tätigen Unternehmen, da für beide bezüglich der Behandlung von Nebenabreden die gleichen Kriterien gelten würden.
Untersucht wird daher im Folgenden, inwiefern die materiellen Grundsätze des Konzepts der Nebenabreden bereits in den Ansätzen des BGH und der Literatur im Rahmen der von ihr entwickelten Immanenztheorie berücksichtigt werden beziehungsweise, ob umgekehrt gedankliche Ansätze des BGH und der Literatur in dem europäischen Konzept der Nebenabreden wieder zu finden sind, so dass eine Übertragung keine völlig neue Behandlung von Vereinbarungen nach sich zöge, sondern nur die bereits vorhandenen Einschränkungsansätze in einem Konzept zusammengefasst würden.

1290 Insbesondere, EuGE 2001, 2459 (2497 ff.) Rdn. 104 ff., Rs. T 112/99 – Métropole télévision; Kommission, ABl. 1999 L 90/6 (17), vom 2.4.1999 – TPS; Kommission, ABl. 2004 C 101/97 (101 ff.), vom 27.4.2004 – Bekanntmachung über Leitlinien zur Anwendung von Art. 81 Abs. 3 EG.

1291 Regierungsentwurf zur 7. GWB-Novelle, BT-Drucks. 15/3640, S. 47.

1292 Zimmer, in: Immenga/ Mestmäcker, GWB, § 1 GWB Rdn. 271.

1293 Einzelne Fallgruppen werden aufgeführt bei, Zimmer, in: Immenga/ Mestmäcker, GWB, § 1 GWB Rdn. 282 ff.

1294 Kommission, ABl. 2005 C 56/24 (26) Rdn. 12, 13, vom 5.3.2005 – Bekanntmachung über Einschränkungen; Gleiss/ Hirsch, Komm. zum EG- Kartellrecht, Bd. 1, Art. 85 (1) EGV Rdn. 603.

1295 De Crozals/ Hartog, EWS 2004, 533 (539).

2. Vergleich der Einschränkungskonzepte des BGH, der Literatur und des europäischen Konzepts der Nebenabreden

Weitgehende Übereinstimmung besteht hinsichtlich der materiellen Prüfung von Ausnahmen des Kartellverbots zwischen dem wettbewerblichen Ansatz der von der Literatur entwickelten Immanenztheorie und den in den Urteilen des BGH aus den Jahren 1997 und 1998 niedergelegten Ansichten[1296]. Entgegen der noch zuvor zu findenden zivilrechtlichen Anknüpfungspunkte ist die Vorgehensweise des BGH und der Literatur zunehmend durch wettbewerbliche Würdigungen geprägt[1297]. So stellt der BGH die sachliche Gebotenheit einer Vereinbarung in das Zentrum seiner Prüfung[1298]. Das für die sachliche Gebotenheit maßgebliche anzuerkennende Interesse sei aufgrund der wirtschaftlichen Notwendigkeit der wettbewerbsbeschränkenden Vereinbarung festzustellen[1299]. Mit dieser Feststellung hat sich der BGH „endgültig zu einem rein wettbewerbsfunktionalen Verständnis [...] bekannt"[1300]. Bejaht wurde die wirtschaftliche Notwendigkeit, wenn etwa nur aufgrund eines Wettbewerbsverbots die Rentabilität von getätigten Aufwendungen eines Zwischenhändlers gegenüber dem Hersteller gesichert werden konnte[1301] beziehungsweise nur aufgrund von wechselseitig vereinbarten Ausschließlichkeitsbindungen eine „erfolgreiche Einführung eines Produkts am Markt und damit durch das Hinzutreten eines weiteren Anbieters eine verbesserte Wettbewerbslage (geschaffen werden könne)"[1302]. Vorzunehmen sei eine wertende Betrachtungsweise, die auf eine „Gesamtwürdigung des Vertrages unter Berücksichtigung der mit dem Vertrag verfolgten wirtschaftlichen Ziele, der Umstände, die zum Vertragsschluss geführt haben, und der Entwicklung der Beziehungen zwischen den Parteien" abstelle[1303]. Noch deutlicher wird die wettbewerbliche Beurteilung bei der Vorgehensweise der Immanenztheorie, die danach fragt, ob eine isoliert betrachtet wettbewerbsbeschränkende Abrede aufgrund ihrer Verbundenheit mit einer wettbewerbsförderlichen Vereinbarung im Rahmen der Gesamtvereinbarung wettbewerbsförderliche Wirkung habe[1304]. Abgestellt wird insofern auf die Außenwirkungen einer Vereinbarung auf den Markt und nicht nur auf die Notwendigkeit der Abrede für die Durchfüh-

---

1296 Zimmer, in: Immenga/ Mestmäcker, GWB, § 1 GWB Rdn. 279; Bechtold, Kartellgesetz, § 1 GWB Rdn. 21; Schäfer, in: FS für Ulmer, 2003, 991 (1006); K.Schmidt, AG 1998, 551 (556), der annimmt, der BGH gehe über die Immanenztheorie sogar sachlich hinaus.

1297 Bahr, GRUR 2001, 1111 (1114).

1298 BGH, Urteil vom 14.1.1997, WuW/ E BGH 3121 (3125) – Bedside- Testkarten; BGH, Urteil vom 6.5.1997, WuW/ E BGH 3137 (3138) – Sole.

1299 BGH, Urteil vom 14.1.1997, WuW/ E BGH 3115 (3119) – Druckgussteile.

1300 Schäfer, in: FS für Ulmer, 2003, 991 (993).

1301 BGH, Urteil vom 14.1.1997, WuW/ E BGH 3115 (3119) – Druckgussteile.

1302 BGH, Urteil vom 14.1.1997, WuW/ E BGH 3121 (3126) – Bedside- Testkarten.

1303 BGH, Urteil vom 14.1.1997, WuW/ E BGH 3115 (3119) – Druckgussteile.

1304 Zimmer, in: Immenga/ Mestmäcker, GWB, § 1 GWB Rdn. 274; Steindorff, in: FS für Benisch, 1989, 255 (265).

rung der Hauptvereinbarung im Sinne einer reinen Innenprüfung[1305]. Sowohl für das Kriterium der wirtschaftlichen Notwendigkeit als auch der wettbewerbsfördernden Wirkung im Zusammenhang der Gesamtvereinbarung ist eine Gesamtwürdigung des Vertrags vorzunehmen[1306]. Die immanenzrechtliche Würdigung beinhaltet dabei auch eine Abwägung wettbewerbsschädlicher und –förderlicher Gesichtspunkte, da unterschiedliche Auswirkungen einer Vereinbarung auf verschiedenen Märkten denkbar sind und auch berücksichtigt werden[1307]. Eine derart weitgehende Abwägungsmöglichkeit soll jedoch von Seiten der Rechtsprechung gerade nicht durchgeführt werden, da „eine allgemeine Angemessenheitsregel" nicht eingeführt werden solle[1308]. Deutlich wird jedoch in beiden Formulierungen ein wirtschaftliche Erwägungen berücksichtigender Ansatzpunkt, bei dem nicht mehr von Bedeutung ist, ob sich Nebenabreden bereits als Nebenpflichten des Vertrags aus Treu und Glauben ergeben[1309]. Ausgerichtet wird eine Ausnahme von Nebenabreden nicht mehr nur an dem Zweck der Hauptvereinbarung, sondern im Vordergrund steht die von einer Vereinbarung ausgehende Wettbewerbsbeschränkung und ihre Wirkung auf den Markt[1310].

Die vom BGH begonnene verstärkt wettbewerbliche Ausrichtung wird unterbrochen durch eine neuere Entscheidung, in der zwei Kategorien von wettbewerbsbeschränkenden Vereinbarungen ausgemacht werden[1311]. Zum einen rekurriert der BGH auf funktionsnotwendige Wettbewerbsbeschränkungen, zum anderen auf solche, „mit denen ein berechtigtes und mit der Zielrichtung des Gesetzes nicht in Konflikt stehendes Interesse verfolgt wird"[1312]. Eingebettet wird die Erwähnung der Funktionsnotwendigkeit einer Vereinbarung vom BGH in seine bisher immer angewandte Abgrenzungsformel, indem er darauf abstellt, dass „die Abgrenzungsformel so gefasst [ist], dass nicht allein die für das Austauschverhältnis funktionsnotwendigen Wettbewerbsbeschränkungen [...] ein anzuerkennendes Interesse begründen können (...)"[1313]. Als Beispiele für funktionsnotwendige Wettbewerbsbeschränkungen nennt der BGH Wettbewerbsverbote in Unternehmensveräußerungsverträgen und Kundenschutzzusagen in einem Subunternehmervertrag[1314]. Abgestellt wird auf die Funktion der beschränkenden Abrede im Rahmen des Gesamtvertragsgefüges für dessen Durchführung, so dass lediglich eine reine Innenprüfung vorgenommen wird, bei der die Auswirkungen auf

---

[1305] BGH, Urteil vom 14.1.1997, WuW/ E BGH 3115 (3118) - Druckgussteile; BGH, Urteil vom 6.5.1997, WuW/ E BGH 3137 (3138) - Sole; Zimmer, in: Immenga/ Mestmäcker, GWB, § 1 GWB Rdn. 274.

[1306] Steindorff, in: FS für Benisch, 1989, 255 (265); Zimmer, in: Immenga/ Mestmäcker, GWB, § 1 GWB Rdn. 274; Schmitz, WuW 2002, 6 (12).

[1307] Steindorff, in: FS für Benisch, 1989, 255 (265).

[1308] Bornkamm, in: FS für Geiß, 2000, 539 (546).

[1309] Bahr, GRUR 2001, 1111 (1114).

[1310] BGH, Urteil vom 14.1.1997, WuW/ E BGH 3115 (3118) – Druckgussteile.

[1311] BGH, Beschluss vom 18.2.2003, WuW/ E DE- R 1119 (1123) – Verbundnetz II.

[1312] BGH, Beschluss vom 18.2.2003, WuW/ E DE- R 1119 (1123) – Verbundnetz II.

[1313] BGH, Beschluss vom 18.2.2003, WuW/ E DE- R 1119 (1123) – Verbundnetz II.

[1314] BGH, Beschluss vom 18.2.2003, WuW/ E DE- R 1119 (1123) – Verbundnetz II.

die Marktverhältnisse keine Rolle spielen[1315]. Insofern entspricht die vom BGH vorgenommene Prüfung dem europäischen Konzept der Nebenabreden, wie es insbesondere von Seiten des EuG interpretiert worden ist[1316]. Danach wird in einem ersten Schritt geprüft, ob eine Nebenabrede objektiv notwendig ist in dem Sinne, dass „ohne sie der Zusammenschluss entweder gar nicht oder nur unter ungewissen Voraussetzungen, zu wesentlich höheren Kosten, über einen spürbar längeren Zeitraum oder mit erheblich geringeren Erfolgsaussichten" durchgeführt werden kann[1317]. Von Seiten des EuG und der Kommission wird dabei gefordert, dass die Notwendigkeitsprüfung aufgrund einer rein abstrakten Vorgehensweise zu erfolgen habe, nach der keine Berücksichtigung der Wettbewerbssituation und auch keine abwägenden Betrachtungen vorzunehmen sind[1318]. Hierbei handelt es sich um eine reine Innenprüfung. Der Gedanke der Funktionsnotwendigkeit ist nicht neu im deutschen Kartellrecht, da bereits in der Literatur zur zivilrechtlichen Immanenztheorie auf die Funktionsnotwendigkeit von Nebenabreden zur Vertragsdurchführung, die bereits Bestandteil der vertraglichen Nebenpflichten waren, abgestellt worden ist[1319]. In die gleiche Richtung zielt auch das Abstellen des BGH auf den „kartellrechtsneutralen Hauptzweck" des Vertrages, zu dessen Erreichen wettbewerbsbeschränkende Vereinbarungen sachlich erforderlich sein müssen[1320]. Das Abstellen auf die Funktionsnotwendigkeit und den kartellrechtsneutralen Hauptzweck ist von Seiten der Literatur kritisiert worden als zu stark zivilistisch geprägter Denkansatz, der den wesentlichen Punkt der Wettbewerbsbeschränkung auf dem Markt außer Acht lasse[1321]. Von dem geschickten Einbauen der Klauseln in den Gesamtvertrag dürfe die Zulässigkeit derselben nicht abhängen[1322]. Des Weiteren blieben die Auswirkungen der Vereinbarungen eben nicht nur vertragsintern, sondern beträfen auch Dritte als Marktteilnehmer, so dass auch auf die Marktwirkungen nach außen abzustellen sei[1323]. Abzustellen sei maßgeblich auf die Beeinflussung der Marktverhältnisse und auf die Wettbewerbsbeschränkung als zentralem Kriterium[1324].

1315 Bahr, WuW 2004, 259 (262).

1316 EuGE 2001, 2459 (2497 ff.) Rdn. 104 ff., Rs. T 112/99 – Métropole télévision; ausführlich zu dem europäischen Konzept der Nebenabreden, siehe oben, 2. Teil C. V. 2.

1317 Kommission, ABl. 2005 C 56/24 (26) Rdn. 13, vom 5.3.2005 – Bekanntmachung über Einschränkungen.

1318 EuGE 2001, 2459 (2498) Rdn. 109, Rs. T 112/99 – Métropole télévision; Kommission, ABl. 2004 C 101/97 (101) Rdn. 28 ff., vom 27.4.2004 – Bekanntmachung der Kommission über Leitlinien zur Anwendung von Art. 81 Abs. 3 EG.

1319 Zimmer, in: Immenga/ Mestmäcker, GWB, § 1 GWB Rdn. 274; Köhler, WuW 1999, 445 (450 f.).

1320 BGH, Urteil vom 14.1.1997, WuW/ E BGH 3121 (3125) – Bedside- Testkarten; BGH, Urteil vom 14.1.1997, WuW/ E BGH 3115 (3118) – Druckgussteile.

1321 Zimmer, in: Immenga/ Mestmäcker, GWB, § 1 GWB Rdn. 280; Lammel, AcP 189 (1989), 244 (275); Luttermann, in: FS für Sandrock, 2000, 631 (648); K.Schmidt, ZHR 149 (1985), 1 (11).

1322 Lammel, AcP 189 (1989), 244 (275).

1323 Luttermann, in: FS für Sandrock, 2000, 631 (648); Lammel, AcP 189 (1989), 244 (275).

1324 Bunte, WuW 1997, 857 (864); Lammel, AcP 189 (1989), 244 (275).

Für die zweite vom BGH genannte Kategorie von wettbewerbsbeschränkenden Vereinbarungen hingegen wird insbesondere auf das Wettbewerbsverhältnis abgestellt[1325]. Deren Zulässigkeit wird umso eher angenommen, desto weniger ausgeprägt der Wettbewerb zwischen den Parteien ist[1326]. An dieser Aussage wird deutlich, dass die Vorgehensweise des BGH noch von der Abgrenzungsfrage zwischen horizontalen und vertikalen Vereinbarungen geprägt ist, wonach vertikalen Vereinbarungen eine geringere Wettbewerbsschädlichkeit beigemessen wird[1327]. Da jedoch die Abgrenzung im Zuge der 7. GWB-Novelle entfallen ist, existiert auch keine Privilegierung mehr für vertikale Abreden, so dass die Begründung der geringeren wettbewerbspolitischen Schädlichkeit nicht mehr angebracht werden kann. Daneben ist bei den Abreden der zweiten Kategorie im Gegensatz zur Funktionsnotwendigkeit auf die Förderung des Austauschverhältnisses abgestellt worden[1328]. Die wettbewerbsbeschränkende Abrede könne auch dann dem § 1 GWB entzogen sein, wenn sie ein „das Austauschverhältnis förderndes anzuerkennendes Interesse" habe[1329]. Der BGH hat sich jedoch bei diesen Abreden der zweiten Kategorie eindeutig auf gemischt vertikal-horizontale Vereinbarungen bezogen und deren mögliche Prüfung nach den §§ 1 und 16 GWB a.F. (6. GWB-Novelle) aufgrund ihrer Doppelnatur[1330], so dass die Aussage über das Austauschverhältnis „fördernde Abreden" nicht auf die Situation nach der 7. GWB-Novelle und den Wegfall der Unterscheidung übertragen werden kann[1331].
Neben der Frage der Funktionsnotwendigkeit der Abreden besteht Übereinstimmung zwischen der Ansicht des BGH, der deutschen Literatur im Rahmen der Immanenztheorie als auch dem EuGH, dem EuG und der Kommission dahin gehend, dass als zweite Stufe der Prüfung einer Nebenabrede eine Erforderlichkeitsprüfung vorgenommen werden muss[1332], durch die ihr angemessener Umfang in zeitlicher, sachlicher und örtlicher Hinsicht festgestellt wird.

1325 BGH, Beschluss vom 18.2.2003, WuW/ E DE- R 1119 (1123) – Verbundnetz II.
1326 BGH, Beschluss vom 18.2.2003, WuW/ E DE- R 1119 (1123) – Verbundnetz II.
1327 Regierungsentwurf zur 7. GWB-Novelle, BT-Drucks. 15/3640, S. 23, 24.
1328 Bahr, WuW 2004, 259 (262).
1329 BGH, Beschluss vom 18.2.2003, WuW/ E DE- R 1119 (1123) – Verbundnetz II.
1330 BGH, Beschluss vom 18.2.2003, WuW/ E DE- R 1119 (1123) – Verbundnetz II; Bornkamm, in: FS für Geiß, 2000, 539 (548, 549).
1331 Bahr, WuW 2004, 259 (263).
1332 EuGHE 1985, 2545 (2571) Rdn. 20, Rs. 42/84 – RemiaBV u.a./ Kommission; EuGHE 1994, 5641 (5687) Rdn. 35, Rs. C 250/92 – Gottrup- Klim; EuGE 2001, 2459 (2503) Rdn. 124, Rs. T 112/99 – Métropole télévision; Kommission, ABl. 2001 C 188/5 (6) Rdn. 9, vom 4.7.2001 – Bekanntmachung der Kommission über Einschränkungen; BGH, Urteil vom 14.1.1997, WuW/ E BGH 3115 (3119) – Druckgussteile; BGH, Urteil vom 6.5.1997, WuW/ E BGH 3137 (3138) – Sole; Steindorff, BB 1977, 569 (571); K.Schmidt, BB 1979, 1173 (1173, 1174).

3. Stellungnahme zur Übertragung des europäischen Konzepts der Nebenabreden in § 1 GWB

Ob der BGH durch das Rekurrieren auf den Begriff der Funktionsnotwendigkeit von wettbewerbsbeschränkenden Vereinbarungen zwingend auf das europäische Konzept der Nebenabreden abstellen wollte, kann nicht eindeutig festgestellt werden, da auch bereits zuvor der Begriff der Funktionsnotwendigkeit etwa durch die kartellrechtliche Literatur im Sinne der Immanenztheorie verwendet worden ist[1333]. Dahin gehend sind weitere Entscheidungen, insbesondere nach Einführung der 7. GWB-Novelle, abzuwarten. Auch auf europäischer Ebene im Bereich des Art. 81 EG ist noch keine gefestigte Rechtsprechungslinie zur Behandlung von Nebenabreden anhand der Bekanntmachung der Kommission zu Zusammenschlüssen vorhanden[1334]. Von Seiten des EuGH ist noch keine neuere Entscheidung diesbezüglich ergangen, in der sich der EuGH dezidiert mit der Übertragung des Konzepts der Nebenabreden befasst hätte[1335]. Zudem hat der BGH die funktionsnotwendigen Vereinbarungen als einen Fall angesehen, bei dem die Voraussetzung des anzuerkennenden Interesses im Sinne der Auslegungsformel erfüllt ist und insofern die Idee der Funktionsnotwendigkeit in seine Auslegungsformel integriert, jedoch diese nicht ersetzt, wie seine Formulierung „dabei ist die Abgrenzungsformel so gefasst, dass nicht allein die für das Austauschverhältnis funktionsnotwendigen Wettbewerbsbeschränkungen – wie die erwähnten Beispiele des Wettbewerbsverbots im Unternehmenskaufvertrag und die Kundenschutzklausel im Subunternehmervertrag – ein anzuerkennendes Interesse begründen können, (...)“[1336] zeigt.

Dennoch gibt es Gründe, die für eine Übernahme des Konzepts der Nebenabreden in das deutsche Kartellrecht sprechen. Obwohl § 23 GWB als Anknüpfungspunkt entfallen ist, ist aus Gründen der Rechtsharmonisierung und der Rechtssicherheit, die das ausgewiesene Ziel der 7. GWB-Novelle darstellten, eine Übernahme des Konzepts der Nebenabreden zu befürworten. Der übereinstimmende Regelungsbereich von Art. 81 Abs. 1 EG und § 1 GWB in der Fassung der 7. GWB-Novelle spricht für eine Gleichbehandlung auch der Nebenabreden, um die Einheit des Wettbewerbsrechts zu bewahren. Anzuführen ist im Übrigen der Gleichbehandlungsgrundsatz, der eine Ungleichbehandlung von kleinen und mittleren Unternehmen gegenüber dem europäischen Recht unterfallenden Unternehmen verbietet. Angeführtes Ziel der Angleichung des § 1 GWB an Art. 81 EG ist ausweislich der Begründung zur 7. GWB-Novelle die Gleichbehandlung von lokalen und regionalen Sachverhalten, die nicht anders beurteilt werden sollen als solche mit grenzüberschreitender Wirkung[1337]. Danach soll es nur in

---

[1333] Zimmer, in: Immenga/ Mestmäcker, GWB, § 1 GWB Rdn. 274; Köhler, WuW 1999, 445 (450 f.).

[1334] Ausführlich zu diesem Problemkreis, EuGE 2001, 2459, Rs. T 112/99 – Métropole télévision.

[1335] Bisher lediglich die alte Entscheidung, EuGHE 1985, 2545, Rs. 42/84 – RemiaBV u.a./ Kommission.

[1336] BGH, Beschluss vom 18.2.2003, WuW/ E DE- R 1119 (1123) – Verbundnetz II.

[1337] Regierungsentwurf zur 7. GWB-Novelle, BT-Drucks. 15/3640, S. 21, 22.

Ausnahmefällen „sachgerecht [sein], spezifische Regelungen des deutschen Wettbewerbsrechts aufrecht zu erhalten"[1338]. Wie bereits oben festgestellt, ist die Vorgehensweise des BGH zur Ausnahme von wettbewerbsbeschränkenden Vereinbarungen aus dem Kartellverbot nicht grundsätzlich nachteiliger für die betroffenen Unternehmen als eine Beurteilung anhand der Kriterien der Nebenabreden-Bekanntmachung. Die Prüfung der Notwendigkeit einer Nebenabrede und die Feststellung der sachlichen Gebotenheit unterscheiden sich maßgeblich nur in der gewählten Vorgehensweise. Von Seiten der Kommission und des EuG wird auf die reine Funktionsnotwendigkeit einer Nebenabrede für die Durchführung der Hauptvereinbarung abgestellt, da jegliche abwägende Gesichtspunkte in den Art. 81 Abs. 3 EG verwiesen und der zulässige Umfang einer Nebenabrede und die dafür erforderliche Marktbetrachtung innerhalb des Kriteriums der Erforderlichkeit hinsichtlich des zeitlichen, sachlichen und räumlichen Umfangs einer Nebenabrede geprüft werden[1339]. Die BGH-Rechtsprechung sowie der von der Literatur verfolgte Ansatz der Immanenztheorie sind in neuerer Zeit zu einer verstärkt wettbewerbliche Aspekte berücksichtigenden Sichtweise gelangt, bei der auch auf die Wettbewerbsförderlichkeit einer Nebenabrede für die Gesamtvereinbarung abgestellt[1340] sowie insgesamt abwägende Gesichtspunkte berücksichtigt worden sind[1341]. Insofern sind die Rechtsprechung und die deutsche Literatur stärker ökonomisch ausgerichtet und lassen Anklänge insbesondere zur ancillary restraints-Doktrin im US- amerikanischen Recht entdecken[1342]. Zudem blickt die BGH- Rechtsprechung und auch die Immanenztheorie auf eine lange Entwicklung im deutschen Wettbewerbsrecht zurück, die zwar bisher von der im deutschen Recht spezifischen Abgrenzung der horizontalen von vertikalen Vereinbarungen geprägt gewesen ist, jedoch, wie gezeigt, auch Gültigkeit für eine allgemeine Einschränkung des Tatbestands des § 1 GWB, auch nach der 7. GWB-Novelle, besitzt[1343]. Dennoch muss die bisherige Vorgehensweise im Lichte der geänderten Systematik kritisch betrachtet werden. Durch die Einfügung des neuen § 2 GWB eröffnet sich auch im deutschen Recht die Möglichkeit der generellen Ausnahme von Vereinbarungen aus dem Verbotstatbestand, ohne dass zuvor eine administrative Entscheidung ergehen müsste[1344]. Daher sollten abwägende Gesichtspunkte in diese Vorschrift verortet werden, um sie nicht, insofern

---

1338 Regierungsentwurf zur 7. GWB-Novelle, BT-Drucks. 15/3640, S. 21, 22.

1339 EuGE 2001, 2459 (2498 ff.) Rdn. 107 ff., Rs. T 112/99 – Métropole télévision; dazu, Manzini, ECLR 2002, 392 (398); Kommission, ABl. 2004 C 101/97 (101) Rdn. 30, vom 27.4.2004 – Bekanntmachung der Kommission.

1340 Zimmer, in: Immenga/ Mestmäcker, GWB, § 1 GWB Rdn. 274; Steindorff, in: FS für Benisch, 1989, 255 (265).

1341 BGH, Urteil vom 14.1.1997, WuW/ E BGH 3115 (3119) – Druckgussteile; dazu, Schäfer, in: FS für Ulmer, 2003, 991 (993).

1342 Ackermann, Art. 85 Abs. 1 EGV u. rule of reason, S. 190; ausführlich zu dem Konzept der ancillary restraints, siehe oben, 3. Teil D. II. 2.

1343 K.Schmidt, ZHR 149 (1985), 1 (11); Bahr, WuW 2004, 259 (262); ausführlich dazu, siehe oben, 3. Teil D. III. 2.

1344 Regierungsentwurf zur 7. GWB-Novelle, BT-Drucks. 15/3640, S. 24.

parallel zu Art. 81 Abs. 3 EG[1345], ihrer praktischen Wirksamkeit zu berauben. Folglich steht auch im deutschen Recht die Funktionsnotwendigkeit der Nebenabrede für die Durchführung des Zusammenschlusses im Zentrum der Prüfung.
Schwieriger erscheint demgegenüber die Übertragung des Kriteriums der unmittelbaren Verbundenheit, anhand dessen festgestellt wird, ob eine Vereinbarung eine Nebenabrede darstellt[1346]. Bisher ist von Seiten des BGH und auch der Literatur für die Ausnahme bestimmter Vereinbarungen aus dem Kartellverbot nicht zwischen Haupt- und Nebenabreden unterschieden worden, insofern übereinstimmend mit der Vorgehensweise des EuGH[1347]. Der Grund dafür ist in dem in der deutschen Fusionskontrolle unbekannten Konzentrationsprivileg zu sehen, mit der Folge, dass alle Vereinbarungen grundsätzlich nach § 1 GWB beurteilt werden[1348]. Eine Übernahme des europäischen Konzepts der Nebenabreden wäre daher mit der Einführung eines Konzentrationsprivilegs in die deutsche Zusammenschlusskontrolle verbunden, da Vereinbarungen, die einem Zusammenschlussvorhaben beigefügt sind, bei Erfüllen der Nebenabredenkriterien einer bislang möglichen zusätzlichen Prüfung anhand des § 1 GWB entgingen. Zwar ist bisher eine „Notwendigkeit" zur „Anpassung der materiellen Regelungen der Zusammenschlusskontrolle insgesamt" abgelehnt worden[1349]. Wie jedoch die Problematik der Nebenabreden zeigt, wäre eine Anpassung der deutschen Zusammenschlussvorschriften an die europäische Fusionskontrolle sinnvoll, insbesondere bezüglich der Einführung eines Konzentrationsprivilegs. Hinsichtlich einer zukünftig möglicherweise erfolgenden Anpassung wäre zu überlegen, ob nicht in die Vorschriften der deutschen Zusammenschlusskontrolle auch eine Bestimmung über Nebenabreden, vergleichbar den Art. 6 Abs. 1 lit. b) UAbs. 2 und Art. 8 Abs. 1 UAbs. 2, Abs. 2 UAbs. 3 FKVO, aufzunehmen wäre.
Parallel zu den Erörterungen im Rahmen des europäischen Rechts[1350], unterliegt die Zulässigkeit von Nebenabreden jedoch auch im deutschen Recht Grenzen, die dann überschritten werden, wenn zwar einerseits die Nebenabredenkriterien der unmittelbaren Verbundenheit und Notwendigkeit erfüllt sind, jedoch trotzdem im Falle eines Zusammenschlusssachverhalts negative Marktstrukturwirkungen mit den Nebenabreden verbunden sind, die zu einer Begründung oder Verstärkung einer marktbeherrschenden Stellung im Sinne des § 36 Abs. 1 GWB führen. In einem solchen Fall kann von Seiten der nationalen Behörde der gesamte Zusammenschluss gemäß § 36 Abs. 1 GWB untersagt werden, da es ebenso wie im europäischen Recht grundsätzlich unerheblich ist, ob aufgrund des Zusammenschlusses an sich oder verbundener Nebenabreden die negativen Marktstrukturauswirkungen bestehen. Möglich ist diese Vorgehensweise je-

[1345] Ausführlich dazu, siehe oben, 2. Teil C. V. 2. a).
[1346] Gleiss/ Hirsch, Komm. zum EG- Kartellrecht, Art. 85 (1) EGV Rdn. 603.
[1347] EuGHE 1985, 2545, Rs. 42/84 – RemiaBV u.a./ Kommission.
[1348] Schütz, in: Gem.Ktr., Zusammenschlusskontrolle, Einführung Rdn. 68; Schroeder, Nebenabreden in der Fusionskontrolle, S. 122 ff.
[1349] Regierungsentwurf zur 7. GWB-Novelle, BT-Drucks. 15/3640, S. 22.
[1350] Ausführlich zur Problematik im Rahmen der FKVO, siehe oben, 2. Teil B. 2. d).

doch nur dann, wenn die zuständige Behörde Kenntnis der Zusammenschlussverträge, sprich der zusätzlichen Vereinbarungen hat. Da die Unternehmen regelmäßig nicht das Risiko eingehen wollen, dass nach der Genehmigung des Zusammenschlussvorhabens die zuständige Behörde Kenntnis von den mit vereinbarten Nebenabreden erhält und diese sodann nach § 1 GWB als verboten betrachtet, sollten die Zusammenschlussverträge bereits bei Anmeldung des Zusammenschlussvorhabens mit eingereicht werden. Gelangen die Zusammenschlussvorschriften nicht zur Anwendung, so werden zusätzliche zu einer Kartellvereinbarung beigefügte Abreden ebenfalls anhand der Nebenabredenkriterien beurteilt. Werden die Nebenabredenkriterien nicht erfüllt beziehungsweise ist mit einer Vereinbarung trotz Erfüllens der Voraussetzungen eine erhebliche Wettbewerbsbeschränkung verbunden, so sollte im letztgenannten Fall der Vereinbarung das Nebenabredenprivileg entzogen werden, mit der Folge der Anwendbarkeit des § 1 GWB. Der Gedanke des Vorteilsentzugs ist zu finden in Art. 29 VO (EG) Nr. 1/2003, der die Möglichkeit eröffnet, den Vorteil einer Gruppenfreistellungsverordnung zu entziehen, wenn eine Vereinbarung „gleichwohl Wirkungen hat, die mit den Voraussetzungen des Art. 81 Abs. 3 EG unvereinbar sind“[1351]. Diese Kompetenz wird in dem neuen § 32 d GWB klarstellend festgestellt, verbunden mit der weitergehenden Befugnis, auch für Fälle ohne zwischenstaatliche Auswirkungen den Entzug des Vorteils einer GVO vorzunehmen[1352]. Da es sich bei der Beurteilung der Vereinbarungen anhand der Nebenabredenkriterien jedoch nicht um die Anwendung einer Gruppenfreistellungsverordnung handelt, kann lediglich der in den genannten Vorschriften verankerte Rechtsgedanke angewendet werden[1353]. Zu beachten ist, dass die Entzugskompetenz nur mitgliedstaatlichen Kartellbehörden zusteht, jedoch nicht den mitgliedstaatlichen Gerichten[1354]. Unterfallen die Vereinbarungen sodann § 1 GWB, so ist im Anschluss zu prüfen, ob sie möglicherweise anhand des neuen § 2 GWB, insofern parallel zu der Prüfung im Rahmen des Art. 81 Abs. 3 EG, trotz ihrer wettbewerbsbeschränkenden Auswirkungen als erlaubt gelten. Insofern können dann auch im deutschen Recht Vereinbarungen noch als erlaubt gelten, die aufgrund der mit ihnen verbundenen negativen Marktmachtwirkungen, die auch nach einer erfolgen Reduzierung des Umfangs der Nebenabrede nicht vollständig ausgeräumt werden können, grundsätzlich dem § 1 GWB unterfallen[1355]. Das Kriterium der Erforderlichkeit, das als zweite Stufe im Konzept der Nebenabreden geprüft wird, ist auch bisher schon im deutschen Kartellrecht berücksichtigt worden, wonach die ausnahmsweise als erlaubt geltende wettbewerbsbeschränkende Vereinbarung nicht das sachlich, zeitlich und räumlich erforderliche Maß überschreiten darf.

[1351] Fuchs, ZWeR 2005, 1 (27 ff.).

[1352] Regierungsentwurf zur 7. GWB-Novelle, BT-Drucks. 15/3640, S. 52.

[1353] Siehe zur parallelen Argumentation im Rahmen des Art. 81 Abs. 1 EG, oben, 2. Teil B. III. 2. d) cc).

[1354] Bornkamm, in: Baudenbacher, Neueste Entwicklungen im europ. und internat. Kartellrecht, 13 (18).

[1355] Ausführlich dazu im Bereich der Nebenabredenbehandlung anhand des Art. 81 Abs. 1 EG, siehe oben, 2. Teil C. V. 2. e).

Gegenüber der Ausnahme von Nebenabreden zu Zusammenschlüssen oder sonstigen Vereinbarungen anhand der Auslegungsformel des BGH sowie der von der Literatur vertretenen Immanenztheorie stellt das Konzept der Nebenabreden eine hinreichend gefestigte Vorgehensweise zur Behandlung von Nebenabreden dar. Zwar besteht im Anwendungsbereich des GWB ebenso wie im Rahmen des Art. 81 EG nicht die Möglichkeit einer Antragstellung auf explizite Beurteilung der Zulässigkeit von Nebenabreden bei Vorliegen neuer oder ungelöster Fragen wie in Erwägungsgrund 21 zur FKVO geregelt. Dennoch bietet die Anwendung des Konzepts der Nebenabreden, insbesondere im Hinblick auf die durch die 7. GWB-Novelle erforderlich gewordene Selbsteinschätzung der Unternehmen, eine erhöhte Rechtssicherheit für die Unternehmen, die sich an der Bekanntmachung der Kommission orientieren können[1356]. Des Weiteren entfiele mit der Einführung im deutschen Recht eine als unzweckmäßig anzusehende Doppelkontrolle von Vereinbarungen anhand der Zusammenschlussvorschriften und des § 1 GWB bei Erfüllen der Nebenabredenvoraussetzungen, da insofern ein Konzentrationsprivileg in die deutsche Fusionskontrolle eingeführt würde. Im Übrigen entfiele im Sinne der Rechtsharmonisierung eine unterschiedliche Vorgehensweise im Hinblick auf Nebenabreden im europäischen und deutschen Recht. Schließlich böte die einheitliche Beurteilung eine erhöhte Rechtssicherheit für die beteiligten Unternehmen insbesondere im Lichte der ihnen nunmehr zufallenden Selbstveranlagung. Zudem werden nationale Gerichte und Behörden bei der Behandlung von Nebenabreden schon aus Zweckmäßigkeitsgesichtspunkten auf die Bekanntmachung der Kommission rekurrieren.
Insofern sollten auch im deutschen Recht Nebenabreden anhand des Konzepts der Nebenabreden behandelt werden.

V. Zwischenergebnis zur Behandlung von Wettbewerbsverboten nach § 1 GWB

Auch im deutschen Wettbewerbsrecht ist erkannt worden, dass die Erfassung jeder begrifflichen Wettbewerbsbeschränkung durch das Verbot des § 1 GWB nicht der ratio des GWB entspricht und daher bestimmte Fallgestaltungen von dem Kartellverbot auszunehmen sind[1357]. Insbesondere Wettbewerbsverbote, die als zusätzliche begleitende Absprachen einem Zusammenschluss oder einer Vereinbarung beigefügt sind, sollen dem Kartellverbot entgehen, da sie der Durchführung des Austauschvertrags dienen[1358]. Sowohl von Seiten der Rechtsprechung als auch der kartellrechtlichen Literatur sind schon früh verschiedene Möglichkeiten entwickelt worden, um zu einer Einschränkung des für bestimmte Fallkonstellationen als zu weit betrachteten Anwendungsbereichs des Kartellverbots zu gelangen. Die Vorgehensweise der Rechtsprechung war dabei eng verknüpft mit der bis zur 7. GWB-Novelle erforderlichen Ab-

---

[1356] De Crozals/ Hartog, EWS 2004, 533 (539).
[1357] Zimmer, in: Immenga/ Mestmäcker, GWB, § 1 GWB Rdn. 271; Huber, in: FK, Kurzdarstellung § 1 n.F. GWB Rdn. 70.
[1358] Huber, in: FK, Kurzdarstellung § 1 n.F. GWB Rdn. 70.

grenzung zwischen horizontalen und vertikalen Vereinbarungen, da vertikale Vereinbarungen als weniger wettbewerbsschädlich eingestuft wurden und daher lediglich einer Missbrauchskontrolle unterfielen[1359]. Zunächst wurde anhand der Auslegung bestimmter Tatbestandsmerkmale versucht, bereits innerhalb des Tatbestands des § 1 GWB zu einer Einschränkung zu gelangen, da eine außertatbestandliche Restriktion als unzweckmäßig betrachtet wurde[1360]. Die Rechtsprechung entwickelte die Abgrenzungsformel des „anzuerkennenden Interesses" und der „sachlichen Gebotenheit", so dass „sachlich nicht gebotene, über die Sicherung eines -kartellrechtsneutralen- Leistungsaustauschs hinausgehende Beschränkungen in ihrem „überschießenden" Umfang nach § 1 GWB zu beurteilen sind"[1361]. Im Hinblick auf Wettbewerbsverbote zu Unternehmensveräußerungsverträgen stellt der BGH in einer neueren Entscheidung fest, dass für diese als funktionsnotwendig zu bezeichnenden Vereinbarungen grundsätzlich ein anzuerkennendes Interesse anzunehmen ist[1362]. Mit Einführung der 7. GWB-Novelle ist die Notwendigkeit der Abgrenzung zwischen horizontalen und vertikalen Vereinbarungen entfallen, so dass die Frage aufgeworfen wurde, ob die Abgrenzungsformel dahin gehend ihre Gültigkeit verloren habe, was jedoch im Ergebnis verneint wurde. Auch für den neuen § 1 GWB wurde ein fortbestehendes Bedürfnis einer Einschränkung bereits des Tatbestands für bestimmte Vereinbarungen aufgrund des telos der Norm angenommen, obwohl anhand des neuen § 2 GWB ein genereller Erlaubnistatbestand, dem Art. 81 Abs. 3 EG nachempfunden, eingeführt worden ist[1363]. Die von Seiten des BGH entwickelte Formel behält daher als teleologische Auslegung des § 1 GWB auch weiterhin ihre Gültigkeit.
Auch von Seiten der kartellrechtlichen Literatur ist schon früh unter dem Stichwort der Immanenztheorie versucht worden, zu einer Einschränkung des Tatbestands des § 1 GWB zu gelangen. Zunächst stand der zivilrechtliche Ansatzpunkt der Immanenztheorie im Vordergrund bevor zunehmend auf wettbewerbliche Gesichtspunkte abgestellt worden ist, wonach eine grundsätzlich wettbewerbsbeschränkende Abrede aufgrund ihrer Verbundenheit mit der wettbewerbsfördernden Hauptvereinbarung dem Kartellverbot entgehen soll[1364]. Ebenso wie die Auslegungsformel des BGH sind auch die gedanklichen Ansätze der Immanenztheorie nach der Neufassung des § 1 GWB als eine teleologische Auslegung des Kartellverbots anzuwenden.
Obwohl also grundsätzlich Auslegungsmöglichkeiten des Kartellverbots des § 1 GWB existieren, anhand derer eine Einschränkung des Anwendungsbereichs möglich ist, wurde vorgeschlagen, das Konzept der Nebenabreden aus der europäischen Fusions-

[1359] Zimmer, in: Immenga/ Mestmäcker, GWB, § 1 GWB Rdn. 165; Hootz, in: Gem.Ktr., § 1 GWB Rdn. 61; Bechtold, GWB, § 1 GWB Rdn. 5; Niederleithinger, in: FS für Benisch, 1989, 277 (284).
[1360] BGH, Urteil vom 14.1.1997, WuW/ E 3121 (3125) – Bedside- Testkarten; Bornkamm, in: FS für Geiß, 2000, 539 (547); Schäfer, in: FS für Ulmer, 2003, 991 (996).
[1361] So zusammengefasst von Bechtold, NJW 1997, 1959 (1961); K.Schmidt, AG 1998, 551 (557).
[1362] BGH, Beschluss vom 18.2.2003, WuW/ E DE- R 1119 (1123) – Verbundnetz II.
[1363] Ausführlich dazu, siehe oben, 3. Teil D. III. 2.
[1364] Zimmer, in: Immenga/ Mestmäcker, GWB, § 1 GWB Rdn. 274; Steindorff, in: FS für Benisch, 1989, 255 (265); ausführlich dazu, siehe oben, 3. Teil D. II. 1. a) bb).

kontrolle parallel zu seiner Einführung in den Bereich des Art. 81 EG auch im Rahmen des § 1 GWB für die Beurteilung von zusätzlichen Vereinbarungen anzuwenden. Zwar wurde eine Pflicht zur Anwendung der Kommissionsbekanntmachung zu Nebenabreden über den ursprünglich vorgesehenen § 23 GWB verneint, da ihr keine rechtliche Verbindlichkeit zukommt[1365] und keine unmittelbare normative Bindung der deutschen Gerichte und Behörden an die Entscheidungspraxis der europäischen Institutionen besteht[1366]. Dennoch ist aus Gründen der Rechtsharmonisierung und gleichmäßigen Anwendung des Wettbewerbsrechts für große, mittlere und kleine Unternehmen sowie aus Gründen der Rechtssicherheit eine Anwendung des Konzepts der Nebenabreden auch im deutschen Kartellrecht befürwortet worden. Bezüglich der Übertragung ist festgestellt worden, dass zum einen der Auslegungsformel des BGH sowie auch der Literaturansicht in Gestalt der Immanenztheorie die gleichen Grundsätze wie auch dem Konzept der Nebenabreden zugrunde liegen. Zwar existiert im deutschen Wettbewerbsrecht kein Konzentrationsprivileg zugunsten der zu Zusammenschlüssen zusätzlich vereinbarten Abreden, sondern der § 1 GWB bleibt grundsätzlich neben den Vorschriften der Zusammenschlusskontrolle anwendbar. Dennoch versuchen alle genannten Ansätze zu einer Ausnahme funktionsnotwendiger Vereinbarungen für die Durchführung einer Hauptvereinbarung aus dem Kartellverbot zu gelangen. Insofern ist das Konzept der Nebenabreden auf europäischer Ebene in den Art. 81 Abs. 1 EG übernommen worden, um funktionsnotwendige Vereinbarungen an der Entscheidung über die Hauptvereinbarung teilhaben zu lassen, damit sie selbst einer isolierten Prüfung anhand des Art. 81 Abs. 1 EG entgehen. Insbesondere der aufgrund der 7. GWB-Novelle erfolgte Gleichlauf des Regelungsbereichs des § 1 GWB mit Art. 81 Abs. 1 EG legt eine Übertragung des Konzepts der Nebenabreden auch in den Bereich des § 1 GWB nahe. Des Weiteren wurde festgestellt, dass bezüglich der materiellen Prüfung von Ausnahmen zu dem Kartellverbot des § 1 GWB weitgehende Übereinstimmung zwischen den Ansätzen der deutschen Literatur und Rechtsprechung sowie der Nebenabredenbehandlung der Kommission und des EuG besteht. Auch wenn bei der Beurteilung der Notwendigkeit einer Nebenabrede im deutschen Recht die Wettbewerbssituation beziehungsweise von Seiten der Literatur sogar die wettbewerbsförderliche Wirkung einer Vereinbarung berücksichtigt worden ist, so lässt doch die neuere Entscheidungspraxis des BGH eine Hinwendung zu der von Seiten der europäischen Organe vorgenommenen rein abstrakten Prüfung der Funktionsnotwendigkeit als reine Innenprüfung, nach der weder die Wettbewerbssituation betrachtet noch Abwägungen vorgenommen werden, erkennen[1367]. Folglich steht auch im deutschen Recht die Funktionsnotwendigkeit der Nebenabrede für die Durchführung des Zusammenschlusses im Zentrum der Prüfung. Auch im deutschen Recht sind die Grenzen der Zulässigkeit von

[1365] Bunte, in: Langen/ Bunte, Kartellrecht, Bd. 1, Einführung zum EG- Kartellrecht Rdn. 14, 15; Kulka, in: FK, Art. 81 Abs. 1, 3 EG, Fallgruppen II.1. Rdn. 21; Pampel, EuZW 2005, 11 (13); Schwarze/ Weitbrecht, Europäisches Kartellverfahrensrecht, § 2 Rdn. 26.

[1366] Regierungsentwurf zur 7. GWB-Novelle, BT-Drucks. 15/3640, S. 47.

[1367] BGH, Beschluss vom 18.2.2003, WuW/ E DE- R 1119 (1123) – Verbundnetz II.

Nebenabreden zu beachten, die überschritten sind, wenn von Nebenabreden negative Marktstrukturwirkungen ausgehen, die zur Begründung oder Verstärkung einer marktbeherrschenden Stellung führen beziehungsweise zu einer erheblichen Wettbewerbsbeeinträchtigung. In diesen Fällen kann bei Zusammenschlusssachverhalten der Zusammenschluss gemäß § 36 Abs. 1 GWB untersagt werden sowie der Vereinbarung das Nebenabredenprivileg entzogen und ein Verstoß gegen § 1 GWB angenommen werden mit einer möglichen Erlaubnis nach § 2 GWB[1368]. Bezüglich der zweiten Stufe der Beurteilung einer zulässigen Nebenabrede, der sachlichen, zeitlichen und räumlichen Erforderlichkeit derselben, besteht Übereinstimmung zwischen den Ansätzen der deutschen Rechtsprechung und Literatur, so dass mit der Behandlung der Vereinbarungen anhand des Konzepts der Nebenabreden keine Veränderung verbunden ist.
Eine Übernahme des europäischen Konzepts der Nebenabreden in den Bereich der deutschen Zusammenschlusskontrolle sowie des § 1 GWB würde einen weiteren Schritt zur Harmonisierung des deutschen mit dem europäischen Kartellrecht darstellen, insbesondere vor dem Hintergrund der nach Inkrafttreten der 7. GWB-Novelle übereinstimmenden Regelungsinhalte des europäischen und deutschen Kartellverbots. Gerade die einheitliche Behandlung des sehr praxisrelevanten Bereichs der Nebenabreden wäre für die beteiligten Unternehmen mit einem begrüßenswerten Anstieg der Rechtssicherheit verbunden, vor allem mit Blick auf die durch den Systemwechsel erforderlich gewordene Selbsteinschätzung der Unternehmen.

E. Die Behandlung von Wettbewerbsverboten nach § 138 BGB

Neben der kartellrechtlichen Beurteilung können Wettbewerbsverbote im deutschen Recht auch einer zivilrechtlichen Überprüfung unterfallen[1369]. Die einschlägige Norm zu ihrer Überprüfung ist der § 138 Abs. 1 BGB anhand dessen die Wettbewerbsverbote auf ihre Sittenwidrigkeit hin beurteilt werden können[1370]. Als nach § 138 BGB sittenwidrig wird ein Rechtsgeschäft dann betrachtet, wenn es bei seinem Abschluss nach seinem Inhalt, Beweggrund und Zweck den guten Sitten widerspricht[1371]. In der Vergangenheit sind Wettbewerbsverbote in Unternehmensveräußerungsverträgen häufig anhand des § 138 BGB überprüft worden, wenn entweder das alte Kriterium des „gemeinsamen Zwecks“ oder der „gleichgerichteten Interessen“ beziehungsweise die Spürbarkeit als Voraussetzungen des § 1 GWB verneint worden sind[1372]. Die Sittenwidrigkeit eines Vertrages kommt insbesondere dann in Betracht, wenn durch eine Vereinbarung die wirtschaftliche Entfaltungsfreiheit oder sogar die wirtschaftliche

---

[1368] Ausführlich dazu, siehe oben, 3. Teil D. IV. 3.
[1369] Traub, WRP 1994, 714 (714); Helm, in: FS für Hefermehl, 1972, 299 (307 ff.).
[1370] Sack, in: Staudinger, BGB, § 138 BGB Rdn. 297; ausführlich dazu, Hirte, ZHR 154 (1990), 443 ff.
[1371] BGH Z 86, 82 (88); BGH Z 107, 92 (97).
[1372] Pietzke, in: FS für Beier, 1996, 549 (558); BGH, Urteil vom 15.3.1989, DB 1989, 1620 (1621); OLG Zweibrücken, Urteil vom 21.9.1989, NJW RR 1990, 482 (483); OLG Hamm, Urteil vom 15.2.1993, NJW RR 1993, 1314.

Selbständigkeit einer Partei zerstört wird[1373]. In einem solchen Fall kann ein sittenwidriger Knebelungsvertrag vorliegen[1374]. Dabei ist die Beschränkung der wirtschaftlichen Handlungsfreiheit nicht per se als sittenwidrig zu betrachten[1375], da der Abschluss von Verträgen fast immer mit einer gewissen Beschränkung einhergeht[1376]. Befindet sich ein Vertragspartner nicht in einer wirtschaftlich unterlegenen Position, so entspricht der Umfang eines vereinbarten Wettbewerbsverbots der bestehenden Verhandlungslage der beteiligten Parteien, die beide das Rechtsgeschäft durchführen möchten, da sie sich eigene Vorteile davon versprechen[1377]. Die Schwelle zur Sittenwidrigkeit ist jedoch dann erreicht, wenn die Vereinbarung zu einer Beschränkung führt, deren Ausmaß nicht mehr aufgrund des Vertragsschlusses zu rechtfertigen ist[1378]. Für die Verwirklichung der Fallvariante der sittenwidrigen Knebelungsverträge ist das Vorliegen eines subjektiven Tatbestands nicht erforderlich, so dass bereits mit Erfüllen der objektiven Voraussetzungen der Tatbestand erfüllt ist[1379]. Unter dem Gesichtspunkt der sittenwidrigen Knebelung können insbesondere vertraglich vereinbarte Wettbewerbsverbote nichtig sein[1380]. Im Folgenden werden zunächst die Voraussetzungen der Sittenwidrigkeit für den Bereich der Wettbewerbsverbote zu Unternehmensveräußerungsverträgen dargelegt, bevor in einem zweiten Schritt die parallele Anwendbarkeit des § 138 BGB neben dem § 1 GWB erörtert wird. In einem Zwischenergebnis werden sodann die gefundenen Ergebnisse der Behandlung von Wettbewerbsverboten nach § 138 BGB zusammengefasst.

I. Voraussetzungen der Sittenwidrigkeit von Wettbewerbsverboten

Als nicht sittenwidrig werden Wettbewerbsverbote nach Ansicht der Rechtsprechung dann betrachtet, wenn sie durch ein schutzwürdiges Interesse des Berechtigten gefordert werden und sich nach ihrem örtlichen, zeitlichen und gegenständlichen Umfang im Rahmen des Angemessenen halten, mithin nicht zu einer unangemessenen Beschränkung der wirtschaftlichen Bewegungsfreiheit des Verpflichteten führen[1381]. Zur Feststellung des schutzwürdigen Interesses des Berechtigten ist eine Interessenabwä-

---

[1373] BGH Z 19, 12 (18, 19); Sack, in: Staudinger, BGB, § 138 BGB Rdn. 259; Melullis, WRP 1994, 686 (690).
[1374] Mayer-Maly/ Armbrüster, in: MünchKomm., BGB, § 138 BGB Rdn. 71.
[1375] BGH, Urteil vom 11.10.1961, NJW 1962, 102 (103); Hefermehl, in: Soergel, BGB, § 138 BGB Rdn. 116; Melullis, WRP 1994, 686 (690).
[1376] Helm, in: FS für Hefermehl, 1972, 299 (308).
[1377] Melullis, WRP 1994, 686 (690).
[1378] Sack, in: Staudinger, BGB, § 138 BGB Rdn. 259; Heinrichs, in: Palandt, BGB, § 138 BGB Rdn. 39; Hefermehl, in: Soergel, BGB, § 138 BGB Rdn. 117.
[1379] Hefermehl, in: Soergel, BGB, § 138 BGB Rdn. 117; Sack, in: Staudinger, BGB, § 138 BGB Rdn. 259.
[1380] Sack, in: Staudinger, BGB, § 138 BGB Rdn. 297 ff.; Hefermehl, in: Soergel, BGB, § 138 BGB Rdn. 166; Mayer-Maly/ Armbrüster, in: MünchKomm., BGB, § 138 BGB Rdn. 79.
[1381] Ständige Rechtsprechung, BGH Z 91, 6; BGH NJW 1986, 2944; BGH NJW- RR 1996, 741.

gung vorzunehmen, bei der alle Umstände des Einzelfalls zu berücksichtigen sind[1382]. Beeinflusst wird die Abwägung im Rahmen des § 138 BGB insbesondere durch die Drittwirkung der Grundrechte, da die Wertordnung des Grundgesetzes, die in den Grundrechten Niederschlag gefunden hat, bei der Auslegung von einfachgesetzlichen Normen und dabei insbesondere bei den Generalklauseln zu berücksichtigen ist[1383]. Bei der Prüfung der Frage, ob ein Wettbewerbsverbot in einem Unternehmensveräußerungsvertrag als sittenwidrig zu betrachten ist, findet die in Art. 12 Abs. 1 GG niedergelegte Berufsfreiheit Eingang in die Prüfung dahin gehend, ob die Möglichkeit der wirtschaftlichen und beruflichen Tätigkeit des Veräußerers zu stark durch das Wettbewerbsverbot beschränkt wird[1384]. Zwar wird durch Art. 2 Abs. 1 GG auch die allgemeine Handlungsfreiheit und die darin mit erfasste Vertragsfreiheit gewährleistet, jedoch ist diese durch die verfassungsmäßige Ordnung einschränkbar[1385], worunter alle „formell und materiell verfassungsmäßigen Gesetze gehören"[1386]. Insofern sind die im Rahmen der Vertragsfreiheit vereinbarten Wettbewerbsverbote zu Gunsten der Berufsfreiheit des durch sie Belasteten einzuschränken, wenn die Grenze zur Sittenwidrigkeit überschritten ist[1387]. Insbesondere bei freien Berufen wie denen von Rechtsanwälten oder Wirtschaftsprüfern, hat der BGH eine Einschränkung des im öffentlichen Interesse liegenden Berufszwecks nur dann zugelassen, „soweit besondere Umstände vorliegen, die ein anerkennenswertes Bedürfnis begründen, den Vertragspartner vor illoyaler Verwertung des Erfolges seiner Arbeit zu schützen"[1388]. Der Einfluss der in Art. 2 Abs. 1 und Art. 12 Abs. 1 GG niedergelegten Wertungen auf die Auslegung des § 138 BGB führt zu einer Abwägung der Interessen des Berechtigten an einer Ausschaltung der Konkurrenz zwecks Konsolidierung der erworbenen Unternehmenswerte und der dem Verpflichteten verbleibenden Möglichkeiten wirtschaftlicher Betätigung[1389]. Im Einzelnen stehen sich das Interesse des Erwerbers an einer erfolgreichen Markteinführung des erworbenen Unternehmens, die ohne den Rückzug des Veräußerers aus dem Wettbewerb für eine gewisse Zeit nicht möglich erscheint, und das Interesse des Veräußerers selbst, den Anschluss zum Markt nicht völlig zu verlieren und damit womöglich seine zukünftige Berufstätigkeit, gegenüber[1390]. An diesem Konsolidierungsinteresse des Erwerbers ist die Prüfung der Zulässigkeit eines Wettbewerbsverbots häufig ausgerichtet und bei dessen Überschreitung Sittenwidrigkeit angenommen wor-

[1382] Hefermehl, in: Soergel, BGB, § 138 BGB Rdn. 164, 166.
[1383] BVerfG NJW 1990, 1469; BGH, Urteil vom 28.4.1986, NJW 1986, 2944 (2944); Mayer-Maly/ Armbrüster, in: MünchKomm, BGB, § 138 BGB Rdn. 20, 21: „Einfallstor der Grundrechte".
[1384] Renner, DB 2002, 1143 (1143); Weimar, DB 2001, 1477 (1481).
[1385] BVerfGE 12, 341 (347); BVerfGE 65, 196 (210); BGH Z 70, 313 (324).
[1386] Jarass, in: Jarass/ Pieroth, GG, Art. 2 GG Rdn. 17.
[1387] BGH, Urteil vom 28.4.1986, NJW 1986, 2944 (2945).
[1388] BGH, Urteil vom 28.4.1986, NJW 1986, 2944 (2945).
[1389] BGH, Urteil vom 19.10.1993, NJW 1994, 384 (386); Hefermehl, in: Soergel, BGB, § 138 BGB Rdn. 166; Hirte, ZHR 154 (1990), 443 (446).
[1390] Hirte, ZHR 154 (1990), 443 (446).

den[1391]. Allerdings darf das Verbot in sachlicher, zeitlicher und räumlicher Hinsicht nur so weit reichen, wie die geschäftlichen Beziehungen, die bereits vor der Veräußerung bestanden haben, beim Veräußerer noch fortwirken[1392]. Auch wenn in einigen früheren Entscheidungen verstärkt oder sogar ausschließlich auf das in der Konsolidierung bestehende schützenswerte Interesse des Erwerbers abgestellt worden ist[1393], bei dessen Überschreitung bereits von der Sittenwidrigkeit auszugehen sei[1394], muss der richtige Ansatzpunkt eine Betrachtung der beidseitigen Interessen sein, was durch die Tatsache verstärkt wird, dass für beide Parteien einschlägige Grundrechte im Rahmen der Prüfung des § 138 BGB zu berücksichtigen sind[1395]. Dennoch kann von dem Konsolidierungsinteresse des Erwerbers als Ausgangspunkt für die Prüfung der Zulässigkeit eines vereinbarten Wettbewerbsverbots ausgegangen werden, da hinsichtlich des zeitlichen Umfangs eines Wettbewerbsverbots der Zeitpunkt der Konsolidierung beim Erwerber maßgeblich ist[1396]. Des Weiteren ist dem Kaufvertrag eine aus § 242 BGB herzuleitende Nebenpflicht zu entnehmen, aufgrund derer der Veräußerer für eine gewisse Dauer Wettbewerb zu unterlassen hat, damit der Erwerber überhaupt die Möglichkeit erhält, das erworbene Unternehmen zu positionieren[1397]. Zu berücksichtigen ist jedoch auch, dass ein Wettbewerbsverbot nicht nur für den Erwerber, sondern auch für den Veräußerer günstig ist, der eine erfolgreiche Veräußerung seines Unternehmens oder zumindest eines Teils davon ohne ein Wettbewerbsverbot nicht hätte bewerkstelligen können. Zumindest im Rahmen der Fallgruppe der Knebelungstatbestände ist auch die Position des Veräußerers maßgeblich zu berücksichtigen, da eine Knebelung eben nur dann vorliegt, wenn seine wirtschaftliche Dispositions- und Entscheidungsfreiheit in unerträglichem Maß eingeschränkt oder sogar völlig beseitigt wird[1398]. In einem solchen Fall kann selbst ein noch so großes schützenswertes Interesse des Erwerbers ein Wettbewerbsverbot nicht vor dem Verdikt der Sittenwidrigkeit bewahren. Des Weiteren ist kein Grund ersichtlich, ein Wettbewerbsverbot über den Zeitpunkt der Konsolidierung eines erworbenen Unternehmens hinaus als zulässig zu betrachten, da das Interesse des Erwerbers dann nicht mehr schützenswert ist, wenn der Veräußerer ebenso wie jeder andere Konkurrent, der neu in den Markt eintritt, dem Erwerber gegenübersteht und daher keine besondere Rücksichtnahme mehr erforderlich ist[1399].

1391 Karl/ Reichelt, in: Gloy, Hdb. des Wettbewerbsrechts, § 36 Rdn. 24; kritisch dazu, Ulmer, NJW 1979, 1585 (1586).

1392 Karl/ Reichelt, in: Gloy, Hdb. des Wettbewerbsrechts, § 36 Rdn. 24.

1393 Kritisch zu dieser Vorgehensweise, Ulmer, NJW 1979, 1585 (1586).

1394 BGH, Urteil vom , NJW 1979, 1605 f. – Frischbeton; BGH, Urteil vom , WM 1990, 13 (16); BGH, Urteil vom 9.11.1973, WuW/ E BGH 1317 (1319) – Müllabfuhr; Hirte, ZHR 154 (1990), 443 (451, 452).

1395 So dann auch BGH, Urteil vom 19.10.1993, NJW 1994, 384 (386) – ausscheidender Gesellschafter; Sack, in: Staudinger, BGB, § 138 BGB Rdn. 304.

1396 Hirte, ZHR 154 (1990), 443 (451).

1397 BGH Z 16, 71 (76); Beckmann, in: Staudinger, BGB, § 453 BGB Rdn. 37.

1398 Ulmer, NJW 1979, 1585 (1586).

1399 BGH, Urteil vom 19.10.1993, ZIP 1994, 61 (64); Hirte, ZHR 154 (1990), 443 (447); Renner, DB 2002, 1143 (1145).

Im Einzelnen sind hinsichtlich des zeitlichen, gegenständlichen und räumlichen Umfangs von Wettbewerbsverboten folgende Eckwerte für die Zulässigkeit nach § 138 BGB festzustellen. Für den zulässigen zeitlichen Umfang eines Wettbewerbsverbots wird auf den Konsolidierungszeitpunkt auf Seiten des Erwerbers abgestellt, wobei regelmäßig Verbote mit einer Laufzeit von zwei Jahren als zulässig angesehen worden sind[1400]. Im Einzelfall ist jedoch auch eine längere Laufzeit von drei bis fünf Jahren akzeptiert worden bei ausreichender Rechtfertigung dieser längeren Bindung aufgrund etwa branchenspezifischer Umstände[1401]. Verbote von sieben bis zu zehn Jahren sind als grundsätzlich zu lang erachtet worden, wobei auch hier wieder in einem Ausnahmefall ein Wettbewerbsverbot mit zehnjähriger Laufzeit als zulässig angenommen worden ist, da der Belastete bereits im Ruhestandsalter gewesen ist und insofern auch ohne Wettbewerbsverbot nicht mehr erwerbstätig gewesen wäre[1402]. Ein zeitlich unbefristetes Wettbewerbsverbot ist als sittenwidrig zu betrachten[1403]. Grundsätzlich ist festzustellen, dass eine längere zeitliche Bindung auch eine umfangreichere und sorgfältigere Rechtfertigung benötigt[1404]. Hinsichtlich des gegenständlichen Umfangs eines Wettbewerbsverbots ist entscheidend auf den bisherigen sachlichen Tätigkeitsbereich des Unternehmens abzustellen, so dass unternehmensfremde Märkte nicht auf Dauer versperrt bleiben dürfen. Entscheidend ist der bisherige Einfluss des Veräußerers im Unternehmen, so etwa ob er Alleininhaber war oder nur kapitalistisch beteiligt gewesen ist und folglich nicht über Firmen Know-how verfügt hat[1405]. Ebenso bezieht sich der räumliche Umfang auf das bisherige Tätigkeitsgebiet, wonach das Verbot weltweiter oder internationaler Betätigung für regionale oder lokale Unternehmen als unzulässig anzusehen ist.

[1400] BGH, Urteil vom 29.1.1996, NJW- RR 1996, 741; BGH, Urteil vom , ZIP 1994, 61 (64); BGH, Urteil vom 3.11.1981, NJW 1982, 2000 (2001); BGH Z 91, 1 (6); Weimar, DB 2001, 1477 (1478); kritisch zu dieser „flexiblen Grenze", Hirte, ZHR 154 (1990), 443 (452), der eine „starre Grenze" von zwei Jahren analog §§ 74 ff. HGB vorschlägt.

[1401] BGH, Urteil vom 10.6.1964, NJW 1964, 2203 (drei Jahre); OLG Düsseldorf, Urteil vom 22.8.1984, WuW 1985, 338 (fünf Jahre); OLG München, Urteil vom 17.11.1994, NJW- RR 1995, 1191 (1192) (fünf Jahre).

[1402] BGH, Urteil vom 3.11.1981, NJW 1982, 2000 (2001) – Wettbewerbsverbote bei Unternehmensveräußerung; Sack, in: Staudinger, BGB, § 138 BGB Rdn. 312.

[1403] BGH, Urteil vom , NJW- RR 1989, 800 (801); Sack, in: Staudinger, BGB, § 138 BGB Rdn. 305; Mayer-Maly/ Armbrüster, in: MünchKomm., BGB, § 138 BGB Rdn. 79.

[1404] Renner, DB 2002, 1143 (1145).

[1405] Renner, DB 2002, 1143 (1144).

II. Parallele Anwendbarkeit des § 1 GWB und § 138 BGB

Wie soeben aufgezeigt, können Wettbewerbsverbote sowohl einer Prüfung nach § 1 GWB als auch einer Überprüfung nach § 138 BGB unterfallen. Beide Vorschriften sind grundsätzlich nebeneinander anwendbar[1406], wenn ihre jeweiligen Tatbestandsvoraussetzungen erfüllt sind, jedoch findet eine unterschiedliche Überprüfung des Sachverhaltes statt, aufgrund der verschiedenen mit den Normen verfolgten Schutzzwecke[1407]. Im Zentrum der Prüfung des § 1 GWB steht der Schutz der Wettbewerbsfreiheit vor Beschränkungen, wohingegen der § 138 BGB auf den Schutz der Vertragsfreiheit beziehungsweise der Privatautonomie vor sittenwidrigen Einschränkungen abzielt, indem der freien Ausübung der Vertragsfreiheit sittlich- rechtliche Schranken gesetzt werden, die insbesondere durch betroffene Grundrechte konkretisiert werden[1408]. Insofern sind die im Rahmen des § 1 GWB anzuwendenden Maßstäbe der rechtlichen Beurteilung nicht völlig deckungsgleich auf die Prüfung nach § 138 BGB zu übertragen, sondern hinsichtlich des anderen Schutzzweckes zu modifizieren[1409]. Im Rahmen des § 138 BGB wird die Prüfung auf die Beeinträchtigung der Interessen des durch ein Wettbewerbsverbot Belasteten ausgerichtet und nicht auf die durch ein Wettbewerbsverbot mögliche Beschränkung wirksamen Wettbewerbs[1410]. Wirtschaftliche Wertungen werden daher in die Prüfung nach § 138 BGB nicht einbezogen[1411], so dass etwa eine durch ein Wettbewerbsverbot mögliche Verstärkung einer bereits bestehenden marktstarken Position des Erwerbers nicht berücksichtigt wird, solange das Wettbewerbsverbot nicht zu einer sittenwidrigen Knebelung des Veräußerers, im weitesten Sinne zu einem Berufsverbot, führt[1412]. Die für § 138 BGB maßgeblichen Aspekte bewegen sich in dem „inneren“ zivilrechtlichen Feld zwischen den Vertragsparteien, ohne dass auf den „äußeren“ kartellrechtlichen Bereich des betroffenen Marktes abgestellt würde, so dass innerhalb der Abwägung Interessen der Allgemeinheit, wie die durch § 1 GWB geschützte Freiheit des Wettbewerbs, nicht zu berücksichtigen sind[1413]. Ein weiterer Unterschied liegt darin begründet, dass die Vorschrift des § 138 BGB von Amts wegen zu berücksichtigen ist, sobald sich ihr Vorliegen aus den von den Parteien vorgebrachten Tatsachen ergibt[1414].

1406 Sack, in: Staudinger, BGB, § 138 BGB Rdn. 169.

1407 BGH, Urteil vom 19.10.1993, NJW 1994, 384 (386) – ausscheidender Gesellschafter; Sack, in: Staudinger, BGB, § 138 BGB Rdn. 169.

1408 BGH, Urteil vom 19.10.1993, NJW 1994, 384 (386) ausscheidender Gesellschafter; Hefermehl, in: Soergel, BGB, § 138 BGB Rdn. 1; Sack, in: Staudinger, BGB, § 138 BGB Rdn. 169; Lammel, AcP 189 (1989), 244 (267); Traub, WRP 1994, 714 (714).

1409 BGH, Urteil vom 19.10.1993, NJW 1994, 384 (386) – ausscheidender Gesellschafter.

1410 BGH, Urteil vom 19.10.1993, NJW 1994, 384 (386) – ausscheidender Gesellschafter.

1411 Lammel, AcP 189 (1989), 244 (267).

1412 OLG Hamburg, Beschluss vom 11.9.1986, WRP 1987, 258 (258, 259).

1413 Hüffer, in: Staub, HGB, Vor § 22 Rdn. 35, der ein „Spezialitätsverhältnis“ annimmt, wenn es um den Schutz des Bestands des Wettbewerbs geht.

1414 Mayer-Maly/ Armbrüster, MünchKomm., BGB, § 138 BGB Rdn. 155.

Dennoch sind auch Übereinstimmungen in den jeweiligen Prüfungen festzustellen[1415]. Aufgrund des europäischen Konzepts der Nebenabreden, das auch im Bereich des § 1 GWB zur Anwendung gelangt[1416], wird zunächst auf die Funktionsnotwendigkeit eines Wettbewerbverbots für die Durchführung der Unternehmenstransaktion abgestellt, bevor in einem zweiten Schritt die sachliche, zeitliche und örtliche Erforderlichkeit dafür untersucht wird, wobei dann auch abwägende wirtschaftliche Gesichtspunkte, wie die Marktauswirkung, Berücksichtigung finden können[1417]. Für die Beurteilung nach § 138 BGB wird zunächst auf das Konsolidierungsinteresse des Erwerbers abgestellt[1418], bevor geprüft wird, ob das dafür notwendige Wettbewerbsverbot in seinem zeitlichen, sachlichen und örtlichen Umfang den Veräußerer nicht zu stark in seiner wirtschaftlichen Dispositionsfreiheit und der Möglichkeit seiner weiteren beruflichen Betätigung einschränkt. Insofern ist zwar der Ausgangspunkt ähnlich, da auch dem Konsolidierungsinteresse des Erwerbers der Gedanke der erfolgreichen Durchführung der Unternehmenstransaktion zugrunde liegt, denn erhält der Erwerber von Beginn an nicht die Chance, sich mit dem erworbenen Unternehmen auf dem Markt etablieren zu können, ist die Durchführung des Kaufvertrags aus seiner Sicht gescheitert. Die Bestimmung der Notwendigkeit des Wettbewerbverbots hinsichtlich seines zeitlichen, sachlichen und örtlichen Umfangs knüpft jedoch an den unterschiedlichen Schutzzwecken der beiden Normen an, so dass ein Wettbewerbsverbot im Einzelfall zwar als nicht sittenwidrig anzusehen ist, da dem Veräußerer eine berufliche Betätigung weiterhin möglich ist, wenn auch in einem anderen Bereich, er jedoch aufgrund des Verbots im relevanten Markt nicht als Konkurrent des Erwerbers auftreten und dieser seine marktführende Position weiter zu einem Monopol ausbauen kann und folglich das Wettbewerbsverbot als nicht mehr erforderlich in seinem Umfang nach § 1 GWB zu betrachten ist[1419]. Insofern bestimmt sich der zulässige Umfang eines Wettbewerbsverbots in engem Zusammenhang mit dem von der Norm tangierten Schutzgut, hier zum einen dem Wettbewerb und zum anderen der Vertragsfreiheit. Dabei ist davon auszugehen, dass die Schranken der Zulässigkeit von Wettbewerbsverboten im Rahmen des § 1 GWB enger zu ziehen sind als bei § 138 BGB, da eine Wettbewerbsbeeinträchtigung früher eintritt als die Überschreitung der Grenze der Sittenwidrigkeit, da etwa zeitlich unbegrenzte Wettbewerbsverbote den Wettbewerb grundsätzlich beeinträchtigen, jedoch nicht in jedem Fall als sittenwidrig zu betrachten sind[1420]. Von Sei-

---

[1415] Sack, in: Staudinger, BGB, § 138 BGB Rdn. 304; Traub, WRP 1994, 714 (714).

[1416] Ausführlich dazu, siehe oben, 3. Teil D. IV. 3.

[1417] Ausführlich zur Prüfung anhand des Konzepts der Nebenabreden, siehe oben, 3. Teil D. IV. 2.

[1418] Renner, DB 2002, 1143 (1145).

[1419] Eine ähnliche Bewertung liegt vor in dem Fall, OLG Hamburg, Beschluss vom 11.9.1986, WRP 1987, 258 (258, 259).

[1420] BGH, Urteil vom 14.1.1997, WuW/ E BGH 3115 (3119) – Druckgussteile; BGH, Urteil vom 9.11.1973, WuW/ E BGH 1317 (1319) – Müllabfuhr (zeitliches unbeschränktes, jedoch sachlich und örtlich eng begrenztes Wettbewerbsverbot); BGH, Urteil vom 3.11.1981, NJW 1982, 2000 (2001) (Kopplung des Wettbewerbsverbots an die vollständige Zahlung des Gesamtkaufpreises nach 10 Jahten des BGH ist bei einem zehnjährigen Wettbewerbsverbot ein Verstoß gegen § 138 BGB mit der Begründung abgelehnt worden, der 64-jährige Veräußerer, der sich zur Ruhe setzen wollte, sei tatsächlich nur noch für ein Jahr als Konkurrent beschränkt, da er nach Ablauf dieses Jahres ohnehin keine Wettbewerbstätigkeit mehr anstrebe[1421]. Hingegen verstoße das Verbot gegen § 1 GWB, da sich die Kundenbeziehungen zum ehemaligen Veräußerer bereits wesentlich früher als einem Zehnjahreszeitraum verflüchtigten und der Erwerber daher gegen die Eröffnung eines Konkurrenzunternehmens nicht für zehn Jahre zu schützen sei, da er bereits wesentlich früher keine Einbußen mehr zu befürchten habe[1422].

III. Zwischenergebnis zur Behandlung von Wettbewerbsverboten nach § 138 BGB

Wettbewerbsverbote können nicht nur unzulässig sein wegen Verstoßes gegen die Norm des § 1 GWB, sondern können auch als sittenwidrig und damit nichtig nach § 138 BGB zu beurteilen sein, da beide Vorschriften grundsätzlich nebeneinander anwendbar sind[1423]. In der Vergangenheit ist § 138 BGB häufig dann geprüft worden, wenn die Anwendbarkeit des § 1 GWB nicht möglich war, da die Tatbestandsvoraussetzungen, insbesondere der „gemeinsame Zweck", nicht erfüllt gewesen sind. Dahin gehend hat sich der Anwendungsbereich des § 1 GWB erweitert, da nunmehr alle Vereinbarungen vertikaler und horizontaler Natur von der Norm erfasst werden und eine anschließende Prüfung anhand des § 138 BGB zumindest zur Lückenschließung nicht mehr notwendig ist. Was die einzelnen Prüfungskonzepte anbelangt, sind auch durchaus Gemeinsamkeiten festzustellen. So ist der Aspekt des Abstellens auf das Konsolidierungsinteresse des Erwerbers auch in der Voraussetzung der Funktionsnotwendigkeit eines Wettbewerbsverbots für die Durchführung einer Unternehmenstransaktion enthalten. Unterschiedlich ist jedoch das weitere Prüfungsvorgehen, da für die Bestimmung des zeitlichen, sachlichen und räumlichen Umfangs einer Norm an den verschiedenen Schutzzwecken der beiden Normen angeknüpft wird. Im Mittelpunkt der Prüfung steht zum einen der Schutz der Wettbewerbsfreiheit vor Beschränkungen, zum anderen der Schutz der Vertragsfreiheit vor sittenwidrigen Einschränkungen, so dass die Maßstäbe der Beurteilung von Beschränkungen im Rahmen des § 1 GWB nicht deckungsgleich auf die Prüfung des § 138 BGB übertragen werden können[1424]. Insofern kann das europäische Konzept der Nebenabreden, das innerhalb des § 1 GWB Anwendung finden sollte, nicht in die Prüfung des § 138 BGB übertragen werden. Ein weiterer grundsätzlicher Unterschied zwischen § 1 GWB und § 138 BGB liegt darin

---

ren – zwar keine Sittenwidrigkeit nach § 138 BGB angenommen, jedoch ein Verstoß gegen § 1 GWB, da zeitlich zu weitgehend und sachlich daher nicht erforderlich).

[1421] BGH, Urteil vom 3.11.1981, NJW 1982, 2000 (2001).

[1422] BGH, Urteil vom 3.11.1981, NJW 1982, 2000 (2001).

[1423] Sack, in: Staudinger, BGB, § 138 BGB Rdn. 169.

[1424] BGH, Urteil vom 19.10.1993, NJW 1994, 384 (386).

begründet, dass Wettbewerbsverbote als wettbewerbsbeschränkende Vereinbarungen immer einen Verstoß gegen § 1 GWB darstellen, wenn sie nicht ausnahmsweise aufgrund einer teleologischen Auslegung des Kartellverbots oder aufgrund des Erfüllens der Voraussetzungen des § 2 GWB als zulässig betrachtet werden. Anders verhält es sich bei § 138 BGB, der Wettbewerbsverbote als Ausfluss der Vertragsfreiheit grundsätzlich unberührt lässt und nur bei übermäßigem Umfang der Verbote, der als sittenwidrig zu bezeichnen ist, eingreift[1425]. Werden in einem Unternehmensveräußerungsvertrag Wettbewerbsverbote vereinbart, so können diese auf deutscher Ebene sowohl anhand des § 1 GWB als auch nach § 138 BGB beurteilt werden. Die wettbewerbsspezifische Vorschrift stellt der § 1 GWB dar. Mögliche negative Auswirkungen des Wettbewerbsverbots auf den Markt sind bei dieser Vorschrift zu berücksichtigen[1426]. Steht hingegen der Schutz des Vertragspartners vor einer sittenwidrigen Beschränkung im Vordergrund, so ist § 138 BGB die sachnähere Norm. Zu beachten ist dabei, dass § 138 BGB im gerichtlichen Verfahren von Amts wegen zu berücksichtigen ist, sobald sich sein Vorliegen aus den von den Parteien vorgebrachten Tatsachen ergibt[1427]. Von Seiten der zuständigen Kartellbehörde wird jedoch nur § 1 GWB geprüft, da Aufgabe des Bundeskartellamts die Ausführung des GWB ist[1428].
Grundsätzlich ist festzustellen, dass die Grenze der Zulässigkeit im Rahmen des § 1 GWB enger zu ziehen ist als bei § 138 BGB, da die Schwelle der Sittenwidrigkeit von Vereinbarungen im Rahmen der Privatautonomie höher angelegt ist als die Schranke des Schutzes des Wettbewerbs vor Beeinträchtigungen. Dies ist insbesondere dann der Fall, wenn sich wirtschaftlich gleich starke Partner gegenüber stehen, so dass § 138 BGB nur dann eingreift, wenn ein Vertragspartner in sittlich anstößiger Weise übermäßigen Beschränkungen unterworfen wird. Es können jedoch beide Vorschriften auf einen Sachverhalt parallel angewendet werden, dabei muss nur in der jeweiligen Prüfung das entsprechende Schutzgut berücksichtigt werden.

F. Ergebnis von Teil 3: Behandlung von Wettbewerbsverboten im deutschen Recht

Im vorangegangenen Teil der Arbeit wurde schwerpunktmäßig die Möglichkeit einer Übertragung des europäischen Konzepts der Nebenabreden in das deutsche Kartellrecht untersucht. Abschließend wurde festgestellt, dass hauptsächlich aus Gründen der Rechtsharmonisierung sowie der Rechtssicherheit für die Unternehmen das Konzept der Nebenabreden auch im deutschen Kartellrecht zur Beurteilung von Nebenabreden herangezogen werden sollte, mit der damit verbundenen Einführung eines Konzentrationsprivilegs in der deutschen Zusammenschlusskontrolle für Nebenabreden. Nicht möglich ist hingegen eine Übertragung des Konzepts der Nebenabreden in die Beurteilung von Wettbewerbsverboten nach § 138 BGB, aufgrund des gegenüber § 1 GWB

1425 Sack, in: Staudinger, BGB, § 138 BGB Rdn. 313; Heinze, NJW 1973, 492 (492).
1426 BGH, Urteil vom 14.1.1997, WuW/ E BGH 3115 (3119) – Druckgussteile.
1427 Mayer-Maly/ Armbrüster, BGB, § 138 BGB Rdn. 155.
1428 Klaue, in: Immenga/ Mestmäcker, GWB, § 51 GWB Rdn. 2.

unterschiedlichen Schutzzwecks der Vorschrift. Zwar ist § 138 BGB grundsätzlich neben § 1 GWB anwendbar[1429], jedoch sind die Grenzen der Zulässigkeit von Wettbewerbsverboten im Rahmen des § 1 GWB enger zu ziehen als bei § 138 BGB, da die Schwelle der Sittenwidrigkeit von Vereinbarungen im Rahmen der Privatautonomie höher angelegt ist als die Schranke des Schutzes des Wettbewerbs vor Beeinträchtigungen.

Aufgrund des Inkrafttretens der europäischen Fusionskontrollverordnung und der in Art. 21 Abs. 3 FKVO geregelten ausschließlichen Zuständigkeit der Kommission für Zusammenschlussvorhaben, die in den Anwendungsbereich der FKVO fallen, sowie dem in der neuen Kartelldurchführungsverordnung in Art. 3 Abs. 2 VO (EG) Nr. 1/2003 niedergelegten erweiterten Vorrang des Art. 81 EG gegenüber den nationalen Vorschriften ist der Anwendungsbereich des mitgliedstaatlichen Wettbewerbsrechts erheblich reduziert worden[1430]. Für alle Zusammenschlüsse mit gemeinschaftsweiter Bedeutung und die mit ihnen verbundenen Nebenabreden findet das mitgliedstaatliche Fusionskontrollrecht sowie die Vorschrift des Kartellverbots keine Anwendung mehr[1431]. Erreicht ein Zusammenschluss nicht die in Art. 1 FKVO geforderten Schwellenwerte oder liegt schon kein Zusammenschluss im Sinne von Art. 3 FKVO vor, so können bei bestimmten Konstellationen, so etwa bei einer Minderheitsbeteiligung gemäß § 37 Abs. 1 Nr. 3 lit. b) GWB, die nationalen Zusammenschlussvorschriften zur Anwendung gelangen sowie bei zwischenstaatlicher Wirkung parallel die Art. 81, 82 EG[1432]. Anhand des neuen Art. 3 Abs. 3 VO (EG) Nr. 1/2003 ist jedoch eine Ausnahmeregelung gegenüber dem erweiterten Vorrang des Gemeinschaftsrechts für die nationale Zusammenschlusskontrolle geschaffen worden. Danach besteht keine Verpflichtung zur parallelen Anwendung des europäischen Rechts, wenn die Vorschriften der deutschen Zusammenschlusskontrolle angewendet werden[1433]. Aufgrund des identischen Regelungsgehalts des neuen § 1 GWB mit Art. 81 Abs. 1 EG und der parallelen Anwendbarkeit der §§ 35 ff. GWB und des § 1 GWB im deutschen Kartellrecht[1434], liegt bezüglich der Anwendung von Art. 81 Abs. 1 EG auf einen Zusammenschlusssachverhalt die gleiche Abgrenzungsfrage vor wie hinsichtlich der Anwendungsfrage des § 1 GWB gegenüber den §§ 35 ff. GWB[1435]. Da eine Privilegierung von Nebenabreden in der deutschen Fusionskontrolle nicht erfolgt ist, beschränkt sich die Entschei-

[1429] Sack, in: Staudinger, BGB, § 138 BGB Rdn. 169.
[1430] Regierungsentwurf zur 7. GWB-Novelle, BT-Drucks. 15/3640, S. 21.
[1431] Ausführlich dazu, siehe oben, 3. Teil B.
[1432] Ausführlich zu den möglichen Fallkonstellationen, siehe oben, 3. Teil B. II. 1.
[1433] Regierungsentwurf zur 7. GWB-Novelle, BT-Drucks. 15/3640, S. 44, 47; Schütz, in: Gem.Ktr., Art. 3 VO (EG) Nr. 1/2003 Rdn. 22; Lampert/ Niejahr/ Kübler/ Weidenbach, EG- KartellVO, Art. 3 VO Rdn. 114 ff.
[1434] Es existiert kein Konzentrationsprivileg im deutschen Recht: BGH, Beschluss vom 1.10.1985, WuW/ E BGH 2169 – Mischwerke; Zimmer, in: Immenga/ Mestmäcker, GWB, § 1 GWB Rdn. 17; Bunte, in: Langen/ Bunte, Kartellrecht, Bd. 1, § 1 GWB Rdn. 108; Bechtold, GWB, § 1 GWB Rdn. 41; Schütz, in: Gem.Ktr., Einführung Zusammenschlusskontrolle, S. 30.
[1435] Ausführlich dazu, siehe oben, 3. Teil B. III.

dungspraxis der Gerichte auf die Beurteilung von Nebenabreden nach § 1 GWB. Auch im deutschen Recht ist jedoch erkannt worden, dass die Erfassung jedweder Wettbewerbsbeschränkung durch das Kartellverbot nicht der ratio des GWB entspricht. Daher sind sowohl von Seiten der Rechtsprechung als auch der kartellrechtlichen Literatur anhand der Immanenztheorie Möglichkeiten zur Einschränkung des Kartellverbots erarbeitet worden. Wie die Analyse der Auslegungsformel des BGH sowie der gedanklichen Ansätze der Immanenztheorie vor und nach der 7. GWB-Novelle gezeigt hat, sind sowohl die Grundsätze als auch die materiellen Kriterien mit den Voraussetzungen des Konzepts der Nebenabreden vergleichbar. Alle Ansätze versuchen zu einer Ausnahme von funktionsnotwendigen Vereinbarungen aus dem Anwendungsbereich des Kartellverbots zu gelangen. Auch wenn die Entscheidungen der deutschen Gerichte und die Ansätze der kartellrechtlichen Literatur noch von abwägenden Gesichtspunkten bezüglich der Wettbewerbsförderlichkeit von Vereinbarungen beziehungsweise der Berücksichtigung der Marktverhältnisse teilweise geprägt gewesen sind, so sollten nach der Veränderung des deutschen Kartellrechts anhand der 7. GWB-Novelle abwägende Gesichtspunkte generell in den Anwendungsbereich des § 2 GWB, parallel zu ihrer Behandlung nach Art. 81 Abs. 3 EG, verortet werden. Des Weiteren ist auch von Seiten des BGH in einer neueren Entscheidung ausdrücklich auf die Funktionsnotwendigkeit von begleitenden Absprachen abgestellt worden[1436]. Insofern steht auch bei der Beurteilung von Wettbewerbsverboten im deutschen Recht die Voraussetzung der Funktionsnotwendigkeit im Vordergrund neben der auch hier zu prüfenden sachlichen, zeitlichen und räumlichen Erforderlichkeit einer Nebenabrede. Insofern ist aus Gründen der Rechtsharmonisierung und der Rechtssicherheit für die beteiligten Unternehmen eine Übernahme des Konzepts der Nebenabreden anhand des ursprünglich vorgesehenen § 23 GWB vorgeschlagen worden. Auch nach Wegfall des § 23 GWB in der 7. GWB-Novelle wird jedoch eine Übernahme des Konzepts der Nebenabreden befürwortet. Damit verbunden wäre für den Bereich der deutschen Zusammenschlusskontrolle die Einführung eines Konzentrationsprivilegs, was im Hinblick auf eine stetig fortschreitende Angleichung des deutschen an das europäische Recht jedoch als zweckmäßig anzusehen ist, auch wenn die Bereiche der Vorschriften der Zusammenschlusskontrolle bisher noch nicht angeglichen worden sind[1437]. Die im Rahmen der FKVO und auch der Vorschrift des Art. 81 EG erörterte Problematik der Grenzen der Zulässigkeit von Nebenabreden bei von ihnen ausgehenden negativen Marktauswirkungen ist im deutschen Recht ebenso wie im Bereich des europäischen Primärrechts zu handhaben. Erfüllen zusätzliche Vereinbarungen im Bereich der Zusammenschlussvorschriften zwar die Nebenabredenkriterien, sind aber dennoch mit ihnen negative Marktstrukturauswirkungen verbunden, so kann der Zusammenschluss gemäß § 36 Abs. 1 GWB untersagt werden. Werden die Nebenabredenvoraussetzungen im

[1436] BGH, Beschluss vom 18.2.2003, WuW/ E DE- R 1119 (1123) – Verbundnetz II.

[1437] Regierungsentwurf zur 7. GWB-Novelle, BT-Drucks. 15/3640, S. 22; für eine Anpassung der deutschen Zusammenschlussvorschriften an die europäische Fusionskontrolle bereits im Zuge der 7. GWB-Novelle, Säcker, WuW 2004, 1038 (1039).

Rahmen des § 1 GWB geprüft und sind diese auch erfüllt, jedoch dennoch negative Marktstrukturauswirkungen mit den Abreden verbunden, so sollte diesen Vereinbarungen das Nebenabredenprivileg entzogen werden, mit der Folge der Anwendbarkeit des § 1 GWB[1438]. Im Anschluss ist zu prüfen, ob sie möglicherweise anhand des neuen § 2 GWB als erlaubt gelten.
Abschließend ist festzuhalten, dass mit der Übernahme des europäischen Konzepts der Nebenabreden in den Anwendungsbereich der deutschen Zusammenschlusskontrollvorschriften sowie des Kartellverbots ein Parallellauf zu der in der europäischen Fusionskontrolle als auch der im europäischen Primärrecht des Art. 81 EG stattfindenden Prüfung erfolgen würde, der mit Blick auf die zunehmende Rechtsharmonisierung im Bereich des Wettbewerbsrechts, zuletzt aufgrund der 7. GWB-Novelle, zu begrüßen wäre. Insbesondere aus der Sicht der Unternehmen würde eine Übernahme der Beurteilungsgrundsätze zu Nebenabreden aus dem europäischen Recht und der damit verbundenen Gleichbehandlung sowohl auf europäischer als auch deutscher Ebene einen gestiegenen Grad an Rechtssicherheit bedeuten für die sehr praxisrelevanten und wirtschaftlich äußerst wichtigen Nebenabreden.

Vierter Teil: Rechtsfolgen kartell-und zivilrechtlicher Unwirksamkeit

Nachdem nunmehr alle Normen, anhand derer eine kartellrechtliche oder zivilrechtliche Unwirksamkeit von Vereinbarungen im Rahmen eines Unternehmensveräußerungsvertrags eintreten kann, behandelt worden sind, ist des Weiteren danach zu fragen, wie sich die festgestellte Unzulässigkeit auswirkt, sprich welche Rechtsfolgen mit ihr einhergehen. Zu untersuchen ist, ob die verletzten Normen von einer Gesamtnichtigkeit der Vereinbarung oder nur von einer Teilnichtigkeit ausgehen. Des Weiteren wird die Frage aufgeworfen, inwiefern eine geltungserhaltende Reduktion möglich erscheint, insbesondere bei Vorhandensein einer salvatorischen Klausel im Vertrag. Diesbezüglich ist die neueste Rechtsprechungsänderung des BGH zu berücksichtigen. Abschließend sind die Fälle möglichen Rechtsmissbrauchs im Zusammenhang mit der Nichtigkeit von Teilabreden darzulegen.
Zu unterscheiden ist zunächst zwischen den Rechtsfolgen, die sich aufgrund eines Verstoßes gegen die Normen der FKVO und des Art. 81 Abs. 1 EG ergeben und denen, die durch einen Verstoß gegen § 1 GWB beziehungsweise § 138 BGB entstehen.

A. Nichtigkeit als Rechtsfolge

Im Rahmen der FKVO ist keine Nichtigkeit von Vereinbarungen angeordnet[1439]. Im Zuge eines Zusammenschlusses vereinbarte Abreden verlieren lediglich die ihnen gewährte Privilegierung der Mitgenehmigung im Rahmen des Zusammenschlussverfah-

---

[1438] Ausführlich dazu, siehe oben, 3. Teil D. IV. 3.

[1439] Gemäß Art. 2 Abs. 3 FKVO sind Zusammenschlüsse, die wirksamen Wettbewerb erheblich behindern für mit dem Gemeinsamen Markt unvereinbar zu erklären.

rens, wenn sie nicht die Kriterien der unmittelbaren Verbundenheit und Notwendigkeit erfüllen[1440]. Sie unterfallen dann, zwischenstaatliche Wirkung vorausgesetzt, als wettbewerbsbeschränkende Vereinbarungen dem Art. 81 Abs. 1 EG[1441]. Zwar wird auch im Rahmen der Prüfung des Art. 81 Abs. 1 EG das europäische Konzept der Nebenabreden angewendet, so dass grundsätzlich keine andere materielle Prüfung als im Rahmen der Fusionskontrollverordnung erfolgt[1442]. Erfüllen die Abreden schon im Bereich der FKVO nicht die Voraussetzung der Notwendigkeit, so ist auch im Rahmen des Art. 81 Abs. 1 EG kein anderes Ergebnis zu erwarten, außer die Voraussetzungen des Art. 81 Abs. 3 EG sind erfüllt und die Abrede wird als freigestellt betrachtet. Ebenso verhält es sich, wenn der Anwendungsbereich der FKVO nicht eröffnet ist[1443]. Sind die Voraussetzungen des Art. 81 Abs. 3 EG nicht erfüllt, so ist die Vereinbarung aufgrund des unmittelbar anwendbaren Art. 81 Abs. 2 EG nichtig[1444]. Die Nichtigkeit nach Art. 81 Abs. 2 EG erfasst jedoch immer nur die jeweils gegen das Kartellverbot verstoßenden Teile einer Vereinbarung[1445]. Die Frage der Gesamtnichtigkeit ist im EG- Vertrag nicht geregelt worden[1446]. Insofern liegt einerseits ein von der Kommission genehmigter und damit wirksamer Zusammenschluss vor, andererseits jedoch eine nichtige zusätzliche Vereinbarung, die ursprünglich eine Einheit mit dem Zusammenschluss dargestellt hat. Ob die Nichtigkeit der Teilvereinbarung Einfluss auf die restlichen gültigen Teile hat, richtet sich nach einschlägigem nationalen Zivilrecht, aufgrund deutschen Rechts nach der Vorschrift des § 139 BGB[1447].

Zur Nichtigkeit der Vereinbarungen, die gegen das Kartellverbot verstoßen, gelangt man auch im deutschen Wettbewerbsrecht. Wettbewerbsverbote, die gegen § 1 GWB verstoßen, sind zwar nach dem Wortlaut der Vorschrift zunächst nur verboten[1448]. Aufgrund der Tatsache, dass § 1 GWB insofern keine explizite zivilrechtliche Rechtsfolge enthält, ergibt sich diese aus den allgemeinen Regeln[1449]. Da § 1 GWB ein Verbot im Sinne des § 134 BGB darstellt, sind Vereinbarungen, die gegen § 1 GWB ver-

---

1440 Erwägungsgrund 21 zur FKVO, ABl. 2004 L 24/1 (3), vom 29.1.2004.

1441 So noch ausdrücklich in der alten Bekanntmachung der Kommission zu Einschränkungen, ABl. 2001 C 188/5 (6) Rdn. 6, vom 4.7.2001.

1442 Ausführlich dazu, siehe oben, 2. Teil C. V. 2.

1443 Sei es weil eine Minderheitsbeteiligung vorliegt, sei es weil die Schwellenwerte des Art. 1 FKVO nicht überschritten sind; ausführlich dazu, siehe oben, 2. Teil C. II.

1444 Baur/ Weyer, in: FK, Zivilrechtsfolgen Art. 81 EG Rdn. 82.

1445 EuGHE 1966, 281 (304), Rs. 56/65 – Société Technique Minière/ Maschinenbau Ulm; Schröter, in: Schröter/ Jakob/ Mederer, Europ. Wettbewerbsrecht, Art. 81 Abs. 2 EG Rdn. 239; Gleiss/ Hirsch, Komm. zum EG- Kartellrecht, Bd. 1, Art. 85 (2) EGV Rdn. 1711.

1446 Baur/ Weyer, in: FK, Zivilrechtsfolgen Art. 81 EG- Vertrag Rdn. 98.

1447 EuGHE 1966, 281 (304), Rs. 56/65 - Société technique minière/ Maschinenbau Ulm; Schröter, in: Schröter/ Jakob/ Mederer, Europ. Wettbewerbsrecht, Art. 81 Abs. 2 EG Rdn. 240; Gleiss/ Hirsch, Komm. zum EG- Kartellrecht, Bd. 1, Art. 85 (2) EGV Rdn. 1714; Lange, in: Lange, Hdb. zum deutschen und europäischen Kartellrecht, § 2 Rdn. 138.

1448 Zimmer, in: Immenga/ Mestmäcker, GWB, § 1 GWB Rdn. 319.

1449 Baur/ Weyer, in: FK, Zivilrechtsfolgen Art. 81 EG Rdn. 94, 96; Zimmer, in: Immenga/ Mestmäcker, GWB, § 1 GWB Rdn. 320; Hootz, in: Gem.Ktr., § 1 GWB Rdn. 186.

stoßen und nicht gemäß § 2 GWB freigestellt sind, dennoch ex tunc nichtig[1450]. Dabei bezieht sich auch hier die Nichtigkeit nur auf die Vereinbarungen, die die Voraussetzungen des § 1 GWB erfüllen und nicht auf die anderen kartellrechtlich zulässigen Bestimmungen[1451], deren weitere Beurteilung sich folglich anhand des § 139 BGB bestimmt[1452]. Begründet wird die Teilnichtigkeit von kartellrechtswidrigen Bestimmungen damit, dass sich der Zweck der Verbotsnorm in der Beseitigung der Beschränkung des Wettbewerbs erschöpfe[1453].
Wird hingegen ein Verstoß der Wettbewerbsverbote gegen § 138 BGB angenommen, so ist die Rechtsfolge grundsätzlich die Gesamtnichtigkeit des Rechtsgeschäfts. Entgegen dem insoweit eindeutigen Wortlaut des Gesetzes[1454] wird jedoch auch für § 138 BGB angenommen, dass es nur soweit nichtig ist, wie es gegen die guten Sitten verstößt, insbesondere dann, wenn nur eine einzelne Klausel als sittenwidrig zu betrachten ist beziehungsweise diese Abrede auf ein nicht mehr sittenwidriges Maß zurückgeführt werden kann[1455].
Ob die verbleibenden kartellrechtlich beziehungsweise zivilrechtlich nicht zu beanstandenden Teile gültig bleiben oder ob diese von der Nichtigkeit des einen Teils angesteckt werden, richtet sich demnach einheitlich nach der Vorschrift des § 139 BGB im nationalen deutschen Recht.

B. § 139 BGB Teilnichtigkeit

Anhand der Norm des § 139 BGB wird die Frage geregelt, ob die Teilnichtigkeit einer Bestimmung zu der Gesamtnichtigkeit des Vertrags führt[1456]. Danach erstreckt sich die teilweise Nichtigkeit auf den Gesamtvertrag, wenn nicht anzunehmen ist, dass er auch ohne den nichtigen Teil vorgenommen worden wäre, wozu der mutmaßliche Wille der Parteien zu erforschen ist[1457]. Geprüft wird, ob ein einheitliches, jedoch teilbares Geschäft vorliegt und ein hypothetischer Parteiwillen dahin gehend anzunehmen ist, dass das Rechtsgeschäft auch ohne den nichtigen Teil abgeschlossen worden wäre[1458]. Ein einheitliches Geschäft ist zumindest immer dann anzunehmen, wenn mehrere Bestim-

---

[1450] Regierungsentwurf zur 7. GWB-Novelle, BT-Drucks. 15/3640, S. 44.
[1451] Bunte, in: Langen/ Bunte, Kartellrecht, Bd. 1, § 1 GWB Rdn. 129; Zimmer, in: Immenga/ Mestmäcker, GWB, § 1 GWB Rdn. 328; Hootz, in: Gem.Ktr., § 1 GWB Rdn. 187.
[1452] Hootz, in: Gem.Ktr., § 1 GWB Rdn. 187; Topel, in: Wiedemann, Hdb. des Kartellrechts, § 50 Rdn. 7.
[1453] Topel, in: Wiedemann, Hdb. des Kartellrechts, § 50 Rdn. 7, die darauf hinweist, dass das GWB a.F. die Unwirksamkeit nur „soweit" angeordnet hat, wie ein Verstoß vorlag.
[1454] Zu den verschiedenen dogmatischen Begründungen einer Restriktion der Rechtsfolge des § 138 BGB, siehe, Sack, in: Staudinger, BGB, § 138 BGB Rdn. 94 ff.
[1455] Mayer-Maly/ Armbrüster, in: MünchKomm., § 138 BGB Rdn. 158 ff.; Sack, in: Staudinger, BGB, § 138 BGB Rdn. 93; Roth, JZ 1989, 411 ff.
[1456] Bunte, in: Langen/ Bunte, Kartellrecht, Bd. 1, § 1 GWB Rdn. 130; Zimmer, in: Immenga/ Mestmäcker, GWB, § 1 GWB Rdn. 329.
[1457] Bunte, in: Langen/ Bunte, Kartellrecht, Bd. 1, § 1 GWB Rdn. 130.
[1458] Hefermehl, in: Soergel, BGB, § 139 BGB Rdn. 1.

mungen in einem Vertrag zusammengefasst worden sind[1459], was bei Wettbewerbsverboten zu Unternehmenskaufverträgen der Fall ist, da die Verbotsabrede als Klausel dem Kaufvertrag beigefügt wird. Weiterhin ist die Annahme, dass ein Vertrag von den Parteien auch ohne nichtigen Teil vorgenommen worden wäre, nur dann möglich, wenn eine Abtrennung des nichtigen Teils nicht die Unselbständigkeit des Restvertrags nach sich zieht. Das Restgeschäft muss auch ohne den nichtigen Teil selbständig fortbestehen können[1460]. Ist der Vertrag unteilbar, so wenn die nichtige wettbewerbsbeschränkende Vereinbarung in so engem rechtlichen oder wirtschaftlichen Zusammenhang mit der Hauptvereinbarung steht, dass der Hauptzweck des Vertrags ohne die wettbewerbswidrige Bestimmung nicht mehr eintreten kann, so führt die Teilnichtigkeit grundsätzlich zur Gesamtnichtigkeit[1461]. Unteilbarkeit wird insbesondere dann anzunehmen sein, wenn die wettbewerbsbeschränkende Vereinbarung den eigentlichen Kern des Hauptgeschäfts ausmacht[1462]. Ist jedoch die nichtige Abrede von dem übrigen Vertragsinhalt abtrennbar, so bleibt der Vertrag ohne diese Abrede wirksam, wenn ein diesbezüglicher hypothetischer Parteiwillen anzunehmen ist[1463]. Abzustellen ist jeweils auf den mutmaßlichen Willen der Parteien, so dass von der Restgültigkeit des Vertrags dann ausgegangen werden kann, wenn das Rechtsgeschäft im Übrigen trotz Teilnichtigkeit abgeschlossen worden wäre[1464]. Ein dahingehender Wille ist speziell dann anzunehmen, wenn es sich bei dem nichtigen Teil um einen unwichtigeren Teil des Vertrags handelt, so etwa bei Nebenabreden in einem gegenseitigen Vertrag, denen keine echte Gegenleistung gegenübersteht[1465]. In einem gegenseitigen Vertrag ist das Interesse der Parteien auf ein gleichwertiges Verhältnis von Leistung und Gegenleistung gerichtet. Bei der Ermittlung des hypothetischen Willens der Parteien ist in einem solchen daher danach zu fragen, ob das Äquivalenzverhältnis zwischen Leistung und Gegenleistung durch den Wegfall der nichtigen Bestimmung in einem Maße gestört wird, dass der Restvertrag von den Parteien nicht als selbständiger Vertrag geschlossen worden wäre. Wirkt sich der Wegfall des nichtigen Teils jedoch für beide Parteien gleich aus, so bleibt das Vertragsgleichgewicht meist bestehen[1466].
Die Fälle der Unternehmensveräußerungsverträge sind dadurch gekennzeichnet, dass auf der einen Seite eine rechtliche Trennung des Wettbewerbsverbots von der Hauptvereinbarung meist unproblematisch möglich ist, da der Unternehmensveräußerungsvertrag alle wesentlichen Vertragsbestandteile enthält und grundsätzlich auch ohne ein

[1459] Hefermehl, in: Soergel, BGB, § 139 BGB Rdn. 16.
[1460] Hefermehl, in: Soergel, BGB, § 139 BGB Rdn. 23.
[1461] Zimmer, in: Immenga/ Mestmäcker, GWB, § 1 GWB Rdn. 329.
[1462] Bunte, in: Langen/ Bunte, Kartellrecht, Bd. 1, § 1 GWB Rdn. 131.
[1463] BGH, Urteil vom 8.2.1994, WuW/ E BGH 2909 (2913) – Pronuptia II; Nassall, BB 1988, 1264 (1265).
[1464] Hefermehl, in: Soergel, BGB, § 139 BGB Rdn. 34; Heinrichs, in: Palandt, BGB, § 139 BGB Rdn. 14.
[1465] Hefermehl, in: Soergel, BGB, § 139 BGB Rdn. 37.
[1466] Hefermehl, in: Soergel, BGB, § 139 BGB Rdn. 40.

Wettbewerbsverbot durchgeführt werden kann[1467]. Bei der Anwendung des europäischen Konzepts der Nebenabreden in der FKVO soll durch das Kriterium der „unmittelbaren Verbundenheit" gewährleistet werden, dass nur solche Vereinbarungen als Nebenabreden betrachtet werden, die gerade nicht den Kern des Zusammenschlusses bilden, sondern nur zusätzlich vereinbart worden sind, jedoch trotzdem eine enge Verbindung dazu aufweisen[1468]. Bei der Übertragung des Konzepts in den Art. 81 EG sowie den § 1 GWB ist der Aspekt der unmittelbaren Verbundenheit nicht explizit aufgegriffen worden, da grundsätzlich im Bereich des Art. 81 EG und des § 1 GWB alle Vereinbarungen als gleichwertig betrachtet und nur bei Erfüllen der Nebenabredenkriterien von einer Anwendung der Kartellverbote ausgenommen und insofern privilegiert werden[1469]. Diese Betrachtungsweise spricht zusätzlich dafür, dass bei Wettbewerbsverboten eine rechtliche Abtrennbarkeit und damit eine Teilbarkeit im Sinne des § 139 BGB regelmäßig unproblematisch möglich ist[1470]. Anders zu beurteilen ist jedoch die wirtschaftliche Trennungsmöglichkeit, da bei Wegfall des Wettbewerbsverbots der Vertrag sein ökonomisches zwischen den Parteien ausgehandeltes Gleichgewicht verliert, die erfolgreiche Durchführung des Vertrags nicht mehr gewährleistet ist[1471], und der Vertrag nicht mehr dem Rechtsgeschäft entspricht, das die Parteien abschließen wollten[1472]. Die Vereinbarung eines Wettbewerbsverbots soll gerade die für beide Parteien ausgewogene Durchführung des wirtschaftlich bedeutsamen Vertrags ermöglichen[1473]. Denkbar sind Fälle, in denen der Käufer unter anderem einen höheren Kaufpreis bereit ist zu zahlen, um ein umfassenderes Wettbewerbsverbot von Seiten des Verkäufers zu erlangen[1474]. Exemplarisch dafür sind die Fälle des Abkaufs von Wettbewerb, in denen der Kaufpreis nur für die Erlangung des Know-how gezahlt wird und der Verkäufer sich vollständig aus dem Wettbewerb zurückzieht[1475].

Der daneben zu ermittelnde hypothetische Wille der Parteien eines Unternehmensveräußerungsvertrags ist daher grundsätzlich nicht auf einen Abschluss des Vertrags auch ohne das nichtige Wettbewerbsverbot gerichtet, so dass grundsätzlich bei der Nichtigkeit der Teilabrede auch von einer Nichtigkeit des Gesamtvertrags auszugehen wäre[1476]. Dieses Ergebnis ist insofern problematisch, als Streit bezüglich der Nichtigkeit einer Vertragsklausel meist erst nach bereits erfolgter Durchführung des Vertrags ausbricht, so dass eine Rückabwicklung des bereits vollständig oder zumindest teilweise

---

[1467] Topel, in: Wiedemann, Hdb. des Kartellrechts, § 50 Rdn. 8; Lammel, AcP 189 (1989), 244 (260).
[1468] Kommission, ABl. 2005 C 56/24 (26) Rdn. 12, vom 5.3.2005 – Bekanntmachung über Einschränkungen.
[1469] Ausführlich dazu, siehe oben, 2. Teil C. V. 2. c), 3. Teil D. IV. 2.
[1470] Lammel, AcP 189 (1989), 244 (260).
[1471] Seifert, in: FS für Lieberknecht, 1997, 583 (596).
[1472] Melullis, WRP 1994, 686 (692).
[1473] Topel, in: Wiedemann, Hdb. des Kartellrechts, § 50 Rdn. 15; Wessing, ZGR 1982, 455 (458).
[1474] Weimar, DB 2001, 1477 (1480); Hefermehl, in: Soergel, BGB, § 138 BGB Rdn. 166.
[1475] Köhler, ZHR 148 (1984), 487 ff.
[1476] Topel, in: Wiedemann, Hdb. des Kartellrechts, § 50 Rdn. 15; Hefermehl, in: Soergel, BGB, § 138 BGB Rdn. 166, mit Verweis auf, OLG Celle, Urteil vom 18.12.1958, NJW 1959, 1971 (1972, 1973).

erfolgten Leistungsaustauschs mit insbesondere wirtschaftlichen Schwierigkeiten für die Vertragsparteien verbunden ist, etwa aufgrund bereits getätigter aufwendiger Investitionen oder bereits erfolgtem Zusammenschluss, dessen Entflechtung wirtschaftlich häufig unmöglich ist[1477]. Daher wäre eine mögliche Erhaltung der Klauseln in einem noch zulässigen Maß, im Sinne einer geltungserhaltenden Reduktion, aus wirtschaftlicher Perspektive eine für die Parteien sinnvolle Lösung.

C. Quantitative Teilbarkeit anhand des § 139 BGB

Hinsichtlich der Problematik nichtiger Einzelbestimmungen im Rahmen einer Gesamtvereinbarung wird die Möglichkeit einer quantitativen Teilbarkeit erörtert, da in diesen Fällen die geltungserhaltende Reduzierung der nichtigen Regelung auf ein zulässiges Maß zumeist dem hypothetischen Parteiwillen entspricht[1478]. Insbesondere in den Fällen übermäßiger Wettbewerbsverbote zu Unternehmensveräußerungsverträgen stellt eine Reduzierung der zu weitgehenden Klausel, wie oben festgestellt, ein von den Parteien gewolltes Ergebnis dar[1479]. Der Wortlaut des § 139 BGB erfasst jedoch nur den Fall, dass aufgrund der Nichtigkeit eines Teils das gesamte Rechtsgeschäft nichtig ist, beziehungsweise bei Abtrennbarkeit des nichtigen Teils das Restgeschäft gültig bleibt, wenn dies dem mutmaßlichen Parteiwillen entspricht. Dennoch wird, ausgehend von Sinn und Zweck der Vorschrift her, auch eine analoge Anwendung auf den nicht geregelten Fall befürwortet, dass anstelle der Nichtigkeit des Rechtsgeschäfts die nichtige Klausel auf ein zulässiges Maß zu reduzieren ist, da § 139 BGB verhindern möchte, dass den Parteien anstelle des gesamten Rechtsgeschäfts ein von ihnen nicht gewolltes Restgeschäft aufgezwungen wird[1480].

I. Geltungserhaltende Reduktion bei Verstößen gegen Art. 81 EG und § 1 GWB

Von Seiten des EuGH ist die Anwendung der geltungserhaltenden Reduktion bei Verstößen gegen Art. 81 Abs. 1 EG bisher nicht explizit entschieden worden[1481]. Dennoch ist von Seiten der Kommission und auch des EuGH in ihren Entscheidungen die Nich-

[1477] Topel, in: Wiedemann, Hdb. des Kartellrechts, § 50 Rdn. 15; Baur, in: FS für Vieregge, 1995, 31 (31).

[1478] Heinrichs, in: Palandt, BGB, § 139 BGB Rdn. 13, 14; Hefermehl, in: Soergel, BGB, § 139 BGB Rdn. 29; Sack, in: Staudinger, BGB, § 138 BGB Rdn. 109; K.Schmidt, in: Immenga/ Mestmäcker, EG- Wettbewerbsrecht, Bd. 1, Art. 85 Abs. 2 EGV Rdn. 52; Topel, in: Wiedemann, Hdb. des Kartellrechts, § 50 Rdn. 15.

[1479] Bunte, in: Langen/ Bunte, Kartellrecht, Bd. 1, § 1 GWB Rdn. 134; K. Schmidt, in: Immenga/ Mestmäcker, EG- Wettbewerbsrecht, Art. 85 Abs. 2 EGV Rdn. 52; für eine generelle Vornahme einer geltungserhaltenden Reduktion im Bereich kartellrechtlicher Absprachen, Schroeder, Nebenabreden in der Fusionskontrolle, S. 127; Hirte, ZHR 154 (1990), 443 (465).

[1480] Emmerich, JuS 2003, 497 (497); Hefermehl, in: Soergel, BGB, § 139 BGB Rdn. 29; K.Schmidt, in: Immenga/ Mestmäcker, EG- Wettbewerbsrecht, Bd. 1, Art. 85 Abs. 2 EGV Rdn. 52; Topel, in: Wiedemann, Hdb. des Kartellrechts, § 50 Rdn. 12; Lammel, AcP 189 (1989), 244 (260).

[1481] Baur/ Weyer, in: FK, Zivilrechtsfolgen Art. 81 EG Rdn. 126.

tigkeit immer nur auf die jeweils betroffenen Klauseln beschränkt worden, deren Umfang auf das noch zulässige Maß zurückgeführt worden ist[1482]. Die Kommission hat im Rahmen der FKVO als auch bei Prüfungen des Art. 81 Abs. 1 EG zeitlich und sachlich zu weitgehende Wettbewerbsverbote regelmäßig im noch zulässigen Umfang für wirksam erklärt[1483], teilweise auch bei sachlicher Übermäßigkeit[1484]. Bei der Prüfung der Vorschriften der FKVO beziehungsweise des Art. 81 EG durch die Kommission oder den EuGH wird dabei nicht die Vorschrift des § 139 BGB angewendet, jedoch vom Rechtsgedanken her die gleiche Prüfung vorgenommen[1485]. Festgestellt wird jeweils, dass soweit eine Klausel den Voraussetzungen der unmittelbaren Verbundenheit und Notwendigkeit entspricht, diese entweder durch die Zusammenschlussgenehmigung mit gedeckt wird[1486] oder kein Verstoß gegen Art. 81 Abs. 1 EG vorliegt[1487]. Zu beachten sind hier die in der Nebenabreden-Bekanntmachung der Kommission niedergelegten als zulässig betrachteten Eckwerte bezüglich des zeitlichen, sachlichen und örtlichen Umfangs einer Klausel. Zwar handelt es sich bei der Bekanntmachung nicht um verbindliches Recht, jedoch ist für die Kommission von einer Selbstbindung auszugehen, so dass die in der Bekanntmachung genannten zulässigen Werte nicht ohne Grund unterschritten werden dürfen[1488].

Für Verstöße gegen § 1 GWB wird in zahlreichen Entscheidungen ebenso von der Möglichkeit einer geltungserhaltenden Reduktion bei übermäßigen vertraglich vereinbarten Klauseln Gebrauch gemacht[1489] und auch von Seiten der Literatur wird eine

---

[1482] Emmerich, JuS 2003, 497 (497); einer der ersten Fälle einer geltungserhaltenden Reduktion im Bereich der FKVO ist Kommission, Entscheidung vom 4.2.1993, Tesco Ltd./Catteau SA, Fall Nr.IV/M.301, Rdn. 10 ff.; aus neuerer Zeit Kommission, Entscheidung vom 9.3.2001, Cargill/ Banks, Fall Nr. IV/ M.2330, Rdn. 30; Kommission, Entscheidung vom 4.2.1993, Tesco Ltd./ Catteau SA, Fall Nr. IV/M.301, Rdn. 12 ff.; im Bereich des Art. 81 EG, Kommission, ABl. 1984 L 212/1 (10) Rdn. 41 ff., vom 8.8.1984 – BPCL/ ICI; Kommission, ABl. 1983 L 376/22 (29), vom 31.12.1983 – Nutricia; EuGHE 1985, 2545 (2578) Rdn. 47, Rs. 42/84 – RemiaBV u.a./ Kommission.

[1483] Im Bereich der FKVO Kommission, Entscheidung vom 4.2.1993, Tesco Ltd./Catteau SA, Fall Nr.IV/M.301, Rdn. 10 ff.; aus neuerer Zeit Kommission, Entscheidung vom 9.3.2001, Cargill/ Banks, Fall Nr. IV/ M.2330, Rdn. 30; im Bereich des Art. 81 EG, Kommission, ABl. 1984 L 212/1 (10) Rdn. 41 ff., vom 8.8.1984 – BPCL/ ICI; Kommission, ABl. 1983 L 376/22 (29), vom 31.12.1983 – Nutricia.

[1484] Kommission, Entscheidung vom 4.2.1993, Tesco Ltd./ Catteau SA, Fall Nr. IV/M.301 Rdn. 14.

[1485] K.Schmidt, in: Immenga/ Mestmäcker, EG- Wettbewerbsrecht, Bd. 1, Art. 85 Abs. 2 EGV Rdn. 52.

[1486] Kommission, Entscheidung vom 20.3.2001, Goldman Sachs/ Messer Griesheim, Fall Nr. IV/ M.2227 Rdn. 11.

[1487] Kommission, ABl. 1999 L 90/6 (17) Rdn. 99, vom 2.4.1999 – TPS; Gleiss/ Hirsch, Komm. zum EG- Kartellrecht, Art. 85 (1) EGV Rdn. 614.

[1488] Pampel, EuZW 2005, 11 (12); Schweda, WuW 2004, 1133 (1135 ff.).

[1489] BGH, Urteil vom 14.1.1997, WuW/ E BGH 3115 (3118) – Druckgussteile; BGH, Urteil vom 5.6.1997, WuW/ E BGH 3137 (3138) – Sole; BGH, Urteil vom 3.11.1981, WuW/ E BGH 1898 (1900) – Holzpaneele; BGH, Urteil vom 29.5.1984, WuW/ E BGH 2090 (2095) – Stadler- Kessel; BGH, Urteil vom 29.10.1990, NJW 1991, 699 (700); BGH, Urteil vom 19.10.1993, NJW 1994, 384 (386) – ausscheidender Gesellschafter.

Reduktion auf das zulässige Maß zunehmend befürwortet[1490]. Im Hinblick auf § 1 GWB sind von Seiten der Rechtsprechung zeitlich und räumlich zu weit gehende Wettbewerbsverbote regelmäßig auf einen unbedenklichen Umfang reduziert worden[1491]. Den ergangenen Entscheidungen des BGH ist zu entnehmen, dass bei einem Verstoß eines Wettbewerbsverbots gegen § 1 GWB lediglich aufgrund seines zeitlich zu weitgehenden Umfangs, regelmäßig eine geltungserhaltende Reduktion auf das zulässige Maß vorgenommen wird, da der überschießende zeitliche Umfang eines Verbots eindeutig zu bestimmen und auf einen kürzeren Zeitraum zu reduzieren ist[1492]. Eine solche Reduktion ist auch bei räumlich zu weit gehenden Wettbewerbsverboten möglich, da auch hier das relevante geographische Gebiet, in dem die Unternehmen tätig sind, relativ unproblematisch zu definieren ist[1493]. Schwieriger ist diese Rückführung bei gegenständlich zu weit reichenden Abreden, da deren zulässiger Umfang nur anhand einer genauen Betrachtung der marktrelevanten Tätigkeiten der Unternehmen in ihrer spezifischen Branche und es häufig nur bei näherer Untersuchung möglich ist, die einzelnen Tätigkeitsbereiche zu differenzieren. Auf der anderen Seite ist im Rahmen des § 1 GWB bereits bei der Prüfung der Nebenabredenkriterien hinsichtlich der Erforderlichkeit ihres zeitlichen, sachlichen und räumlichen Umfangs eine Betrachtung des jeweiligen Marktes erfolgt, so dass darauf bei der Beurteilung der Reduzierung der zu weit gehenden Klauseln zurückgegriffen werden kann. Mithin ist eine Reduzierungsmöglichkeit für zeitlich als auch räumlich und gegenständlich zu weit gehende Klauseln im Bereich des § 1 GWB zu bejahen. Hinsichtlich des konkreten Umfangs, der als noch zulässig zu betrachten und auf den zu reduzieren ist, kann sich im Bereich des Art. 81 EG als auch des § 1 GWB an der Bekanntmachung der Kommission zu Nebenabreden orientiert werden, die auch im Bereich des § 1 GWB Anwendung findet[1494]. Dementsprechend ist die zeitliche Dauer eines Wettbewerbsverbots bei Übertragung materieller und immaterieller Vermögenswerte auf grundsätzlich drei Jahre zu reduzieren beziehungsweise bei der Übertragung von materiellen Werten und „Goodwill" auf nur zwei Jahre[1495]. In geographischer Hinsicht ist das Gebiet maßgeblich, in dem die relevanten Produkte oder Dienstleistungen erbracht werden und auch

---

[1490] Topel, in: Wiedemann, Hdb. des Kartellrechts, § 50 Rdn. 13; Baur/ Weyer, in: FK, Zivilrechtsfolgen Art. 81 EG Rdn. 126; Hirte, ZHR 154 (1990), 443 (459 ff.); Traub, WRP 1994, 802 ff.; Mellulis, WRP 1994, 686 (691); Nassall, BB 1988, 1264 (1268).

[1491] BGH, Urteil vom 19.10.1993, NJW 1994, 384 (386) – ausscheidender Gesellschafter; BGH, Urteil vom 14.1.1997, WuW/ E BGH 3115 (3120) – Druckgussteile; BGH, Urteil vom 3.11.1981, WuW/ E BGH 1898 (1900) – Holzpaneele; OLG Stuttgart, Urteil vom 30.11.1984, WuW/ E OLG 3492 (3493) – Tanzschule; Hefermehl, in: Soergel, BGB, § 139 BGB Rdn. 29.

[1492] Hirte, ZHR 154 (1990), 443 (460); Heinrichs, in: Palandt, BGB, § 138 BGB Rdn. 104; Weimar, DB 2001, 1477 (1479); Renner, DB 2002, 1143 (1147).

[1493] Hirte, ZHR 154 (1990), 443 (460); Topel, in: Wiedemann, Hdb. des Kartellrechts, § 50 Rdn. 16.

[1494] Ausführlich dazu, siehe oben, 3. Teil D. IV. 1.

[1495] Kommission, ABl. 2005 C 56/24 (27) Rdn. 20, vom 5.3.2005 – Bekanntmachung über Einschränkungen.

bereits vor Verkauf erbracht worden sind[1496]. Gegenständlich sind die Produkte und Dienstleistungen zulässig, die auch bereits bisher erzeugt, vertrieben oder erbracht worden sind[1497].

II. Geltungserhaltende Reduktion bei Verstoß gegen § 138 BGB

Gegenüber einer möglichen geltungserhaltenden Reduktion sittenwidriger Vertragsbestimmungen hat die Rechtsprechung mit Zurückhaltung reagiert[1498]. Eine Reduzierung auf das noch zulässige Maß ist in der Vergangenheit mehrheitlich als nicht möglich betrachtet worden, da durch eine solche Vorgehensweise die rechtliche Missbilligung der sittenwidrigen Verhaltensweise durch richterliches Urteil umgangen werde und die Abschreckungswirkung verloren gehe[1499]. Zudem könne es nicht Aufgabe der Gerichte sein, eine sittenwidrige Vereinbarung auf den sittengemäßen Umfang zurückzuführen[1500]. Dennoch hat die Rechtsprechung, ausgehend von den langjährigen Bierlieferungsverträgen, Ausnahmen von diesem Grundsatz zugelassen, allerdings zunächst begrenzt auf zeitlich zu weitgehende Klauseln[1501]. Mittlerweile ist die Rechtsprechung jedoch über diese Fallgruppe hinaus gegangen und hat eine geltungserhaltende Reduktion auch im Bereich übermäßiger Wettbewerbsverbote in Unternehmensveräußerungsverträgen angewandt[1502]. Dennoch ist bei einem Verstoß gegen § 138 BGB nur ausnahmsweise von einer Restgültigkeit auszugehen[1503]. Anerkannt wurde eine Reduzierung bei lediglich zeitlich zu weitgehendem Verbot[1504]. Zum Teil wurde auch eine Reduktion bei Verstoß gegen die örtlichen Grenzen angenommen[1505]. Ein unbefristetes und örtlich unbegrenztes Verbot ist jedoch vom BGH als sittenwidrig betrachtet worden[1506]. Hinsichtlich des sachlich zu weit gehenden Umfangs ist regelmäßig von der Sittenwidrigkeit auszugehen[1507], ebenso wenn eine Vereinbarung sowohl in zeitlicher,

---

[1496] Kommission, ABl. 2005 C 56/24 (27) Rdn. 22, vom 5.3.2005 – Bekanntmachung über Einschränkungen; von Jeinsen, DB 1981, 1707 (1711).

[1497] Kommission, ABl. 2005 C 56/24 (28) Rdn. 23, vom 5.3.2005 – Bekanntmachung über Einschränkungen; von Jeinsen, DB 1981, 1707 (1712).

[1498] BGH Z 68, 204 (207); Melullis, WRP 1994, 686 (691); Nasall, BB 1988, 1264 (1266).

[1499] Sack, in: Staudinger, BGB, § 138 BGB Rdn. 109 mit Verweis auf zahlreiche weitere Rechtsprechung; Hirte, ZHR 154 (1990), 443 (459).

[1500] BGH Z 107, 351 (358); Nasall, BB 1988, 1264 (1267).

[1501] BGH Z 68, 204 (207); BGH Z 74, 293 (298 ff.); BGH, Urteil vom 14.7.1997, NJW 1997, 3089 (3089); BGH, Urteil vom 21.3.1990, NJW- RR 1990, 816 (816); BGH, Urteil vom 8.4.1992, NJW 1992, 2145 (2146).

[1502] Sack, in: Staudinger, BGB, § 138 BGB Rdn. 109; Mayer-Maly/ Armbrüster, in: MünchKomm., § 138 BGB Rdn. 160, 161.

[1503] Mayer-Maly/ Armbrüster, in: MünchKomm., § 138 BGB Rdn. 161.

[1504] BGH, Urteil vom 14.7.1997, NJW 1997, 3089 (3090); BGH, Urteil vom 29.1.1996, NJW- RR 1996, 741 (742); BGH, Urteil vom 29.10.1990, NJW 1991, 699 (700).

[1505] OLG Hamburg, Urteil vom 11.9.1986, WRP 1987, 258 (259); befürwortend auch, Hirte, ZHR 154 (1990), 443 (460); Melullis, WRP 1994, 686 (691 ff.).

[1506] BGH, Urteil vom 15.3.1989, NJW- RR 1989, 800 (801).

[1507] BGH, Urteil vom 14.7.1997, NJW 1997, 3089 (3090) - Tierarztpraxis.

örtlicher und sachlicher Hinsicht zu weitgehend ist[1508]. Während bei zeitlich zu weit gehenden Klauseln diese unproblematisch in einzelne Zeitabschnitte zu zerlegen seien, könne dies bei örtlich und sachlich zu weit gehenden Klauseln nicht erfolgen, so dass das Gericht gezwungen sei, auf den Inhalt des Rechtsgeschäfts rechtsgestaltend einzuwirken, was jedoch den gerichtlichen Gestaltungsspielraum überschreite[1509].
Da im Rahmen des § 138 BGB übermäßige Klauseln unter Beachtung des Schutzzwecks der Vorschrift auf ein angemessenes Maß reduziert werden, wobei gerade nicht die Beeinträchtigung des freien Wettbewerbs, sondern die Beschränkung des Vertragspartners in sittenwidrig anstößiger Weise die Nichtigkeit nach sich zieht[1510], können insofern aufgrund der unterschiedlichen Schutzzwecke der Vorschriften des § 1 GWB und des § 138 BGB differenzierte Ergebnisse erreicht werden[1511].

D. Salvatorische Klauseln

Die Wirksamkeit des Wettbewerbsverbots ist insbesondere im Rahmen von Unternehmensveräußerungsverträgen für das wirtschaftliche Gleichgewicht des Vertrags von immenser Bedeutung und die Sorge vor einer möglichen bereicherungsrechtlichen Rückabwicklung des Vertrags ist groß[1512]. Insofern werden regelmäßig salvatorische Klauseln in den Vertrag aufgenommen[1513], um diesen vor einer möglichen Gesamtnichtigkeit nach § 139 BGB zu bewahren[1514]. Salvatorische Klauseln können auch für die Rückführung eines vereinbarten Wettbewerbsverbots aufgenommen werden[1515].
Nach bisheriger Rechtsprechung hat die Vereinbarung einer salvatorischen Klausel die Anwendung des § 139 BGB als dispositives Recht abbedungen, bei entsprechender Regelung der Parteien im Vertrag[1516]. In diesen Fällen konnte ein Vertrag, der nichtige Abreden enthielt, nicht wegen Änderung der wirtschaftlichen Vertragsgrundlagen aufgrund des Wegfalls dieser Abreden und aufgrund der Möglichkeit, dass die Parteien den Vertrag ohne diese Abreden nicht geschlossen hätten, als gesamtnichtig betrachtet werden[1517]. Auf die Ermittlung des hypothetischen Willens der Parteien kam es nicht

---

1508 BGH, Urteil vom 14.7.1997, NJW 1997, 3089 (3090) – Tierarztpraxis.
1509 BGH, Urteil vom 14.7.1997, NJW 1997, 3089 (3090) – Tierarztpraxis.
1510 Sack, in: Staudinger, BGB, § 138 BGB Rdn. 138.
1511 Melullis, WRP 1994, 686 (693).
1512 Bei Nichtigkeit des gesamten Vertrags ist der Kaufpreis ohne rechtlichen Grund im Sinne von §§ 812 ff. BGB geleistet worden, BGH, Urteil vom 15.3.1989, NJW- RR 1989, 800 (801).
1513 Weimar, DB 2001, 1477 (1480); Renner, DB 2002, 1143 (1146, 1147); Traub, WRP 1994, 714 (718).
1514 Ausführlich dazu, Baur, in: FS für Vieregge, 1995, 31 ff.
1515 BGH, Urteil vom 15.3.1989, WuW/ E BGH 2593 (2596) – Gebäudereinigung.
1516 BGH, Urteil vom 8.2.1994, WuW/ E BGH 2909 (2913) = NJW 1994, 1651 (1653) – Pronuptia II; BGH, Urteil vom 11.10.1995, NJW 1996, 773 (774); Bechtold, Kartellgesetz, § 1 GWB Rdn. 61; Hefermehl, in: Soergel, BGB, § 139 BGB Rdn. 2; Schröter, in: Schröter/ Jakob/ Mederer, Europ. Wettbewerbsrecht, Art. 81 Abs. 2 EG Rdn. 240.
1517 Bunte, in: Langen/ Bunte, Kartellrecht, Bd. 1, § 1 GWB Rdn. 132; Topel, in: Wiedemann, Hdb. des Kartellrechts, § 50 Rdn. 18.

mehr an[1518]. Insofern bestand der Zweck von salvatorischen Klauseln in der Bewahrung des Kernvertrags vor einer Gesamtnichtigkeit wegen der möglichen Nichtigkeit einzelner zusätzlicher Vereinbarungen und stellte so eine Maßnahme der Risikominimierung dar[1519]. Regelmäßig bestehen salvatorische Klauseln aus zwei Teilen, zum einen der Restgültigkeitsklausel, zum anderen der Ersetzungsklausel[1520]. Durch die Restgültigkeitsklausel vereinbaren die Parteien, dass der Vertrag auch bei Ungültigkeit einer Bestimmung im Übrigen wirksam bleibt[1521]. Durch die Ersetzungsklausel verpflichten sie sich, die unwirksame Klausel durch eine wirksame zu ersetzen[1522]. Ausnahmsweise ist eine Gesamtnichtigkeit des Vertrags trotz salvatorischer Klausel anzunehmen, wenn die teilweise Aufrechterhaltung des Vertrags dem Schutzzweck des Gesetzes, gegen das die Klausel verstößt, widerspricht, so etwa dem Sittenwidrigkeitstatbestand des § 138 BGB[1523].

Die Vorgehensweise der Rechtsprechung hinsichtlich der Abbedingung des § 139 BGB durch salvatorische Klauseln begegnete wiederholter Kritik, die sich daran entzündete, dass diese Behandlung der salvatorischen Klauseln die Aufnahme von wettbewerbsbeschränkenden Klauseln in einen Vertrag für die Parteien risikolos mache, da bei Unwirksamkeit lediglich der Wegfall der Klausel zu befürchten sei, jedoch keine Gesamtnichtigkeit des Vertrags[1524]. In einer neuen Entscheidung aus dem Jahr 2004 hat der BGH seine Rechtsprechung zu salvatorischen Klauseln geändert und hervorgehoben, dass er an der alten Rechtsprechung, die er noch zuvor in dem Fall „*Pronuptia II*“ verfolgt hat, nicht mehr festhalte[1525]. Danach entbinde eine salvatorische Klausel nicht mehr von der Prüfung nach § 139 BGB, sondern sie entfalte nur Gültigkeit für die von § 139 BGB abweichende Verteilung der Darlegungs- und Beweislast[1526]. Enthalte ein Vertrag keine salvatorische Klausel, so obliege die Darlegungs- und Beweislast, wie auch bisher, der Partei, die das teilnichtige Rechtsgeschäft aufrechterhalten möchte, da grundsätzlich nach § 139 BGB bei Nichtigkeit einer Teilabrede von der Gesamtnichtigkeit des Vertrags auszugehen sei[1527]. Wird jedoch eine solche Klausel in

---

[1518] BGH, Urteil vom 8.2.1994, NJW 1994, 1651 (1653) – Pronuptia II.

[1519] Baur, in: FS für Vieregge, 1995, 31 (32); Mayer-Maly/ Busche, MünchKomm., BGB, § 139 BGB Rdn. 5; Bunte, GRUR 2004, 301 (301); Spoerr/ Brinker/ Diller, NJW 1997, 3056 (3060).

[1520] BGH, Urteil vom 8.2.1994, WuW/ E BGH 2909 (2910) – Pronuptia II; Bunte, GRUR 2004, 301 (301); Mayer-Maly/ Busche, MünchKomm., BGB, § 139 BGB Rdn. 5.

[1521] Baur, in: FS für Vieregge, 1995, 31 (33).

[1522] Heinrichs, in: Palandt, BGB, § 139 BGB Rdn. 17; Michalski/ Römermann, NJW 1994, 886 (887).

[1523] BGH, Urteil vom 8.2.1994, WuW/ E BGH 2909 (2910) – Pronuptia II; BGH, Urteil vom 11.10.1995, NJW 1996, 773 (774); Mayer-Maly/ Busche, MünchKomm., BGB, § 139 BGB Rdn. 5; Bunte, in: Langen/ Bunte, Kartellrecht, Bd. 1, § 1 GWB Rdn. 133; Bechtold, Kartellgesetz, § 1 GWB Rdn. 61.

[1524] Steindorff, in: FS für Hefermehl, 1971, 177 ff.; Emmerich, JuS 2003, 497 (497).

[1525] BGH, Urteil vom 24.9.2002, GRUR 2004, 353 – Tennishallenpacht; dazu, Bunte, GRUR 2004, 301 ff.; Emmerich, JuS 2003, 497 ff.

[1526] BGH, Urteil vom 24.9.2002, GRUR 2004, 353 (353) – Tennishallenpacht; Heinrichs, in: Palandt, BGB, § 139 BGB Rdn. 17.

[1527] So schon bisher, BGH Z 45, 376 (379); BGH Z 54, 71 (72); Hefermehl, in: Soergel, BGB, § 139 BGB Rdn. 42.

den Vertrag aufgenommen, so treffe die Darlegungs- und Beweislast die Partei, die den ganzen Vertrag verwerfen möchte, da aufgrund der Klausel grundsätzlich nur von der Teilnichtigkeit des Geschäfts ausgegangen werde[1528]. Insofern kann sich jede der beiden Parteien auf die Gesamtnichtigkeit des Vertrags berufen, jedoch unterschiedlich belastet mit der Darlegungs- und Beweislast abhängig vom Vorhandensein einer salvatorischen Klausel[1529].

Für die Parteien eines Unternehmenskaufvertrags mit vereinbartem Wettbewerbsverbot bedeutet dies, dass trotz der Vereinbarung einer salvatorischen Klausel der § 139 BGB mit seinen Voraussetzungen geprüft wird und der hypothetische Wille der Parteien von Seiten des Gerichts ermittelt werden muss.

E. Rechtsmissbrauchsschranken

Ausnahmsweise kann das Berufen auf die Gesamtnichtigkeit des Vertrags als Rechtsmissbrauch zu betrachten sein[1530]. Dazu sind in bisher ständiger Rechtsprechung Grundsätze zur Missbräuchlichkeit von Kartelleinwänden aufgestellt worden[1531]. Verhindert werden soll der Fall, dass sich eine Partei unter dem Vorwand des § 139 BGB auf die Nichtigkeit des Gesamtvertrags beruft, um ihren Verpflichtungen zu entgehen[1532]. Dieses Vorgehen liegt immer dann nahe, wenn eine vereinbarte Klausel allein dem Vorteil einer Partei dient[1533]. Nach der sogenannten Vorteilsregel gilt, dass sich die Partei, zu deren Lasten die vereinbarten Klauseln gegangen sind und die nun aufgrund der Teilnichtigkeit derselben begünstigt wird, nicht auf die Gesamtnichtigkeit des Vertrags berufen kann, um auch noch ihren anderen vertraglichen Verpflichtungen zu entgehen[1534]. In diesem Fall wird der gegnerischen Seite der Einwand der unzulässigen Rechtsausübung nach § 242 BGB zugestanden[1535]. Auch im umgekehrten Fall ist der Einwand aus § 242 BGB möglich im Sinne einer Nachteilsregel, wonach die Partei, zu deren Vorteil die Klausel vereinbart worden war und die nun durch die Teilnichtigkeit benachteiligt ist, an dem Vertrag trotz der Lücke festhalten kann und der gegnerischen Partei bei deren Berufung auf Gesamtnichtigkeit den Einwand aus § 242 BGB entgegenhalten kann[1536]. Bei der Fallgruppe der Unternehmensveräußerungsver-

---

[1528] BGH ,Urteil vom 24.9.2002, GRUR 2004, 353 (353) – Tennishallenpacht; Emmerich, JuS 2003, 497 (497).
[1529] Bunte, GRUR 2004, 301 (302).
[1530] Heinrichs, in: Palandt, BGB, § 139 BGB Rdn. 17.
[1531] BGH, Urteil vom 10.7.1969, WuW/ E BGH 1039 (1041) – Auto- Lok; BGH, Urteil vom 29.10.1970, WuW/ E BGH 1168 (1171 f.) – Blitzgeräte; BGH, Urteil vom 31.5.1972, NJW 1972, 2180 (2183); BGH, Urteil vom 21.2.1989, GRUR Int 1991, 734 (736) – Kaschierte Hartschaumplatten.
[1532] Topel, in: Wiedemann, Hdb. des Kartellrechts, § 50 Rdn. 19.
[1533] BGH, Urteil vom 15.3.1989, NJW- RR 1989, 800 (802).
[1534] Bunte, GRUR 2004, 301 (302).
[1535] Zimmer, in: Immenga/ Mestmäcker, GWB, § 1 GWB Rdn. 330; Roth, in: Staudinger, BGB, § 139 BGB Rdn. 89; Ulmer, in: FS für Steindorff, 1990, 799 (811).
[1536] Bunte, GRUR 2004, 301 (303).

träge können Wettbewerbsverbote sowohl zu Lasten des Veräußerers, wie üblicherweise der Fall, als auch zu Lasten des Erwerbers vereinbart werden. Da diese zusätzlichen Vereinbarungen jedoch im Regelfall eng in die gegenseitigen Rechte und Pflichten des Austauschvertrags eingebunden sind, besteht zumeist ein beiderseitiges Interesse an dem Fortbestand der Klauseln.
Nicht eingegangen worden ist von Seiten des BGH auf die Frage, ob auch nach seiner geänderten Rechtsprechung zur Bedeutung von salvatorischen Klauseln die Grundsätze des Rechtsmissbrauchs fortgelten.

F. Ergebnis von Teil 4: Rechtsfolgen kartell-und zivilrechtlicher Unwirksamkeit

Wie die vorhergehende Untersuchung gezeigt hat, ist die von allen betroffenen Rechtsnormen ausgehende Rechtsfolge die Nichtigkeit[1537]. Da sie jedoch immer nur die einzelnen kartellrechtswidrigen- beziehungsweise zivilrechtswidrigen Teile erfasst, entscheidet § 139 BGB über den Fortbestand des Rechtsgeschäfts[1538], wonach die Teilnichtigkeit grundsätzlich zur Gesamtnichtigkeit des Restgeschäfts führt, wenn kein anderer Wille der Parteien anzunehmen ist. Die Fallgruppe der Wettbewerbsverbote in Unternehmensveräußerungsverträgen ist nun durch die Besonderheit gekennzeichnet, dass zwar eine rechtliche Teilbarkeit der Klausel von dem Hauptvertrag unproblematisch möglich ist, jedoch die wirtschaftliche Trennbarkeit beinahe unmöglich ist, ohne dass der Vertrag sein zwischen den Parteien ausgehandeltes Gleichgewicht verliert und ein Restvertrag bestehen bleibt, den die Parteien so nicht abgeschlossen hätten[1539]. Im Anwendungsbereich des Art. 81 Abs. 1 EG ist von Seiten der Kommission und auch des EuGH in ihren Entscheidungen die Nichtigkeit immer nur auf die jeweils betroffenen Klauseln beschränkt worden, deren Umfang auf das noch zulässige Maß zurückgeführt worden ist[1540]. Ebenso sind von Seiten des BGH Verfahren, in denen übermäßige Wettbewerbsverbote vereinbart worden sind, zur weiteren Aufklärung wieder an die Tatsacheninstanz zurückverwiesen worden, da die Feststellung des zulässigen Umfangs Aufgabe des Tatrichters sei[1541]. Für die Zulässigkeit einer geltungserhaltenden Reduktion ist der frühere Wortlaut des § 1 GWB a.F. (5. GWB-Novelle) herangezogen

---

[1537] Ausführlich dazu, siehe oben, 4. Teil A.

[1538] Mayer- Mali/ Armbrüster, in: MünchKomm., BGB, § 138 BGB Rdn. 158; Sack, in: Staudinger, BGB, § 138 BGB Rdn. 89.

[1539] Lammel, AcP 189 (1989), 244 (260); Melullis, WRP 1994, 686 (692).

[1540] Emmerich, JuS 2003, 497 (497); einer der ersten Fälle einer geltungserhaltenden Reduktion im Bereich der FKVO ist Kommission, Entscheidung vom 4.2.1993, Tesco Ltd./Catteau SA, Fall Nr.IV/M.301, Rdn. 10 ff.; aus neuerer Zeit Kommission, Entscheidung vom 9.3.2001, Cargill/ Banks, Fall Nr. IV/ M.2330, Rdn. 30; Kommission, Entscheidung vom 4.2.1993, Tesco Ltd./ Catteau SA, Fall Nr. IV/M.301, Rdn. 12 ff.; im Bereich des Art. 81 EG, Kommission, ABl. 1984 L 212/1 (10) Rdn. 41 ff., vom 8.8.1984 – BPCL/ ICI; Kommission, ABl. 1983 L 376/22 (29), vom 31.12.1983 – Nutricia; EuGHE 1985, 2545 (2578) Rdn. 47, Rs. 42/84 – RemiaBV u.a./ Kommission.

[1541] Melullis, WRP 1994, 686 (691); BGH, Urteil vom , WuW/ E BGH 1898 (1900) – Holzpaneele; BGH, Urteil vom , WuW/ E BGH 2090 (2095) – Stadler- Kessel; ausdrücklich in BGH, Urteil vom 19.10.1993, NJW 1994, 384 (386) – ausscheidender Gesellschafter.

worden, wonach Vereinbarungen nur dann unwirksam waren, „soweit" sie geeignet waren, den Wettbewerb zu beschränken[1542]. Allerdings überzeugt dieses Argument nicht vollständig, da der Begriff „soweit" im Gesetzestext auch in der Bedeutung „wenn" verstanden werden kann. Das Wortlautargument entspricht überdies nicht mehr der aktuellen Fassung der übereinstimmenden Normen des Art. 81 Abs. 1 EG und § 1 GWB, da der Begriff „soweit" nicht mehr Teil des Tatbestands ist[1543]. Darüber hinaus ist, zumindest für Wettbewerbsverbote zu Unternehmensveräußerungsverträgen anerkannt, dass die Enthaltung des Veräußerers aus dem Wettbewerb bereits als ungeschriebene Nebenpflicht aus § 242 BGB dem Kaufvertrag immanent ist und insofern auch bei vollständiger Nichtigkeit des vereinbarten Wettbewerbsverbots bestehen bleibt[1544]. Letztlich ist jedoch entscheidend auf das Erreichen des Schutzzwecks des § 1 GWB abzustellen. Da sich die Nichtigkeit von Verstößen gegen § 1 GWB anhand des § 134 BGB bestimmt, aufgrund des dort bestimmten Verbotsgesetzcharakters, ist zu prüfen, ob sich nicht „aus dem Gesetz ein anderes (als die Gesamtnichtigkeit) ergibt"[1545]. Dies kann insbesondere dann der Fall sein, wenn ein Rechtsgeschäft nur teilweise nichtig ist und der Sinn und Zweck des Verbotsgesetzes nicht zwingend von einer Gesamtnichtigkeit ausgehen[1546]. Die Reichweite der Nichtigkeit ist also jeweils dem Zweck der einzelnen Verbotsnorm zu entnehmen. Sinn und Zweck des § 1 GWB liegen in dem Schutz des Wettbewerbs vor Beschränkungen zugunsten des Interesses der Allgemeinheit an einem unverfälschten Wettbewerb[1547]. Dem Schutzgut ist insoweit Genüge getan, wenn die Wettbewerbsbeschränkung entfällt, was bei der Reduzierung von übermäßigen Klauseln auf ein zulässiges Maß der Fall ist[1548]. Zur Erreichung des Schutzzwecks ist keine Gesamtnichtigkeit des Vertrags notwendig, so dass eine geltungserhaltende Reduktion analog § 139 BGB bei Verstößen gegen § 1 GWB zulässig ist. Darüber hinaus entspricht sie auch regelmäßig dem hypothetischen Parteiwillen[1549]. Hinsichtlich der zulässigen Grenzen von Wettbewerbsverboten kann sich

---

[1542] Rittner, Wettbewerbs- und Kartellrecht, § 7 Rdn. 63, 5. Aufl. 1995; Bunte, in: Langen/ Bunte, Kartellrecht, Bd. 1, § 1 GWB Rdn. 129; Zimmer, in: Immenga/ Mestmäcker, GWB, § 1 GWB Rdn. 328; Nassall, BB 1988, 1264 (1267); Melullis, WRP 1994, 686 (691); Hirte, ZHR 154 (1990), 443 (465); Lammel, AcP 189 (1989), 244 (260).

[1543] Das Wort „soweit" wurde mit der 6. Novelle, die am 1.1.1999 in Kraft getreten ist, aus dem Tatbestand entfernt, aufgrund der damaligen Anpassung an Art. 81 Abs. 1 EG.

[1544] BGH Z 16, 71 (76); Beckmann, in: Staudinger, BGB, § 453 BGB Rdn. 37.

[1545] Mayer-Maly/ Armbrüster, in: MünchKomm., Bd. 1, § 134 BGB Rdn. 103; Topel, in: Wiedemann, Hdb. des Kartellrechts, § 50 Rdn. 7.

[1546] Mayer-Maly/ Armbrüster, in: MünchKomm., Bd. 1, § 134 BGB Rdn. 105.

[1547] Bunte, in: Langen/ Bunte, Kartellrecht, Bd. 1, Einführung zum GWB Rdn. 28.

[1548] Bunte, in: Langen/ Bunte, Kartellrecht, Bd. 1, § 1 GWB Rdn. 129.

[1549] Heinrichs, in: Palandt, BGB, § 139 BGB Rdn. 13, 14; Hefermehl, in: Soergel, BGB, § 139 BGB Rdn. 29; Sack, in: Staudinger, BGB, § 138 BGB Rdn. 109; K.Schmidt, in: Immenga/ Mestmäcker, EG- Wettbewerbsrecht, Art. 85 Abs. 2 EGV Rdn. 52; Topel, in: Wiedemann, Hdb. des Kartellrechts, § 50 Rdn. 15.

für den Anwendungsbereich des Art. 81 Abs. 1 EG als auch des § 1 GWB an der Nebenabreden-Bekanntmachung der Kommission orientiert werden[1550].
Nicht ganz so eindeutig ist im Bereich des § 138 BGB von einer Zulässigkeit der geltungserhaltenden Reduktion auszugehen, aufgrund seines gegenüber § 1 GWB unterschiedlichen Schutzzwecks[1551]. In den Fällen der Vereinbarung von Wettbewerbsverboten, bei denen der Verdacht einer sittenwidrigen Knebelung besonders nahe liegt, dient § 138 BGB insbesondere dem Schutz der Handlungsfreiheit des Betroffenen[1552]. Entgegen § 134 BGB enthält § 138 BGB keinen „Normzweckvorbehalt", sondern der Wortlaut ordnet grundsätzlich die Gesamtnichtigkeit mit ex tunc Wirkung an[1553]. Insofern könne es nicht Aufgabe der Gerichte sein, sittenwidrige Verträge auf ein zulässiges Maß zu begrenzen und damit die eigentlich durch das gesetzliche Verbot geschützte Partei ihres Schutzes zu entledigen[1554]. Dennoch besteht auch bei sittenwidrigen Klauseln bereits eine dem Kaufvertrag aus § 242 BGB innewohnende Pflicht des Veräußerers sich für eine gewisse Zeit dem Wettbewerb zu enthalten bis zur Konsolidierung des Unternehmens bei dem Erwerber. Diese gesetzliche Schutzpflicht auf Seiten des Veräußerers kann der Erwerber nicht durch eine vereinbarte übermäßige Klausel verlieren[1555]. Der § 138 BGB hat dahin gehend keinen Sanktionscharakter, der zwingend zu einer Gesamtnichtigkeit führen müsste[1556]. Entscheidend ist jedoch darauf abzustellen, dass eine vollständige Nichtigkeit des Wettbewerbsverbots das Äquivalenzverhältnis des Vertrags massiv beeinträchtigt. Der Erwerber erhält weniger Schutz als er durch ein in seinem Umfang zulässiges Wettbewerbsverbot erhalten hätte. Der Veräußerer, dessen Schutz § 138 BGB vornehmlich bezwecken möchte, muss den Kaufpreis zurückzahlen, da ein Festhalten an dem Vertrag ohne Wettbewerbsverbot von den Parteien meist nicht mehr gewollt ist und die Nichtigkeit des Wettbewerbsverbots daher zu einer Gesamtnichtigkeit des Vertrags führt. Darüber hinaus müsste er einen Unternehmensteil oder ein Unternehmen „zurücknehmen", das sich zumindest vorübergehend unter fremder Einflussnahme befunden hat. Beides entspricht nicht dem Interesse des Veräußerers, so dass eine Gesamtnichtigkeit des Wettbewerbsverbots über den von § 138 BGB verfolgten Schutzzweck hinausginge. Insofern ist auch für sittenwidrige, weil übermäßige Abreden, eine geltungserhaltende Reduktion auf den zulässigen Umfang zuzulassen. Dem entspricht auch in Fällen von Sittenwidrigkeit das hypothetische Interesse der Parteien.
Auch nach der Änderung der Rechtsprechung zu salvatorischen Klauseln und § 139 BGB sollte von den Parteien eines Unternehmensveräußerungsvertrags mit entspre-

---

[1550] Kommission, ABl. 2005 C 56/24, vom 5.3.2005 – Bekanntmachung über Einschränkungen.
[1551] BGH, Urteil vom 19.10.1993, NJW 1994, 384 (386) – ausscheidender Gesellschafter; Sack, in: Staudinger, BGB, § 138 BGB Rdn. 169; Bunte, in: Langen/ Bunte, Kartellrecht, Bd. 1, Einführung zum GWB Rdn. 28; Melullis, WRP 1994, 686 (690).
[1552] Hefermehl, in: Soergel, BGB, § 138 BGB Rdn. 117.
[1553] Sack, in: Staudinger, BGB, § 138 BGB Rdn. 34.
[1554] BGH Z 107, 351 (358).
[1555] Melullis, WRP 1994, 686 (692).
[1556] BGH Z 107, 351 (358).

chenden Nebenabreden eine salvatorische Klausel in den Vertrag aufgenommen werden, da das Vorhandensein einer salvatorischen Klausel auch nach der neuen Rechtsprechung als Indiz für den mutmaßlichen Willen der Parteien gewertet werden sollte, den Vertrag auch bei Nichtigkeit einer Teilabrede aufrecht zu erhalten, so dass bei Vorhandensein einer solchen Klausel umgekehrt zu § 139 BGB grundsätzlich nur von einer Teilnichtigkeit des Vertrags auszugehen wäre[1557]. Ebenso sollte auch die in der salvatorischen Klausel enthaltene Ersetzungsklausel ausreichende Berücksichtigung finden, dahin gehend, dass zunächst nach einer Ersatzlösung gesucht, bevor das Festhalten am Restvertrag untersucht wird[1558]. Die Partei, die sich auf die Gesamtnichtigkeit beruft, muss dann auch darlegen und beweisen, dass auch bei Anwendung der Ersetzungsklausel keine für beide Parteien sinnvolle Lösung gefunden werden kann[1559]. Da, wie oben festgestellt, der hypothetische Wille der Parteien eines Unternehmensveräußerungsvertrags meist in einer Aufrechterhaltung der übermäßigen Klausel in einem zulässigen Umfang besteht und nicht in dem völligen Wegfall bei Erhaltung des Restvertrags aufgrund des Entstehens eines vertraglichen Ungleichgewichts, spricht die Vereinbarung einer salvatorischen Klausel in diesen Fällen für eine quantitative Teilnichtigkeit der Klausel. Dagegen könnte auch hier wieder das Argument angeführt werden, dass die Parteien durch diese Lösung ermuntert würden, weit übermäßige oder sogar völlig unbeschränkte Klauseln zu vereinbaren, da diese bei zusätzlicher Vereinbarung einer salvatorischen Klausel ohnehin auf das noch zulässige Maß zurückgeführt würden. Dennoch ist aber nach der Vorschrift des § 139 BGB explizit auf den hypothetischen Parteiwillen abzustellen, der insofern nicht einfach übergangen werden kann. Dem Gericht verbleibt darüber hinaus immer noch die Möglichkeit, die gesamte Klausel wegen Übermaßes als nichtig anzusehen, da kein Anspruch auf Reduzierung derselben herzuleiten ist. Die Vereinbarung einer völlig unbeschränkten Klausel mit der Intention, dass diese von Seiten des Gerichts ohnehin auf das zulässige Maß beschränkt werde, könnte im Einzelfall auch als Rechtsmissbrauch betrachtet werden. Bei gänzlich unbeschränkten Klauseln wird von Seiten der Rechtsprechung zudem keine Reduzierung mehr vorgenommen, sondern die Klausel als nichtig betrachtet mit den damit verbundenen Folgen für den Restvertrag[1560].

Des Weiteren kann nicht davon ausgegangen werden, dass die Grundsätze zum Rechtsmissbrauch durch die neue Entscheidung des BGH aufgehoben werden sollten, da sich die Einschränkung des § 139 BGB aus dem Normzweck der Vorschrift ergibt[1561]. Da der § 139 BGB zudem tatbestandlich anwendbar bleibt, sollten auch seine Einschränkungen weiterhin Gültigkeit beanspruchen können[1562].

[1557] Bunte, GRUR 2004, 301 (303); Emmerich, JuS 2003, 497 (497).
[1558] Bunte, GRUR 2004, 301 (304).
[1559] Bunte, GRUR 2004, 301 (304).
[1560] BGH, Urteil vom 14.7.1997, NJW 1997, 3089 (3090) - Tierarztpraxis; Spoerr/ Brinker/ Diller, NJW 1997, 3056 (3060).
[1561] Hefermehl, in: Soergel, BGB, § 139 BGB Rdn. 44; Bunte, GRUR 2004, 301 (304).
[1562] BGH, Urteil vom 24.9.2002, GRUR 2004, 353 – Tennishallenpacht; Bunte, GRUR 2004, 301 (303).

Fünfter Teil: Zusammenfassung der Untersuchungsergebnisse in Thesen

Eine ausführliche Darstellung der gefundenen Ergebnisse findet sich jeweils am Ende von Teil 2, Teil 3 und Teil 4 sowie in den jeweiligen Zwischenergebnissen. An dieser Stelle sollen die wichtigsten Punkte noch einmal thesenartig aufgeworfen werden:

- Sowohl im europäischen als auch im deutschen Wettbewerbsrecht können Nebenabreden anhand des in der europäischen Fusionskontrollverordnung verankerten sogenannten Konzepts der Nebenabreden behandelt werden. Unabhängig von dem Eingreifen der jeweiligen Regelungswerke durchlaufen die mit einer Transaktion verbundenen Nebenabreden damit immer die gleiche materielle Prüfung auf europarechtlicher als auch nationaler Ebene.

- Abgestellt wird auf die unmittelbare Verbundenheit der zusätzlichen Vereinbarungen zu einem Zusammenschluss oder einer sonstigen Hauptvereinbarung sowie auf ihre Notwendigkeit. Im Zentrum der Prüfung steht dabei die sogenannte Funktionsnotwendigkeit der Nebenabrede, bei der danach gefragt wird, ob die einzelne Abrede für die erfolgreiche Durchführung des Zusammenschlusses oder der Hauptvereinbarung unerlässlich ist. Diese Prüfung erfolgt abstrakt als reine Innenprüfung, ohne dass auf die Marktauswirkungen abgestellt würde. Wird die Unerlässlichkeit der Vereinbarung für die Durchführung der Transaktion festgestellt, so wird in einem zweiten Schritt geprüft, ob sie sich auch im Rahmen des Erforderlichen dafür hält im Hinblick auf ihren zeitlichen, sachlichen und räumlichen Umfang, der die am wenigsten wettbewerbsbeschränkende Alternative darstellen muss. Zulässige Werte können der einschlägigen Bekanntmachung der Kommission über Nebenabreden entnommen werden.

- Erfüllen die zusätzlich zu einer Vereinbarung getätigten Abreden die Kriterien der unmittelbaren Verbundenheit und der Notwendigkeit, so partizipieren sie an der Genehmigung des Zusammenschlusses im Bereich der FKVO oder an der Beurteilung der Hauptvereinbarung im Bereich des Art. 81 EG, die entweder schon keinen Verstoß gegen Art. 81 Abs. 1 EG darstellt oder als nach Art. 81 Abs. 3 EG erlaubt zu betrachten ist.

- Ebenso ist nach der Übernahme des Konzepts der Nebenabreden im Bereich des deutschen Wettbewerbsrechts mit Nebenabreden zu verfahren, so dass diese auch hier an der Zusammenschlussgenehmigung bei Erfüllen der Nebenabredenvoraussetzungen teilnehmen beziehungsweise an der Beurteilung der Hauptvereinbarung anhand der §§ 1, 2 GWB. Insofern erfahren Nebenabreden sowohl im europäischen als auch deutschen Recht eine Privilegierung.

- Damit verbunden ist die Einführung eines bisher für den Bereich der deutschen Zusammenschlusskontrolle abgelehnten Konzentrationsprivilegs für zusätzliche Vereinbarungen, die bisher ausschließlich anhand des § 1 GWB behandelt worden sind. Eine Übernahme des Konzepts der Nebenabreden hätte ursprünglich über den § 23 GWB, wonach die Grundsätze des europäischen Wettbewerbsrechts bei der Anwendung der §§ 1 bis 4, 19 GWB maßgeblich zugrunde zu legen gewesen sind, vorgenommen werden können. Zwar besteht für die Vorschriften der deutschen Zusammenschlusskontrolle gemäß Art. 3 Abs. 3 VO (EG) Nr. 1/2003 gerade keine Verpflichtung zur parallelen Anwendung des europäischen Rechts für den Bereich der deutschen Fusionskontrolle. Aus Gründen der Rechtsharmonisierung, die das ausdrückliche Ziel der 7. GWB-Novelle dargestellt hat, ist auch für den Bereich der Nebenabreden eine Übernahme des europäischen Konzepts der Nebenabreden angezeigt.

- Sowohl im Bereich der Vorschriften der FKVO und des Art. 81 EG als auch der §§ 35 ff., 1, 2 GWB sind die betroffenen Unternehmen zur Selbsteinschätzung der von ihnen getroffenen Vereinbarungen verpflichtet. Im Anwendungsbereich der FKVO steht ihnen jedoch die Möglichkeit offen, bei neuen oder ungelösten Fragen, die zu ernsthafter Rechtsunsicherheit führen können, einen Antrag auf ausdrückliche Entscheidung über die Nebenabreden an die Kommission zu stellen. Dieser Vorteil besteht im Anwendungsbereich des Art. 81 EG sowie der deutschen Wettbewerbsvorschriften nicht. Bei rechtsübergreifender Anwendung des Konzepts der Nebenabreden können sich die Unternehmen jedoch an den ergehenden Entscheidungen der Kommission orientieren, die regelmäßig in die Bekanntmachung über Nebenabreden eingearbeitet werden sollten.

- Im deutschen Recht können Nebenabreden, insbesondere Wettbewerbsverbote, auch der grundsätzlich parallel anzuwendenden Norm des § 138 BGB unterfallen. Zu beachten ist der gegenüber § 1 GWB unterschiedliche Schutzzweck, der den Schutz der Vertragsfreiheit vor sittenwidrigen Einschränkungen bezweckt. Daher kann das Konzept der Nebenabreden im Bereich des § 138 BGB keine Anwendung finden. Allgemein werden die Grenzen der Zulässigkeit im Rahmen des § 1 GWB enger gezogen als bei § 138 BGB, da die Schwelle der Sittenwidrigkeit von Vereinbarungen im Rahmen der Privatautonomie höher angelegt ist als die Schranke des Schutzes des Wettbewerbs vor Beeinträchtigungen.

- Ein Verstoß gegen die kartell- beziehungsweise zivilrechtlichen Normen des Art. 81 EG, des § 1 GWB sowie des § 138 BGB zieht als Rechtsfolge jeweils die Nichtigkeit der Vereinbarung nach sich. Von der Nichtigkeit erfasst werden jedoch nur die Teile der Vereinbarung, die gegen die einzelnen Normen verstoßen, so dass sich der Fortbestand der wirksamen Klauseln nach § 139 BGB richtet. Für Wettbewerbsverbote in Unternehmensveräußerungsverträgen sollte aufgrund ihrer wirtschaftlichen Untrennbarkeit grundsätzlich eine geltungserhaltende Reduktion vorgenommen werden. Auch nach der Änderung der Rechtsprechung zu salvatorischen Klauseln sollten diese von den Parteien zur Beweiserleichterung und als Indiz für ihren mutmaßlichen Willen weiter in den Vertrag aufgenommen werden.

- Im Anschluss an die durch die VO (EG) Nr. 1/2003 hervorgerufene und durch die 7. GWB –Novelle umgesetzte Vereinheitlichung des europäischen und deutschen Wettbewerbsrechts im Bereich der Kartellvereinbarungen, sollte auch im Bereich der europäischen und deutschen Zusammenschlusskontrolle eine Rechtsharmonisierung stattfinden. Insbesondere für die äußerst praxisrelevanten Wettbewerbsverbote zu Unternehmensveräußerungsverträgen bedeutete dies ein erheblich gestiegenes Maß an Rechtssicherheit für die beteiligten Unternehmen. Wie die Bearbeitung gezeigt hat, ist eine rechtsübergreifende Behandlung von Nebenabreden anhand des Konzepts der Nebenabreden im europäischen und deutschen Kartellrecht möglich und sinnvoll.

Literaturverzeichnis

Achenbach, Hans
Die steuerliche Absetzbarkeit mehrerlösbezogener Kartellgeldbußen
BB 2000, S. 1116- 1121

Ackermann, Thomas
Art. 85 Abs. 1 EGV und die rule of reason
Köln 1997
zit.: Ackermann, Art. 85 Abs. 1 EGV u. rule of reason, S.

Ahlborn, Christian/ Turner, Vanessa
Expanding success ? Reform of the E.C. Merger Regulation
ECLR 1998, S. 249- 262

American Bar Association,
ABA Antitrust Section
The Rule of Reason
Monograph no. 23
USA 1999
zit.: ABA Antitrust Section, Monograph no. 23, The Rule of Reason, (1999), p.

American Bar Association
ABA Antitrust Section
Antitrust Law Developments, vol. I
USA 2002
zit.: ABA Section of Antitrust Law, Antitrust Law Developments, vol. I, p.

Areeda, Phillip
The Rule of Reason- A Catechism on competition
Antitrust Law Journal 1986, S. 571- 589

Areeda, Phillip/ Hovenkamp, Herbert
Antitrust Law – An Analysis of Antitrust Principles and their Application
vol. VII, Boston 1986
zit.: Antitrust Law vol. VII, § , p.

Arhold, Christoph
Die neuen Kommissionsmitteilungen zur Fusionskontrollverordnung und die geplante Revision der europäischen Fusionskontrolle
EWS 2001, S. 573- 580

Axster, Oliver
Abgrenzung anti- kompetitiver von den zulässigen Wettbewerbsbeschränkungen im deutschen, im US- amerikanischen und im EG- Kartellrecht
in: Festschrift für Otfried Lieberknecht zum 70. Geburtstag, S. 225- 237
München 1997
zit.: Axster, in: FS Lieberknecht, 1997, S.

Bahntje, Udo
Wettbewerbsbeschränkung und Wettbewerbsermöglichung
WuW 1993, S. 825- 835

Bahr, Christian
Die Behandlung von Vertikalvereinbarungen nach der 7. GWB-Novelle
WuW 2004, S. 259- 266

Bahr, Christian
Die Anwendbarkeit von § 1 GWB auf Lieferverträge zwischen Wettbewerbern
GRUR 2001, S. 1111- 1117

Bartenbach, Kurt/ Gennen, Klaus
Patentlizenz- und Know-how- Vertrag
5. Auflage Köln 2001
zit.: Bartenbach/ Gennen, Patentlizenz- und Know-how- Vertrag, S. Rdn.

Basedow, Jürgen
Gemeinschaftsrechtliche Grenzen der Ministererlaubnis in der Fusionskontrolle
EuZW 2003, S. 44- 50

Baumbach, Adolf/ Hopt, Klaus J.
Handelsgesetzbuch
30. Auflage München 2000
zit.: Baumbach/ Hopt, HGB, § Rdn.

Baur, Jürgen F.
Das Tatbestandsmerkmal „Wettbewerb“
ZHR 134 (1970), S. 97- 150

Baur, Jürgen F.
Entwicklungslinien im Recht der Wettbewerbsbeschränkungen
JZ 1978, S. 586- 592

Baur, Jürgen F.
Salvatorische Klauseln
in: Festschrift für Ralf Vieregge zum 70. Geburtstag, S. 31- 42
Berlin, New York 1995
zit.: Baur, in: FS für Vieregge, 1995, S.

Bechtold, Rainer
GWB
Kartellgesetz
Gesetz gegen Wettbewerbsbeschränkungen
3. Auflage München 2002
zit.: Bechtold, GWB, § Rdn.

Bechtold, Rainer
Maßstäbe der „Selbstveranlagung“ nach Art. 81 Abs. 3 EG
WuW 2003, S. 343

Bechtold, Rainer
Das neue Kartellgesetz
NJW 1998, S. 2769- 2848

Bechtold, Rainer
EG- Gruppenfreistellungsverordnungen – eine Zwischenbilanz
EWS 2001, S. 49- 55

Bechtold, Rainer
Abwägung zwischen wettbewerblichen Vor- und Nachteilen eines Zusammenschlusses in der europäischen Fusionskontrolle
EuZW 1996, S. 389- 393

Bechtold, Rainer
Grundlegende Umgestaltung des Kartellrechts: Zum Referentenentwurf der 7. GWB-Novelle
DB 2004, S. 235- 241

Bechtold, Rainer/ Buntscheck, Martin
Die Entwicklung des deutschen Kartellrechts 2001 bis 2003
NJW 2003, S. 2866- 2874

Beisel, Wilhelm/ Klumpp, Hans- Hermann
Der Unternehmenskauf
München 2003
zit.: Beisel/ Klumpp, Der Unternehmenskauf, S. Rdn.

Belke, Rolf
Grundfragen des Kartellverbots
ZHR 143 (1979), S. 74 94

Bellamy&Child
Rose, Vivien/ Child, Graham
Common Market Law of Competition
4th edition London 1993
zit.: Bellamy&Child, Common Market Law of Competition, Rdn.

Benisch, Werner
Verhältnis von Kartellverbot und Fusionskontrolle
in: Festschrift für Fritz Rittner zum 70. Geburtstag, S. 17- 32
München 1991
zit.: Benisch, in: FS für Rittner, 1991, S.

Berg, Werner
Die neue EG- Fusionskontrollverordnung
BB 2004, S. 561- 569

Blank, Josef
Europäische Fusionskontrolle im Rahmen der Art. 85, 86 des EWG- Vertrags
1. Auflage Baden- Baden 1991
zit.: Blank, Europ. Fusionskontrolle im Rahmen der Art. 85, 86 des EWG- Vertrages, S.

Bornkamm, Joachim
Die Rolle des Zivilrichters bei der Durchsetzung des Kartellrechts nach der Verordnung Nr. 1/2003 und nach der 7. GWB-Novelle
Bonn 2003
zit.: Bornkamm, Die Rolle des Zivilrichters bei der Durchsetzung des Kartellrechts, S.

Bornkamm, Joachim
Das Kartellverbot in der neueren Rechtsprechung des Bundesgerichtshofs
in: Festschrift für Karlmann Geiß zum 65. Geburtstag, S. 539- 557
Köln, Berlin, Bonn, München 2000
zit.: Bornkamm, in: FS für Geiß, 2000, S.

Bornkamm, Joachim
Modernisierung des EU- Kartellrechts- die Sicht der nationalen Gerichte, S. 13- 29
in: Baudenbacher, Carl
Neueste Entwicklungen im europäischen und internationalen Kartellrecht
11. St. Galler Internationales Kartellrechtsforum 2004
Basel, Genf, München 2005
zit.: Bornkamm, in: Baudenbacher, Neueste Entwicklungen im europ. und internat. Kartellrecht, S.

Böge, Ulf
Reform der Europäischen Fusionskontrolle
WuW 2004, S. 138- 148

Braun, Ellen
Der Systemwechsel im europäischen (und deutschen) Kartellrecht (VO 1/2003) – Vorschläge für die Unternehmenspraxis
in: Behrens, Peter/ Braun, Ellen/ Nowak, Carsten
Europäisches Wettbewerbsrecht im Umbruch
Teil 4: Modernisierung des EG- Kartellrechts
Baden- Baden 2004
zit.: Braun, in: Europäisches Wettbewerbsrecht im Umbruch, S.

Brunn, Thomas
Die EG- Kartellverfahrensverordnung 1/2003 und ihre Auswirkungen auf die Gruppenfreistellungsverordnungen und die Entzugsverfahren der Vertikal-GVO
Frankfurt am Main 2004
zit.: Brunn, EG- Kartellverfahrensverordnung 1/2003 und ihre Auswirkungen auf die GVOen, S.

Bunte, Hermann- Josef
Kartellrecht
1. Auflage München 2003
zit.: Bunte, Kartellrecht, S.

Bunte, Hermann- Josef
Die 6. GWB- Novelle – Das neue Gesetz gegen Wettbewerbsbeschränkungen
DB 1998, S. 1748- 1754

Bunte, Hermann- Josef
Abschied vom „gemeinsamen Zweck“ und den „gleichgerichteten Interessen“ ?
WuW 1997, S. 857- 865

Bunte, Hermann- Josef
Demarkationen in Gaslieferverträgen
Anmerkung zum BGH- Beschluss vom 18.2.2003- KVR 24/01
WRP 2003, S. 1418- 1421

Bunte, Hermann- Josef
Die Bedeutung salvatorischer Klauseln in kartellrechtswidrigen Verträgen
GRUR 2004, S. 301- 304

Burgstaller, Markus
Marktbeherrschung oder „Substantial Lessening of Competition"?
WuW 2003, S. 726- 738

Callies, Christian/ Ruffert, Matthias
Kommentar des Vertrages über die Europäische Union und des Vertrages zur Gründung der Europäischen Gemeinschaft – EUV/ EGV –
2. Auflage Neuwied, Kriftel 2002
zit.: Bearbeiter, in: Callies/ Ruffert, EUV/ EGV, Art. Rdn.

Caspar, Ute
Wettbewerbliche Gesamtwürdigung von Vereinbarungen im Rahmen von Art. 81 Abs. 1 EGV
Köln; Berlin; Bonn; München 2001
zit.: Caspar, Wettbewerbliche Gesamtwürdigung, S.

von Danwitz, Thomas
Der Grundsatz der Verhältnismäßigkeit im Gemeinschaftsrecht
EWS 2003, S. 393- 402

Dauses, Manfred A.
Handbuch des EU- Wirtschaftsrechts
Band 2, Stand Mai 2004
München 2004
zit.: Bearbeiter, in: Dauses, Hdb. EU- WirtschaftsR, § Rdn.

De Bronett, Georg- Klaus
Kommentar zum europäischen Kartellverfahrensrecht
VO 1/2003
1. Auflage München 2005
zit.: de Bronett, Komm. zum europ. Kartellverfahrensrecht, S. Rdn.

De Crozals, Dorothee/ Hartog, Johanna
Die neue Nebenabreden-Bekanntmachung der Europäischen Kommission
EWS 2004, S. 533- 539

Deringer, Arved
Reform der Durchführungsverordnung zu den Art. 81 und 82 des EG- Vertrages
EuR 2001, S. 306- 323

Dittert, Daniel
Die Reform des Verfahrens in der neuen EG- Fusionskontrollverordnung
WuW 2004, S. 148- 161

Dreher, Meinrad
Kartellrechtscompliance
ZWeR 2004, S. 75- 106

Dreher, Meinrad
Die europafreundliche Anwendung des GWB – Zwang schadet!
WuW 2005, S. 251

Dreher, Meinrad
Deutsche Ministererlaubnis in der Zusammenschlusskontrolle und europäisches Kartellrecht
WuW 2002, S. 828- 841

Dreher, Meinrad/ Thomas, Stefan
Rechts- und Tatsachenirrtümer unter der neuen VO 1/2003
WuW 2004, S. 8- 18

Duhnkrack, Stefan/ Hellmann, Kathrin
Der Side Letter
ZIP 2003, S. 1425- 1434

Ebel, Hans- Rudolf/ Funke, Thomas G.
Fusionskontrolle beim Unternehmenskauf
Heidelberg 2002
zit.: Ebel/ Funke, Fusionskontrolle beim Unternehmenskauf, S.

Ehlermann, Claus- Dieter
Die europäische Fusionskontrolle – erste Erfahrungen
WuW 1991, 535- 545

Ehricke, Ulrich
Die richtlinienkonforme und die gemeinschaftsrechtskonforme Auslegung nationalen Rechts
RabelsZ 59 (1995), S. 598- 644

Einsele, Dorothee
Auswirkungen der europäischen Fusionskontrollverordnung auf Gemeinschaftsunternehmen
RIW 1992, Beilage 2 zu Heft 8, S. 2- 27

Emmerich, Volker
Kartellrecht
9. Auflage München 2001
zit.: Emmerich, Kartellrecht, S.

Emmerich, Volker
Europäische Fusionskontrolle nach dem Zigaretten- Urteil
in: Festschrift für Ernst Steindorff zum 70. Geburtstag, S. 951- 966
Berlin, New York 1990
zit.: Emmerich, in: FS für Steindorff, 1990, S.

Emmerich, Volker
Bedeutung einer salvatorischen Klausel
JuS 2003, S. 497- 501

Emmerich, Volker
Fusionskontrolle 2003/ 2004
AG 2004, S. 629- 641

Erman
Bürgerliches Gesetzbuch
Hrsg. von Westermann, Harm Peter
11. Auflage Köln 2004
zit.: Bearbeiter, in: Erman, BGB, § Rdn.

van der Esch, Bastiaan
Der Stellenwert des unverfälschten Wettbewerbs in der Rechtsprechung des Europäischen Gerichtshofes und der Verwaltungspraxis der Kommission
WuW 1988, S. 563- 575

Everling, Ulrich
Zur Wettbewerbskonzeption in der neueren Rechtsprechung des Gerichtshofs der Europäischen Gemeinschaften
WuW 1990, S. 995- 1009

Farbmann, Kyrill
Die Geschichte der Fusionskontrollverordnung als ein Beispiel der Europäischen Normsetzung
EuR 2004, S. 478- 487

Fikentscher, Wolfgang
Methoden des Rechts in vergleichender Darstellung, Bd. IV
Tübingen 1977
zit.: Fikentscher, Methoden des Rechts, Bd. IV, S.

Fleischer, Holger/ Körber, Torsten
Der Einfluss des US- amerikanischen Antitrustrechts auf das Europäische Wettbewerbsrecht
WuW 2001, S. 6- 19

Frankfurter Kommentar zum Kartellrecht
Hrsg.: Glassen, Helmut/ Hahn, Helmuth von/ Kersten, Hans- Christian/ Rieger, Harald
mit Kommentierungen des GWB, des EG- Kartellrechts und einer Darstellung ausländischer Kartellrechtsordnungen
Loseblattsammlung, verschiedene Bände
Köln 1982/2000
zit.: Bearbeiter, in: FK, Art. EG/ § GWB, Rdn.

Fritzsche, Alexander
Der Einfluss des europäischen Wettbewerbsrechts auf das Ministererlaubnisverfahren nach § 42 GWB
WuW 2003, S. 1153- 1165

Fritzsche, Jörg
„Notwendige“ Wettbewerbsbeschränkungen im Spannungsfeld von Verbot und Freistellung nach Art. 85 EGV
ZHR 160 (1996), S. 31- 58

Fuchs, Andreas
Kartellrechtliche Grenzen der Forschungskooperation
1. Auflage Baden- Baden 1989
zit.: Fuchs, Kartellrechtliche Grenzen der Forschungskooperation, S.

Fuchs, Andreas
Die Gruppenfreistellungsverordnung als Instrument der europäischen Wettbewerbspolitik im System der Legalausnahme
ZWeR 2005, S. 1- 31

Geiger, Andreas
Die neuen Leitlinien der EG- Kommission zur Anwendbarkeit von Art. 81 EG auf Vereinbarungen über horizontale Zusammenarbeit
EuZW 2000, S. 325- 328

Gleiss, Alfred/ Hirsch, Martin
Kommentar zum EG- Kartellrecht, Band 1
4. Auflage Heidelberg 1993
zit.: Gleiss/ Hirsch, Komm. zum EG- Kartellrecht, S. Rdn.

Gloy, Wolfgang/ Loschelder, Michael
Handbuch des Wettbewerbsrechts
3. Auflage München 2005
zit.: Bearbeiter, in: Gloy/ Loschelder, Hdb. Wettbewerbsrecht, § Rdn.

González Díaz, Enrique
The notion of ancillary restraints under EC Competition Law
Fordham International Law Journal 1995, volume 19, S. 951- 998

Goyder, D. G.
EC Competition Law
3rd edition Oxford 1998
zit.: Goyder, EC Competition Law, S.

Grabbe, Hartwig
Nebenabreden in der Europäischen Fusionskontrolle
Baden- Baden 2000
zit.: Grabbe, Nebenabreden in der Europ. Fusionskontrolle, S.

Grabitz, Eberhard/ Hilf, Meinhard
Das Recht der Europäischen Union
Bd. II EUV/ EGV, 24. Ergänzungslieferung
Stand September 2004
München 2004
zit.: Bearbeiter, in: Grabitz/ Hilf, EGV, Art. Rdn.

von der Groeben, Hand/ Thiesing, Jochen/ Ehlermann, Claus- Dieter
Kommentar zum EU-/ EG- Vertrag, Bd. 2/I, 2/II
5. Auflage Baden- Baden 1999
zit.: Bearbeiter, in: G/ T/ E, Kommentar zum EU-/ EG- Vertrag, Bd. 2/II, Art. Rdn.

von der Groeben, Hans/ Schwarze, Jürgen
Kommentar zum Vertrag über die Europäische Union
und zur Gründung der Europäischen Gemeinschaft, Bände 2 und 4
6. Auflage Baden- Baden 2003
zit.: Bearbeiter, in: von der Groeben/ Schwarze, Kommentar zum EU-/ EG- Vertrag, Bd., Art. Rdn.

Gündisch, Jürgen/ Wienhues, Sigrid
Rechtsschutz in der Europäischen Union
2. Auflage Stuttgart, München, Hannover, Berlin, Weimar, Dresden 2003
zit.: Gündisch/ Wienhues, Rechtsschutz in der Europäischen Union, S.

Hartog, Johanna/ Noack, Britta
Die 7. GWB-Novelle
WRP 2005, 1396-1407

Heineke, Thomas
Entlastungsgründe in der Zusammenschlusskontrolle
1. Auflage Baden- Baden 2004
zit.: Heineke, Entlastungsgründe in der Zusammenschlusskontrolle, 2003, S.

Heinze, Gero
Wettbewerbsverbote in Unternehmensveräußerungsverträgen
NJW 1973, S. 492- 493

Helm, Horst
Zulässigkeit von Wettbewerbsverboten beim Unternehmenskauf
in: Festschrift für Wolfgang Hefermehl zum 65. Geburtstag, S. 299- 314
1972 Stuttgart; Berlin; Köln; Mainz
zit.: Helm, in: FS für Hefermehl, 1972, S.

Herfarth, Christoph
Nebenbestimmungen zu fusionsrechtlichen Freigabeentscheidungen in der Praxis des Bundeskartellamts
WuW 2004, S. 584- 594

Herrmann, Heino
Die Beurteilung exklusiver Know-how Lizenzen nach dem EWG- Kartellverbot
Berlin 1994
zit.: Herrmann, Beurteilung exklusiver Know-how Lizenzen, S.

Hirsbrunner, Simon
Neue Entwicklungen der Europäischen Fusionskontrolle
EuZW 2003, S. 709- 712

Hirsbrunner, Simon
Fusionskontrolle der Kommission im Jahre 1996
EuZW 1997, S. 748- 755

Hirte, Heribert
Zivil- und kartellrechtliche Schranken für Wettbewerbsverbote im Zusammenhang mit Unternehmensveräußerungen
ZHR 154 (1990), S. 443- 469

Holley, Donald L.
Ancillary restrictions in mergers and joint ventures
Fordham Corporate Law Institute 1990, S. 423- 459

Holzapfel, Hans- Joachim/ Pöllath, Reinhard
Unternehmenskauf in Recht und Praxis: rechtliche und steuerliche Aspekte
Köln 2001
zit.: Holzapfel/ Pöllath, Unternehmenskauf in Recht und Praxis, S. Rdn.

Hommelhoff, Peter
Der Unternehmenskauf als Gegenstand der Rechtsgestaltung
ZHR 150 (1986), S. 254- 278

Huber, Ulrich
Savignys Lehre von der Auslegung der Gesetze in heutiger Sicht
JZ 2003, S. 1- 17

Immenga, Ulrich/ Mestmäcker, Ernst- Joachim
GWB
Gesetz gegen Wettbewerbsbeschränkungen
2. Auflage München 1981
3. Auflage München 2001
zit.: Bearbeiter, in: Immenga/ Mestmäcker, GWB, (2. Aufl.) § Rdn.

Immenga, Ulrich/ Mestmäcker, Ernst- Joachim
EG- Wettbewerbsrecht, Bd. 1
1. Auflage München 1997
zit.: Bearbeiter, in: Immenga/ Mestmäcker, EG- Wettbewerbsrecht, Bd. 1, Art. Rdn.

Immenga, Ulrich/ Fuchs, Andreas
Art. 85 EWG- Vertrag als Grenze für Unternehmensbeteiligungen ?
NJW 1988, S. 3052- 3059

Immenga, Frank A./ Stopper, Martin
Impulsgeber „Baby Food Merger“: Die Berücksichtigung des Effizienzgedankens im US- amerikanischen und europäischen Fusionskontrollrecht
RIW 2001, S. 512- 518

Ivens, Michael
Das Konkurrenzverbot der GmbH- Gesellschafter und § 1 GWB
DB 1988, S. 215- 220

Jarass, Hans D./ Pieroth, Bodo
Grundgesetz
7. Auflage München 2004
zit.: Bearbeiter, in: Jarass/ Pieroth, GG, Art. Rdn.

von Jeinsen, Ulrich
Zulässigkeit von Kundenschutzklauseln in Unternehmensveräußerungsverträgen
DB 1981, S. 1707- 1714

Jones, Christopher/ González- Díaz, Enrique
The EEC Merger Regulation
London 1992
zit.: Jones/ González- Díaz, EEC Merger Regulation, Kapitelnr.

Kapp, Thomas/ Meßmer, Stefan E.
Reform der EU- Fusionskontrolle: Herrscht nun unbeschränkte Willkür in Brüssel?
EuZW 2005, 161

Kleemann, Dietrich
Enthält Art. 2 der EG- Fusionskontrollverordnung eine wettbewerbliche Abwägungsklausel ?
in: Festschrift für Otfried Lieberknecht zum 70. Geburtstag, S. 379- 390
München 1997
zit.: Kleeman, in: FS für Lieberknecht, 1997, S.

Koch, Norbert
Die neuen Befugnisse der EG zur Kontrolle von Unternehmenszusammenschlüssen
EWS 1990, S. 65- 72

Kögel, Rainer
Angleichung der deutschen an die europäische Fusionskontrolle
1. Auflage Baden- Baden 1996
zit.: Kögel, Angleichung der deutschen an die europäische Fusionskontrolle, S.

Köhler, Helmut
Zulässigkeit von Wettbewerbsbeschränkungen beim Energievertrieb
WuW 1999, S. 445- 459

Köhler, Helmut
Wettbewerbsverbote bei Veräußerung und Stillegung von Unternehmen in kartellrechtlicher Sicht
ZHR 148 (1984), S. 487- 496

Kommission der Europäischen Gemeinschaften
Das Problem der Unternehmenskonzentration im Gemeinsamen Markt
Studienreihe Wettbewerb 3
Brüssel 1966, S. 21 ff.
zit.: Kommission, Das Problem der Unternehmenskonzentration im Gemeinsamen Markt, S.

Korah, Valentine
EC Competition Law and Practice
5th edition London 1994
zit.: Korah, EC Competition Law and Practice, S.

Kretzer, Martin
Immanenztheorien im Kartellrecht: Methodische Fehlentwicklungen im Wirtschaftsrecht
Kehl; Strassburg; Arlington 1992
zit.: Kretzer, Immanenztheorien, S.

Lammel, Siegbert
Vertragsfreiheit oder Wirtschaftsfreiheit
Zur Teilnichtigkeit von Wettbewerbsabreden
AcP 189 (1989), S. 244- 286

Lampert, Thomas
Die Anwendbarkeit der EG- Fusionskontroll- Verordnung im Verhältnis zum Fusionskontrollrecht der Mitgliedstaaten
1. Auflage Köln, Berlin, Bonn, München 1995
zit.: Lampert, Die Anwendbarkeit der EG- Fusionskontroll- Verordnung, 1995, S.

Lampert, Thomas/ Niejahr, Nina/ Kübler, Johanna/ Weidenbach, Georg
EG- KartellVO
Praxiskommentar zur Verordnung (EG) Nr. 1/2003
1. Auflage Heidelberg 2004
zit.: Lampert/ Niejahr/ Kübler/ Weidenbach, EG- KartellVO, Art. Rdn.

Lange, Knut Werner
Handbuch zum deutschen und europäischen Kartellrecht
1. Aufl. Heidelberg 2001
zit.: Bearbeiter, in: Lange, Hdb. zum deutschen und europäischen Kartellrecht, § Rdn.

Langen, Eugen/ Bunte, Hermann- Josef
fortgeführt von Ernst Niederleithinger und Lennart Ritter
Kommentar zum deutschen und europäischen Kartellrecht, Bd. 1
9. Auflage Neuwied, Kriftel, Berlin 2001
zit.: Bearbeiter, in: Langen/ Bunte, Kartellrecht, Bd. 1, §/ Art. Rdn.

Larenz, Karl
Methodenlehre der Rechtswissenschaft
6. Auflage Berlin, Heidelberg, New York, London, Paris,
Tokyo, Hong Kong, Barcelona, Budapest 1991
zit.: Larenz, Methodenlehre der Rechtswissenschaft, S.

Löffler, Heinz
Kommentar zur europäischen Fusionskontrollverordnung
1. Auflage Neuwied, Kriftel 2001
zit.: Löffler, Komm. zur FKVO, Art. Rdn.

Louis, Martin B.
Restraints ancillary to joint ventures and licensing agreements: Do Sealy and Topco logically survive Sylvania and Broadcast Music ?
Virginia Law Review 1980, S. 879- 916

Lückenbach, Andreas
Nebenabreden nach europäischem Fusionskontrollrecht
München 2003
zit.: Lückenbach, Nebenabreden nach europäischem Fusionskontrollrecht, S.

Luescher, Christoph
Efficiency considerations in European Merger Control – Just another battle ground for the European Commission, Economists and Competition Lawyers ?
ECLR 2004, S. 72- 86

Luttermann, Claus
Lizenzverträge im Recht gegen Wettbewerbsbeschränkungen
in: Festschrift für Otto Sandrock zum 70. Geburtstag, S. 631- 656
Heidelberg 2000
zit.: Luttermann, in: FS für Sandrock, 2000, S.

Manzini, Pietro
The European Rule of Reason- Crossing the Sea of Doubt
ECLR 2002, S. 392- 399

Maudhuit, Sylvie/ Soames, Trevor
Changes in EU Merger Control: Part 3
ECLR 2005, S. 144- 150

Melullis, Klaus- J.
Zu Zulässigkeit und Wirksamkeit von Wettbewerbsverboten anlässlich von Vereinbarungen über das Ausscheiden eines Gesellschafters
WRP 1994, S. 686- 693

Mestmäcker, Ernst- Joachim/ Schweitzer, Heike
Europäisches Wettbewerbsrecht
2. Auflage München 2004
zit.: Mestmäcker/ Schweitzer, Europ. Wettbewerbsrecht, § Rdn.

Michael, Lothar
Die drei Argumentationsstrukturen des Grundsatzes der Verhältnismäßigkeit – Zur Dogmatik des Über- und Untermaßverbotes und der Gleichheitssätze
JuS 2001, S. 148- 155

Michalski, Lutz
Die Anwendbarkeit des Kartellverbots (§ 1 GWB) auf Wettbewerbsverbote in Austauschverträgen
BB 1991, S. 1875- 1879

Michalski, Lutz/ Römermann, Volker
Die Wirksamkeit der salvatorischen Klausel
NJW 1994, S. 886- 890

Modrall, James R.
Ancillary Restrictions in the Commission's Decisions under the Merger Regulation:
Non- competition Clauses
ECLR 1995, S. 40- 48

Möschel, Wernhard
Neue Rechtsfragen bei der Ministererlaubnis in der Fusionskontrolle
BB 2002, S. 2077- 2085

Möschel, Wernhard
Recht der Wettbewerbsbeschränkungen
Köln 1983
zit.: Möschel, Recht der Wettbewerbsbeschränkungen, S.

Montag, Frank/ Rosenfeld, Andreas
A solution to the problems ? Regulation 1/2003 and the modernization of competition procedure
ZWeR 2003, S. 107- 135

Müller, Friedrich/ Christensen, Ralph
Juristische Methodik, Bd. II
1. Auflage Berlin 2003
zit.: Müller/ Christensen, Juristische Methodik, Bd. II, S.

Müller- Henneberg, Hans/ Schwartz, Gustav/ Hootz, Christian
Gesetz gegen Wettbewerbsbeschränkungen
Gemeinschaftskommentar, Lieferung 1 ff.- 5
5. Auflage Köln, Berlin, Bonn, München 1999
zit.: Bearbeiter, in: Gem.Ktr., Lieferung, §/ Art. Rdn.

Münchener Kommentar
zum Bürgerlichen Gesetzbuch
4. Auflage München 2004
zit.: Bearbeiter, in: MünchKomm., BGB, § Rdn.

Nassall, Wendt
Reduzierte Geltungserhaltung kartellrechtswidriger Klauseln ?
BB 1988, S. 1264- 1268

Niederleithinger, Ernst
Der gemeinsame Zweck des § 1 GWB in der Rechtsprechung des BGH
in: Festschrift für Werner Benisch, S. 277- 291
Köln; Berlin; Bonn; München 1989
zit.: Niederleithinger, in: FS für Benisch, 1989, S.

Ohlgart, Dietrich C.
Die kartellrechtliche Beurteilung von Wettbewerbsverboten in Unternehmensveräußerungsverträgen
RabelsZ 1973, S. 545- 554

Pache, Eckhard
Die Kontrolldichte in der Rechtsprechung des Gerichtshofs der Europäischen Gemeinschaften
DVBl. 1998, S. 380- 387

Palandt, Otto
Bürgerliches Gesetzbuch
64. Auflage München 2005
zit.: Bearbeiter, in: Palandt/ Putzo, BGB, § Rdn.

Pampel, Gunnar
Rechtsnatur und Rechtswirkungen von Mitteilungen der Kommission im europäischen Wettbewerbsrecht
EuZW 2005, S. 11- 13

Paulweber, Michael/ Kögel, Rainer
Das europäische Wettbewerbsrecht am Scheideweg
AG 1999, S. 500- 515

Pawlowski, Hans- Martin
Methodenlehre für Juristen
2. Auflage Heidelberg 1991
zit.: Pawlowski, Methodenlehre für Juristen, S. Rdn.

Picot, Gerhard
Unternehmenskauf und Restrukturierung
3. Auflage München 2004
zit.: Bearbeiter, in: Picot, Unternehmenskauf und Restrukturierung, S.

Picot, Gerhard/ Land, Volker
Der internationale Unternehmenskauf
DB 1998, S. 1601- 1607

Pietzke, Rudolf
Kundenschutzklauseln in Subunternehmer- Verträgen
in: Festschrift für Friedrich- Karl Beier zum 70. Geburtstag, S. 549- 560
Köln, Berlin, Bonn, München 1996
zit.: Pietzke, in: FS für Beier, 1996, S.

Polley, Romina
Die neue Praxis der Europäischen Kommission zu Nebenabreden in der Fusionskontrolle
WRP 2002, S. 304- 309

Rehbinder, Eckard
Zum Verhältnis zwischen nationalem und EG- Kartellrecht nach der VO Nr. 1/2003, S. 303- 318
in: Festschrift für Ulrich Immenga zum 70. Geburtstag
München 2004
zit.: Rehbinder, in: FS für Immenga, 2004, S.

Rengeling, Hans- Werner/ Middeke, Andreas/ Gellermann, Martin
Handbuch des Rechtsschutzes in der Europäischen Union
2. Auflage München 2003
zit.: Bearbeiter, in: Rengeling/ Middeke/ Gellermann, Hdb. des Rechtsschutzes in der Europäischen Union, § Rdn.

Renner, Wolfgang
Wettbewerbsbeschränkungen in Unternehmenskaufverträgen
DB 2002, S. 1143- 1147

Reymann, Christoph
Immanente Schranken des europäischen Kartellverbots
1. Auflage Baden- Baden 2004
zit.: Reymann, Immanente Schranken des europäischen Kartellverbots, S.

Rittner, Fritz
Wettbewerbs- und Kartellrecht
6. Auflage Heidelberg 1999
zit.: Rittner, Wettbewerbs- und Kartellrecht, § Rdn.

Röhling, Andreas
Offene Fragen der europäischen Fusionskontrolle
ZIP 1990, S. 1179- 1186

Röhling, Andreas
Die Zukunft des Kartellverbots in Deutschland nach Inkrafttreten der neuen EU- Verfahrensrechtsordnung
GRUR 2003, S. 1019- 1025

Röhling, Frank
Europäische Fusionskontrolle und Subsidiaritätsprinzip
1. Auflage Baden- Baden 2002
zit.: Röhling, Europ. Fusionskontrolle und Subsidiaritätsprinzip, S.

Rosenthal, Michael
Neuordnung der Zuständigkeiten und des Verfahrens der Europäischen Fusionskontrolle
EuZW 2004, S. 327- 332

Roth, Herbert
Geltungserhaltende Reduktion im Privatrecht
JZ 1989, S. 411- 419

von Savigny, Friedrich Karl
System des heutigen Römischen Rechts, Bd. 1,
Berlin 1840- 1849
zit.: Savigny, System des heutigen Römischen Rechts, Bd. 1, S.

Säcker, Franz Jürgen
Angleichung der deutschen Fusionskontrolle an Art. 2 Abs. 3 FKVO ?
WuW 2004, S. 1038- 1040

Schäfer, Carsten
Kartellverbot und Ausschließlichkeitsbindungen bei Alleinvertriebsvereinbarungen nach der sechsten Kartellrechtsnovelle
in: Festschrift für Peter Ulmer zum 70. Geburtstag, S. 991- 1013
Berlin 2003
zit.: Schäfer, in: FS für Ulmer, 2003, S.

Schmidt, Karsten
Wettbewerbsverbot und Kartellverbot
BB 1979, S. 1173- 1175

Schmidt, Karsten
Ausschließlichkeitsbindung, Kartellverbot und Immanenztheorie- Zum Verhältnis zwischen § 16 GWB und § 1 GWB
in: Festschrift für Otto Sandrock zum 70. Geburtstag
Heidelberg 2000
zit.: K.Schmidt, in: FS für Sandrock, 2000, S.

Schmidt, Karsten
„Altes" und „neues" Kartellverbot
AG 1998, S. 551- 561

Schmidt, Karsten
Vertragliche Wettbewerbsverbote im deutschen Kartellrecht
ZHR 149 (1985), S. 1- 27

Schmidt, Karsten
Kartellverbot und „sonstige Wettbewerbsbeschränkungen"
Köln, Berlin, Bonn, München 1978
zit.: K.Schmidt, Kartellverbot, S.

Schmidt, Karsten
Europäische Fusionskontrolle im System des Rechts gegen Wettbewerbsbeschränkungen
BB 1990, S. 719- 725

Schmidt, Karsten
Umdenken im Kartellverfahrensrecht !
BB 2003, S. 1237- 1245

Schmidt, Ingo/ Rittaler, Jan B.
Die Chicago School of Antitrust Analysis: Wettbewerbstheoretische und –politische Analyse eines Credos
1. Auflage Baden- Baden 1986
zit: Schmidt/ Rittaler, Chicago School, S.

Schmitz, Stefan
Doch eine Rule of Reason im deutschen Kartellrecht ?
WuW 2002, S. 6- 16

Scholz, Ulrich/ Haus, Florian
Geldbußen im EG- Kartellrecht und Einkommenssteuerrecht
EuZW 2002, S. 682- 688

Schödermeier, Martin
Auf dem Weg zur europäischen Fusionskontrolle
WuW 1988, S. 185- 194

Schroeder, Dirk
Nebenabreden in der Fusionskontrolle nach deutschem und europäischem Recht
in: Schwerpunkte des Kartellrechts 1999
Köln 2000, S. 93- 128
zit.: Schroeder, Nebenabreden in der Fusionskontrolle, S.

Schröter, R.B.
Antitrust Analysis Under Article 85 (1) And (3)
Fordham Corporate Law Institute 1988, S. 645- 695

Schröter, Helmuth/ Jakob, Thinam/ Mederer, Wolfgang
Kommentar zum Europäischen Wettbewerbsrecht
1. Auflage Baden- Baden 2003
zit.: Bearbeiter, in: Schröter/ Jakob/ Mederer, Europ. Wettbewerbsrecht, Art. Rdn.

Schwarze, Jürgen
EU- Kommentar
1. Auflage Baden- Baden 2000

Schwarze, Jürgen
Europäisches Verwaltungsrecht
1. Auflage Baden- Baden 1988
zit.: Schwarze, Europ. Verwaltungsrecht, Bd. , S.

Schwarze, Jürgen/ Weitbrecht, Andreas
Grundzüge des europäischen Kartellverfahrensrechts
1. Auflage Baden- Baden 2004
zit.: Schwarze/ Weitbrecht, Europäisches Kartellverfahrensrecht, § Rdn.

Schweda, Marc
Die Bindungswirkung von Bekanntmachungen und Leitlinien der Europäischen Kommission
WuW 2004, S. 1133- 1144

Schwintowski, Hans- Peter/ Klaue, Siegfried
Kartellrechtliche und gesellschaftsrechtliche Konsequenzen des Systems der Legalausnahme für die Kooperationspraxis der Unternehmen
WuW 2005, S. 370- 379

Seeliger, Daniela
Geltungsbereich der Zusammenschlusskontrolle und Grundsätze für die Beurteilung von Zusammenschlüssen nach der 6. Novelle des Gesetzes gegen Wettbewerbsbeschränkungen
Frankfurt am Main 2003
zit.: Seeliger, Geltungsbereich der Zusammenschlusskontrolle, S.

Seifert, Dorothea
Die kartellrechtliche Beurteilung von Wettbewerbsverboten in Lieferverträgen
in: Festschrift für Otfried Lieberknecht zum 70. Geburtstag, S. 583- 597
München 1997
zit.: Seifert, in: FS für Lieberknecht, 1997, S.

Shenefield, John H./ Stelzer, Irwin M.
The Antitrust Laws
A Primer
4th edition Washington D.C. 2001
zit.: Shenefield/ Stelzer, The Antitrust Laws – A Primer, S.

Sinclair, Duncan
Ancillary Restraints under the Merger Regulation: The Commission's approach cast into doubt by the Court of First Instance
ECLR 2003, S. 315- 320

Soergel
Bürgerliches Gesetzbuch
Begründet von Soergel, Hs. Th.
Neu hrsg. von Siebert, W./ Baur, Jürgen F.
13. Auflage Stuttgart, Berlin, Köln 2000
zit.: Bearbeiter, in: Soergel, BGB, § Rdn.

Spoerr, Wolfgang/ Brinker, Ingo/ Diller, Martin
Wettbewerbsverbote zwischen Ärzten
NJW 1997, S. 3056- 3061

Staebe, Erik
Fusionskontrolle nach Art. 81 und 82 EG ?
EWS 2003, S. 249- 253

Staebe, Erik/ Denzel, Ulrich
Die neue Europäische Fusionskontrollverordnung
EWS 2004, S. 194- 201

Staub, Hermann
Handelsgesetzbuch Großkommentar
1. Band: Einleitung, §§ 1- 104
4. Auflage, Berlin; New York 1995
zit.: Bearbeiter, in: Staub, HGB, § Rdn.

Staudinger, Julius von
Kommentar zum Bürgerlichen Gesetzbuch mit Einführungsgesetz und Nebengesetzen
Berlin 2004
zit.: Bearbeiter, in: Staudinger, BGB, § Rdn.

Steindorff, Ernst
Teilnichtigkeit kartellrechtswidriger Vereinbarungen in der Rechtsprechung des Bundesgerichtshofs
in: Festgabe für Wolfgang Hefermehl zum 65. Geburtstag, S. 177- 188
Heidelberg 1971

Steindorff, Ernst
Gesetzeszweck und gemeinsamer Zweck des § 1 GWB
BB 1977, S. 569- 571

Steindorff, Ernst
Die Wettbewerbsbeschränkung in § 1 GWB als offener Tatbestand
in: FS für Werner Benisch, S. 255- 275
Köln; Berlin; Bonn; München 1989
zit.: Steindorff, in: FS für Benisch, 1989, S.

Steindorff, Ernst
Article 85 and the rule of reason
CMLR 1984, S. 639- 646

Stelkens, Paul/ Bonk, Heinz Joachim/ Sachs, Michael
Verwaltungsverfahrensgesetz
5. Auflage München 1998
zit.: Bearbeiter in: Stelkens/ Bonk/ Sachs, Verwaltungsverfahrensgesetz, § Rdn.

Stillfried, Georg/ Stockenhuber, Peter
Vollzug des EG- Kartellrechts nach der neuen EG- Verfahrensverordnung Nr. 1/2003
ÖZW 2003, S. 45- 54

Streinz, Rudolf
Der „effet utile“ in der Rechtsprechung des Gerichtshofs der Europäischen Gemeinschaften
in: Festschrift für Ulrich Everling zum 70. Geburtstag, S. 1491- 1510
Baden- Baden 1995
zit.: Streinz, in: FS für Everling, 1995, S.
Terhechte, Jörg Philipp
Ungeschriebene Tatbestandsmerkmale des europäischen Wettbewerbsrechts
1. Auflage Baden- Baden 2004
zit.: Terhechte, Ungeschriebene Tatbestandsmerkmale des europäischen Wettbewerbsrechts, 2003, S.

Traub, Fritz
„Geltungserhaltende Reduktion“ bei nichtigen vertraglichen Wettbewerbsverboten ?
WRP 1994, S. 714- 718

Ulmer, Peter
Rule of Reason im Rahmen von Artikel 85 EWGV
RIW 1985, S. 517- 524

Ulmer, Peter
Die kartellrechtliche Beurteilung von Wettbewerbsverboten bei Unternehmensveräußerung
NJW 1982, S. 1975- 1977

Ulmer, Peter
Wettbewerbsverbote in Unternehmensveräußerungsverträgen
NJW 1979, S. 1585- 1587

Ulmer, Peter
Offene Fragen zu § 139 BGB
in: Festschrift für Ernst Steindorff zum 70. Geburtstag, S. 799- 816
Berlin, New York 1990
zit.: Ulmer, in: FS für Steindorff, 1990, S.

Waelbroeck, M.
Antitrust Analysis Under Article 85 (1) And Article 85 (3)
Fordham Corporate Law Institute 1988, S. 693- 725

Weimar, Robert
Risiken bei Konkurrenzverboten in Unternehmens- und Beteiligungskaufverträgen
DB 2001, S. 1477- 1481

Weitbrecht, Andreas
Das neue EG- Kartellverfahrensrecht
EuZW 2003, S. 69- 73

Weitbrecht, Andreas
Rechtsschutz in Wettbewerbssachen durch das Gericht erster Instanz, S. 115- 127
in: Everling, Ulrich/ Müller- Graff, Peter- Christian/ Schwarze, Jürgen
Die Zukunft der Europäischen Gerichtsbarkeit nach Nizza
EuR Beiheft I/2003
1. Auflage Baden- Baden 2003
zit.: Weitbrecht, in: Everling/ Müller- Graff/ Schwarze, Zukunft der Europ. Gerichtsbarkeit nach Nizza, EuR Beiheft I/2003, S.

Weitbrecht, Andreas/ Karenfort, Jörg
Europäisches Wettbewerbsrecht in Fällen
1. Auflage Baden- Baden 2004
zit.: Weitbrecht/ Karenfort, Europ. Wettbewerbsrecht in Fällen, S.
Wessing, Kurt
Vertragsklauseln beim Unternehmenskauf
ZGR 1982, S. 455- 471

Westermann, Kathrin
Die Einwirkungen der europäischen auf die deutsche Fusionskontrolle
1. Auflage Baden- Baden 1996
zit.: Westermann, Einwirkungen der europäischen auf die deutsche Fusionskontrolle, S.

Wiedemann, Gerhard
Handbuch des Kartellrechts
1. Auflage München 1999
zit.: Bearbeiter, in: Wiedemann, Hdb. des Kartellrechts, § Rdn.

Wirtz, Markus M.
Wohin mit den Effizienzen in der europäischen Fusionskontrolle ?
EWS 2002, S. 59- 65

Wolff, Hans J./ Bachof, Otto/ Stober, Rolf
Verwaltungsrecht
11. Auflage München 1999
zit.: Bearbeiter, in: Wolff/ Bachof/ Stober, Verwaltungsrecht, Bd., § Rdn.

Zuleeg, Manfred
Der Rang des europäischen im Verhältnis zum nationalen Wettbewerbsrecht
EuR 1990, S. 123- 134

Zweigert, Konrad/ Kötz, Hein
Einführung in die Rechtsvergleichung
3. Auflage Tübingen 1996
zit.: Zweigert/ Kötz, Rechtsvergleichung, S.

Deutsches und Europäisches Wirtschaftsrecht

Herausgegeben von Jürgen F. Baur

Band 1 Matthias Wolter: Das Tatbestandsmerkmal der Lückenlosigkeit qualitativer Selektivvertriebssysteme im Spannungsverhältnis zwischen Wettbewerbs- und Kartellrecht. 2001.

Band 2 Nicole Hagemann: Rechtsschutz gegen Kennzeichenmissbrauch unter Berücksichtigung der Internet-Domain-Name-Problematik. 2001.

Band 3 Bernd Nelißen: Die Abgrenzung "horizontaler" und "vertikaler" Wettbewerbsbeschränkungen nach der 6. GWB-Novelle. 2001.

Band 4 Silke Rütters: Die neue *Schirm-* Gruppenfreistellungsverordnung (EG) Nr. 2790/1999 der Kommission. Zu den Ursachen der weitreichenden Reform der EG-Wettbewerbspolitik gegenüber vertikalen Wettbewerbsbeschränkungen und deren materiellrechtlichen Grenzen. 2002.

Band 5 Dirk Strohe: Demarkationen und Bezugsbindungen in gewerblichen Energielieferverträgen. 2003.

Band 6 Cyrille de Crozals: Die Anwendung der Artikel 81 und 82 EGV durch die französischen Behörden und Gerichte. 2003.

Band 7 Daniela Seeliger: Geltungsbereich der Zusammenschlusskontrolle und Grundsätze für die Beurteilung von Zusammenschlüssen nach der 6. Novelle des Gesetzes gegen Wettbewerbsbeschränkungen. Ausgewählte Anwendungsprobleme aus der Praxis zu §§ 35 und 36 GWB. 2003.

Band 8 Till Schreiber: Das argentinische Gesetz 25.156 zum Schutz des Wettbewerbs. Eine rechtsvergleichende Darstellung unter besonderer Berücksichtigung des Protokolls zum Schutz des Wettbewerbs im MERCOSUR und der Rechtsprechung der Comisión Nacional de Defensa de la Competencia. 2003.

Band 9 Mathias Mantler: Der GMP-Vertrag aus bauvergaberechtlicher Sicht. 2004.

Band 10 Christoph Renard: Das französische Fusionskontrollrecht. 2004.

Band 11 Anika Gerken: Rechtsschutzmöglichkeiten europäischer Wirtschaftsteilnehmer gegen GATT-widrige Wirtschaftshemmnisse. 2004.

Band 12 Markus Röhrig: Schadensersatzansprüche im deutschen Kartellrecht nach der 6. GWB-Novelle. Eine ökonomische Betrachtung privater Wettbewerbsaufsicht am Beispiel des neuen Mißbrauchsverbots gemäß § 19 GWB. 2004.

Band 13 Christopher Quandt: Squeeze-out in Deutschland. Eine Diskussion der §§ 327a-f AktG unter besonderer Berücksichtigung der Barabfindung ausgeschlossener Minderheitsaktionäre. 2004.

Band 14 Thomas Brunn: Die EG-Kartellverfahrensverordnung 1/2003 und ihre Auswirkungen auf die Gruppenfreistellungsverordnungen und die Entzugsverfahren der Vertikal-GVO. 2004.

Band 15 Beatrix Besche: Wasser und Wettbewerb. Möglichkeiten und Grenzen einer Öffnung des Wassermarktes. 2004.

Band 16 Astrid Örtel: Die Oligopolproblematik in Wettbewerbstheorie und europäischer Fusionskontrollpraxis. 2005.

Band 17 Anne Jakob: Die Assoziation zwischen der Europäischen Gemeinschaft und ihren Mitgliedstaaten sowie Tunesien, Marokko und Algerien. Eine Überprüfung der Europa-Mittelmeer-Abkommen anhand Gemeinschafts- und internationalem Wirtschaftsrecht. 2006.

Band 18 Iris Vasbender: Das europäische Konzept der Nebenabreden im europäischen und deutschen Kartellrecht. Eine rechtsübergreifende Gesamtdarstellung anhand von Wettbewerbsverboten zu Unternehmenskaufverträgen. 2006.

www.peterlang.de

FSC
www.fsc.org
MIX
Papier | Fördert gute Waldnutzung
FSC® C083411

Kolibri 360 GmbH
Ferdinand-Jühlke-Straße 7
99095 Erfurt, Deutschland
produktsicherheit@kolibri360.de

Druck:
CPI Druckdienstleistungen GmbH
im Auftrag der
Kolibri 360 GmbH
Ferdinand-Jühlke-Str. 7
99095 Erfurt